Politik & Co. 2

Politik-Wirtschaft
für das Gymnasium

Niedersachsen

neu

herausgegeben
von Hartwig Riedel

Band 2
für die Jahrgangsstufen 9 und 10

bearbeitet von
Erik Müller
Stephan Podes
Hartwig Riedel
Kersten Ringe
Martina Tschirner

unter Beratung von
Kersten Ringe

C.C. Buchner Bamberg

Politik & Co. 2 neu

Politik-Wirtschaft für das Gymnasium Niedersachsen
für die Jahrgangsstufen 9 und 10
herausgegeben von Hartwig Riedel

bearbeitet von
Erik Müller
Stephan Podes
Hartwig Riedel
Kersten Ringe
Martina Tschirner

unter Beratung von Kersten Ringe

1. Auflage, 1. Druck 2016

Alle Drucke dieser Auflage sind, weil untereinander unverändert, nebeneinander benutzbar.

Dieses Werk folgt der reformierten Rechtschreibung und Zeichensetzung. Ausnahmen bilden Texte, bei denen künstlerische, philologische oder lizenzrechtliche Gründe einer Änderung entgegenstehen.

© 2016 C.C.Buchner Verlag, Bamberg

Das Werk und seine Teile sind urheberrechtlich geschützt. Jede Nutzung in anderen als den gesetzlich zugelassenen Fällen bedarf der vorherigen schriftlichen Einwilligung des Verlages. Dies gilt insbesondere auch für Vervielfältigungen, Übersetzungen und Mikroverfilmungen.
Hinweis zu § 52 a UrhG: Weder das Werk noch seine Teile dürfen ohne eine solche Einwilligung eingescannt und in ein Netzwerk eingestellt werden. Dies gilt auch für Intranets von Schulen und sonstigen Bildungseinrichtungen.

Redaktion: Simon Hameister
Layout und Satz: Wildner + Designer GmbH, Fürth
Umschlag: Wildner + Designer GmbH, Fürth
Druck und Bindung: Brüder Glöckler GmbH, Wöllersdorf

www.ccbuchner.de

ISBN 978-3-661-**71035**-8

Zur Arbeit mit dem Buch

Das neue Kerncurriculum Politik-Wirtschaft stellt mit der Kompetenzorientierung die Ergebnisse von Lernprozessen in den Mittelpunkt. Wie können Schülerinnen und Schüler mit nachhaltigen Sach-, Methoden- und Urteilskompetenzen so ausgestattet werden, dass sie „politische und wirtschaftliche Mündigkeit" erlangen? Die Konzeption des Unterrichtswerkes Politik & Co. neu ermöglicht es Schülerinnen und Schülern, die zentralen Kompetenzen des Faches zu erwerben. Für Lehrerinnen und Lehrer ist das Buch eine Hilfe, um einen modernen und binnendifferenzierten Unterricht zu verwirklichen.

Zum Aufbau des Buches

Jedes Unterkapitel wurde mit Fokus auf ein **grundlegendes Basiskonzept** des neuen Kerncurriculums Politik-Wirtschaft erstellt. Die drei Basiskonzepte „Motive und Anreize" ⓔ, „Interaktionen und Entscheidungen" ⓘ sowie „Ordnungen und Systeme" ⓞ sind im **Inhaltsverzeichnis** durch Symbole gekennzeichnet. Sie dienen als Strukturierungshilfen innerhalb der Lehr-Lern-Prozesse im Unterrichtsfach Politik-Wirtschaft.

Die **Auftaktseiten** jedes Kapitels sind als ansprechende Bildcollage gestaltet. Die Aufgabenstellungen dazu dienen der **Lernstandserhebung** und der Annäherung an das Thema. Zu erwerbende **Kompetenzen werden für jedes Kapitel ausformuliert** und machen den Schülerinnen und Schülern transparent, über welches Wissen und Können sie am Ende des Kapitels verfügen sollten.

Durch die Arbeit mit dem **Materialienteil** können die Schülerinnen und Schüler die Sach-, Methoden- und Urteilskompetenzen schrittweise erwerben und sinnvoll miteinander verknüpfen. Die authentischen Quellen (Zeitungsartikel, Bilder, Karikaturen, Grafiken ...) wurden sorgfältig ausgewählt und um verständliche Autorentexte ergänzt.

Die **differenzierten Aufgabenstellungen mit klarer Zuteilung der Operatoren nach Anforderungsbereichen (siehe S. 344 f.)** ermöglichen ein selbständiges Erschließen der auf **Doppelseiten** übersichtlich präsentierten Themen. Sie beziehen sich häufig auf konkrete Problemlösungen oder Entscheidungssituationen und fördern so die Nachhaltigkeit des Lernens. **Angebote zur Binnendifferenzierung** ermöglichen es der Lehrkraft, auch heterogenen Lerngruppen gerecht zu werden. **Zusatzaufgaben** sind mit einem ⊕ gekennzeichnet. **Hilfen** mit einem ⊘.

Da fachspezifische Methodenkompetenzen unabdingbar für die Erschließung des Sachwissens sind, werden sie auf deutlich hervorgehobenen **Methodenseiten** ausführlich erklärt. Sie sind immer auf konkrete Inhalte bezogen.

Die Rubrik **„Was wir wissen – Was wir können"** dient der Sicherung der Kompetenzen. Das grundlegende Sachwissen des Kapitels wird auf der Seite „Was wir wissen" für Schülerinnen und Schüler übersichtlich und verständlich zusammengefasst. Die Seite „Was wir können" beinhaltet Angebote zur Überprüfung des Sachwissens. Darüber hinaus sollen Schülerinnen und Schüler zeigen, ob Sach-, Methoden- und Urteilskompetenzen in einer konkreten Entscheidungssituation sinnvoll angewendet werden können.

Als Neuerung finden sich zu einigen Materialien in der Randspalte QR- bzw. Mediencodes, über die unterhaltsame und verständliche **Erklärfilme zu wichtigen Fachbegriffen** direkt abgerufen werden können. Den Mediencode bitte einfach auf der Seite www.ccbuchner.de in die Suchmaske eingeben und Film starten.

Ein **„Kleines Politiklexikon"** zum Nachschlagen wichtiger Grundbegriffe und ein **Register** zum Auffinden von Querverweisen sind wichtige Hilfsmittel und erleichtern das selbständige Arbeiten mit dem Buch.

Hinweis: Materialien ohne Quellenangaben sind vom Bearbeiter verfasst. Zum Zweck der besseren Lesbarkeit wird darauf verzichtet, immer beide Geschlechter anzusprechen, selbstverständlich sind beide gemeint.

Inhalt

1   Die Verfassungsprinzipien der Bundesrepublik **8**

1.1   Die Verfassungsprinzipien **10**
- Wie lebt es sich in der Diktatur? 10
- Von wem geht die Staatsgewalt aus und welche Stellung hat das Staatsoberhaupt?   12
- Der Sozialstaat – ist soziale Gerechtigkeit gewährleistet? 14
- Warum gibt es den Föderalismus in Deutschland? 16
- Wie schützt der Rechtsstaat die Grundrechte? 18

1.2   Wie unsere Demokratie gesichert wird **28**
- Rechtsextremismus in Deutschland – ein Problem? 28
- Die wehrhafte Demokratie – wie werden unsere Grundrechte geschützt?   30
- Hilft ein Verbot der NPD? 32

2   Politische Willensbildung **38**

2.1   Politik betrifft uns **40**
- Wie kann politische Herrschaft begründet werden? 40
- Welche Formen der Demokratie gibt es? 42
- Was ist politische Beteiligung? 44
- Brauchen wir mehr Bürgerbeteiligung? 46
- Mitmach-Demokratie im Netz – nur ohne Bürger? 48

2.2   Wahlen – Parteien – Interessenverbände **52**
- Wählen – Partizipation von gestern? 52
- Soll Wählen zur Pflicht werden? 56
- Welches Wahlsystem soll es sein? 58
- Warum gibt es überhaupt Parteien? 62
- Wahlkampf – beflügelt er die Demokratie? 66
- Interessenverbände – wie beeinflussen sie die Politik? 69

2.3   Mediendemokratie – braucht die Demokratie Medien? **78**
- Welche Rolle spielen die Medien in der Demokratie? 78
- Presse- und Meinungsfreiheit – ein hohes Gut 80
- Medien zwischen Information und Sensation 82
- Internet – Chance oder Gefahr für die politische Meinungsbildung?   84

3 Der politische Entscheidungsprozess ... 90

3.1 Herrschaft und Kontrolle: Regierung und Opposition ... 92
- Wie wird die Regierung gebildet? ... 92
- Was heißt es, zu regieren? ... 94
- Wer kontrolliert die Regierung? ... 97
- Wie frei ist ein Abgeordneter? ... 102
- Wie arbeitet der Deutsche Bundestag? ... 105

3.2 Wie entsteht ein Gesetz? ... 110
- Das Problem: Energiesicherheit in Deutschland ... 110
- Das neue Atomgesetz in der Diskussion ... 112
- Wie verläuft der Gesetzgebungsprozess? ... 114
- Der Bundesrat im Gesetzgebungsverfahren ... 117
- Der Bundespräsident – Makler oder Mahner in der Politik? ... 118
- Wie funktioniert die Gewaltenteilung? ... 120
- Das Bundesverfassungsgericht –Hüter der Verfassung oder Ersatzgesetzgeber? ... 122

4 Wirtschaftsunternehmen – Ziele, Strukturen, innere Konflikte ... 128

4.1 Die Welt der Unternehmen ... 130
- Wie wird man Existenzgründer? ... 130
- Was braucht man zum Produzieren? ... 132
- Wie arbeitet ein Betrieb? ... 134
- Profit als einziges Unternehmensziel? ... 138
- Gesellschaftliche Verantwortung als Unternehmensziel? ... 142
- Nachhaltigkeit als Unternehmensziel? ... 145
- Welche Rechtsform braucht ein Unternehmen? ... 148

4.2 Organisation und Leitung des Unternehmens ... 152
- Organisation im Wandel ... 152
- Die Rolle des Unternehmers ... 156
- Wie führt man ein Unternehmen? ... 158

4.3 Arbeitsbeziehungen und Konflikte im Betrieb ... 162
- Von der Stellenausschreibung zum Arbeitsvertrag ... 162
- Konfliktfall Lohn – wie verlaufen Tarifverhandlungen? ... 164
- Rollenspiel – eine Tarifverhandlung durchführen ... 168
- Konfliktfall Kündigung – die Rolle des Betriebsrates im Unternehmen ... 172

4.4	**Arbeit und Arbeitswelt im Wandel**	**176**
	Welche Arbeit braucht der Mensch?	176
	Wie verändern sich Berufe?	180
	Was ist noch normal? – wie sich die Beschäftigungsverhältnisse verändern	182
	Egal wo – egal wann: Licht und Schatten der neuen Arbeitswelt	188
4.5	**Berufswahl**	**194**
	Welcher Beruf ist der richtige?	194
	Die moderne Arbeitswelt – was wird erwartet?	198
	Haben Berufe ein Geschlecht?	201

5 Die Wirtschaftsordnung „Soziale Marktwirtschaft" — 208

5.1	**Wie steuern Regeln das wirtschaftliche Verhalten?**	**210**
	Wie reagieren Menschen auf Anreize?	210
	Wie lassen sich Wirtschaftsordnungen vergleichen?	212
	Der Markt – vom Wirken der „unsichtbaren Hand"	214
	Der große Plan – kann das funktionieren?	216
5.2	**Die Grundlagen der Sozialen Marktwirtschaft**	**220**
	Die Soziale Marktwirtschaft – Geburt eines Erfolgsmodells	220
	Die Soziale Marktwirtschaft – die wesentlichen Prinzipien	222
	Die Soziale Marktwirtschaft – was zeichnet sie aus?	224
5.3	**Herausforderungen: Wie viel Markt und wie viel Staat brauchen wir?**	**230**
	Wirtschaftspolitik – wie soll der Staat eingreifen?	230
	Soziale Marktwirtschaft und Gerechtigkeit	236

6 Europa – ein Erfolgsmodell? — 244

6.1	**Die Europäische Union – „in Vielfalt geeint"?**	**246**
	Leben in Europa – gibt es eine europäische Jugend?	246
	Warum gibt es die Europäische Union?	248
	Die Europäische Union – eine Friedensgemeinschaft?	252
	Wer entscheidet in der EU? – der lange Weg der EU-Gesetzgebung	254
	Wahlen zum Europäischen Parlament – vom Bürger missachtet?	260
6.2	**Integration und Erweiterung im europäischen Haus**	**270**
	Wie groß soll das europäische Haus werden?	270
	Soll die Türkei Mitglied der EU werden?	272
	Führt die Erweiterung zur Armutseinwanderung?	278

6.3	**Die Wirtschafts- und Währungsunion – ein großer Integrationsfortschritt?**	**284**
	Was bedeutet der Binnenmarkt für uns?	284
	Wie entwickelt sich die gemeinsame Währung?	286
	Wie lauten die Ursachen für die Krise der europäischen Währungsunion?	290

6.4	**Die EU im System der Internationalen Beziehungen –** **soll die EU ihre Grenzen für Flüchtlinge öffnen?**	**304**
	Warum werden Menschen zu Flüchtlingen?	304
	Wie sichert die EU ihre Außengrenzen – brauchen wir Schutzwälle gegen Flüchtlinge?	306
	Asylsuchende – Herausforderungen für die nationale und europäische Politik	309
	Scheitert die EU an der Flüchtlingspolitik?	312
	Wie kann die EU das Flüchtlingsproblem lösen?	314

6.5	**Die gemeinsame Außen-und Sicherheitspolitik –** **welche Handlungsspielräume hat die EU im Ukraine-Konflikt?**	**320**
	Wie entwickelte sich der Konflikt – wer sind die Akteure und welche Ziele verfolgen sie?	320
	Kontrovers diskutiert: Hat Russland die Krim rechtswidrig annektiert?	325
	Wie sieht die europäische Außen- und Sicherheitspolitik im Ukraine-Konflikt konkret aus?	330
	Ist die europäische Außen- und Sicherheitspolitik handlungsfähig?	335

Anhang

Hinweise zur Bearbeitung der Aufgaben	**344**
Kleines Politiklexikon	**346**
Register	**350**
Bildnachweis	

Methoden

Politische Reden analysieren, verfassen und halten	23
Ein Streitgespräch führen	34
Ein politisches Urteil fällen	61
Parteien im Internet – einen Steckbrief erstellen	65
Wie man politische Prozesse analysieren kann – der Politikzyklus	116
Mit Zahlen, Statistiken und Schaubildern umgehen	186
Arbeitsplatzerkundung	200
Das Betriebspraktikum	204
Der erweiterte Wirtschaftskreislauf als Analyseinstrument	226
Karikaturen interpretieren	276
Internationale Konflikte analysieren und beurteilen	324

Die Verfassungsprinzipien der Bundesrepublik

Das Grundgesetz trat bereits 1949 in Kraft. Doch was sind eigentlich die Grundbausteine der deutschen Verfassung?

 ## Kompetenzen

Am Ende dieses Kapitels solltest du Folgendes können:
- die Verfassungsprinzipien erklären
- die Bedeutung der Verfassungsprinzipien für eine funktionierende Demokratie beurteilen
- die Herrschaftsform Demokratie in Abgrenzung zur Herrschaftsform Diktatur beurteilen
- die Gründe für die zentrale Bedeutung der Menschenrechte insbesondere des Art. 1 im Grundgesetz beschreiben
- Menschen- und Bürgerrechte auf der Basis von Fallbeispielen analysieren und Verstöße gegen Grundrechte herausarbeiten
- Gefährdungen der Demokratie durch politischen Extremismus beschreiben und beurteilen
- eine politische Rede analysieren, verfassen und halten

Was weißt du schon?
- Die Bilder weisen auf die fünf Verfassungsprinzipien der BRD hin. Ordne jedem Bild den dazugehörigen Text aus Art. 20 des Grundgesetzes zu (Hinweis: die Briefmarken 1 und 2 stehen zusammen für ein Verfassungsprinzip).
- Erklärt arbeitsteilig die einzelnen Elemente. Es hilft, wenn ihr euch zuerst das Gegenteil klarmacht (z. B. Rechts- vs. Willkürstaat).

1 Die Verfassungsprinzipien der Bundesrepublik

1.1 Die Verfassungsprinzipien
Wie lebt es sich in der Diktatur?

M 1 Demokratie in Nordkorea? – eine satirische Stellenanzeige

Seit dem 29.12.2011 ist Kim Jong-un „Oberster Führer" Nordkoreas.

Verfassungsprinzipien
Verpflichtende Normen und Grundsätze, die eine Verfassung ausmachen. Sie sind sowohl von staatlichen Stellen als auch von den Bürgerinnen und Bürgern einzuhalten. Das Grundgesetz legt die fünf Verfassungsprinzipien der Bundesrepublik Deutschland in Art. 20 GG fest.

Sind Sie unser Typ?

Wir sind ein kleiner, familiär betriebener Staat im Norden der koreanischen Halbinsel mit einer langen Familientradition seit 1953.

Für unsere demokratische und volksnahe Regierung in Pjöngjang suchen wir ab dem 29.12.2011 eine/n motivierte/n

DIKTATOR/IN

Sie haben langjährige Erfahrung in Unterdrückung der Pressefreiheit, Verletzung der Menschenrechte, Folter, Mord und Verfolgung politisch Andersdenker oder religiöser Minderheiten? Dann sind Sie unser/e Mann/Frau!

Möchten Sie mehr über uns oder unser herzliches Arbeitsumfeld erfahren, dann informieren wir Sie gerne unter:

www.igfm[1].de

Wir freuen uns auf Sie!

---

[1] igfm = Internationale Gesellschaft für Menschenrechte

Am 17.12.2011 verstarb der nordkoreanische Führer Kim Jong-il, weshalb Nordkorea ein neues Staatsoberhaupt suchte.
Am 20.12.2011 schaltete die „igfm" eine Stellenanzeige für diese „frei gewordene Stelle", um auf die Menschenrechtsverletzungen in Nordkorea aufmerksam zu machen. Schließlich trat Kim Jong-un, der Sohn des verstorbenen Führers, am 29.12.2011 die Nachfolge an.

Nach: Internationale Gesellschaft für Menschenrechte, Stellenanzeige: Diktator für Nordkorea gesucht, www.igfm.de (13.12.2012)

M 2 Leben in Nordkorea – Klassenfahrt zur Hinrichtung

Kindern wird von klein auf eingetrichtert, dass der oberste Führer wichtiger ist als das eigene Leben und das der Eltern. Der Unterricht ist auf Führerkult ausgerichtet, genauso die Paraden und Massenveranstaltungen, bei denen Teilnahme Pflicht ist. Schon im Kindergarten beginnen wöchentliche Kritikstunden, in denen sich die Jungen und Mädchen zu den Prinzipien der Kim-Dynastie bekennen und Verfehlungen beichten müssen. Plakate, Monumente, Parolen – Propaganda durchdringt das öffentliche Leben. [...]
Außer auf Propaganda setzt der Staat auf totale Kontrolle. Kommandos des Staatssicherheitsdienstes durchforsten Häuser nach geschmuggelten Handys, Radios und Filmen. [...] Die Nordkoreanerin L., eine Liebhaberin südkoreanischer Filme, schilderte einen Trick der Spezialeinheit in ihrer Heimatregion: Vor Razzi-

1.1 Die Verfassungsprinzipien

en schalteten die Agenten manchmal den Strom ab, damit Betroffene nicht mehr rechtzeitig die DVD aus dem Apparat holen können. Einer ihrer Freunde warf seinen DVD-Player gerade noch rechtzeitig aus dem Fenster.
Fürchten müssen Nordkoreaner aber nicht nur Polizei und Agenten der Staatssicherheit. Gefahr lauert auch durch Arbeitskollegen und Nachbarn. Jeder ist angehalten, beim anderen herumzuschnüffeln. Siedlungen sind unterteilt in „Neighbourhood Watch"-Einheiten, Auffälligkeiten dem jeweiligen Vorgesetzten zu melden. Der hat besondere Befugnisse: Beispielsweise muss ihm zu jeder Tages- und Nachtzeit Einlass gewährt werden. [...]
Fast jeder Nordkoreaner hat nach Einschätzung der UN-Kommission mindestens einer Exekution beigewohnt. Sie finden auf öffentlichen Plätzen statt, häufig wird die Bevölkerung gezwungen zuzuschauen. Selbst die Angehörigen und Kinder werden nicht verschont. Die Geflohenen Choi Young-hwa und Kim Joo-il waren zehn Jahre alt, als sie das erste Mal einer Hinrichtung zusehen mussten. In beiden Fällen unterbrach der Lehrer den Unterricht und führte die Klasse gesammelt zum Exekutionsort.
Lee Jae-geun erlebte mindestens zehn Exekutionen in 30 Jahren. „Sie schickten uns zu öffentlichen Hinrichtungen wie auf eine Exkursion, damit niemand wagte, die Partei und die Ideologie von Kim Il-sung infrage zu stellen", erinnerte er sich. Einmal hatten sich rund 1.000 Zuschauer versammelt. Ein Mann wurde hingerichtet, weil er die Arbeiterpartei kritisiert hatte.
Nordkorea erhebt keine Statistik über die Zahl der Hinrichtungen. Das Korea Institute for National Unification dokumentierte 510 öffentliche Exekutionen in den Jahren 2005 bis 2012 auf Basis von Zeugenaussagen Geflohener. Die tatsächliche Zahl dürfte erheblich höher sein. Die Todesstrafe steht auf Mord und Drogenhandel, aber auch auf Kritik an Autoritäten oder der Arbeiterpartei, „schweren" wirtschaftlichen Vergehen wie Schmuggel und mutwillige Zerstörung von Staatseigentum.
Zu Zeiten der Hungerkatastrophe in den 1990er-Jahren wurde auch Diebstahl mit dem Tod geahndet. Die Menschen klauten Lebensmittel, um zu überleben. In einem dokumentierten Fall wurden mehrere Bauern exekutiert, weil sie heimlich eine Kuh geschlachtet hatten. Einen Prozess gab es nicht, ein lokaler Funktionär fällte das Urteil – keine Seltenheit.

Sandra Tjong, Focus online, 21.2.2014

Die Teilnahme an Massenveranstaltungen – wie beispielsweise öffentliche Hinrichtungen – ist für nordkoreanische Schülerinnen und Schüler Pflicht.

Art. 20 GG
(1) Die Bundesrepublik Deutschland ist ein demokratischer und sozialer Bundesstaat.
(2) Alle Staatsgewalt geht vom Volke aus. Sie wird vom Volke in Wahlen und Abstimmungen und durch besondere Organe der Gesetzgebung, der vollziehenden Gewalt und der Rechtsprechung ausgeübt.
(3) Die Gesetzgebung ist an die verfassungsmäßige Ordnung, die vollziehende Gewalt und die Rechtsprechung sind an Gesetz und Recht gebunden.

Aufgaben

1. Erläutere die Besonderheiten der Stellenanzeige M 1.
2. Beurteile die politische Situation in Nordkorea (M 2) anhand deiner persönlichen Maßstäbe für einen demokratischen Staat und formuliere in einem Brief Forderungen an den Machthaber Kim Jong-un.

zu Aufgabe 2
Fasse zunächst die politischen und die Lebensumstände in Nordkorea zusammen (M 2).

1 Die Verfassungsprinzipien der Bundesrepublik

Von wem geht die Staatsgewalt aus und welche Stellung hat das Staatsoberhaupt?

M 3 Wer herrscht? – Geht die Staatsgewalt vom Volk oder vom Einzelnen aus?

zu Mehrheitsentscheidungen:

„Demokratie ist die Notwendigkeit, sich gelegentlich den Ansichten anderer Leute zu beugen."
Winston Churchill (1874 – 1965)

zu Pluralismus:

„Ich bin nicht einverstanden mit dem, was sie sagen, aber ich würde bis zum Äußersten dafür kämpfen, dass sie es sagen dürfen."
François-Marie Arouet (Voltaire) (1694 – 1778)

zu Volkssouveränität:

„Demokratie: die Regierung des Volkes durch das Volk für das Volk."
Abraham Lincoln (1809 – 1865)

zu Diktatur:

„Wo der Bürger keine Stimme hat, haben die Wände Ohren."
*Jeannine Luczak (*1938)*

„In der Demokratie gilt das Diktat der Mehrheit, in der Diktatur das der Minderheit."
*Peter Amendt (*1944), Franziskaner*

Demokratie	Diktatur
Volkssouveränität Die Lehre von der Volkssouveränität löste die traditionelle Vorstellung ab, nach der dem König oder Fürsten kraft seiner Abstammung aus einer von Gott begnadeten Dynastie die Herrschaft zustehe. Alle staatliche Gewalt geht vom Volk aus.	**Die gesamte Staatsgewalt liegt in den Händen einer einzelnen regierenden Person** (Diktator bzw. Führer), oder einer leitenden Gruppe aus Personen (Familie, Militärjunta, Partei) mit einer nicht eingeschränkten politischen Macht.
Mehrheitsentscheidungen In einer Demokratie gilt der Grundsatz, dass bei Wahlen und Abstimmungen die Mehrheit entscheidet und dass die Minderheit die Mehrheitsentscheidung anerkennt.	**Souveräne Entscheidungen des Herrschers** brauchen keine Legitimation durch das Volk, sondern stehen im freien Ermessen des Befehlshabers.
Pluralismus Ist zentrales Leitbild moderner Demokratien, deren politische Ordnung und Legitimität ausdrücklich auf der Anerkennung und dem Respekt vor den vielfältigen individuellen Meinungen, Überzeugungen, Interessen, Zielen und Hoffnungen beruhen.	**Monismus** bezeichnet eine Weltanschauung (Ideologie), wonach sich alle politischen Vorgänge und Entscheidungen auf ein einziges Grundprinzip zurückführen lassen. Individuelle Meinungen oder Überzeugungen werden nicht toleriert und in der Regel bekämpft.
Menschenrechte / Grundrechte gelten und schützen den Einzelnen vor staatlicher Willkür. Staatliches Handeln ist an Recht und Gesetz gebunden – **Rechtsstaatlichkeit und Gewaltenteilung** gelten.	**Willkür** – Die Gewährung von Menschenrechten wird dem Machterhalt untergeordnet. **Gewalteneinheit** bedeutet, dass der Herrscher auch gleichzeitig oberster Richter ist.

M 4 Bestimmung der Staatsform – im Wandel

Die Bestimmung von Staatsformen unterliegt einem Bedeutungswandel. Den Beginn machte Niccolò Machiavelli (1469 – 1572). Er hatte die
5 aristotelische Dreiteilung (Alleinherrschaft, Herrschaft weniger, Herrschaft vieler) auf eine Zweiteilung reduziert und die Staaten der Welt nach Republiken und Monarchien unterschieden. In den Republiken herrsch- 10 ten viele, in den Monarchien gehe die Staatsgewalt von einem Einzigen aus. Das Unterscheidungskriterium war – wie bei Aristoteles – „Anzahl der Herrschenden". Nachdem jedoch 15 in den späteren Befreiungs- und Un-

---

⊕

Wähle ein Zitat aus und erläutere es.

1.1 Die Verfassungsprinzipien

abhängigkeitskriegen viele Monarchien „parlamentarisiert" wurden, verlor das Unterscheidungskriterium „Anzahl der Herrschenden" seine Bedeutung. Die Vergleichende Politikwissenschaft unterscheidet Staatsformen daher hauptsächlich nach der Stellung des Staatsoberhauptes: Während die Monarchie über ein gekröntes oder fürstliches Staatsoberhaupt verfügt, sind alle Staaten ohne Kaiser, Könige oder Fürsten Republiken.

M 5 Welche Staatsform liegt vor? – Welche Stellung hat das Staatsoberhaupt im Staat?

Mit Republik ist jede Nicht-Monarchie gemeint. Das Staatsoberhaupt wird also nicht durch Erbfolge bestimmt. Die Frage der Staatsform – Republik oder Monarchie – ist demnach weitaus weniger wichtig als die Frage nach der [Herrschafts-]form – Demokratie oder Diktatur. Schließlich sagt die jeweilige Staatsform noch nichts über die tatsächlichen Herrschaftsträger und über die Legitimität des Staates aus. Die DDR war ebenso eine Republik wie die BRD. In diesem Sinne ist Republik ein bloßer Formalbegriff, der eine klare Einteilung der Staaten nach diesem Kriterium ermöglicht. [...] Wer Republik nicht bloß als Gegensatz zur Monarchie begreift, kommt in Schwierigkeiten bei der Begründung, worin sich denn die Republik von der Demokratie oder dem Rechtsstaat unterscheidet. Mit dieser Verwischung ist einer klaren Begrifflichkeit nicht gedient. Auch die Herleitung aus der Tradition überzeugt nicht: „Republik ist freiheitliche Ordnung. Demokratie ist Freiheit schlechthin. Die Republik stammt aus der römischen, die Demokratie aus der griechischen Tradition. Beide antiken Welten haben unsere Kultur geprägt, aber auf verschiedene Weise. Römisch ist das Gesetz und das Festhalten und vorsichtige Ändern des Überkommenen, griechisch ist das freie Denken und Gestalten".

Uwe Andersen, Wichard Woyke (Hg.), Handwörterbuch des politischen Systems der Bundesrepublik Deutschland, 5. aktual. Aufl., Leske + Budrich 2003, Lizenzausgabe Bonn, BpB 2003

Kaiser Wilhelm II. – Staatsoberhaupt des Deutschen Reiches von 1888 – 1918

Bundespräsident Joachim Gauck – Staatsoberhaupt der Bundesrepublik Deutschland seit 2012

Aufgaben

1. Fasse zusammen, worin sich Herrschaftsform und Staatsform voneinander unterscheiden (M 3 – M 5).
2. Diskutiert, ob unter bestimmten politischen oder historischen Situationen bzw. Bedingungen eine Diktatur zu rechtfertigen ist.
3. „Man soll die Stimmen wägen und nicht zählen; Der Staat muss untergehn, früh oder spät, wo Mehrheit siegt und Unverstand entscheidet." Beurteile die Kritik Johann Christoph Friedrich von Schillers (1759 – 1805) an Mehrheitsentscheidungen.

Der Sozialstaat – ist soziale Gerechtigkeit gewährleistet?

M 6 Hängen Armut und Reichtum zusammen?

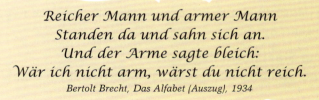

Reicher Mann und armer Mann
Standen da und sahn sich an.
Und der Arme sagte bleich:
Wär ich nicht arm, wärst du nicht reich.

Bertolt Brecht, Das Alfabet (Auszug), 1934

Bertolt Brecht (1898 – 1956), dt. Dramatiker und Lyriker

M 7 Wie hoch ist das Risiko, zu verarmen?

Ausgewählte Armutsquoten 2011
(Angabe in Prozent)

Gruppe	Prozent
Bevölkerung insgesamt	16,1
Personen in Haushalten von Alleinerziehenden	38,8
Männer	14,9
Frauen	17,2
unter 18-Jährige	15,2
65-Jährige und Ältere	15,0
Alleinlebende (< 65 Jahre)	36,1
Personen in Haushalten mit 2 Erwachsenen (< 65 Jahre), ohne Kinder	10,5
Arbeitslose	69,3

Quelle: Statistisches Bundesamt: Gemeinschaftsstatistik über Einkommen und Lebensbedingungen (EU-SILC), Bundeszentrale für politische Bildung, 2014

Erklärfilm „Altersarmut"

Mediencode: 71035-01

Art. 14 GG
(1) Das Eigentum und das Erbrecht werden gewährleistet. Inhalt und Schranken werden durch die Gesetze bestimmt.
(2) Eigentum verpflichtet. Sein Gebrauch soll zugleich dem Wohle der Allgemeinheit dienen.
(3) Eine Enteignung ist nur zum Wohle der Allgemeinheit zulässig. Sie darf nur durch Gesetz oder aufgrund eines Gesetzes erfolgen, das Art und Ausmaß der Entschädigung regelt.

M 8 Die Schere zwischen Arm und Reich wird größer

Es ist eigentlich eine gute Nachricht: Innerhalb der vergangenen zwanzig Jahre hat sich das private Nettovermögen der Deutschen mehr als verdoppelt, von knapp 4,6 Billionen auf rund zehn Billionen Euro. Doch es gibt einen Haken, der Vermögenszuwachs ist ungleich verteilt. Die Schere zwischen Arm und Reich klafft immer stärker auseinander.

Den vermögensstärksten zehn Prozent der Haushalte gehörten inzwischen mehr als die Hälfte des gesamten Nettovermögens. Das berichtet die „Süddeutsche Zeitung" unter Berufung auf den Entwurf des Arbeitsministeriums für den vierten Armuts- und Reichtumsbericht der Bundesregierung. Gleichzeitig sei das Nettovermögen des Staates um 800 Milliarden Euro gesunken, so der Bericht. Das Schmelzen der Vermögenswerte der öffentlichen Haushalte sei bereits seit zwei Jahrzehnten ein deutlicher Trend.

Allein in der Krisenperiode zwischen

2007 und 2012 erhöhte sich das private Nettovermögen – das sind Immobilien, Bauland, Geldanlagen oder Ansprüche aus Betriebsrenten – um 1,4 Billionen Euro. Dabei ist der Anteil der vermögensstärksten Haushalte am Wohlstand deutlich gestiegen. Laut den amtlichen Zahlen belief er sich 1998 noch auf 45 Prozent, 2008 besaß diese Gruppe bereits mehr als 53 Prozent des Nettogesamtvermögens. Die untere Hälfte der Haushalte verfügt, laut dem Bericht, dagegen nur über gut ein Prozent des gesamten Nettovermögens. Verringert hat sich allerdings der Abstand zwischen West- und Ostdeutschland. Dabei haben westdeutsche Haushalte aber im Schnitt immer noch ein Immobilien- und Geldvermögen von etwa 132.000 Euro, bei den Ostdeutschen sind es dagegen rund 55.000 Euro.

Sehr groß sind die Unterschiede bei der Einkommensentwicklung. Im „oberen Bereich" habe es tatsächlich Zuwächse gegeben, so der Bericht. Bei den unteren 40 Prozent der Vollzeitbeschäftigten hat jedoch offenbar die Inflation dazu geführt, dass sie real Verluste hinnehmen müssen. „Eine solche Einkommensentwicklung verletzt das Gerechtigkeitsempfinden der Bevölkerung", heißt es dazu in dem Bericht. Das Papier verteidigt allerdings den Anstieg der sogenannten atypischen Beschäftigung wie Teilzeit- und Minijobs, Leiharbeit oder befristete Stellen. Sie seien nicht zu Lasten der Normalarbeitsverhältnisse gegangen. Allerdings resümiert das Bundesarbeitsministerium in dem Bericht kritisch: „Stundenlöhne, die bei Vollzeit zur Sicherung des Lebensunterhalts eines Alleinstehenden nicht ausreichen, verschärfen Armutsrisiken und schwächen den sozialen Zusammenhalt."

Angesichts dieser Entwicklung nimmt die Debatte über eine stärkere Belastung Vermögender in Deutschland wieder Fahrt auf.

Silke Henning, Schere zwischen Arm und Reich wird größer, www.br.de, 19.9.2012

Das Bundesverfassungsgericht zum Sozialstaat
„Das Sozialstaatsprinzip des Grundgesetzes enthält infolge seiner Weite und Unbestimmtheit regelmäßig keine unmittelbaren Handlungsanweisungen [...]. Es zu verwirklichen ist in erster Linie Aufgabe des Gesetzgebers." (BVerfG 65, 182(193))

M 9 Was bedeutet Sozialstaatlichkeit?

Das Prinzip der Sozialstaatlichkeit verpflichtet die Bundesrepublik Deutschland, eine Grundsicherung seiner Bürger zu garantieren. Dies ist eine bedeutsame Festlegung. Während sich ein liberaler Staat lediglich dazu berufen fühlt, Sicherheit und Freiheit seiner Bürger zu schützen, beansprucht ein sozialer Staat darüber hinaus, für ein Mindestmaß an Wohlergehen aller Bürger durch sozialen Ausgleich zu sorgen. Die konkrete Ausgestaltung dieses Prinzips wird im Grundgesetz nicht weiter definiert und unterliegt daher politischen Mehrheitsentscheidungen.

zu Aufgabe 1
Erörtert Brechts Standpunkt in Gruppenarbeit.

Aufgaben

1. Beschreibe Brechts Standpunkt zur Ursache von Armut und Reichtum (M 6).
2. a) Analysiere, wer von drohender Armut am häufigsten betroffen ist (M 7).
   b) Erläutere mögliche Gründe dafür.
3. Erörtere, ob und – wenn ja – auf welche Weise der Staat in die ungleiche Verteilung von Vermögen über Umverteilungsmaßnahmen eingreifen soll (M 8, M 9).

Warum gibt es den Föderalismus in Deutschland?

M 10   Eine Geschichte von Macht und Ohnmacht

Bundesstaat

Ein Bundesstaat (oder auch föderaler Staat) setzt sich aus mehreren Teilstaaten zusammen. Anders als beim sog. Einheits- oder Zentralstaat hat die Bundesebene hier die ausschließliche Gesetzgebungskompetenz lediglich bei Aufgaben, die eine gesamtstaatliche Regelung zwingend erfordern. Alle anderen Gesetze werden auf der Ebene der Gliedstaaten beschlossen (Subsidiarität). Dennoch ist der Bundesstaat ein viel engerer Zusammenhang als ein Staatenbund, bei dem sich die Mitglieder nur für einen oder wenige politische(n) Regelungsbereich(e) zusammenschließen.

GG Artikel	Was dazu im Grundgesetz steht
20	„Die Bundesrepublik Deutschland ist ein demokratischer und sozialer Bundesstaat."
79	Das bundesstaatliche Prinzip darf nicht aufgehoben oder geändert werden.
30	Eigenstaatlichkeit der Länder
50 23	Mitwirkung der Länder an der Gesetzgebung des Bundes und in Angelegenheiten der Europäischen Union durch den Bundesrat
70–75	Gesetzgebung: Aufteilung der Zuständigkeiten zwischen Bund und Ländern
83–91d	Zuordnung der staatlichen Verwaltungsaufgaben, Gemeinschaftsaufgaben, Verwaltungszusammenarbeit
104a–109a	Finanzhoheit: Verteilung des Steueraufkommens zwischen Bund und Ländern, unabhängige Haushaltswirtschaft, gemeinsame Verpflichtung zur Haushaltsdisziplin

Wie kein anderes Land legt die Bundesrepublik Wert auf ihren föderalen Charakter. Das hat historische Wurzeln. [...]
Im Gegensatz zu den französischen Nachbarn westlich des Rheins hat es auf dem Gebiet der Deutschen immer föderale Strukturen gegeben. Während die Franzosen schon früh Paris zu ihrer Hauptstadt und zum Sitz einer starken Zentralregierung machten, waren östlich des Rheins die Landesfürsten die eigentlichen Herrscher.
Mit der föderalen Tradition der Deutschen wurde erstmals zur Zeit des Nationalsozialismus gebrochen. Die Nazi-Führung machte sich bald nach der sogenannten „Machtübernahme" vom 30. Januar 1933 an die Gleichschaltung der Länder. [...] Damit hatte die Nazi-Führung in Berlin die gesamte Macht an sich gerissen, um sich über die Belange der Länder je nach politischem Willen hinwegsetzen zu können.
[...] Nach dem Desaster des Zweiten Weltkriegs sollte eine Machtkonzentration in Händen der Zentralregierung für die Zukunft ausgeschlossen werden. Deshalb legte der Parlamentarische Rat bei der Ausarbeitung des Grundgesetzes großen Wert darauf, dass die Rechte der Länder geschützt und garantiert werden. Zugleich sollte durch eine starke Gesetzgebungskompetenz der Länder eine Kontrolle der Zentralregierung etabliert werden. Durch unterschiedliche politische Machtverhältnisse in Bund und Ländern ist diese gegenseitige Kontrolle bis heute quasi garantiert. Aber es gab von Anfang an auch Bedenken und Strukturfehler, die den deutschen Föderalismus vor große Probleme gestellt haben. Größe und Wirtschaftskraft der Länder waren so unterschiedlich, dass es permanente Ausgleichsleistungen geben musste. Deshalb hatten schon die Alliierten in den 1950er-Jahren Änderungsbedarf beim Zuschnitt der Länder erkannt und bei der Bundesregierung angemahnt. Aber diese und alle anderen diesbezüglichen Versuche sind gescheitert – zuletzt in Berlin und Brandenburg, die 1996 einen Fusionsversuch starteten, der in einer Volksbefragung scheiterte.
[...] Aber der Wunsch nach einer Reform des Föderalismus ist groß, denn bei bestimmten Konstellationen der Mehrheitsverhältnisse ist ein Regieren fast unmöglich geworden. Deshalb hat die Große Koalition aus Union und SPD 2006 ein Reformpaket verabschiedet, das den Ländern einerseits Kompetenzen entzieht, ihnen aber an-

1.1 Die Verfassungsprinzipien

dererseits auch weiterhin starke Mitsprache garantiert. Das gilt vor allem für die Bildungspolitik, die ausschließlich Ländersache ist. Auch beim Beamtenrecht, beim Strafvollzug und im Umweltrecht haben die Länder Kompetenzen bekommen bzw. für sich erhalten können. Insgesamt ist aber der Anteil von Gesetzen, denen die Länder zustimmen müssen, von über 50 auf 33 Prozent gesunken.

Matthias von Hellfeld, Deutsche Welle, 20.1.2012

Art. 79 GG
(3) Eine Änderung dieses Grundgesetzes, durch welche die Gliederung des Bundes in Länder, die grundsätzliche Mitwirkung der Länder bei der Gesetzgebung oder die in den Artikeln 1 und 20 niedergelegten Grundsätze berührt werden, ist unzulässig.

M 11 Föderalismus – Pro und Kontra

Die landsmannschaftlichen, geschichtlichen, wirtschaftlichen und kulturellen Eigenheiten können so besser erhalten und weiterentwickelt werden.	Der Föderalismus erfordert langwierige Verhandlungen, um zu gemeinsamen Lösungen zu kommen. Darüber kann viel kostbare Zeit vergehen.	Zur klassischen horizontalen Trennung der Staatsgewalten (Legislative – Exekutive – Judikative) kommt im Bundesstaat die vertikale Gewaltenteilung zwischen dem Gesamtstaat und den Gliedstaaten hinzu.
Chancen und Wettbewerb der politischen Parteien werden dadurch gefördert, dass sie trotz Minderheitsposition im Gesamtstaat die politische Verantwortung in Gliedstaaten übernehmen können.	Wechselseitige Kontrolle, gegenseitige Rücksichtnahme und Kompromisszwang verhindern oder erschweren doch zumindest Extrempositionen. Der Föderalismus wirkt ausgleichend und damit auch stabilisierend.	Die staatlichen Organe sind regionalen Problemen im Bundesstaat näher als im Einheitsstaat. Vergessene „Provinzen" gibt es nicht.
Die Gliedstaaten stehen zwangsläufig im Wettbewerb zueinander. Konkurrenz belebt. Erfahrungsaustausch fördert den Fortschritt und beugt bundesweiten Fehlentwicklungen vor.	Die in dieser Weise verflochtene Staatstätigkeit ist kompliziert und manchmal für den Bürger schwer zu überschauen.	Die Gliederung in kleinere staatliche Einheiten schafft mehr Bürgernähe und eröffnet mehr Chancen zur Mitbestimmung.

Nach: Konrad Reuter, Bundesrat und Bundesstaat – Der Bundesrat der Bundesrepublik Deutschland, 13. Auflage, 2006, S. 7 ff.

Aufgaben

1. Erläutere, weshalb der Föderalismus eine starke Stellung in Deutschland hat (M 10).
2. Beurteile, ob der deutsche Föderalismus noch zeitgemäß ist (M 11).
3. In Deutschland unterhalten sowohl der Bund (Bundespolizei u. a. zum Grenzschutz, zur Terrorismusabwehr, Kriminalpolizei) als auch die Länder (Schutz- und Kriminalpolizei) eigene Polizeieinheiten. Erkläre an diesem Beispiel die Rolle des Föderalismus für die Gewaltenteilung.

zu Aufgabe 2
Ordne die Argumente zunächst nach Pro und Kontra sowie nach ihrer Wichtigkeit.

Wie schützt der Rechtsstaat die Grundrechte?

M 12 Rechtsstaatsprinzip – verletzt durch Folter, früher wie heute

Art. 2 GG
(2) Jeder hat das Recht auf Leben und körperliche Unversehrtheit. Die Freiheit der Person ist unverletzlich. In dieses Recht darf nur auf Grund eines Gesetzes eingegriffen werden.

Art. 104 GG
(1) Die Freiheit der Person kann nur auf Grund eines förmlichen Gesetzes und nur unter Beachtung der darin vorgeschriebenen Formen beschränkt werden. Festgehaltene Personen dürfen weder körperlich noch seelisch misshandelt werden.

Vorbereitung der Folter, Holzschnitt aus der Bambergensis, Ausgabe von 1580

Folter soll die Guantanamo-Häftlinge zum Reden bringen.

M 13 Was ist in einem Rechtsstaat erlaubt? – der Fall Gäfgen

Sieben Stunden lang hatten Fahnder den Verdächtigen Magnus Gäfgen während der Nacht bereits vernommen. Der Student log sie immer wieder an. Bestritt, der Entführer des Bankierssohns Jakob von Metzler zu sein. [...]
Frankfurts Vize-Polizeipräsident Wolfgang Daschner kannte jedes Wort der ergebnislosen Vernehmung. Der heute 60-jährige Chef-Fahnder wusste, dass Gäfgen der Täter sein musste. Immer wieder hatte er sich mit seinen Beamten beraten, war selbst in die Befragung eingestiegen und bestellte selbst die Mutter des Verdächtigen ins Präsidium. Nichts half. Deshalb traf Daschner nach wenigen Stunden Schlaf die wohl verhängnisvollste Entscheidung seiner Karriere. Im Führungsstab des Präsidiums diktierte er seinen Beamten, sie sollten Gäfgen bei der nächsten Vernehmung „Schmerzen" androhen. Daschners Untergebene gehorchten. Zurück im Vernehmungszimmer rückte einer der Beamten ganz nah vor den Verdächtigen, packte seine Schultern und sprach mit leiser Stimme. Das ganze hier sei „kein Spiel". Gäfgen müsse mit Schmerzen rechnen, die er noch nie in seinem Leben gekannt habe, wenn er nicht endlich auspacke. [...] Die Drohung allein wirkte. Innerhalb der nächsten 25 Minuten legte Gäfgen ein umfassendes Geständnis ab. [...] Nur eine Hoffnung der Fahnder erfüllte sich nicht. Statt den Ermittlern zu verraten, wo er Jakob versteckt hielt, konnte Gäfgen nur noch sagen, wo sie die Leiche des Entführten finden würden.

Matthias Gebauer, Anklage macht der Folter den Prozess, www.spiegel.de, 20.2.2004

M 14 Warum der Zweck nicht alle Mittel heiligt

Der ehemalige Frankfurter Vize-Polizeipräsident Wolfgang Daschner ist wegen der von ihm angeordneten Folterdrohung im Entführungsfall
5 Metzler zu einer Geldstrafe auf Bewährung verurteilt worden. [...] Das Frankfurter Landgericht sah es in seinem heutigen Urteil als erwiesen an, dass Daschner einen untergebe-
10 nen Beamten zur schweren Nötigung verleitet hat. Die 27. Strafkammer unter dem Vorsitz der Richterin Bärbel Stock verurteilte Daschner zu 90 Tagessätzen je 120 Euro, also 10.800
15 Euro insgesamt. Der mitangeklagte Vernehmungsbeamte erhielt eine Geldstrafe von 60 Sätzen zu je 60 Euro. Die deutlich unter dem Regelstrafrahmen von einem halben bis
20 fünf Jahren liegende Strafe wurde auf Bewährung ausgesetzt. Beide Angeklagten und die Staatsanwaltschaft

nahmen das Urteil an. Die Verurteilten sind damit nicht vorbestraft. Richterin Stock machte in ihrer Ur- 25 teilsbegründung deutlich, dass die Gewaltdrohung gegen Gäfgen einen Verstoß gegen die im Grundgesetz verankerte Menschenwürde dargestellt habe. Als strafmildernd werte- 30 te die Kammer die ehrenwerten Motive der beiden Angeklagten. Beiden sei es vorrangig darum gegangen, das Leben des entführten Kindes zu retten. Zugutehielt das Gericht Dasch- 35 ner [...] außerdem, dass beide zum Zeitpunkt ihrer Entscheidung unter hohem Druck gestanden hätten und dass der Täter Gäfgen die Ermittler mit immer neuen Lügen in die Irre 40 geführt habe.

Spiegel Online, Ehrenwerte Motive, mildes Urteil, www.spiegel.de, 20.12.2004

M 15 Rechtsstaat – Schlagzeile

Gäfgen bekommt Schmerzensgeld

3.000 Euro bekommt der verurteilte Kindsmörder Magnus Gäfgen vom Land Hessen. Nach dem Mord an dem 11-jährigen Jakob von Metzler hatten ihm [Polizei-]Beamte mit Folter gedroht. [...] Das Vorgehen der Ermittler sei eine „schwerwiegende Rechtsverletzung" und könne nicht auf andere Weise befriedigend ausgeglichen werden als durch die Zahlung einer Entschädigung, sagte der Vorsitzende Richter.

dpa/afp/dapd, Gäfgen bekommt Schmerzensgeld, die tageszeitung, 4.8.2011

M 16 Warum das Grundgesetz die Menschenwürde garantiert

„Die Würde des Menschen ist unantastbar. Sie zu achten und zu schützen ist Verpflichtung aller staatlichen Gewalt." [...] Was bedeutet

diese Garantie und warum ist sie ins 5 Grundgesetz gekommen? Für den Parlamentarischen Rat war sie eine bewusste Antwort auf die systemati-

---

Auch ein Mörder ist ein Mensch

Das Land Hessen muss dem Kindsmörder Magnus Gäfgen wegen der Folterdrohung im Polizeiverhör endgültig eine Entschädigung von 3.000 Euro zahlen. Das hat das Oberlandesgericht (OLG) Frankfurt am Mittwoch [...] in zweiter Instanz entschieden. [...] Die Androhung von Schmerzen verstößt nach Auffassung des OLG unter anderem gegen das im Grundgesetz verankerte Verbot, Festgenommene „körperlich oder seelisch zu misshandeln." Das Gericht verwies zudem auf ein von Gäfgen erwirktes Urteil des Europäischen Gerichtshofs für Menschenrechte (EuGH), wonach die Vernehmung eine „unmenschliche Behandlung" gewesen sei. Die beiden Polizisten hätten „bei allem Respekt für ihre Beweggründe vorsätzlich eine Amtspflichtverletzung begangen", sagte der Vorsitzende Richter Ulrich Stump. Dafür habe das Land Hessen einzustehen.

cp/dpa/AFP, Verurteilter Kindsmörder Gäfgen erhält Entschädigung, www.focus.de, 10.10.2012

Parlamentarischer Rat erarbeitete vom 1.9.1948 bis 8.5.1949 das Grundgesetz

Proklamation
amtliche Verkündigung

Integrität
Rechtschaffenheit, Unverletzlichkeit

Der erste Satz des Artikels 1 GG am Gebäude des Landgerichts Frankfurt am Main. Der vollständige Text der Artikel 1 – 19 ist z. B. auf der Homepage des Deutschen Bundestages unter dem Stichwort „Grundgesetz" zu finden.

sche Menschenverachtung und tausendfache Verletzung der Menschenwürde durch das NS-Regime. Die Menschenwürde sollte künftig unantastbar, ihre Achtung und ihr Schutz das Fundament der neu zu errichtenden Ordnung sein. Und dies nicht nur als allgemeine Proklamation, sondern als verbindliche, normativ verpflichtende Grundentscheidung für alles staatliche Handeln und das Zusammenleben in der Gesellschaft. [...] Was ist der Inhalt dieser Menschenwürdegarantie? Über ihren Kerngehalt waren sich die Väter und Mütter des Grundgesetzes [...] einig; er ergab sich für sie einerseits aus christlicher Wurzel, dem Gedanken der Gottebenbildlichkeit des Menschen (Genesis 1,26), anderseits aus der Tradition des Humanismus und der Philosophie der Aufklärung, insbesondere Kants. Dieser Kerngehalt umfasst die Anerkennung und Achtung jedes Menschen als eigenständiges Subjekt, als Träger grundlegender Rechte und der Freiheit zur eigenen Entfaltung und verantwortlichem Handeln, den Ausschluss von Entwürdigung und Instrumentalisierung nach Art einer Sache, über die beliebig verfügt werden kann.

Die so verstandene Garantie ist ein zentraler Gründungsakt, auf dem unsere Verfassungsordnung ruht. Ihr verdanken wir die insgesamt menschenfreundliche Gestalt unserer Rechtsordnung. An ihr gilt es festzuhalten, sie darf nicht durch den Hinweis auf die Offenheit des Menschenwürdebegriffs infrage gestellt oder relativiert werden. Dies wird [...] allgemein akzeptiert. Gleichwohl zeigen sich, wenn es um die konkrete Anwendung dieser Garantie auf neue Problemlagen [...] geht, Gefährdungen, denen entgegengetreten werden muss, soll die Garantie ihre Integrität behalten.

Ernst-Wolfgang Böckenförde, Die Garantie der Menschenwürde, www.bundestag.de (11.11.2007)

M 17 Merkmale der Menschenwürde

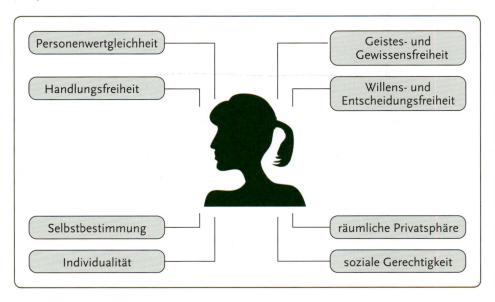

M 18 Grundrechte im Alltag – Fallbeispiele

In den z. T. fiktiven Fallbeispielen handelt es sich vor allem um Beeinträchtigungen der Grundrechte des Bürgers durch den Staat. Ob auch einzelne Bürgerinnen und Bürger die Grundrechte anderer Bürgerinnen und Bürger beeinträchtigen können, ist unter dem Stichwort „Drittwirkung" der Grundrechte Gegenstand verfassungsrechtlicher Diskussionen.

1 Eine Schülerin beklagt sich auf ihrem Facebook-Account über ihren Lehrer, der sie immer wieder schlecht benote, weil er sie nicht leiden könne. Sie fragt ihre „Freunde", ob sie sich über den Lehrer bei der Schulleiterin beschweren solle. Als der Lehrer von der inzwischen breiten virtuellen Diskussion in der Jahrgangsstufe erfährt, stellt er die Schülerin zur Rede. Die Situation eskaliert und die Schülerin droht mit einer Beschwerde. Der Lehrer verliert die Nerven und gibt der Schülerin eine Ohrfeige.

2 Vor der Diskothek „Starlight" verweigern Türsteher Menschen mit dunkler Hautfarbe den Eintritt.

3 Die Polizei durchsucht die Redaktionsräume einer großen Wochenzeitung, beschlagnahmt Aktenordner und Computer und verlangt von dem Chefredakteur die Preisgabe von Informationsquellen.

4 Der Schulleiter einer Schule, die von vielen Schülerinnen und Schülern mit Migrationshintergrund besucht wird, verbietet die russische Sprache auf dem Schulhof.

5 In der Firma „Holzwurm" erhalten Frauen grundsätzlich einen geringeren Stundenlohn als Männer. Der Chef argumentiert, die Männer seien in der Regel Haupternährer der Familie.

Grundrechte und Bürgerrechte
Den Grundrechten liegen die allgemeinen angeborenen unveränderlichen Menschenrechte zugrunde. Bürgerrechte stehen nur den Staatsangehörigen zu und sind an der Formulierung „Alle Deutschen haben das Recht ..." zu erkennen.

Gliedere die Grundrechte im Grundgesetz nach Menschen- und Bürgerrechten.

M 19 Elemente des Rechtsstaats

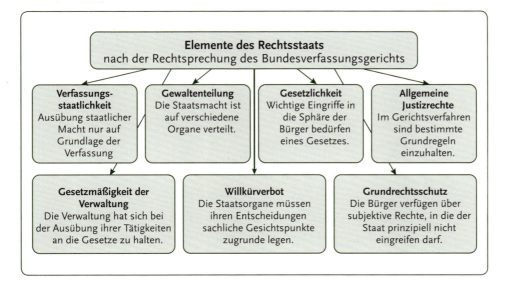

Quelle: Michael Piazolo, Der Rechtsstaat, hrsg. von der Bayerischen Landeszentrale für politische Bildungsarbeit, München 1999, S. 13

M 20   Die Verfassungsprinzipien im Grundgesetz

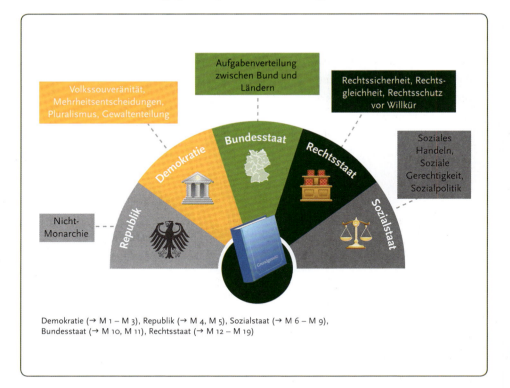

Demokratie (→ M 1 – M 3), Republik (→ M 4, M 5), Sozialstaat (→ M 6 – M 9), Bundesstaat (→ M 10, M 11), Rechtsstaat (→ M 12 – M 19)

Aufgaben

1. Gib die Besonderheiten des Falls Gäfgen wieder (M 13, M 14).
2. Erläutere die Entscheidung des Gerichts, Gäfgen Schmerzensgeld in Höhe von 3.000 Euro zuzusprechen (M 15, Randspalte).
3. Fasse zusammen, was unter Menschenwürde zu verstehen ist (M 16, M 17).
4. Analysiere die Fallbeispiele in M 18, indem du
   a) untersuchst, gegen welche Grundrechte in den genannten Beispielen verstoßen wird. Lies hierzu die Art. 1 – 3 GG, 5 GG, 8 – 10 GG und 13 GG durch. Begründe anschließend im Einzelnen, warum es sich um einen Verstoß handeln könnte.
   b) entscheidest, in welchen Fällen ein Verstoß gegen Menschenrechte bzw. gegen Bürgerrechte vorliegt.
5. Fasse zusammen, welche Merkmale einen Rechtsstaat auszeichnen (M 12 – M 19).
6. Spielt die Probleme rechtsstaatlicher Entscheidungsfindung an folgendem Szenario durch: Terroristen drohen, ein gekapertes, voll besetztes Passagierflugzeug in ein Kernkraftwerk stürzen zu lassen. Erörtert, ob es von der Luftwaffe vorher abgeschossen werden soll oder nicht.

Methode

M 21 Politische Reden analysieren, verfassen und halten

Die Analyse einer politischen Rede

Rede von Bundespräsident Joachim Gauck im Rahmen seines Antrittsbesuches beim Bundesverfassungsgericht am 18.10.2012 in Karlsruhe

Natürlich kannte ich im Grundsatz schon früher die Bedeutung des Bundesverfassungsgerichts. Aber im Vorfeld des Besuches hat die politische Situation, die ganz aktuelle Rechtsprechung des Bundesverfassungsgerichts mir sehr nachdrücklich bewusst gemacht: Ohne Bundesverfassungsgericht wäre unsere Verfassungsordnung unvollkommen. So komme ich zu Ihnen mit großer Freude und tiefer Wertschätzung.

Ich selbst bin in einem Gesellschaftssystem groß geworden, in dem die Verfassung zwar einige Grundrechte und staatliche Garantien enthielt. Aber in der DDR konnten die Bürger ihre Rechte gegenüber der Staatsmacht nicht durchsetzen. Es gab keine Instanz, vor der Bürger gegen den [...] Staat klagen konnten. Deshalb wusste schon die Demokratiebewegung von 1989: Unabhängige Gerichte – allein dem Recht verpflichtet, keiner Staatsführung, auch keiner Ideologie oder Idee – sind unverzichtbarer Teil eines Rechtsstaates. Für diese Unabhängigkeit und den Rechtsstaat insgesamt ist aber auch ein zweites Element ganz wesentlich, wichtiger vielleicht als ein fein ziseliertes Rechtsschutzsystem: Ich möchte es einmal mit „Haltung" charakterisieren. Es sind dies die Rechtstreue der Bürger und die Rechtstreue der Rechtsanwender – der Richter, der Staatsanwälte, der Rechtsanwälte und der Verwaltungsbeamten. Es ist ihr Ethos, das geltende Recht richtig anzuwenden. [...] Und noch etwas will ich hier benennen: Menschen aus Staaten, in denen das Rechtsbewusstsein weniger stark ausgeprägt ist, fragen nicht umsonst: Warum werden in Deutschland Ge- und Verbote befolgt?

Vielleicht liegt eine Antwort auf diese Frage darin, dass der Rechtsstaat in Deutschland älter als die Demokratie ist. In der alten Bundesrepublik – sicher in einem längeren Prozess – ist richterliche Kontrolle in über 60 Jahren selbstverständlich geworden. So krönt das Bundesverfassungsgericht unseren Rechtsstaat. Es hat mit seiner Rechtsprechung das Versprechen des Grundgesetzes und seiner grundrechtlichen Gewährleistungen eindrucksvoll erfüllt. Wer wie die Ostdeutschen [...] einmal alles verloren hat, was die Subjekthaftigkeit eines Staatsbürgers garantiert, die Freiheit, die Demokratie, die Rechtssicherheit, wer all das verloren hat, der weiß all die rechtsstaatlichen Garantien zu schätzen, die unsere Verfassung enthält. [Deshalb] werde ich überall, wo es erforderlich ist, daran erinnern, welch hoher Wert es ist, sein Recht auch gegen den Staat vor Gericht geltend machen zu können.

Von Gustav Radbruch stammt der Satz: „Nichts ist so entscheidend für den Stil eines Rechtszeitalters wie die Auffassung vom Menschen, an der es sich orientiert." In diesem Sinne war und ist das Bundesverfassungsgericht stilbildend und in vielem Vorbild für andere Verfassungsgerichte: Die Freiheits- und Gleichheitsrechte binden nicht nur Exekutive und Judikative, sondern sind nach der Rechtsprechung des Bundesverfassungsgerichts auch Maßstab für die Gesetzgebung. Mit dieser Rechtsprechung stellt das Gericht den Menschen in den Mittelpunkt und nicht mehr den Staat oder die Klasse, wie es oft genug verhängnisvoll in Deutschland geschehen ist. Das Gericht hat so das Staatsverständnis der Bundesrepublik maßgeblich mitgeprägt. Es hatte entscheidenden Einfluss darauf, dass Rechtsstaatsbewusstsein und die Rechtstreue in Deutschland im Bewusstsein der Bürger fest verankert sind. [...]

Ihnen allen – den Richterinnen und Richtern – möchte ich nochmals für die herzliche Aufnahme danken. Einen speziellen Dank sage ich den wissenschaftlichen Mitarbeiterinnen und Mitarbeitern des Hauses und allen, die unsere Verfassungsrichter in ihrer so wichtigen Arbeit unterstützen.

Joachim Gauck, Antrittsbesuch beim Bundesverfassungsgericht am 18.10.2012, www.bundespraesident.de (4.4.2014)

Methode

Einleitung
- Klärung der Kommunikations- und Redesituation: Redner? Adressat? Anlass? Zeitpunkt? Ort?
- Klärung der Redeabsicht: Wirkungsabsicht der Rede (überzeugen, überreden, manipulieren)

Hauptteil: Ermittlung und Wiedergabe der Hauptaussagen der Rede

Es muss eine Grundsatzentscheidung getroffen werden, ob der Argumentationsstruktur des Textes chronologisch gefolgt oder der Text nach Aspekten analysiert wird. Die chronologische Vorgehensweise ist oft einfacher, da den Argumenten des Autors gefolgt wird. Dabei können aber weniger eigene Schwerpunkte, durch die selbständig einzelne Punkte, die man für wichtig hält, gesetzt und hervorgehoben werden. Es gibt politische Reden, bei denen sich der aspektgeleitete Zugriff direkt anbietet.

- Erläuterung des Aufbaus der Rede wahlweise nach Gliederungsabschnitten oder Aspekten (z. B. Gegenüberstellung von Gegenwart und Vergangenheit)
- Darstellung der Hauptaussagen (chronologisch oder aspektgeleitet)
- Wirkungsabsicht der Rede: Art der Darstellung: sachlich, emotional (nach Möglichkeit im Zusammenhang mit der Darstellung der Hauptaussagen analysieren), Berufung auf anerkannte Autoritäten, Auf- und Abwertung von Personen und ihren Leistungen
- Verwendung rhetorischer Mittel (rhetorische Fragen, Schlüsselbegriffe, lustige Worte, direkte Ansprachen der Zuhörerschaft, Wortwahl (normalsprachlich, gehoben-dichterisch, umgangssprachlich), Erheiterung des Publikums durch Anekdoten)

Schluss
- Zusammenfassende Charakterisierung der Rede: Intentionen, mögliche Wirkung, Erörterung relevanter Fragen
- Persönliche Stellungnahme: kritische Auseinandersetzung mit den Inhalten der Rede, Beurteilung der sprachlichen Qualität der Rede, Angemessenheit in Bezug auf die Adressaten, Wirkung der Rede, Sachlichkeit, Überzeugungskraft des Redners

Tipps
- Verleihe deiner Darstellung einen roten Faden.
- Mache die Struktur deiner Darstellung durch Absätze deutlich.
- Arbeite mit Textbelegen (Vermeide aber lange Zitate, gebe die Zeilen an).

Aufgabe

a) Analysiere die Rede des Bundespräsidenten Joachim Gauck, indem du folgende Aspekte berücksichtigst: Wert des Bundesverfassungsgerichts für die Verfassungsordnung, Erfüllung der grundrechtlichen Gewährleistungen und rechtsstaatlichen Garantien des Grundgesetzes, Einfluss auf das Rechtsbewusstsein und die Rechtstreue der Bürger in Deutschland etc.

b) Untersuche bei der Analyse die Begründungen, Argumente und Belege, Auf- und Abwertungen, sprachliche Elemente und Redeintention.

Eine politische Rede verfassen und halten

Politik lebt von der Überzeugung und politisches Gestalten vom „Überzeugenkönnen". Eine Rede ist dann gut, wenn es dem Redner oder der Rednerin gelingt, den Funken der eigenen Überzeugung auf die Zuhörerinnen und Zuhörer überspringen zu lassen. Nur wenn du genau weißt, wovon du sprichst und zu wem du sprichst, wird deine Rede überzeugen. Anders als ein Referat wird eine politische Rede in der Regel Wort für Wort vorbereitet und ausformuliert. Trotzdem soll man ihr gut als Zuhörer folgen können – das ist gar nicht einfach!

Gliederung einer politischen Rede:

1. Einleitung:

Warum spreche ich? Worin besteht der Anlass? Welches Problem nehme ich mir vor?

2. Hauptteil:

a) Wie sind die Zustände (Was war? Was ist?)? Wie ist das Problem entstanden?

b) Was müsste stattdessen sein? Welchen Zustand wünsche ich mir?

c) Wie können die herrschenden Zustände geändert werden? Welche Maßnahmen müssten ergriffen werden? Welche Maßnahmen halte ich für ungeeignet und warum?

3. Der Schluss enthält die Aufforderung zur Tat, den vom Redner gewiesenen Weg zu gehen und so die Zustände zu ändern: Was können, was müssen wir tun?

Worauf bei einer Rede geachtet werden sollte:

1. Kurze Sätze verwenden:

Den Zuhörern fällt es schwer, den Inhalt langer und verschachtelter Sätze aufzunehmen. Eine Rede wird durch kurze (Haupt-)Sätze klarer und verständlicher. Daher sollten Nebensätze nur sparsam eingesetzt werden.

2. Langsam reden:

In einem mit vielen Zuhörern gefüllten Raum gehen undeutlich gesprochene Silben verloren. Ein ruhiges Sprechtempo wirkt dem entgegen.

3. Pausen einsetzen:

Angemessene Pausen verleihen einer Rede Wirkung. Deshalb folgt nach wichtigen Punkten eine Pause. Man sagt sich innerlich „Punkt. Pause.", dann ist die Pause lang genug und man kann weiterreden und sich dem nächsten Themenpunkt zuwenden. Pausen schenken sich selbst und den Zuhörern außerdem Zeit zum Mit- und Nachdenken. Pausen erzeugen dabei Bilder und beflügeln die Fantasie der Hörer. Eine Rede ohne Pause ist daher wie ein Buch ohne Bilder.

4. Den Blickkontakt zum Publikum suchen:

Man wählt dazu eine oder mehrere Personen aus dem Publikum aus, die während des Vortrages hin und wieder für mindestens eine Sekunde lang angeschaut werden. Noch besser ist es, den Blick beim Sprechen durch die Zuschauerränge schweifen zu lassen, um das ganze Publikum anzusprechen.

5. Passende Kleidung:

Man sollte Kleidung tragen, in der man sich wohl fühlt und die dem Redeanlass angemessen ist.

Was wir wissen

Demokratie
M 3

Deutschlands Herrschaftsform ist die Demokratie. Der Begriff kommt aus dem Griechischen und setzt sich aus den Wörtern demos (Volk) und kratia (Herrschaft) zusammen. Demokratie bedeutet also Herrschaft des Volkes oder Volkssouveränität. D. h. dass alle Gewalt vom Volk ausgeht, also jede staatliche Betätigung nur dann gerechtfertigt ist, wenn sie sich auf eine eindeutige Willensäußerung der entscheidungsberechtigten Staatsbürger zurückführen lässt.

Republik
M 4, M 5

Das Verfassungsprinzip Republik bezeichnet die Staatsform Deutschlands. In der Politikwissenschaft gilt heute u. a. das „Staatsoberhaupt" als das wesentliche Unterscheidungskriterium für Staatsformen. Während die Monarchie über ein gekröntes oder fürstliches Staatsoberhaupt verfügt, sind alle Staaten ohne Kaiser, Könige oder Fürsten Republiken.

Sozialstaat
M 8, M 9

Das Sozialstaatsprinzip verpflichtet die staatliche Gemeinschaft zum Schutz von sozial und wirtschaftlich Schwachen. Anders als die anderen Verfassungsprinzipien lässt es dem Gesetzgeber einen großen Spielraum zur Ausgestaltung. Der Staat muss aber zum einen die Existenzgrundlage seiner Bürger sichern (soziale Sicherheit); zum anderen muss er für sozialen Ausgleich zwischen sozial schwachen und sozial starken Bürgern sorgen.

Föderalismus
M 10, M 11

Die Bundesrepublik als Gesamtstaat (Bund) besteht aus mehreren Gliedstaaten bzw. Bundesländern – seit 1990 aus insgesamt 16. Diese sind ebenso Staaten wie der Bund, jedoch mit eingeschränkter Souveränität. Sie haben ihre eigenen staatlichen Organe, z. B. Landesregierungen. Dass die Länder andererseits nur teilsouverän sind, verdeutlicht die Tatsache, dass sie nicht über ein Verteidigungsministerium oder eine eigene Außenpolitik verfügen.

Grundrechte
M 15 – M 18

Als Grundrechte werden die Menschen- und Bürgerrechte bezeichnet. Menschenrechte stehen jedem Menschen, Bürgerrechte nur deutschen Staatsbürgern zu. Die Grundrechte schützen jeden einzelnen Menschen gegen Ansprüche und Übergriffe der Staatsgewalt. Ausnahmslos jeder Mensch hat demnach ein Recht auf Leben, körperliche Unversehrtheit und Gleichbehandlung vor dem Gesetz. Als eigenverantwortliches Wesen soll er außerdem seine Persönlichkeit frei entfalten können, solange er nicht die Rechte anderer verletzt und nicht gegen die verfassungsmäßige Ordnung oder das Sittengesetz verstößt.

Rechtsstaat
M 19

Das Rechtsstaatsprinzip bindet die gesamte Staatsgewalt an Recht und Gesetz. Es wird u. a. durch folgende Grundsätze konstituiert: *Rechtsbindung* – Bindung der Legislative an die Grundsätze der Verfassung: Vorrang des Gesetzes gegenüber jeder anderen staatlichen Handlung; *Gesetzesvorbehalt* – Handeln der Verwaltung nur auf Grundlage eines Gesetzes; *Rechtssicherheit* – Rechtswegegarantie, rechtliches Gehör für jedermann; *Rechtsgleichheit* – Gleichbehandlung gleich liegender Sachverhalte; *Verhältnismäßigkeit* – Schutz des Einzelnen vor unnötigen staatlichen Eingriffen; *Unabhängigkeit der Gerichte* – Freiheit der Rechtsprechung, keine Bindung an Weisungen der Regierung, aber Ausrichtung juristischer Entscheidungen an Recht und Gesetz.

Was wir können

Warum es zur Demokratie keine Alternative gibt

Nach wie vor gilt: [...] „die zweitbeste Demokratie ist immer noch besser als die beste Nicht-Demokratie". Die Demokratie mag nur als das kleinere Übel angesehen werden, vereint aber andererseits so viele Vorteile auf sich, dass sie als die beste bekannte Herrschaftsform bezeichnet werden kann. Einer dieser Vorteile ist ihre Lernfähigkeit, die sie in die Lage versetzt, auch große Herausforderungen zu bestehen [...]. 5
Die moderne Demokratie ist gemäßigt, basiert auf Gewaltentrennung, repräsentativer Willens- und Entscheidungsbildung und, ganz entscheidend, auf Recht und Verfassung. Mit der Achtung von Recht und Gesetz, mit unabhängigen Gerichten und einer Verfassungsgerichtsbarkeit kann auch der von Alexis de Tocqueville und John Stuart Mill in der Mitte des 19. Jahrhunderts beschworenen Gefahr einer Tyrannei der Mehr- 10
heit begegnet werden. Individuen und Minderheiten müssen sich nicht bedingungslos einer Mehrheit beugen, die sich ja auch irren kann. Leben, Freiheit und Eigentum genießen den Schutz des Rechtes. Individuelle Freiheit und demokratische Selbstregierung lassen sich in der modernen Demokratie miteinander vereinbaren. [...]
Demokratien haben auch gelernt, mit grundlegenden gesellschaftlichen Problemen 15
umzugehen. Sie können besser als nicht-demokratische Systeme zwischen Staat und Gesellschaft vermitteln. Durch Repräsentativität und Responsivität ihrer Institutionen greifen sie Problemlagen aus der Gesellschaft auf und entschärfen sie, indem sie sie zu allgemein verbindlichen Entscheidungen verarbeiten. So hat sich durch die Entwicklung wohlfahrtsstaatlicher Maßnahmen in Reaktion auf die „soziale Frage" bei- 20
spielsweise die soziale Demokratie herausgebildet.
Gleichwohl vermag die Demokratie keineswegs alle Probleme zu lösen. Immer wieder wird ihr vorgehalten, dass sie nur die gut organisierten und machtvoll artikulierten Interessen berücksichtige und dabei nur die kurzfristigen Ziele, nicht aber das nachhaltige Gemeinwohl, auch nicht die Belange nachfolgender Generationen im Auge habe. 25
Das mag in der Tat eine Achillesferse der Demokratie sein, aber ein prinzipieller Einwand gegen diese Herrschaftsform ist es nicht. Die Demokratie ist die einzige Herrschaftsform, die es den Bürgern erlaubt, Regierende zu sanktionieren, ohne das politische System selbst beseitigen zu müssen. Politische Führung kann ausgewechselt werden, weil es in der Demokratie nur Herrschaft auf Zeit gibt. [...] 30
Und vor allem: Nur der Wille der Bürgerinnen und Bürger, artikuliert in Wahlen und Abstimmungen, begründet und legitimiert die Herstellung kollektiv verbindlicher Entscheidungen. Nur die Demokratie bietet den Menschen die Chance, sich umfassend an Willensbildung und Entscheidungsfindung zu beteiligen, ihre Angelegenheiten selbst in die Hand zu nehmen. 35

Hans Vorländer, www.bpb.de, 27.9.2012

Aufgaben

1. Verfasse eine Rede, in der du Vor- und Nachteile demokratischer Herrschaft erläuterst.
2. Überprüfe, ob Vorländer mit seiner Bewertung von Demokratie uneingeschränkt Recht hat.

1.2 Wie unsere Demokratie gesichert wird
Rechtsextremismus in Deutschland – ein Problem?

M 1 Einstellungen zur Diktatur

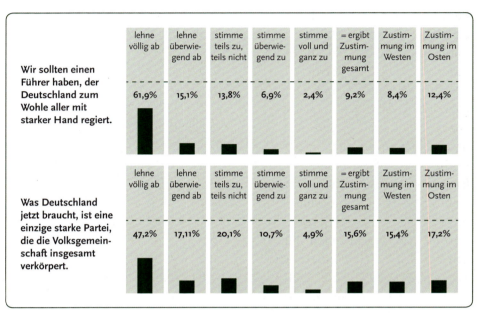

Oliver Decker/Johannes Kiess/Elmar Brähler, Die „Mitte"-Studien der Universität Leipzig – Die stabilisierte Mitte: Rechtsextreme Einstellung in Deutschland 2014, S. 32 f.

M 2 Wie rechtsextrem ist Deutschland?

Alternative für Deutschland (AfD)
Am 6. Februar 2013 gegründete Partei. Politikwissenschaftler bezeichnen sie überwiegend als rechtspopulistisch oder rechtspopulistisch beeinflusst.

„Wir haben wieder eine rechtsextreme Massenbewegung in Deutschland", sagt Extremismusforscher Hajo Funke.
Was ist los in Deutschland? Mit
5 den Deutschen? Die Hälfte aller deutschen Studenten glaubt, dass Deutschland die Grenze seiner Integrationsfähigkeit von Ausländern bereits überschritten habe. Etwa ge-
10 nauso viele finden, dass Deutschland keine weiteren Fachkräfte aus dem Ausland braucht.
Das Bild der Studenten lässt sich auf die ganze Gesellschaft übertragen:
15 23 Prozent der Deutschen beobachten bei ihren Landsleuten ein ablehnendes Verhalten gegenüber Flüchtlingen. 43 Prozent haben Angst vor Spannungen durch Ausländer.
Dazu kommt eine Mischung aus 20 Hass auf den Islam und Angst vor einer Übervölkerung durch Muslime. Auf 25 Prozent schätzen die Deutschen den Anteil der Muslime an der Bevölkerung. Tatsächlich sind es nur 25 6 Prozent.
Eine Entwicklung, die uns Sorgen bereiten sollte. Ernste Sorgen. „Wir haben erstmals wieder eine rechtsextreme, rechtspopulistische und 30 rechtsnational motivierte Massenbewegung in Deutschland", sagte der Berliner Politologe Hajo Funke der „Welt am Sonntag".

1.2 Wie unsere Demokratie gesichert wird

Die Bewegung, die Funke beschreibt, besteht nicht mehr nur aus erkennbar Rechten. Sondern auch aus ganz gewöhnlichen Deutschen. Aus der Mitte der Gesellschaft, die sich nach rechts bewegt.

Funkes Ansicht nach mischen sich gerade „verstehbare Ängste" im Zusammenhang mit der Flüchtlingsunterbringung und Terrorismus mit „Rechtspopulismus und weiterreichendem Rassismus. Angst wird in das Ressentiment gegen Ausländer und den Islam gerührt", sagt Funke.

Politiker schaffen es nicht, Flüchtlinge als Chance zu vermitteln

Deutschland nimmt so viele Flüchtlinge auf wie kein anderes Land in Europa. Im vergangenen Jahr gingen bei den EU-Südländern gemeinsam etwa genauso viele Asylanträge ein wie in den bevölkerungsreichsten Bundesländern Nordrhein-Westfalen und Bayern.

Und es werden immer mehr. Aber viele Lokalpolitiker sind zu ängstlich, um ihren Bürgern die notwendige Aufnahme von Asylbewerbern zu vermitteln.

Ursache für das Entstehen rechtsextremer Bewegungen seien Defizite in der politischen Kommunikation. „Zu viele Probleme auf einmal werden politisch nicht erklärt und damit nicht begreifbar", sagt Funke.

Funkes Dresdner Kollege Werner Patzelt erwartet „in den nächsten Monaten eine gigantische Verschärfung der Zuwanderungs- und Flüchtlingsproblematik" mit erheblichen Folgen für das politische System. Wenn es den etablierten Parteien weiterhin nicht gelinge, darüber eine vernünftige Diskussion hinzubekommen, seien weitere Stimmengewinne für rechte Parteien möglich, sagte er der „Welt am Sonntag".

Patzelt fragt sich in dem Zusammenhang auch, ob es der Alternative für Deutschland (AfD) dauerhaft gelingen werde, sich vom extrem rechten Rand zu distanzieren. „Denn je tiefer man an die Basis geht, desto größer wird der Anteil an rechten Spinnern."

Genau das mache die AfD so gefährlich, sagt wiederum Funke, und erinnert an den Aufstieg Hitlers. „Auch die Nazis haben das deutsch-nationale Milieu gebraucht, um stark zu werden", sagt er.

Die AfD wäre in der Überlegung also nur Wegbereiter. Für den Aufstieg einer wirklich rechtsextremen Partei.

Jan David Sutthoff, Huffington Post, 30.11.2014

Wahlergebnisse der AfD

Landtag Brandenburg	2014	12,2 %
Bremische Bürgerschaft	2015	6,5 %
Hamburgische Bürgerschaft	2015	8,1 %
Landtag Sachsen	2014	9,7 %
Landtag Thüringen	2014	10,6 %
EU-Parlament	2014	7,1 %

(Stand: 17.11.2015)

Aufgaben

1. Analysiere die Statistik zu den Einstellungen zur Diktatur und nimm Stellung zu den Ergebnissen in M 1.
2. Erläutere ausgehend von M 2 Ursachen für Rechtsextremismus in Deutschland.
3. Entwickelt in Gruppen Lösungsvorschläge, wie man gegen rechtsextreme Einstellungen vorgehen könnte. Erstellt dann eine Rangliste der Vorschläge und erklärt, welchen Vorschlag ihr persönlich unterstützen würdet.

Die wehrhafte Demokratie – wie werden unsere Grundrechte geschützt?

Zitate von NPD-Funktionären

„Unser Augenmerk hat den Gesunden und Starken zu gelten. Dieses ist zuallererst zu fördern und zu unterstützen. Dies ist keine Selektion, sondern einfache Logik, damit wir auch morgen den Schwachen und Kranken überhaupt noch helfen können."
Udo Pastörs, NPD-Fraktionsvorsitzender in Mecklenburg-Vorpommern

„Innerhalb des Systems gibt es keine Hoffnung auf Erneuerung. Erst die rücksichtslose und restlose Beseitigung des korrupten liberal-kapitalistischen Systems kann den Weg freimachen für einen nationalen und sozialen Neuanfang in Frieden und Freiheit für unser Volk."
Winfried Petzold (1943 – 2011), ehemaliger NPD-Landesvorsitzender in Sachsen

wehrhafte Demokratie
In einer wehrhaften bzw. streitbaren Demokratie wird die freiheitliche Ordnung vom Staat geschützt und kann nicht auf legalem Weg oder mithilfe legaler Mittel aufgehoben werden.

M 3 Aus!

Karikatur: Burkhard Mohr

M 4 Wie der Staat die Demokratie schützt

Die „wehrhafte Demokratie" der Bundesrepublik Deutschland kann als eine Reaktion auf das Scheitern der Weimarer Republik verstanden
5 werden. Der Aufstieg der Nationalsozialisten, deren erklärtes Ziel die Abschaffung der Demokratie war, warf die Frage auf, wie sich ein demokratischer Staat gegen politischen
10 Extremismus wehren kann, ohne die Freiheitsrechte seiner Bürger zu sehr einzuschränken.
Im Zentrum der wehrhaften Demokratie steht die sogenannte Ewigkeitsgarantie des Art. 79 Abs. 3. Da-
15 rin heißt es: „Eine Änderung dieses Grundgesetzes, durch welche die Gliederung des Bundes in Länder, die grundsätzliche Mitwirkung der Länder bei der Gesetzgebung oder die in
20 den Artikeln 1 und 20 niedergelegten Grundsätze berührt werden, ist unzulässig." Zu den Grundsätzen gehören u. a. die Menschenwürde, die Rechts-, Sozial- und Bundesstaatlich-
25 keit sowie das Demokratieprinzip.

M 5 Die wehrhafte Demokratie im Grundgesetz

Artikel 5
(1) Jeder hat das Recht, seine Meinung in Wort, Schrift und Bild frei zu äußern und zu verbreiten und sich aus allgemein zugänglichen Quellen ungehindert zu unterrichten. Die Pressefreiheit und die Freiheit der Berichterstattung durch Rundfunk und Film werden gewährleistet. Eine Zensur findet nicht statt. [...]
(3) Kunst und Wissenschaft, Forschung und Lehre sind frei. Die Freiheit der Lehre entbindet nicht von der Treue zur Verfassung.

Artikel 9
(1) Alle Deutschen haben das Recht, Vereine und Gesellschaften zu bilden.
(2) Vereinigungen, deren Zwecke oder deren Tätigkeit den Strafgesetzen zuwiderlaufen oder die sich gegen die verfassungsmäßige Ordnung oder gegen den Gedanken der Völkerverständigung richten, sind verboten. [...]

Artikel 18
Wer die Freiheit der Meinungsäußerung, insbesondere die Pressefreiheit (Artikel 5 Abs. 1), die Lehrfreiheit (Artikel 5 Abs. 3), die Versammlungsfreiheit (Artikel 8), die Vereinigungsfreiheit (Artikel 9), das Brief-, Post- und Fernmeldegeheimnis (Artikel 10), das Eigentum (Artikel 14) oder das Asylrecht (Artikel 16a) zum Kampfe gegen die freiheitliche demokratische Grundordnung missbraucht, verwirkt diese Grundrechte. Die Verwirkung und ihr Ausmaß werden durch das Bundesverfassungsgericht ausgesprochen.

Artikel 20
(1) Die Bundesrepublik Deutschland ist ein demokratischer und sozialer Bundesstaat.
(2) Alle Staatsgewalt geht vom Volke aus. Sie wird vom Volke in Wahlen und Abstimmungen und durch besondere Organe der Gesetzgebung, der vollziehenden Gewalt und der Rechtsprechung ausgeübt.
(3) Die Gesetzgebung ist an die verfassungsmäßige Ordnung, die vollziehende Gewalt und die Rechtsprechung sind an Gesetz und Recht gebunden.
(4) Gegen jeden, der es unternimmt, diese Ordnung zu beseitigen, haben alle Deutschen das Recht zum Widerstand, wenn andere Abhilfe nicht möglich ist.

Artikel 21
(1) Die Parteien wirken bei der politischen Willensbildung des Volkes mit. Ihre Gründung ist frei. Ihre innere Ordnung muss demokratischen Grundsätzen entsprechen. [...]
(2) Parteien, die nach ihren Zielen oder nach dem Verhalten ihrer Anhänger darauf ausgehen, die freiheitliche demokratische Grundordnung zu beeinträchtigen oder zu beseitigen oder den Bestand der Bundesrepublik Deutschland zu gefährden, sind verfassungswidrig. Über die Frage der Verfassungswidrigkeit entscheidet das Bundesverfassungsgericht. [...]

Artikel 79
(3) Eine Änderung dieses Grundgesetzes, durch welche die Gliederung des Bundes in Länder, die grundsätzliche Mitwirkung der Länder bei der Gesetzgebung oder die in den Artikeln 1 und 20 niedergelegten Grundsätze berührt werden, ist unzulässig.

Aufgaben

1. Analysiere die Karikatur M 3.
2. Arbeite aus M 4 und M 5 die Mittel heraus, die die wehrhafte Demokratie bereithält, um die Grundwerte unserer Demokratie zu schützen.
3. Überprüfe, ob die NPD eine Partei ist, die die Grundsätze unserer Demokratie akzeptiert. Untersuche dazu die Aussagen der NPD-Funktionäre (Randspalte).

Hilft ein Verbot der NPD?

M 6 Kontrovers diskutiert: Soll die NPD verboten werden?

a) Warum die NPD nicht verboten werden darf

Plakat der NPD gegen den Antrag auf Verbot der Partei beim Bundesverfassungsgericht

V-Leute
Verbindungspersonen, die als Informanten der Polizei oder des Geheimdienstes arbeiten, v. a. in kriminellen Organisationen, z. B. in der Drogenszene.

Plazet
Billigung

Sämtliche Versuche, die NPD zu verbieten, mündeten in juristischen Siegen der Neonazis. Denn die Partei ist nicht das Zentrum des deutschen Rechtsextremismus – vielmehr ist sie eine Randerscheinung.

Die NPD ist eine rechtsextreme Partei, die im Trüben fischt und die sich mit Absicht am äußersten Rande der Legalität bewegt. Ihr Medium ist das Vorurteil, ihr Programm ist völkisch, ihre Rede hasserfüllt. Sie ist alles andere als eine Zierde eines demokratischen Gemeinwesens. Soll oder muss man sie deswegen verbieten? Nein.

Als in den ersten Jahren des vergangenen Jahrzehnts in Gestalt von Bundesregierung, Bundesrat und Bundestag gleich drei Verfassungsorgane einen Antrag zum Verbot der NPD in demonstrativer Geschlossenheit unterstützten, fielen alle drei auf die Nase. Das Bundesverfassungsgericht stellte das Verfahren ein, weil sich gezeigt hatte, dass V-Leute des Verfassungsschutzes sogar in der Parteispitze tätig gewesen waren. In der Sache entschied Karlsruhe nicht. Aus dem Versuch, die NPD abzuschaffen, war ein kleiner Triumph der NPD geworden.

Es ist gut, dass es beim neuerlichen Versuch*, die Partei aus dem politischen Verkehr zu ziehen, nicht zur breiten Front der Verfassungsorgane gekommen ist. [...]

Die Gegner einer vollmundigen, in der liberalen Öffentlichkeit sicher gut ankommenden Verbotsinitiative haben klugerweise Lehren aus dem Scheitern von 2003 gezogen: ein Verbotsverfahren nur dann, wenn ein Erfolg wirklich sicher ist. Denn die Ablehnung eines solchen Antrags in der Sache wäre eine Katastrophe und ein großer Triumph der kleinen NPD. Ihr wäre ein höchstrichterliches Plazet zuteil geworden. Das muss auf alle Fälle verhindert werden.

Auch gilt ein anderes Argument nach wie vor: Es wäre ganz falsch, mit einem solchen Verfahren den trügerischen Glauben zu erwecken, mit dem Verbot der NPD wäre der Rechtsradikalismus besiegt.

Auch wenn die NPD bei vielen Übergriffen beteiligt war und die Grenze zwischen ihr und dem rechtsradikalen Terrorismus fließend ist – sie stellt nicht das Herz des Rechtsradikalismus dar. Dieses schlägt anderswo: im Ge-

1.2 Wie unsere Demokratie gesichert wird

heimen, in Kameradschaften, in all jenen Zusammenrottungen, die nationalistische und antisemitische Rowdys anziehen. Ein NPD-Verbot rodet dieses Unterholz nicht.

Es ist gut, dass das Erschrecken über die Untaten des NSU viele Politiker nicht mehr zu dem Kurzschluss verleitet, mit Verbotsaktionismus könne man vorankommen.

Die unbedeutende NPD muss beobachtet werden, dem NSU muss der Prozess gemacht werden, und Politik wie Gesellschaft sind aufgerufen, dem Rechtsradikalismus laut und deutlich entgegenzutreten. Schön, dass diese Einsicht über den Hang zu obsiegen scheint, pathetische, aber selbstbezügliche Zeichen zu setzen.

* Am 3.12.2013 reichte der Bundesrat ohne die Unterstützung der Bundesregierung und des Bundestages beim Bundesverfassungsgericht einen Antrag auf Verbot der NPD nach Art. 21 GG ein. Am 7.12.2015 gab das Bundesverfassungsgericht bekannt, das Verbotsverfahren im März 2016 offiziell zu eröffnen.

Thomas Schmid, www.welt.de, 25.4.2013

b) Argumente für ein NPD-Verbot

Der Kampf gegen den Rechtsextremismus ist eine gesellschaftliche Aufgabe. Für die SPD-Bundestagsabgeordnete Eva Högl gehört dazu auch ein Verbot der NPD, unter anderem, weil die Partei damit ihren Zugriff auf öffentliche Gelder verlöre. Ein Verbot, so Högl, würde auch klarstellen, dass es sich bei der NPD nicht um eine demokratische Partei handelt. [...]

Die NPD ist nicht nur verfassungsfeindlich, sondern meiner Meinung nach verfassungswidrig. Ihr menschenverachtendes Programm wendet sich in radikal-kämpferischer Weise gegen unser Grundgesetz und ganz explizit gegen die in Artikel 1 verankerte Menschenwürde: Die NPD kategorisiert Menschen, würdigt sie herab und spricht ihnen in bestimmten Bereichen das Aufenthaltsrecht und das Recht auf Leben ab. Sie hat das erklärte Ziel, unsere Demokratie und unseren Rechtsstaat abzuschaffen – auch das mit kämpferischen Mitteln.

Es ist unerträglich, dass eine Partei mit diesen Zielen ihre politischen Aktivitäten mit Steuergeldern finanziert. Etwa 40 Prozent der NPD-Einnahmen stammen aus staatlichen Töpfen, mit diesem Geld bezahlt sie unter anderem ihre menschenverachtenden Plakate. Mit einem Parteiverbot würden der NPD öffentliche Gelder entzogen, die sie für verfassungsfeindliche Aktionen und zur Stärkung der rechtsextremen Szene insgesamt benutzt. Zudem verlöre sie geldwerte Leistungen wie Zugang zu Infrastruktur, Arbeitsmittel und Dienstfahrzeuge, die sie über öffentliche Ämter erhält: Gegenwärtig hat die NPD das Recht, unsere öffentlichen Plätze zu besetzen. Sie darf in

Nationalsozialistischer Untergrund (NSU)

Bezeichnung für eine im November 2011 öffentlich bekannt gewordene rechtsextreme terroristische Vereinigung in Deutschland, der unter anderem eine Mordserie in den Jahren 2000 bis 2006, das Nagelbomben-Attentat in Köln 2004, ein Sprengstoffanschlag in Nürnberg 1999, der Anschlag auf die Saarbrücker Wehrmachts-Ausstellung 1999, der Sprengstoffanschlag in einer Düsseldorfer S-Bahnstation 2000, ein Sprengstoffanschlag in der Kölner Probsteigasse 2001 sowie der Polizistenmord von Heilbronn 2007 zur Last gelegt wird.

Protestfahne gegen einen NPD-Aufmarsch in Cottbus

Rathäusern tagen, sie kann Aufmärsche organisieren und muss dabei sogar von der Polizei geschützt werden. Auch hier in Berlin gehen Rechtsextreme auf die Straße und bedrohen die Menschen, wie zum Beispiel am 1. Mai in Schöneweide. Mit einem Verbot können wir die NPD daran hindern, dass sie unsere öffentlichen Plätze weiter vereinnahmt.

Ein Parteiverbot hat – zurecht – sehr hohe Hürden zu überstehen und ist auch nicht die schnelle Lösung gegen Rechtsextremismus. Es ist dennoch unsere Aufgabe, die NPD mit allen rechtsstaatlichen Mitteln zu bekämpfen und damit zu verhindern, dass sie unsere Demokratie weiter für die Verwirklichung ihrer verfassungsfeindlichen Ziele instrumentalisiert.

Eva Högl, Bundeszentrale für politische Bildung, Dossier Rechtsextremismus, 16.10.2013

Methode

M 7   Ein Streitgespräch führen

Politische Probleme betreffen oftmals die gesamte Bevölkerung eines Landes. Da dabei sehr viele verschiedene Interessen und Gruppen in der Gesellschaft betroffen sind, kann es meist keine Lösung geben, die für alle gleich gut ist. Deshalb sind Konflikte unausweichlich und Lösungen immer umstritten. Der Streit um die richtige Lösung politischer Konflikte gehört somit zum Kern der Politik. Die öffentliche Debatte, die in den Medien, in den Parteien und Parlamenten, aber auch in den Familien und in der Schule geführt wird, ist eine wichtige Vorstufe zur Entscheidungsfindung. Wer sich in dieser Debatte durchsetzen kann, der kann großen Einfluss auf die politische Entscheidung nehmen.

Eine Möglichkeit, eine geordnete Debatte zu führen, ist die **„Eishockey-Debatte"**. Sie erlaubt es, eine Diskussion zu führen, ohne dass ein Einzelner dabei im Mittelpunkt steht, da sich die Diskussionsmannschaften gegenüberstehen. Kein Spieler kann ein gesamtes Eishockeyspiel absolvieren, denn das Tempo des Spiels ist viel zu hoch. Deshalb wechseln sich die Spieler immer ab und sobald sie sich wieder stark fühlen, können sie wieder auf das Eis. Je mehr Leute mitstreiten, desto mehr Argumente und Ideen gibt es. In der „Eishockey-Debatte" diskutieren immer nur vier Schülerinnen und Schüler miteinander: zwei aus der Pro- und zwei aus der Kontra-Gruppe. Das gesamte Team steht aber jederzeit bereit, in die Diskussion einzugreifen. Hat ein Mitglied aus dem Diskussionsteam eine gute Idee oder ein schlagkräftiges Argument, dann wird er „eingewechselt": Der bisherige Diskutant geht zurück ins Publikum und der andere nimmt auf einem der Diskussionsstühle Platz – nun geht die Debatte weiter. Die Debatte ist zu Ende, wenn keine neuen Argumente genannt werden bzw. wenn sich niemand mehr einwechseln lassen will.

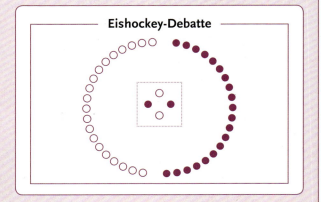

Eishockey-Debatte

M 8 Das Bundesverfassungsgericht – Hüter der Verfassung

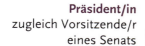
Präsident/in
zugleich Vorsitzende/r
eines Senats

Sitz: Karlsruhe

Vizepräsident/in
zugleich Vorsitzende/r
eines Senats

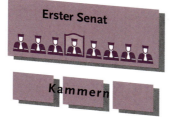
Erster Senat
Kammern

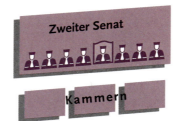
Zweiter Senat
Kammern

wählt die Hälfte
der Richter
jedes Senats

Wahlausschuss
des Deutschen
Bundestages

Das Bundesverfassungsgericht
entscheidet unter anderem
- über Verfassungsbeschwerden
- über Streitigkeiten zwischen Bundesorganen oder zwischen Bund und Ländern
- über die Vereinbarkeit von Bundes- oder Landesrecht mit dem Grundgesetz
- über die Verfassungswidrigkeit von Parteien

wählt die Hälfte
der Richter
jedes Senats

Bundesrat

Verfassungsbeschwerde
vgl. S. 122

Bergmoser + Höller Verlag AG, Zahlenbilder 129 015

Aufgaben

1. Führt eine Eishockey-Debatte zur Frage durch, ob die NPD verboten werden soll. Teilt euch dazu in zwei Gruppen – eine Pro- und eine Kontra-Gruppe – und bearbeitet die Materialien M 6 a) und M 6 b). Recherchiert zusätzlich im Internet und sammelt weitere Argumente, um eure Position zu stärken. Tretet dann gegeneinander an (M 7).
2. Formuliere deinen persönlichen Standpunkt. Wie beurteilst du ganz persönlich die Frage, ob die NPD verboten werden soll? Schreibe dazu alle Pro- und Kontra-Argumente auf, die dich überzeugt haben. Markiere jeweils das stärkste Argument und triff dann eine Entscheidung (M 6).
3. Erkläre, warum das Bundesverfassungsgericht als „Hüter der Verfassung" bezeichnet wird (M 5, M 8).

Tipp
www.mut-gegen-rechte-gewalt.de
www.exit-deutschland.de

→ Was wir wissen

**Rechts-
extremismus**
M 1 – M 3

Typische Merkmale rechtsextremistischer Gruppen und Ideologien sind Intoleranz, Rassismus, Antisemitismus und Fremdenfeindlichkeit. Rechtsextremistische Bewegungen verfolgen das Ziel eines autoritären, antipluralistischen und antidemokratischen Gesellschaftssystems und bedrohen damit die freiheitliche demokratische Grundordnung Deutschlands.

**Wehrhafte
Demokratie**
M 4, M 5

Diese freiheitliche demokratische Grundordnung darf nicht gefährdet oder abgeschafft werden. Deshalb wird unsere Demokratie als wehrhafte oder streitbare Demokratie bezeichnet. Zu den Mitteln der wehrhaften Demokratie gehören:

- *Art. 21 (2)* • Auf Antrag können verfassungswidrige Parteien vom Bundesverfassungsgericht verboten werden.
- *A4.9 (2)* • Vereinigungen, die sich gegen die verfassungsmäßige Ordnung richten, können vom Innenminister verboten werden.
- *A4. 18* • Die Grundrechte einzelner Personen können vom Bundesverfassungsgericht verwirkt werden, wenn sie diese zum Kampf gegen die Demokratie missbrauchen.
- *RA4. 29 (3)* • Bedienstete im öffentlichen Dienst können auf ihre Verfassungstreue verpflichtet werden.
- *Art. 20 (4)* • Als letztes Mittel räumt das Grundgesetz den Deutschen ein Recht zum Widerstand gegen jeden ein, der es unternimmt, die verfassungsmäßige Ordnung zu beseitigen, wenn keine andere Abhilfe möglich ist.

→ änderung nicht mögl.

**Bundesverfas-
sungsgericht**
M 8

Um einen Missbrauch der Instrumente der wehrhaften Demokratie zu verhindern, wurden diese überwiegend dem Bundesverfassungsgericht übertragen. Das Bundesverfassungsgericht ist das höchste deutsche Gericht. Es entscheidet verbindlich über die Auslegung des Grundgesetzes. Außerdem kann sich jeder Bürger an das Gericht wenden, wenn er seine Grundrechte durch staatliches Handeln verletzt sieht. Deshalb wird das Bundesverfassungsgericht auch als „Hüter der Verfassung" bezeichnet.

Was wir können

Das NPD-Verbotsverfahren in der Karikatur

Karikatur: Horst Haitzinger

Hinweis zur Karikatur
Die Person mit der Kettensäge stellt den ehemaligen Bundesinnenminister Otto Schily dar. Während seiner Amtszeit scheiterte das erste NPD-Verbotsverfahren im Jahr 2003 vor dem Bundesverfassungsgericht.

Aufgaben

1. Beschreibe die Karikatur.
2. Analysiere die Karikatur und formuliere anschließend ihre Aussage.
3. Nimm Stellung zur Aussage der Karikatur.

2

Politische Willensbildung

„Demokratie heißt, sich in seine eigenen Angelegenheiten einzumischen", so umschrieb es der Schriftsteller Max Frisch einst knapp und treffend. Doch wie soll die Demokratie organisiert sein und welche Möglichkeiten der Mitbestimmung bieten sich?

Kompetenzen

Am Ende dieses Kapitels solltest du Folgendes können:
- die unterschiedlichen Formen, wie Herrschaft in einer Demokratie begründet werden kann, beschreiben
- verschiedene Formen der politischen Beteiligung unterscheiden
- die Bedeutung von Wahlen erläutern
- verschiedene Wahlsysteme nach unterschiedlichen Kriterien beurteilen
- die Funktion von Parteien beschreiben
- die Bedeutung von Interessenverbänden einschätzen
- die Rolle und Bedeutung der Medien in der Demokratie beurteilen

---

Was weißt du schon?
Setzt euch in Gruppen zusammen und diskutiert die angegebenen Fragen. Entwerft dazu eine Verfassung und präsentiert sie auf einem Plakat.

2.1 Politik betrifft uns
Wie kann politische Herrschaft begründet werden?

M 1 Formen politischer Herrschaft

Abstimmung im Deutschen Bundestag

Kim Jong-un, seit 29.12.2011 Diktator und „oberster Führer" Nordkoreas

Der Begriff **Demokratie** kommt aus dem Griechischen und setzt sich aus den Wörtern Demos (Volk) und Kratein (Herrschaft) zusammen. Demokratie bedeutet also Herrschaft des Volkes bzw. Volksherrschaft. In der Demokratie haben alle Bürger die gleichen Rechte, sie bestimmen in freien Wahlen, von wem sie regiert werden wollen. Auch der Staat muss sich an die geltenden Regeln und Gesetze halten.

Der **Diktator** ist in der Regel nicht frei gewählt, sondern hat sich selbst mit Gewalt an die Macht gebracht. Dies geschieht häufig mithilfe des Militärs. Man spricht dann von einer Militärdiktatur. In Diktaturen wird das Volk von der politischen Mitbestimmung ausgegrenzt und mit Gewalt unterdrückt.

M 2 Was leistet die Demokratie in Deutschland?

Diäten
Aufwandsentschädigung (Gehalt) eines Politikers in einem Parlament

Die Demokratie ist teuer, umständlich, kompliziert, langweilig, nicht effektiv, nicht attraktiv. Es ist nicht schwer, weitere negative Eigenschaften über unsere Demokratie zusammenzutragen. Die Demokratie macht es den Kritikern recht leicht.
Und an der Kritik ist ja auch etwas dran. Demokratie ist tatsächlich eine recht teure Angelegenheit: So gibt es in Deutschland zum Beispiel den Bundestag und dazu noch 16 Parlamente in den Bundesländern. In diesen Parlamenten sitzen insgesamt etwa 2.500 Abgeordnete, die alle Diäten erhalten. Damit diese Parlamente arbeiten können, braucht man etliche Gebäude und Verwaltungen mit vielen Beschäftigten.
Dazu kommen dann noch die kostspieligen Regierungen im Bund und in den Ländern mit ihren Ministerien

und riesigen Verwaltungsapparaten. So könnte man noch lange fortfahren, um den Beweis zu führen, dass Demokratie eine teure Sache ist.

Auch andere Mängel sind nicht leicht von der Hand zu weisen. Wenn die Regierung etwa eine gute Idee hat, um das Gesundheitswesen zu reformieren, kann sie nicht einfach Beschlüsse fassen, die dann in ganz Deutschland sofort umgesetzt werden. Sie muss vielmehr den schwierigen und langwierigen Weg durchs Parlament gehen, wo das Gesetzesvorhaben dreimal beraten und verabschiedet werden muss, und ... und ... und. Überall Vorschriften und Hindernisse, die sich einem beherzten Eingreifen in den Weg stellen.

[...] Wie soll Demokratie attraktiv sein, wenn sie so viel Geld kostet, wenn sie umständlich arbeitet und wenn die Ergebnisse zuweilen recht mager und oft auch unverständlich sind?

Werfen wir doch einen Blick auf eine Alternative: Eine Diktatur kann auf den ersten Blick viel einfacher und kostengünstiger sein. Ein Diktator braucht keine Parlamente, er kann sehr rasch entscheiden, in kurzer Zeit können viele Reformen umgesetzt werden. Ist das nicht attraktiver [...]? Diese positive Betrachtungsweise kann sich schnell ändern, wenn Entscheidungen getroffen werden, die einem nicht passen, und man aus Angst vor dem Machthaber noch nicht einmal schimpfen darf. Oder wenn man zusammenzählt, was die Überwachungsgremien kosten, die sicherstellen sollen, dass keine abweichenden, unerwünschten Meinungen vertreten werden. Von der Misshandlung von Minderheiten und drohender Kriegsgefahr gar nicht zu reden. Haben nicht gerade die Deutschen schlimme Erfahrungen in ihrer Geschichte machen müssen? [...] Die Demokratie erfüllt trotz der genannten negativen Eigenschaften einen großen Zweck: Sie sichert die Freiheit der Bürgerinnen und Bürger. Abgeordnete aus unterschiedlichen Parteien in den verschiedenen Parlamenten sorgen dafür, dass neue Gesetze gründlich unter die Lupe genommen werden, ehe sie verabschiedet werden können. In einer Demokratie gibt es eine Opposition, damit alle Vorgänge im Land ausreichend geprüft, kritisiert und kontrolliert werden. [...] Selbst wenn die Demokratie in unseren Augen manche Schwäche hat, so gibt es nach aller Erfahrung nichts [...], was die Freiheit der Menschen ähnlich wirkungsvoll garantiert und den Missbrauch von Macht verhindert.

Siegfried Schiele, Gotthard Breit, Vorsicht Politik, Schwalbach/Ts. 2008, S. 78 ff.

Aufgaben

1. Vergleicht die Formen der politischen Herrschaft (M 1) mit der Verfassung, die ihr eurer Kolonie gegeben habt.
2. Immer wieder haben Menschen für die Einführung der Demokratie gekämpft. Erläutere, was die Demokratie als Herrschaftsform für die Menschen leistet (M 2).

Welche Formen der Demokratie gibt es?

M 3 Zwei Formen der Demokratie

Direkte Demokratie unter freiem Himmel: Volksabstimmung im Schweizer Kanton Appenzell-Innerrhoden

Es gibt unterschiedliche Formen der Demokratie. Eine Form ist die **direkte Demokratie**, bei der das Volk (z.B. in Gestalt einer Volksversammlung) die Staatsgewalt unmittelbar (das heißt direkt) ausübt. Es entscheidet mit Volksabstimmungen („Plebiszit") über alle politisch wichtigen Anliegen, einschließlich der Wahl und Abwahl wichtiger Amtsträger in Staat und Gesellschaft.

Im Gegensatz zur direkten Demokratie wird die Herrschaft in der **repräsentativen Demokratie** mittelbar (das heißt indirekt) über vom Volk gewählte „Abgeordnete" ausgeübt. Diese sind „Repräsentanten" des Volkes und sollen für dieses in eigener Verantwortung zeitlich befristet handeln, wobei ihr Auftrag sich in regelmäßig stattfindenden Wahlen bewähren muss und erneuert werden kann.

M 4 Volksentscheid! – Mehr davon?

Im Deutschen Bundestag stimmen die Abgeordneten über ein Gesetz ab.

Demagoge
Jemand, der durch falsche Behauptungen, Versprechungen und Täuschungen andere Menschen für seine politischen Ziele gewinnt

mobilisieren
Menschen dazu bewegen, an etwas teilzunehmen

Danke Hamburg! Danke Bayern! Eure Volksentscheide hauchen unserer in Trägheit verfallenen Demokratie wieder Leben ein. Ob Rauchverbot oder Schulreform – Plebiszite in Deutschland funktionieren. Die Zahl der Volks- oder Bürgerentscheide in Kommunen und Ländern wächst. Es ist Zeit, endlich das Grundgesetz zu ändern und sie auch im Bund möglich zu machen.

Als die Autoren des Grundgesetzes die Mitsprache des Volkes auf ein Minimum reduzierten, hatten sie ein Volk vor Augen, das sich von Demagogen verführen ließ und sich treu Adolf Hitler unterwarf. Dass man so einem Volk nicht viel zutraute, ist verständlich. 60 Jahre später feierte die Republik den Geburtstag seiner Verfassung mit der stolzen Feststellung, dass die deutsche Demokratie erwachsen geworden sei. Das ist wahr – und ein guter Grund, dem Volk wieder etwas zuzutrauen.

Gerne wird ins Feld geführt, komplizierte Sachfragen eigneten sich nicht, sie den Bürgern zu überlassen. Das stimmt, aber darum geht es ja auch gar nicht, denn komplizierte Sachfragen stehen in Volksabstimmungen nicht zur Debatte. Aber warum sollten Berufspolitiker qualifizierter über ein Rauchverbot oder die Zukunft der Schule urteilen als die, die sie vertreten? […]

Es rüttelt nicht an den Pfeilern der parlamentarischen Demokratie, wenn in Einzelfragen das Volk direkt entscheidet. Im Gegenteil: Die wachsende Entfremdung zwischen politischer Klasse und Volk könnte durchbrochen werden. Mag auch nicht jede Abstimmung die Massen mobilisieren, die letzten Volksentscheide sind dennoch hoffnungsvoller Beleg für eine Politisierung, die unserem Land […] guttut.

Stefan Leifert [zdf], Kennzeichen Digital, Das Blog, 18.7.2010

M 5 Kontrovers diskutiert: direkte Demokratie

a) Bloß nicht!

Volksentscheide sind eine der gefährlichsten Mittel, die auch eine Demokratie, die ja vom Volke ausgeht, zugrunde richten kann.

Wir leben in einer [repräsentativen Demokratie], und diese ist dadurch definiert, dass wir bestimmte Personen wählen, von denen wir glauben, dass sie uns am besten vertreten. Nun, wo liegt der Unterschied, ob ich nun selbst meine Meinung kundtue, indem ich zum Volksentscheid gehe, oder ob ich jemanden beauftrage, für mich zu reden und abzustimmen (im kleineren Kreis)? Der Unterschied liegt schlicht und ergreifend darin, dass Politiker [...] Politikwesen in der Regel studiert haben, es ihr Beruf ist, sich ständig mit der Politik auseinanderzusetzen, und Schlüsse aus der Vergangenheit zu ziehen. Als Normalbürger hat man diese Zeit schon gar nicht! Fehlentscheidungen, die auf unwissenschaftlicher Basis, Emotionalität, Unwissenheit und Populismus basieren, [...] sind die Folge. Lassen Sie mich ein Beispiel nennen: Würden wir abstimmen, ob Kinderschänder, Terroristen oder sonstige in vielerlei Augen „Unpersonen" misshandelt, gefoltert oder mit der Todesstrafe bestraft werden sollten, so wären die Ergebnisse mehr als bedenklich [...].

Lucas-Raphael Müller, Kennzeichen Digital, Das Blog, 18.7.2010

b) Eine super Idee

Es gibt ein Land, welches erfolgreich vom Volk regiert wird – die Schweiz. Wir haben unsere Rechte an das Parlament abgegeben, die Schweizer können von der Politik Gesetze verlangen und einfordern. Ist die Schweiz damit schlechter dran als Deutschland? Nein. In der Schweiz steht das Volk über allem und es regiert gut. Die Politiker sind nur Beauftragte des Volkes, denen notfalls die Gesetze diktiert werden. In Deutschland sind wir nur Stimmvieh, welches seine Rechte bei der Wahl abgibt und delegiert. Wir sollten uns die einzige vollendete Demokratie der Welt als Vorbild nehmen.

Stefan Thien, Kennzeichen Digital, Das Blog, 18.7.2010

Populismus
Eine Politik, die durch Übertreibung und starke Vereinfachung versucht, die Unterstützung breiter Massen zu erlangen.

Direkte Demokratie in Niedersachsen
Auf kommunaler Ebene können die Bürgerinnen und Bürger durch Bürgerentscheide direkt über Sachfragen abstimmen. Auf Landesebene gibt es theoretisch die Möglichkeit des Volksentscheids. Dem Volksentscheid muss ein Volksbegehren vorausgehen, das darauf gerichtet ist, ein Landesgesetz zu erlassen, zu ändern oder aufzuheben. Das Volksbegehren muss einen Gesetzentwurf enthalten, über den im Landtag abgestimmt wird. Lehnt der Landtag den Gesetzesentwurf ab, so findet darüber ein Volksentscheid statt. In Niedersachsen wurde noch kein Gesetz per Volksentscheid beschlossen, da die Hürden des Verfahrens recht hoch sind.

Aufgaben

1. Untersucht, ob ihr Elemente direkter oder repräsentativer Demokratie in der Verfassung eurer Kolonie verankert habt (M 3).
2. Informiere dich im Internet, ob es in Niedersachsen gerade aktuelle Bürgerentscheide (oder Volksentscheide) gibt, und stelle die Hintergründe dar (M 4).
3. Brauchen wir mehr direkte Demokratie in Deutschland? Stelle die Argumente für und wider mehr direkte Demokratie in einer Tabelle gegenüber und nimm Stellung zu dieser Frage (M 4, M 5).

Erklärfilm „Volksentscheid"

Mediencode: 71035-02

2 Politische Willensbildung

Was ist politische Beteiligung?

M 6 Wie sich Jugendliche engagieren

Bianca (17) ist der Greenpeace Jugend beigetreten und hat schon an einigen Aktionen – z. B. zum Schutz des Klimas – teilgenommen.

Maike (17) engagiert sich in einer Schülergruppe, die regelmäßig Menschen im Altersheim besucht.

Markus (16) organisiert Internetkampagnen für Amnesty International. Er tritt v. a. für eine Verbesserung der Menschenrechtslage in Myanmar ein.

Olaf (17) hat bereits an vielen Demonstrationen gegen Krieg teilgenommen.

Jonas (16) engagiert sich seit drei Jahren in seinem Radsportverein als Jugendtrainer.

Maja (17) ist seit wenigen Monaten Mitglied der Jungen Union.

M 7 „Ein Hocker, der auf zwei Beinen steht, fällt um"

Herr Keupp ist Professor für Sozial- und Gemeindepsychologie und forscht viel zur Bedeutung von sozialen Netzwerken und freiwilligem Engagement.

fluter: Herr Keupp, was genau ist Partizipation?
Teilhabe und Teilnahme an den Prozessen, die die Gesellschaft beeinflussen und verändern. Man kann das auch bürgerschaftliches Engagement nennen.
fluter: Ich bin Mitglied bei Bayern München. Bin ich damit schon engagiert?
Natürlich nehmen Sie an etwas teil, aber das ist nicht das, was man unter Partizipation versteht. Sie interessieren sich für die Mannschaft, gehen ins Stadion, feuern sie an, aber Sie spüren dabei sicher auch die Ohn-

2.1 Politik betrifft uns

macht. Sie können ja nichts verändern. Etwas anderes wäre es, wenn Sie selbst zum Beispiel ein Jugendfußballteam betreuen oder sich zum Kassenwart wählen lassen. Das wäre dann Teilnahme und Teilhabe im Sinne einer Partizipation. Teilhaben kann man aber natürlich auch außerhalb von Vereinen, zum Beispiel bei einer Schülerzeitung, in der Schülermitverwaltung, in seiner Kommune, im Jugendzentrum. Und natürlich durch etwas, woran man bei Partizipation oft zuerst denkt: indem man wählen geht, sich politisch engagiert.

fluter: Gerade beim politischen Engagement wird Jugendlichen oft mangelndes Interesse vorgeworfen.

Ja, das hört man manchmal. Es herrscht aber gar kein Mangel an politischer Interessiertheit. Das Interesse ist allgemein möglicherweise nicht mehr so groß, wie es zur Zeit der Studentenproteste in den 1960er-Jahren war, aber von einem Mangel kann man nicht sprechen. [...]

fluter: Und wofür engagieren [die Jugendlichen] sich dann?

Es muss mit ihrer eigenen Lebenswelt zu tun haben, es muss greifbar sein, losgelöst von einem abstrakten Zusammenhang. Es muss ihren Alltag betreffen, ihre eigenen Wünsche. [...]

fluter: Was würde der Gesellschaft passieren, ohne Engagement?

Sie wäre langweilig, vieles, was uns Freude macht, würde nicht mehr stattfinden, ob das Sommerfeste sind oder gemeinsame Wochenendausflüge. Es gäbe keine neuen Ideen mehr, die Institutionen würden endgültig in ihrem eigenen Saft eintrocknen. Aber das wäre noch nicht alles.

fluter: Was denn noch?

Nach dem amerikanischen Wirtschaftswissenschaftler Jeremy Rifkin steht jede Gesellschaft auf drei Beinen, vergleichbar einem dreibeinigen Hocker: der Wirtschaft, dem öffentlichen Sektor, also Verwaltung, Institutionen und so etwas, und dem, was wir Zivilgesellschaft nennen. Diese Zivilgesellschaft ist all das, was unter Teilhabe, Teilnahme, bürgerlichem Engagement zu verstehen ist. Große Teile der Gesellschaft funktionieren nur und leben von dem oft gar nicht erkannten Teil der Beteiligung der Bürger. Ohne dieses Engagement hätte eine Gesellschaft gar keine echte Lebenskraft.

Interview: Dirk Schönlebe, fluter Nr. 11, Juni 2004, S. 7 ff.

Ehrenamt
Das Ehrenamt ist eine meist freiwillige, am Gemeinwohl orientierte, unbezahlte Tätigkeit für die Gesellschaft. Ehrenämter kann man in Vereinen, sozialen Diensten oder auch in der Gemeinde übernehmen.

Aufgaben

1. Betrachte die Beispiele in M 6 und entscheide, ob es sich deiner Auffassung nach um politisches Engagement oder eine andere Form des Engagements handelt. Begründe deine Entscheidung, indem du Kriterien formulierst, die politisches Engagement auszeichnen.
2. „Jede Gesellschaft steht auf drei Beinen …". Erkläre diesen Vergleich (M 7). Belege deine Ausführungen mit Beispielen.
3. „Demokratie heißt, sich in die eigenen Angelegenheiten einzumischen." (Max Frisch). Erläutere diese Aussage an einem selbst gewählten Beispiel.

○ Erstellt eine Liste von Möglichkeiten, wie man sich in der Schule engagieren kann. Diskutiert dann, ob es sich um politisches Engagement handelt.

Brauchen wir mehr Bürgerbeteiligung?

M 8   Proteste gegen Stuttgart 21

Der Protest gegen Stuttgart 21 richtete sich gegen den Abriss des Kopfbahnhofs und die Errichtung eines unterirdischen Durchgangsbahnhofs in Stuttgart. Die Projektgegner organisierten Demonstrationen, an denen sich regelmäßig zehntausende Bürger beteiligten. Sie kritisierten den Einsatz großer finanzieller Mittel für einen Bahnhof, der nicht leitungsfähiger sei als der bestehende, den massiven Eingriff in den Stuttgarter Schlossgarten mit seinem alten Baumbestand, den Abriss des alten Bahnhofgebäudes, Risiken beim Tunnelbau und v. a. nicht zu kalkulierende Kosten des Bahnhofsprojektes. Viele Bürger der Stadt fühlten sich von der Politik und der Bahn nicht ernst genommen und sie waren nach ihrer Auffassung nicht stark genug in die Planung eingebunden. Nach anhaltenden Protesten wurde ein Schlichtungsverfahren eingeleitet, an dem die gleiche Anzahl an Projektbefürwortern als auch -gegnern teilnahm. Die Sitzungen im Stuttgarter Rathaus wurden vom „neutralen", ehemaligen Politiker Heiner Geißler moderiert. Das Schlichtungsverfahren wurde von Politologen als „demokratisches Experiment" bezeichnet, da der Meinungsaustausch in öffentlichen Sitzungen ausgetragen und vom öffentlich-rechtlichen Fernsehen übertragen wurde.

Künstlerischer Protest in Form eines Bildes am Bauzaun des neuen Bahnhofs

M 9   Neue Formen der Beteiligung – LiquidFriesland

Stuttgart 21 (S21)
S21 ist ein umfangreiches Bauprojekt, bei dem der Bahnhof in Stuttgart unter der Erde verschwinden soll. Auf den gewonnenen Flächen soll ein neues Stadtviertel entstehen.

Bahnhöfe, Straßen und Brücken: Immer mehr Menschen pochen auf mehr Information und lassen sich nicht mehr alles verkaufen – nur weil es einmal beschlossen wurde. „Das Wichtigste ist Transparenz", sagt auch Klaus Grewe. Der deutsche Projektmanager koordinierte die Gesamtplanung der Olympischen Spiele in London 2012. Er sagt: „Grundsätzlich müssen Großprojekte lange und konzentriert vorgedacht werden." Dabei müsse man aber den Mut haben, alles zu kommunizieren. „Auch wenn es nicht so klappt, wie es geplant war." Die Bürger müssten von Anbeginn an Projekten beteiligt und ernst genommen werden. Durch diesen simplen Ansatz hat Grewe eine enorme Akzeptanz in der Bevölkerung geschaffen – obwohl die Olympiade die Briten mehr als neun Milliarden Pfund gekostet und viele Monate Baulärm verursacht hat.
Auch andernorts macht man sich Gedanken, wie öffentliche Vorhaben mehr Zuspruch finden können. Unter dem Namen „LiquidFriesland" hat der Landkreis Friesland im östlichen Niedersachsen eine Beteiligungsplattform im Web geschaffen, über die jeder Bürger Vorschläge machen kann, die dann zur Diskussion und zur Abstimmung stehen –

zu Themen, bei denen der Landkreis zuständig ist, wie zum Beispiel der Bau von Radwegen oder die Errichtung von Parkanlagen. Der Kreistag hat sich dazu verpflichtet, über jeden Vorschlag, der eine Abstimmung gewonnen hat, zu beraten.

„Bürgerbeteiligung kann nur erfolgreich sein, wenn ein tatsächlicher Einfluss auf Pläne und Projekte spürbar wird", sagt Sven Ambrosy, Landrat und Erfinder der Plattform. 700 Bürger zeigen bisher online Interesse für die Kreispolitik, zu öffentlichen Sitzungen kommen weitaus weniger Menschen. „Jeweils nur zwei oder drei", sagt Sönke Klug, Pressesprecher des Landkreises – und diese Möglichkeit besteht schon seit Jahrzehnten und nicht erst seit wenigen Monaten. Ziel von LiquidFriesland sei es, die Themen und Vorhaben so verständlich wie möglich zu kommunizieren – und das ginge eben nicht mit Aushängen im Rathaus und Erläuterungen im Behördensprech, die keiner versteht.

Dabei ist LiquidFriesland nur ein zusätzlicher Kanal der Bürgerbeteiligung. Die Plattform ersetzt nicht die Abstimmung im Kreistag – schließlich ist der von den immerhin rund 100.000 Einwohnern des Kreises demokratisch legitimiert, was für eine Online-Plattform mit ein paar hundert Nutzern nicht unbedingt gilt. Über das Ergebnis der Abstimmung im Kreistag werden die Bürger ebenfalls im Internet informiert. [E]gal ob Bahnhöfe, Stromtrassen, Windräder oder Flughäfen. Jedes dieser Vorhaben muss sich immer wieder neu demokratisch legitimieren – nicht unbedingt durch Plebiszite, aber durch Information und Aufklärung der Bevölkerung. „Ich bin nicht dafür, dass alles nur noch im Internet abgestimmt wird", sagt Ambrosy. Dafür habe man die repräsentative Demokratie. „Aber es ist schon allein ein himmelweiter Unterschied, ob ich als Bürger das Gefühl habe, dass meine Meinung gehört und wertgeschätzt wird, oder ob ich das Gefühl habe, dass sie in ein schwarzes Loch fällt."

Philipp Kohlhöfer, Bundeszentrale für politische Bildung, fluter Heft 126, 25.9.2013

Logo der Online-Plattform LiquidFriesland

Aufgaben

1. Informiere dich im Internet über das Projekt Stuttgart 21 und das durchgeführte Schlichtungsverfahren. Beurteile anschließend, ob dieses „demokratische Experiment" deiner Meinung nach als Erfolg gewertet werden kann oder nicht.
2. Recherchiere im Internet unter www.liquid-friesland.de, welche aktuellen Projekte auf LiquidFriesland diskutiert werden (M 9).
3. Vergleiche mögliche Vor- und Nachteile von mehr Bürgerbeteiligung, indem du sie in einer Tabelle einander gegenüberstellst.
4. Nimm Stellung zur These: „Das Internet beflügelt die Demokratie."

zu Aufgabe 1
Als Beurteilungskriterien kannst du bspw. „die Veränderung der Meinungsumfragen zu S21" oder „den weiteren Verlauf der Proteste gegen S21" nach dem Schlichtungsverfahren heranziehen.

Mitmach-Demokratie im Netz – nur ohne Bürger?

M 10 LiquidFriesland – wer macht mit?

Bürgerbeteiligung ist kein Luxus – sie ist ein Muss. Dafür liefert uns das Internet heute eine Technik, die es besser als jemals zuvor erlaubt, möglichst viele Menschen auch zu komplexen politischen Themen direkt zu beteiligen. Elemente direkter Demokratie können, ohne die Kompetenz der gewählten politischen Vertreter der Bürgerinnen und Bürger zu berühren, den politischen Prozess bereichern.

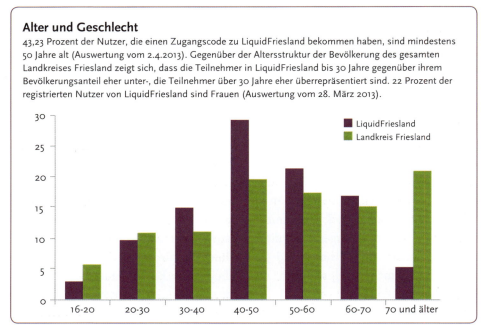

Alter und Geschlecht
43,23 Prozent der Nutzer, die einen Zugangscode zu LiquidFriesland bekommen haben, sind mindestens 50 Jahre alt (Auswertung vom 2.4.2013). Gegenüber der Altersstruktur der Bevölkerung des gesamten Landkreises Friesland zeigt sich, dass die Teilnehmer in LiquidFriesland bis 30 Jahre gegenüber ihrem Bevölkerungsanteil eher unter-, die Teilnehmer über 30 Jahre eher überrepräsentiert sind. 22 Prozent der registrierten Nutzer von LiquidFriesland sind Frauen (Auswertung vom 28. März 2013).

Quelle: www.liquid-friesland.de, Evaluierungsbericht Juni 2013, S. 3 – 7

M 11 Das Demokratie-Experiment an der Küste

Im Landkreis Friesland können die Bürger per Software über Radwege, Kitas und Nummernschilder mitbestimmen. Das Demokratie-Experiment hat sich etabliert. Ehemalige Politikmuffel sind begeistert, die Beteiligung aber bleibt mickrig. Wollen die Bürger überhaupt mitmischen?

Der Landkreis Friesland betritt – da kann man im Netz spotten, wie man will – tatsächlich Neuland. Er lässt als erster und einziger Kreis in Deutschland seine Bürger per Software Liquid Feedback mitreden. Jeder kann Initiativen einbringen, umschreiben, abstimmen. Jeden Tag, rund um die Uhr. [...] Landrat Sven Ambrosy sagt mit Stolz: „Ich denke, wir haben hier eine digitale Demokratie eingeführt." Doch zur Demokratie gehört die Beteiligung, und damit sieht es schlecht aus. Die Zahlen sind ernüchternd: Von den 70.000 wahlberechtigten Friesländern forderten 706 einen Zugangscode an, 473 registrierten sich, im Durchschnitt nehmen 22 Bürger an einer Abstimmung teil. Vier geplante VHS-Kurse zur Software fielen mangels Interesse aus.

Ein Landkreis bietet seinen Bürgern die unkomplizierte Mitsprache und erntet bei Kommunen, Piratenpartei und Medien Bewunderung. Doch den Friesländern scheint das egal zu sein. So stellt sich beim Demokratie-Experiment an der Küste die Frage: Stimmt die Annahme überhaupt, dass sich Bürger stärker politisch einbringen wollen?

[...] Mit dem zwischenzeitlichen Höhenflug der Piratenpartei waren Bürgerbeteiligung und Basisdemokratie plötzlich schick wie selten zuvor. Die Grünen ließen ihre Spitzenkandidaten per Urwahl krönen, die Kanzlerin lud zum Google-Hangout. Die Menschen fühlten sich offenbar vom politischen System ausgeschlossen und wollten sich stärker beteiligen.

Die mickrige Beteiligung sei kein Problem, betont Landrat Ambrosy immer wieder. Man habe eine zusätzliche Möglichkeit zur Beteiligung geschaffen. Die Leute machen genauso viel oder eben wenig mit wie offline. „Jeder Bürger mehr ist gut." Außerdem komme es auf die Qualität, nicht Quantität an. Immerhin: Die Diskussionen laufen konstruktiv. Weil mit vollen Namen debattiert wird, gibt es kaum Beschimpfungen. Inhaltlich geht es um die Öffnungszeiten der Kfz-Zulassungsstelle, den Bau von Fahrradwegen, 49 Initiativen gab es bislang.

Ambrosy ist kein Revolutionär: Bürgerhaushalte sieht er skeptisch, inhaltlich verbindliche Online-Entscheidungen lehnt er ab. Er geht die Sache pragmatisch an: „Auch diejenigen, die sich nicht beteiligen, sehen: Wir nehmen die Bürger ernst. Das spart am Ende Zeit, Stress und Ärger."

Aber er ist stolz, dass er die Piraten überholt hat, die Liquid Feedback zwar bekanntgemacht haben, aber immer noch darüber streiten, ob und wie sie es genau einsetzen wollen. Nur die Zahlen wird der Landrat nicht los. Die Oppositionsfraktionen zitieren sie in der entscheidenden Sitzung immer wieder. Eine Kita-Initiative: Angenommen mit 8 zu 1 Stimmen. Generelle Beteiligung: 0,1 Promille. Am Ende stimmen die meisten doch dafür. Denn über eines herrscht Einigkeit, [...] das ist günstige, hervorragende PR für den Landkreis.

Fabian Reinbold, Spiegel online, 28.6.2013

Piratenpartei
Die Piratenpartei ist eine 2006 gegründete Partei, die sich als Teil einer internationalen Bewegung mit der Forderung nach einer „digitalen Revolution" versteht. Der Fokus der Partei liegt auf größerer Freiheit im Internet und dem Kampf gegen staatliche Regulierungen im Netz. Von zentraler Bedeutung ist dabei die Auffassung der „Liquid Democracy", die einen fließenden Übergang zwischen direkter und repräsentativer Demokratie vorsieht.

PR
Öffentlichkeitsarbeit

Aufgaben

1. Im Landkreis Friesland können Bürger per Software eigene Initiativen einbringen und sogar über Sachfragen abstimmen. Dennoch ist die Beteiligung der Bürger an LiquidFriesland gering. Erläutere, weshalb die politisch Verantwortlichen trotzdem von einem Erfolg sprechen (M 11).
2. Begründe, weshalb sich so wenige Bürger auf LiquidFriesland engagieren.
3. Entwerft in Gruppenarbeit einen Fünf-Punkte-Plan, wie man die Beteiligung der Bürger erhöhen könnte.

Was wir wissen

Formen politischer Herrschaft
M 1

Politische Herrschaft kann auf unterschiedliche Weise ausgeübt werden. Die bekanntesten Herrschaftsformen sind Demokratie und Diktatur. Während in der Demokratie die Volksverteter durch Wahlen bestimmt werden, setzen sich Diktatoren meist mit militärischer Gewalt an die Spitze eines Staates. Oft regieren sie mit brutaler Gewalt und unterdrücken ihr Volk. Politische Freiheiten und Rechte sind in der Diktatur nicht verwirklicht.

Demokratie
M 2

Zentrales Wesensmerkmal der Demokratie ist die Volkssouveränität. Das bedeutet, dass alle politische Herrschaft vom Volk ausgeht. Zur Ausübung der Volkssouveränität ist die Partizipation, d. h. die Teilnahme der Bürger am politischen Leben, notwendig. Nur so ist garantiert, dass Herrschaft zum Wohle der Allgemeinheit ausgeübt wird und nicht im Interesse einzelner Gruppen.

Direkte Demokratie
M 3, M 4

Durch direkte Bürgerbeteiligung – z. B. in den Gemeinden – kann unmittelbar auf die politischen Entscheidungsprozesse Einfluss genommen werden. In Deutschland sind die Möglichkeiten direkter Demokratie auf Bundesebene allerdings äußerst begrenzt. Deshalb wird immer wieder gefordert, auch hier direktdemokratische Elemente einzuführen.

Repräsentative Demokratie
M 3

Im Gegensatz zur direkten oder plebiszitären Demokratie werden in der repräsentativen Demokratie die politischen Entscheidungen nicht direkt von den Bürgern, sondern von gewählten Politikern, den Repräsentanten, im Parlament getroffen. Die Abgeordneten werden in freien Wahlen bestimmt und können bei der nächsten Wahl auch wieder abgewählt werden.

Politische Beteiligung
M 7 – M 11

Die Bürgerinnen und Bürger der Bundesrepublik Deutschland können sich auf vielfältige Weise politisch engagieren. Der informierte Bürger kann sich an der öffentlichen Debatte beteiligen (Leserbriefe, Internetforen, Podiumsdiskussionen etc.), Vereine und Bürgerinitiativen gründen oder ihnen beitreten und sich in Parteien engagieren. Die wichtigste Beteiligungsform bleibt jedoch die Teilnahme an Wahlen. Darüber hinaus stellt jedes zivilgesellschaftliche Engagement politische Beteiligung dar. Darunter fallen z. B. die Betreuung von Jugendgruppen oder das ehrenamtliche Engagement für alte Menschen. Neue Formen der Beteiligung sollen mehr Transparenz schaffen und den Einfluss der Bürger auf politische Projekte erhöhen. Vor allem bei Großprojekten wie dem Bau eines Flughafens oder eines Bahnhofs geht es darum, diese rechtzeitig mit den Bürgern abzustimmen und zu diskutieren, um so entstehende Konflikte zu entschärfen. In Niedersachsen hat der Landkreis Friesland eine Beteiligungsplattform im Internet geschaffen, über die Bürger Vorschläge unterbreiten und abstimmen dürfen.

Was wir können

Schweizer stimmen für Begrenzung der Zuwanderung

Die Schweiz will die Zuwanderung in ihr Land drosseln. Eine hauchdünne Mehrheit von 50,3 Prozent hat am Sonntag für die Volksinitiative „Gegen Masseneinwanderung" der Schweizerischen Volkspartei (SVP) gestimmt. [...]
In der rund acht Millionen Einwohner zählenden Schweiz hat fast jeder Vierte keinen Schweizer Pass. Knapp 300.000 von ihnen sind aus Deutschland eingewandert, die Zuzügler aus dem „großen Kanton" stellen somit – hinter den Italienern – die zweitgrößte Ausländergruppe. Seit vollständigem Inkrafttreten der Personenfreizügigkeit mit der EU wandern pro Jahr 70.000 bis 80.000 mehr Menschen in die Schweiz ein als aus.
Die Rechtskonservativen machen diesen Zustrom für zahlreiche Probleme verantwortlich. Dazu gehören neben SVP-Kernthemen wie Kriminalität und Asylmissbrauch auch Entwicklungen, über die selbst Kritiker der Partei klagen: volle Züge, steigende Immobilienpreise, Druck auf Löhne und Sozialsysteme oder die „Zubetonierung" des Landes. [...]
Das Ja zur Anti-Zuwanderungs-Initiative ist vor allem eine

Abstimmungsplakat für die Volksinitiative „gegen Masseneinwanderung" der SVP Schweiz vom 9. Februar 2014

schallende Ohrfeige für die Regierung der Schweiz. Noch bevor der Ausgang der Abstimmung feststand, äußerten sich die Gegner der Initiative selbstkritisch. Offenbar hätten ihre sachlichen Argumente nicht genug überzeugt, sagte die Parlamentsabgeordnete Elisabeth Schneider-Schneiter von der christdemokratischen CVP, die in der Regierung die Verkehrsministerin stellt. „Offensichtlich ist es der SVP gelungen, Ängste zu schüren."
Selbst wenn der SVP-Vorschlag doch noch abgelehnt werden sollte, würde sie tiefe Besorgnis empfinden, ergänzte die Parlamentsabgeordnete Doris Fiala von der liberalen FDP, die den Wirtschafts- und den Außenminister stellt. Die Ängste der Bevölkerung müssten unabhängig vom Ausgang der Abstimmung ernst genommen werden. [...]
Neben der Regierung und allen relevanten Parteien mit Ausnahme der SVP hatten auch Gewerkschaften und Wirtschaftsverbände das Volksbegehren bekämpft. Der SVP-Vorschlag hätte nicht nur unabsehbare Folgen für das Verhältnis der Schweiz zur EU, argumentieren sie, sondern würde außerdem den Bürokratieaufwand für Unternehmen massiv erhöhen. Das würde den Fachkräftemangel verschärfen und das Wirtschaftswachstum gefährden.

Elisalex Henckel unter Mitarbeit von Florian Eder, www.welt.de, 9.2.2014

Aufgabe

Obwohl sich fast alle etablierten Parteien und die Gewerkschaften gegen die Volksinitiative „Gegen Masseneinwanderung" aussprachen, stimmten die Schweizer Bürgerinnen und Bürger für die Beschränkung der Zuwanderung in die Schweiz. Erörtere ausgehend von diesem Beispiel allgemeine Vor- und Nachteile der direkten Demokratie und nimm dazu Stellung.

2.2 Wahlen – Parteien – Interessenverbände
Wählen – Partizipation von gestern?

M 1 **„... eigentlich ist es logisch, wählen zu gehen"**

Wählen oder nicht wählen? Ein Schlagabtausch unter Erst(nicht)wählern.

Luisa: Ich finde, es ist meine Pflicht, wählen zu gehen. Andere Menschen auf der Welt haben dieses Recht gar nicht. Dann kann ich doch dieses
5 Recht nicht einfach so wegschmeißen, wenn Menschen in anderen Ländern sich darum schlagen, wählen zu dürfen.
Alex: Jede Stimme, die nicht abgegeben wird, ist eine Stimme für eine ex-
10 treme Partei.
Christian: Die Wahl könnte für mich ein Weg sein für meine Ziele und Wünsche. Eine Partei zu wäh-
15 len, die meine Vorstellungen in gewisser Weise bestmöglich vertreten kann. [...]
Luisa: Mir geht es beim Wählen darum, dass auf keinen Fall eine fal-
20 sche Partei an die Macht kommen darf. Das möchte ich verhindern. [...] Wenn ich mal gucke, was in der Vergangenheit durch politische Fehlentscheidungen passiert ist, wenn ich
25 nur ans Dritte Reich denke, dann wird mir schon klar, wen ich garantiert nicht wähle. Nämlich die rechte Partei, NPD und so. [...]
Doreen: Von dem Argument wür-
30 de ich mich noch am ehesten überzeugen lassen, obwohl ich eigentlich mit den Bundestagswahlen nichts am Hut habe.
Wolfram: Na ja, vielleicht gibt es
35 doch falsche Parteien. Aber wenn jetzt alle die falsche Partei wählen, dann regeln das sowieso die anderen Parteien untereinander durch eine Koalition. Jedenfalls, das Thema interessiert mich nicht, und es schlägt 40 mir keiner den Kopf ab, wenn ich nicht wähle. Es ändert sich einfach nichts für mich durch die Wahlen.
Andrea: Eigentlich ist es logisch, dass man wählen gehen sollte, wenn 45 man das Recht dazu hat. Aber bei mir ist einfach mein Desinteresse größer! Denn es wird sich nix ändern, egal ob ich wählen gehe oder nicht.
Anne-Katrin: Genau das ist es: Es 50 ändert sich morgen nichts dadurch, dass ich heute nicht wählen gehe – das ist der Grund, warum die jungen Leute nicht so einen Bezug zur Politik haben oder nie hatten. Denn auf lan- 55 ge Sicht macht es schon einen Unterschied, ob eine Partei an der Macht ist, die viel für Sozialpolitik macht, wenn ich irgendwann mal eine Familie gründen will. Im Vergleich zu ei- 60 ner Partei, die alles in die Wirtschaft buttert oder in die Rüstung.
Alex: Ist doch egal, wohin die das buttern, weil nach vier Jahren die nächste Partei kommt und alles wie- 65 der ändert.
Fabian: Eure Argumente überzeugen mich überhaupt nicht! Ihr habt alle möglichen Gründe, warum ihr wählen geht, und kein einziger da- 70 von hat mich überzeugt. Ich kann doch wählen, wen ich will – es ver-

Drittes Reich
Bezeichnung für das Deutsche Reich unter der nationalsozialistischen Regierung Adolf Hitlers zwischen 1933 – 1945

sprechen alle dasselbe. Also ist meine Stimme doch komplett egal! Egal, in welche Partei ich sie reinstecke.

Wolfram: Toll wäre es, wenn mir die Partei 500 Euro rübergeben würde, dafür, dass ich sie wähle. Das wäre eine schöne Sache! Das wäre für mich persönlich ein Anreiz.

Das Interview führte Alexandra von Streit, Fluter Nr. 3/Juni 2002

M 2 Die Bedeutung von Wahlen

Aufgrund der regelmäßig stattfindenden freien Wahlen muss die Politik den Aspekt der Herrschaft auf Zeit stets mit einkalkulieren. Die Politikverantwortlichen müssen, wenn sie wieder gewählt werden wollen, die Meinungs- und die Willensbildung der Wählerschaft berücksichtigen. Das gilt unabhängig davon, ob sich durch Kreuze auf dem Wahlzettel die Machtverhältnisse ändern oder nicht. Die Einflussmöglichkeiten der Bürgerinnen und Bürger auf die Politik sind somit umfassender und längerfristiger, als es der kurze Wahlakt suggeriert – sofern faktisch unterschiedliche Personen, Parteien und Programme zu wählen sind. Parteien sowie Politikerinnen und Politiker reagieren auf Trends der öffentlichen Meinung und berücksichtigen die Erwartungen sowie die Reaktionen derjenigen, die sie gewählt haben, in ihren Entscheidungen. Karl R. Popper hat diesen Zusammenhang treffend beschrieben: „Jede Regierung, die man wieder loswerden kann, hat einen starken Anreiz, sich so zu verhalten, dass man mit ihr zufrieden ist. Und dieser Anreiz fällt weg, wenn die Regierung weiß, dass man sie nicht so leicht loswerden kann." Die Bürgerinnen und Bürger entscheiden nicht nur über die Verteilung der politischen Macht für eine bestimmte Zeit, sondern sie legitimieren sie auch. Regieren kann nur dann legitim sein, wenn es auf einer Form der Zustimmung der Regierten beruht. Wahlen legitimieren politische Herrschaft, kontrollieren die Regierenden und garantieren die Bindung der Politik an die Meinungen der Regierten. Die Regierung bleibt durch die Wahlen gegenüber der Wählerschaft politisch verantwortlich. Der Wahlakt ist eine aktive Teilhabe am politischen Entscheidungsprozess. Aber auch diejenigen, die nicht wählen, üben Einfluss aus. Die Höhe der Wahlbeteiligung hat Auswirkungen auf das Ergebnis. Je nach Wahltypus können die Wählenden über die Zusammensetzung der Parlamente, die Regierungsbildung und somit über die politischen Sachprogramme der kommenden Jahre entscheiden. Die Auswirkungen der Stimmabgabe sind vielfältig. Sie bedeutet weit mehr als die Entscheidung darüber, wer die zukünftige Regierung bilden wird.

Karl-Rudolf Korte, Wahlen in Deutschland, Bonn 2010, S. 9 f.

○

Bei Klassensprecherwahlen ist es selbstverständlich, dass sich alle Schülerinnen und Schüler an der Wahl beteiligen. Überlege, was es für das Amt bedeuten würde, wenn sich beispielsweise nur 50 % einer Klasse an der Wahl beteiligen.

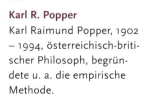

Karl R. Popper
Karl Raimund Popper, 1902 – 1994, österreichisch-britischer Philosoph, begründete u. a. die empirische Methode.

M 3 Wahlbeteiligung in Deutschland seit 1949

Quelle: Bundeswahlleiter, Stat. Bundesamt

M 4 Warum Nichtwähler nicht wählen

Im Interview mit heute.de informiert der Politikwissenschaftler Karl-Rudolf Korte über Gründe und Folgen der niedrigen Wahlbeteiligung vergangener Wahlen.

heute.de: Welche Auswirkungen hat es, wenn immer weniger Bürger wählen gehen?
Karl-Rudolf Korte: Immer weniger entscheiden über immer mehr. Denn auch die wenigen Stimmen, die abgegeben werden, führen am Ende zu einer Entscheidung. Außerdem sind auch die Chancen höher, dass extreme Parteien bei geringer Wahlbeteiligung aufgewertet werden. Geringe Wahlbeteiligung führt also immer mehr dazu, dass das Ergebnis am Ende nicht repräsentativ ist, dass nicht alle Bevölkerungsgruppen abgedeckt werden – und letztlich auch dazu, dass sich die Spaltung unserer Gesellschaft vergrößert. Geringe Wahlbeteiligung ist immer auch ein Indiz für nachlassende Integrationskraft einer Gesellschaft.

Liegt darin auf Dauer auch eine Gefahr für die Demokratie?
Wenn es Ausmaße annimmt, die die Legitimität der Wahlen generell unterhöhlen. Es gibt aus der Wahlforschung zwar keine Zahl, bei der man sagt: Jetzt wird es kritisch für die Demokratie. Bei Bundestagswahlen ist die Beteiligung noch relativ hoch. Dramatischer ist es bei all den Ebenen darunter. Es gab schon Landtagswahlen, bei denen der Anteil der Nichtwähler höher war als der Anteil der Wähler. Das verändert die Qualität der Demokratie, die sich ja durch Teilhabe ausdrückt.

Sehen Sie die Einführung einer Wahlpflicht als Möglichkeit, die Wahlbeteiligung zu erhöhen?
Nein! Oft existiert eine solche Wahlpflicht in Unrechtsregimen, die mit diesem einmaligen Zwang ihre Politik vier oder fünf Jahre lang rechtfertigen. Dort heißt es dann: Die Bürger haben ein Mal abgestimmt, jetzt müssen sie nicht mehr weiter beteiligt werden. Das passt nicht in unsere demokratische Kultur. Zur Systematik der Demokratie passt, wenn die Bür-

Karl-Rudolf Korte ist Professor für Politikwissenschaft und Leiter der School of Governance an der Universität Duisburg-Essen. Für das ZDF kommentiert und analysiert er Wahlergebnisse und politische Ereignisse.

ger aus freier Entscheidung wählen und nicht nur Vorschriften befolgen. Parteien und Politiker sollten attraktive Politikangebote machen, die auch
55 Anreize setzen, wählen zu gehen.

Das misslingt gerade bei jungen Menschen. Besonders niedrig ist die Wahlbeteiligung bei denen, die zum ersten Mal wählen dür-
60 **fen. Was lässt sich konkret dagegen tun?**
Schulen können zum Beispiel spezielle Formate anbieten, in denen Wählen geübt wird. Solche simulierten
65 Wahlen gibt es teilweise schon. Wer das einmal mitmacht, der kann sich auch dafür begeistern. Der weiß nämlich, was dahintersteckt und wird sich, wenn er endlich richtig wählen
70 darf, darauf freuen. Außerdem müssen Parteien selbst Ideen entwickeln, um junge Menschen anzusprechen. Jugendliche haben ein großes Ver-

trauen gegenüber bestimmten Sängern und Musikern. Wenn man diese 75 Idole dazu bringt, für eine Partei Farbe zu bekennen, erreicht man auch die Jüngeren.

Zum ersten Mal tritt bei der Bundestagswahl die „Partei der Nicht- 80 **wähler" an. Was halten Sie davon?**
Ich kann nicht erkennen, worin der Reiz liegen sollte, diese Partei zu wählen. Bei der Wahl geht es darum, eine Regierung abzuwählen oder Macht 85 neu zu verteilen. Mir stellt sich die Frage, warum ich die Macht einer Partei geben sollte, die praktisch ohne Programm antritt. Sie erhält Aufmerksamkeit, weil das irgendwie ori- 90 ginell klingt. Es gibt genügend Auswahl an unterschiedlichen Parteien, die ein inhaltliches Programm haben.

Das Interview führte Christine Haas, Warum Nichtwähler nicht wählen, www.heute.de, 20.9.2013

Typen von Nichtwählern
Der Unzufriedene
Der Unzufriedene ist ein Protestwähler, der dem politischen System kritisch gegenübersteht und sich bewusst für die Nichtwahl entscheidet.

Der Rationale
Der Rationale tendiert zu wechselhaftem Wahlverhalten und entscheidet sich je nach Bedeutung der Wahl kurzfristig auch für die Nichtwahl.

Der Gleichgültige
Der Gleichgültige ist desinteressiert und hat keinerlei Verbindung zur Politik.

Der Verhinderte
Der Verhinderte ist im Urlaub, krank oder kürzlich verstorben. Diese Gruppe ist in den meisten Fällen die geringste Gruppe der Nichtwähler.

Aufgaben

1. Analysiert in Kleingruppen die Meinungen der Jugendlichen in M 1 hinsichtlich einer positiven oder negativen Einstellung zu Wahlen.
   - Haltet auf einer Folie oder auf einer Wandzeitung positive und negative Einstellungen zu Wahlen fest.
   - Vergleicht und ergänzt eure Ergebnisse.
   - Diskutiert abschließend die Meinungen und beurteilt, welche Argumente euch überzeugen. Überlegt, ob ein Schüler oder eine Schülerin die Diskussionsleitung übernehmen kann.
2. Fasse zusammen, welche Einflussmöglichkeiten die Bürgerinnen und Bürger durch die Wahlen in unserem Staat haben (M 2).
3. Nimm Stellung zur These: „Wenn ein Abgeordneter erst einmal gewählt ist, kann er vier Jahre lang machen, was er will!"
4. Analysiere die Grafik M 3 und arbeite mögliche Gründe für die Entwicklung der Wahlbeteiligung heraus.
5. Gib wieder, wie der Politikwissenschaftler Korte die Entwicklung der Wahlbeteiligung beurteilt und welche Lösungsmöglichkeiten er für eine Erhöhung der Wahlbeteiligung für sinnvoll hält bzw. ablehnt (M 4).

zu Aufgaben 3 und 4
Recherchiere die Wahlbeteiligung in anderen Ländern der EU auf verschiedenen Ebenen (Bund, Land, Kommune). Welche Gründe werden von Experten für die Veränderung der Wahlbeteiligung genannt?

zu Aufgabe 4
Beziehe in deine Bewertung insbesondere die Repräsentationsfunktion von Wahlen mit ein.

Soll Wählen zur Pflicht werden?

M 5 Rückläufige Wahlbeteiligung

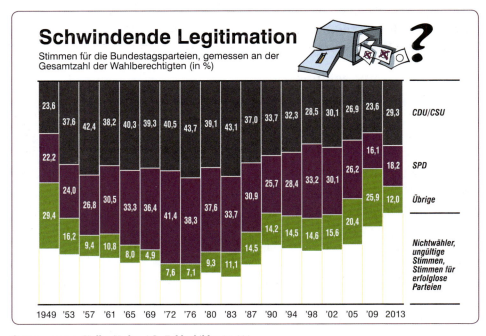

© Bergmoser + Höller Verlag AG, Zahlenbilder 88 608

Wahlbeteiligungen im internationalen Vergleich

Staat	Jahr	Beteiligung an den Wahlen der nationalen Parlamente in %
Belgien*	2010	94,1
	2014	89,5
Großbritannien	2010	65,1
	2015	66,1
Spanien	2008	73,8
	2015	73,2

* In Belgien herrscht Wahlpflicht.

Art. 38 GG
(1) Die Abgeordneten des Deutschen Bundestages werden in allgemeiner, unmittelbarer, freier, gleicher und geheimer Wahl gewählt.

M 6 Sollte eine allgemeine Wahlpflicht in Deutschland eingeführt werden? – zwei Positionen

Alexander: Unsere Pflicht

Dieses Jahr darf ich zum ersten Mal wählen. Ich freue mich, denn durch meine Stimmabgabe kann ich mitbestimmen. [...] Obwohl der Zeitaufwand für einen Wahlgang gering ist, war die Wahlbeteiligung mit knapp über 70 Prozent [...] niedrig [...]. Das muss sich ändern! Wer nicht wählen geht, dessen Stimme wird auch nicht im Bundestag vertreten. Durch ihre Wahlverweigerung helfen die Nichtwähler indirekt den extremen Parteien. Parteien wie die NPD haben feste Wähler, auf die sie sich verlassen können. Verlieren die etablierten Parteien wie CDU/CSU oder SPD Wähler, steigen die Chancen der extremen Parteien, prozentual mehr Stimmen zu bekommen. [...] Mecklenburg-Vorpommern [ist das einzige Bundesland], in dem die NPD im Landtag sitzt. Gleichzeitig [hatte dieses Land] bei den Bundestagswahlen mit die geringste Wahlbeteiligung. Dabei ist Wählen das einfachste Mittel, die Demokratie zu unterstützen. Für mich hat deshalb jeder Bürger die Pflicht, unsere Demokratie zu schützen. Warum also nicht eine Wahlpflicht in Deutschland einführen? Ein beliebtes Argument von Gegnern der Wahlpflicht ist, dass in einer Demokratie auch jeder die Möglichkeit haben sollte, nicht zu wählen. Diese Möglichkeit besteht aber auch bei einer Wahlpflicht, indem man einfach eine ungültige Stimme abgibt – zum Beispiel durch einen leeren Wahlzettel. Wer diese Verantwortung, die mit dem Wählen verbunden ist, nicht übernehmen möchte, sollte meiner Meinung nach eine Geldstrafe zahlen. Das funktioniert beispielsweise in der Schweiz oder Lichtenstein. Dort gibt es bereits eine Wahlpflicht.

Alexander, 17

Anna: Meine Entscheidung

Bei der [...] Bundestagswahl 2009 wählten so wenige, wie noch nie. 2013 konnten sich [mit 71 Prozent Wahlbeteiligung nur unerheblich mehr] zum Wählen aufraffen. [...] Kein Wunder, dass immer mehr über eine Wahlpflicht diskutiert wird. Trotz der niedrigen Wahlbeteiligung bin ich gegen die Wahlpflicht. Wenn ich entscheiden darf, wen ich wähle, sollte ich auch entscheiden dürfen, ob ich wählen gehe. Laut Grundgesetz müssen die Wahlen allgemein, unmittelbar, frei, gleich und geheim sein. Eine Wahlpflicht müsste sich mit den Wahlrechtsgrundsätzen vereinbaren lassen. Vor allem die Freiheit der Wahl wäre betroffen. Dazu zählt, dass man frei und ohne politischen Druck entscheiden darf, ob man wählen will. Wer sich nicht für Politik interessiert, wird sich auch nicht darüber informieren.

Nach welchen Kriterien soll man dann sein Kreuz setzen? Die Wahlpflicht birgt für mich die Gefahr, dass radikale Parteien Stimmen gewinnen. Wenn viele uninformierte Menschen wählen gehen, könnte ein verfälschtes Ergebnis herauskommen, das weder die Meinung der informierten noch der unwissenden Wähler repräsentiert. Neben Nichtwählern gibt es auch solche, die mit ihrer Stimmenthaltung ein Zeichen setzen wollen. Es gibt aber auch Bürger, die sich nicht für eine Partei entscheiden wollen, da keine ihren Ansprüchen und Vorstellungen genügt. Gründe nicht zu wählen, gibt es also viele. Deshalb sollte man auch nicht gezwungen werden, eine Entscheidung zu treffen.

www.mitmischen.de, Pro und Contra: Wahlpflicht, 21.6.2013

Anna, 20

Aufgaben

1. Überprüft mithilfe von M 5 und der Tabelle zu den Wahlbeteiligungen im internationalen Vergleich in der Randspalte das Zitat „Ohne die Wahlpflicht entscheidet bald weniger als die Hälfte der Bürger über die Zukunft des Landes".
2. Ob eine Wahlpflicht eingeführt werden soll, ist politisch sehr umstritten. Stelle die Argumente aus dem Streitgespräch in einer Tabelle gegenüber (M 6).
3. Beurteile die Forderung nach einer generellen Wahlpflicht in Deutschland (M 6).

Welches Wahlsystem soll es sein?

M 7   Wahlsysteme im Vergleich

Wenn wie in Deutschland ca. 60 Millionen Menschen wählen dürfen, dann muss es ein Verfahren geben, aus dem hervorgeht, wie die einzelnen Stimmen in Parlamentssitze umgewandelt werden. Dieses Verfahren wird als Wahlsystem bezeichnet.

Die Stimmen der Wählerinnen und Wähler müssen in Parlamentsmandate umgerechnet werden. Hierfür gibt es unterschiedliche Methoden mit Vor- und Nachteilen. Bei der Ent-
5 scheidung für ein Verfahren gilt es abzuwägen: Das Wahlergebnis soll den politischen Willen der gesamten Wählerschaft im Parlament möglichst
10 korrekt abbilden – es soll aber gleichzeitig eine regierungsfähige Mehrheit hervorbringen. Hier gibt es einen Zielkonflikt, denn beides ist nicht gleichzeitig in idealer Weise zu errei-
15 chen. Die meisten Wahlsysteme streben deshalb einen Kompromiss an.

Mehrheitswahl
Zu klaren Mehrheiten führt es meistens, wenn alle Abgeordneten direkt
20 in den Wahlkreisen gewählt werden. Hier spricht man von einem Mehrheitswahlsystem. Wer im Wahlkreis die meisten Stimmen auf sich vereinigen konnte, ist gewählt. Parteilisten
25 gibt es nicht. Die Stimmen für alle nicht gewählten Kandidaten verfallen – sie wirken sich nicht auf die Zusammensetzung des Parlaments aus.
Die Mehrheitswahl begünstigt, wie
30 das Beispiel Großbritannien zeigt, immer die großen Parteien. Kleinere politische Strömungen haben kaum eine Chance, ihre Ideen in die parlamentarische Debatte einzubringen.

Die Folge ist, dass sich große Grup-
35 pen der Bevölkerung mit ihren Überzeugungen politisch überhaupt nicht vertreten fühlen. Der Vorteil für das politische System: Eine klare absolute Mehrheit für eine Partei ist die Re-
40 gel. Die Regierungsbildung ist meist kein Problem.
Ein Mehrheitswahlsystem bringt auch ganz andere Parteien hervor: Die Parteien sind weniger mächtig,
45 und die Abgeordneten spielen in ihnen eine wichtige Rolle. Diese sind sehr unabhängig und die Parteizentralen können ihnen kaum etwas vorschreiben.
50

Verhältniswahl
Das Verhältniswahlsystem dagegen kennt überhaupt keine direkt gewählten Wahlkreiskandidaten. Die Stimm-
55 berechtigten entscheiden sich für die Kandidatenlisten einer Partei. Jede Partei schickt so viele Abgeordnete ins Parlament, wie es ihrem Anteil an den abgegebenen Wahlstimmen entspricht. Im reinen Verhältniswahl-
60 system sind deshalb auch sehr kleine Parteien vertreten. Wenn es keine Sperrklausel gibt, entspricht die Zusammensetzung des Parlaments genau der Verteilung der Stimmen auf
65 den Listen, die zur Wahl standen.
Ein reines Verhältniswahlsystem führt – wie es die Geschichte der Wei-

---

Sperrklausel oder 5 %-Hürde
Die Parteien müssen 5 % der abgegebenen Zweitstimmen erhalten oder drei Direktmandate erreichen, um in den Deutschen Bundestag einziehen zu können.

Mehrheitswahl

Wahlkreis 1   Wahlkreis 2
A   B
B C D   A C D

Verlorene Stimmen
A   B

Verhältniswahl

Wahlkreis 1   Wahlkreis 2
A   B
B C D   A C D

A   D
B   C

2.2 Wahlen – Parteien – Interessenverbände

marer Republik gezeigt hat – leicht zur Zersplitterung der Parteienlandschaft. Ein in viele Fraktionen zerfallendes Parlament bringt schwache, wenig stabile Regierungen hervor, die sich auf Mehrparteienkoalitionen stützen müssen. Die Parteiapparate sind in einem solchen System übermächtig, denn die gewählten Abgeordneten sind von ihnen abhängig. Bei der nächsten Wahl wollen sie wieder auf einem aussichtsreichen Listenplatz aufgestellt werden.

Personalisierte Verhältniswahl

Der Bundestag wird auf vier Jahre gewählt, und zwar nach dem Verfahren der sogenannten personalisierten Verhältniswahl. Danach wird die Hälfte der Abgeordneten in einem Wahlkreis direkt gewählt, während die andere Hälfte über die Landeslisten der Parteien in den Bundestag einzieht. Jeder Wähler und jede Wählerin kann zu diesem Zweck zwei Stimmen vergeben. Die Erststimme ist der „personalisierte" Teil des Wahlsystems. Mit ihr wird der oder die Wahlkreisabgeordnete nach dem Prinzip der relativen Mehrheitswahl gewählt. Das bedeutet: Gewählt ist, wer die meisten Stimmen auf sich vereint.

Informationen zur politischen Bildung aktuell, Bundestagswahlen 2002, Bonn 2002, S. 3 f.

a) Simulation: Sitzverteilung im Bundestag nach der Bundestagswahl 2013

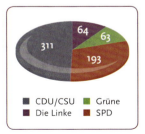

b) Simulation: Sitzverteilung nach Mehrheitswahl in Einer-Wahlkreisen

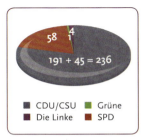

Um die Auswirkungen des Mehrheitswahlrechts auf die Zusammensetzung des Deutschen Bundestags zu simulieren, wird einfach angenommen, dass lediglich die in den 299 Wahlkreisen nach der relativen Mehrheitswahl direkt gewählten Abgeordneten einen Sitz im Parlament erhalten. Unberücksichtigt bleiben muss, dass auch das Wahlsystem die Wahlentscheidung der Wähler beeinflusst.

M 8 Ergebnisse der Bundestagswahlen

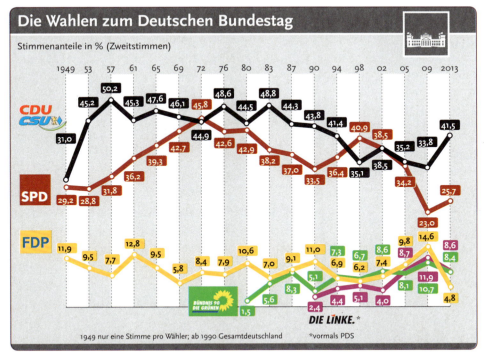

Globus-Grafik 5995; Quelle: Bundeswahlleiter

M 9 Das Wahlsystem zum Deutschen Bundestag

Die Erststimme und ihre Bedeutung

Das Gebiet der Bundesrepublik ist in 299 Wahlkreise eingeteilt. Jeder Wähler entscheidet sich für einen Kandidaten seines Wahlkreises. Gewählt ist, wer mindestens eine Stimme mehr hat als jeder andere Bewerber (*relative Mehrheitswahl*). Ein gewählter Direktkandidat kommt auf jeden Fall ins Parlament, auch wenn seine Partei die 5 %-Hürde nicht schafft.

Die Zweitstimme und ihre Bedeutung

Nach der Gesamtzahl der Zweitstimmen, die für eine Partei bei der Wahl abgegeben werden, richtet sich die Anzahl der Sitze, die diese Partei im Bundestag erhält (*Verhältniswahl*). Die Wähler geben ihre Stimme dabei der Landesliste einer Partei in ihrem Bundesland. 299 Abgeordnete ziehen bei der Sitzverteilung über diese Listen in den Bundestag ein.

Überhangmandate

Hat eine Partei in einem Bundesland mehr Direktmandate errungen als ihr – den Zweitstimmen nach – zustehen, erhält sie Überhangmandate.
Beispiel: Die Partei B hat im Bundesland Y 28 Direktmandate gewonnen. Nach Zweitstimmen stehen ihr nur 26 Mandate zu. Die zwei fehlenden Sitze erhält die Partei als Überhangmandate. Für die Überhangmandate einer Partei erhalten die anderen Parteien entsprechend der Mehrheitsverhältnisse **Ausgleichsmandate**. Die Gesamtzahl der Sitze nimmt zu.

- ● = Listenmandat
- ● = Direktmandat
- ● = Überhangmandat

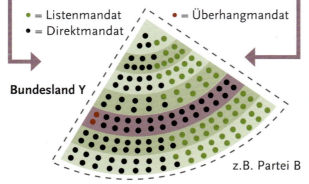

Bundesland Y — z.B. Partei B

Verteilung der Sitze auf die Parteien

Bei der Vergabe der Sitze werden nur Parteien berücksichtigt, die bundesweit mindestens 5 % der Zweitstimmen oder drei Direktmandate errungen haben (*Sperrklausel*).
Wie viele Abgeordnetensitze den Parteien zustehen, wird mithilfe der *Divisormethode mit Standardrundung* (Sainte-Laguë/Schepers) berechnet. Die Stimmen der Parteien, die an der Stimmvergabe teilnehmen, werden dazu durch einen Divisor geteilt. Als Divisor eignet sich die Zahl der durchschnittlich auf einen Sitz entfallenen Stimmen. Die Ergebnisse der Division werden anschließend mit Standardrundung zu ganzen Zahlen auf- oder abgerundet. Die ganzen Zahlen entsprechen der Sitzverteilung. Ist die Summe der Sitze größer/kleiner als die zu vergebenden Sitze, so wird das Verfahren mit einem größeren/kleineren Divisor wiederholt. Beispielrechnung:

Partei	Zweitstimmen	Divisor	Ergebnis	Sitze
A	3.700.000	18.896	195,80	196
B	5.500.000	18.896	291,06	291
C	2.100.000	18.896	111,13	111
598 Sitze zu vergeben	gesamt: 11.300.000	Gesamtstimmenzahl / Gesamtzahl der Sitze	Stimmen für Partei X / Divisor	nach Standardrundung

Die Sitzverteilung nach Zweitstimmen

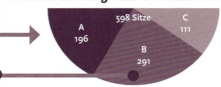

Verteilung der Sitze auf die Landeslisten der Parteien

Der Landesverband einer Partei erhält die Anzahl an Sitzen, die dem Anteil an Zweitstimmen entspricht, der auf seine Landesliste entfiel.

Partei	Sitze insgesamt	Zweitstimmen im Bundesland Y	Gesamtzahl der Zweitstimmen der Partei B		Sitze im Bundesland Y
B	291	x 500.000	: 5.500.000	= 26,45	26

Die Anzahl der errungenen Bundestagssitze wird dann zunächst mit den in dem Bundesland direkt gewählten Wahlkreiskandidaten dieser Partei besetzt (*Direktmandate*), die verbleibenden Sitze mit Kandidaten der Landesliste (*Listenmandate*).

Methode

M 10 Ein politisches Urteil fällen

In einem Land, in dem sehr viele Menschen wählen dürfen, muss es ein Verfahren geben, das bestimmt, wie die abgegebenen Stimmen der Wähler in Parlamentssitze umgewandelt werden. Dafür stehen unterschiedliche Wahlsysteme zur Verfügung, z. B. die Mehrheitswahl und die Verhältniswahl (vgl. M 7). Die Wahlsysteme haben natürlich jeweils ihre Stärken und Schwächen. Wie kann man nun die Stärken und Schwächen eines Wahlsystems beurteilen? Wahlsysteme müssen u. a. zwei wesentliche Dinge leisten: Zum einen müssen sie für stabile Mehrheiten im Parlament sorgen, damit eine stabile Regierung gewählt werden kann. Zum anderen wünschen sich die Menschen, dass die abgegebenen Stimmen zu einer gerechten Verteilung der Sitze im Parlament führen.

Das Problem besteht nun darin, dass nicht immer beide Ziele erreicht werden können. Ein politisches Urteil fällen bedeutet nun abzuwägen und dann zu entscheiden, welches Ziel wichtiger ist und vornehmlich erreicht werden soll.

Experten haben für dieses Problem Fachbegriffe geprägt, um die verschiedenen Wege, zu einem Urteil zu kommen, zu verdeutlichen:

Sachurteil	Werturteil
Sachurteile fragen, ob politische Entscheidungen zur Lösung eines Problems beitragen. Man untersucht, ob eine politische Maßnahme effizient ist. *Frage: Gelingt es, eine stabile Regierungsmehrheit zu schaffen?*	Werturteile beurteilen politische Entscheidungen nach moralischen Maßstäben. Dabei ist entscheidend, welche Werte (z. B. Freiheit, Gleichheit, Gerechtigkeit, ...) die Menschen vertreten. *Frage: Sind die Wähler in einem gerechten Verhältnis im Parlament repräsentiert?*

Man berücksichtigt bei einem politischen Urteil beide Dimensionen und deshalb enthält ein Urteil immer Sach- und Wertaspekte – allerdings in unterschiedlicher Gewichtung. Häufig besteht zwischen den beiden Aspekten eines Urteils ein Spannungsverhältnis. Sach- und Wertaspekte lassen sich allerdings nicht immer vollständig und trennscharf voneinander abgrenzen.

Aufgaben

1. Vergleiche Mehrheits- und Verhältniswahlsystem miteinander (M 7).
2. Bewerte die unterschiedlichen Wahlsysteme. Berücksichtige dabei die Projektionen in M 7 und begründe dein Urteil. Nenne die Werte, die für dein Urteil entscheidend sind (M 7 – M 10).
3. Nimm an: Bei der nächsten Bundestagswahl liegt folgendes Wahlergebnis in Mio. Zweitstimmen vor: SPD 18,5; CDU/CSU 19,7; Grüne: 3,8; FDP: 2,9; Die Linke: 1,5.
   a) Berechne die Verteilung der Stimmen in Prozent und die Verteilung der Sitze nach dem Sainte-Laguë/Schepers-Verfahren, wenn 598 Sitze zu vergeben sind (M 9).
   b) Ermittle, welche Parteien (zusammen) eine absolute Mehrheit der Sitze erringen könnten (M 9).

zu Aufgabe 3
Erläutere, unter welchen Bedingungen die Parteien Überhangmandate bekommen würden (M 9).

Warum gibt es überhaupt Parteien?

M 11 Parteien – unbeliebt aber notwendig?

Karikatur: Gerhard Mester

Volkspartei
Als Volkspartei bezeichnet man eine Partei, die aufgrund ihres Programms für Wähler und Mitglieder aller gesellschaftlichen Schichten und unterschiedlicher Weltanschauungen offen ist.

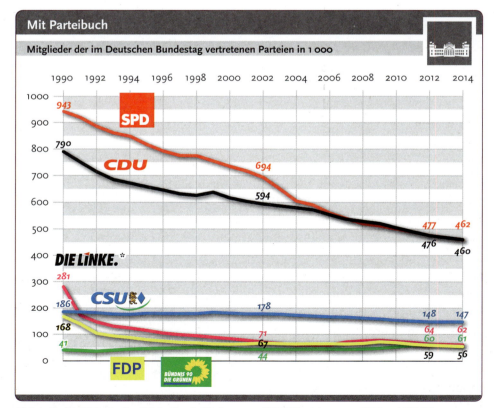

*Globus-Grafik 5884; Quelle: FU Berlin, O. Niedermayer; *2007 Vereinigung von PDS und WASG*

M 12 Die Demokratie – eine Dampfmaschine?

Stellt man sich die deutsche Demokratie als Dampfmaschine vor, dann sind Parteien der Keilriemen: Sie sorgen dafür, dass Bewegung von einem Teil der Maschine in den anderen kommt – und zurück. Parteien werden deshalb oft auch als demokratisches Bindeglied zwischen Staat und Gesellschaft bezeichnet. Es gibt kaum politische Entscheidungen in Deutschland, an denen sie nicht beteiligt sind. Fast alle Abgeordneten in den Parlamenten gehören einer Partei an – obwohl es die Möglichkeit gibt, direkt für ein Amt zu kandidieren. Die Bundesrepublik Deutschland wird daher häufig als Parteiendemokratie bezeichnet. [...]

Wozu gibt es Parteien?
Parteien sollen der Demokratie beim Funktionieren helfen: Sie sollen sicherstellen, dass die unterschiedlichen Interessen der Bevölkerung in politische Entscheidungen umgesetzt werden und dass umgekehrt die Ideen der Politiker bei den Bürgern ankommen. Zentrale Aufgabe der Parteien ist es, an Wahlen teilzunehmen, politische Ideen und Forderungen in Parteiprogrammen zu bündeln und Personal für politische Ämter bereitzustellen, wie etwa Bundestagsabgeordnete oder Stadträte. Außerdem sollen sie in der Gesellschaft für Akzeptanz der Politiker-Entscheidungen sorgen, die Menschen für Politik interessieren und zum Wählen bewegen. Im Wahlkampf werden Parteien daher besonders aktiv und betonen ihre inhaltlichen und personellen Unterschiede.

Sind Parteien nur gut?
Ob die Parteien diesen Aufgaben gerecht werden, ist umstritten. Derzeit wenden sich viele Menschen frustriert von der Politik ab: Es herrscht „Politikverdrossenheit". Andere kritisieren, dass Parteien auch dort Macht haben und ausüben, wo sie es gar nicht sollen. So reden Parteien bei der Besetzung von Posten mit, deren Vergabe gar nicht durch eine öffentliche Wahl entschieden wird. Das ist zum Beispiel bei Chefredakteuren im öffentlich-rechtlichen Fernsehen oder wichtigen Posten in Ministerien häufig der Fall.

Wie funktionieren Parteien?
Im Inneren sind Parteien Zusammenschlüsse von politisch interessierten Menschen, die nach demokratischen Grundsätzen organisiert sind – so schreibt es das deutsche Parteiengesetz vor. In Parteien wird laufend gewählt: Bevor ein politisches Amt zur öffentlichen Wahl steht, wurde schon parteiintern über die Bewerber abgestimmt. Auch die Parteiführung wird in demokratischen Parteien grundsätzlich gewählt. Jeder Bürger kann Mitglied einer Partei werden, aber er muss sich für eine Partei entscheiden: Mehrfachmitgliedschaften sind in den Parteisatzungen in der Regel untersagt. Insgesamt

Art. 21 GG
(1) Die Parteien wirken bei der politischen Willensbildung des Volkes mit. Ihre Gründung ist frei. Ihre innere Ordnung muss demokratischen Grundsätzen entsprechen. Sie müssen über die Herkunft und Verwendung ihrer Mittel sowie über ihr Vermögen öffentlich Rechenschaft geben.

Parteien in den Nachrichten

Die Parteien erweitern ihre Informationsangebote im Internet

Bundestagsabgeordneter diskutiert mit Schülern über den Syrien-Einsatz der Bundeswehr

Eine Umfrage alarmiert die Regierung. 2/3 der Befragten sind mit Steuererhöhungen unzufrieden

Politiker aller Parteien diskutieren in Talkshow über die Energiewende

Besuchergruppe im Deutschen Bundestag wird von ihrem Wahlkreisabgeordneten empfangen

Bürgersprechstunde des Landtagsabgeordneten am Freitag von 14-16 Uhr

Interview mit einem Parteivorsitzenden, der für die Regierungsarbeit wirbt

Bürger wählen Abgeordnete in den Bundestag

sind in Deutschland etwa 2,5 Millionen Menschen Mitglied einer Partei. Das sind etwa vier Prozent der Wahlberechtigten. Eine Gruppe von politisch interessierten Menschen gilt nach dem Grundgesetz und Parteiengesetz jedoch nur dann als Partei, wenn sie laufend und dauerhaft Politik machen und in ein Parlament auf Bundes- oder Landesebene gewählt werden will. Dies unterscheidet Parteien von Bürgerinitiativen oder Lobbyverbänden. Parteien werden vom Staat mit Steuergeldern unterstützt und finanzieren sich außerdem durch Mitgliedsbeiträge und Spenden. Die staatliche Teilfinanzierung richtet sich nach der Summe der Mitgliedsbeiträge und Spenden sowie der Anzahl der Wählerstimmen, die für eine Partei abgegeben wurden. 150,8 Millionen Euro Steuergelder wurden so im Jahr 2012 unter den Parteien verteilt. Seit 2013 wird die sog. „absolute Obergrenze" jährlich angepasst. Ohne Parteien liefe in der deutschen Demokratie also gar nichts und aus der Politik-Dampfmaschine käme nur heiße Luft.

Nach: Sebastian Gievert, www.bpb.de, 28.8.2009

M 13 Politiker dringend gesucht

Wenn die großen Parteien massiv an Rückhalt verlieren, bröckelt die Substanz des demokratischen Prozesses. […]
Der Mitgliederschwund einer Volkspartei wie der CDU geht nicht nur die CDU an. So wie der Schwund der SPD nicht nur die SPD angeht. Dass die einstigen Riesen in der Parteienwelt verzwergen, stellt den gesetzlichen Auftrag von Parteien infrage, vor allem den der Rekrutierung von Personal.
Die großen Parteien haben manches dafür getan, dass ihr Niedergang auch Schadenfreude hervorruft. Aber man sollte nicht übersehen, dass hier die Substanz des demokratischen Prozesses bröckelt. Mehr partizipative Demokratie jenseits von Parlamenten und Parteien mag wünschenswert sein. Doch Volksabstimmungen allein machen noch keine Politik. Dazu braucht es auch künftig Politiker. Die Partizipation vor allem auch in den Parteien zu stärken, erscheint deshalb als das richtige Rezept, bei dem man allen etablierten Parteien nur Erfolg wünschen kann; auch denen, deren politische Ziele man nicht teilt.

Nico Fried, Süddeutsche Zeitung, 24.6.2014

● zu Aufgabe 1
Schildere deine Vorstellung von und Haltung zu politischen Parteien. Vergleiche diese anschließend mit denen deiner Mitschülerinnen und Mitschüler.

● zu Aufgabe 2
Das Interview mit dem Parteivorsitzenden müsste der Laufrichtung Institutionen → Bürger zugeordnet werden.

Aufgaben

1. Analysiere die beiden Materialien aus M 11 und arbeite das dargestellte politische Problem heraus.
2. „Wenn die Demokratie eine Dampfmaschine ist, dann sind die Parteien der Keilriemen." Übertrage das Bild vom „Keilriemen" in dein Heft, gib dem Keilriemen eine Laufrichtung und ordne die Überschriften der Randspalte der jeweils passenden Laufrichtung zu (M 12).
3. Erkläre hypothesenartig, was passiert, wenn die Parteien als Keilriemen der Demokratie geschwächt werden (M 12, M 13).

Methode

M 14 Parteien im Internet – einen Steckbrief erstellen

CDU: www.cdu.de

SPD: www.spd.de

FDP: www.fdp.de

Bündnis 90/Die Grünen: www.gruene.de

Die Linke: www.die-linke.de

Aufgabe

Erstelle zu jeder Partei einen Steckbrief. Beachte dabei folgende Fragen:

- Wann wurde die Partei gegründet?
- Welche prominenten Mitglieder hat sie?
- Wann und wo war/ist die Partei an der Regierung beteiligt?
- Hat die Partei eine Jugendorganisation?
- Einigt euch auf ein aktuelles politisches Thema (z. B. Einführung von Ganztagsschulen) und recherchiert, was die Parteien dazu auf ihren Homepages sagen.
- Ihr könnt die Internetauftritte der Parteien auch nach verschiedenen Kriterien (z. B. Gestaltung, Navigation etc.) bewerten.

Wahlkampf – beflügelt er die Demokratie?

M 15   Wahlplakate

M 16   Die Bedeutung des Wahlkampfs

Wahlkampf bedeutet konkurrierende Werbung der Parteien um Wählerstimmen. Alle Ziele eines Wahlkampfes sind in der Regel auf drei
5 Aspekte ausgerichtet, wobei natürlich der Wahlsieg das Hauptziel darstellt: das eigene Stammwählerpotenzial optimal zu mobilisieren, Wechselwähler zu binden und den Anteil von Nicht-
10 wählern bei der gegnerischen Stammwählerschaft zu erhöhen. Probleme, bei denen man in den Augen der Bürger am besten abschneidet, werden in Wahlkampfzeiten besonders
15 in den Vordergrund gerückt und der Amtsbonus der Regierungschefs genutzt. Wahlkampf ist zunächst einmal besonders verdichtete politische Kommunikation. Sie stellt immer ein Beziehungsgeflecht zwischen dem po- 20 litischen System, den Medien und der Öffentlichkeit als Publikum der Medien her.
Neben der Bewusstmachung von politischen Problemen lenken die Parteien 25 – oft gleichzeitig und nebeneinander – auch absichtlich von den Problemen ab. Das Buhlen um den Wahlbürger ist seit den 1990er-Jahren für die Parteien schwieriger geworden. 30

Nach: Karl-Rudolf Korte, Wahlen in der Bundesrepublik Deutschland, 4. Aufl., Bonn 2003, S. 112 f.

M 17   Werden die Wahlkämpfe immer „amerikanischer"?

Werden die Wahlkämpfe immer „amerikanischer"? Gemeint ist damit dreierlei: eine Personalisierung, eine Professionalisierung und die Tatsache,
5 dass die Medien im Wahlkampf immer wichtiger werden. Alle drei Komponenten sind nicht völlig neu für die Bundestagswahlkämpfe, doch ihre Bedeutung wächst seit den 1990er-Jahren dramatisch. 10
Personalisierung: Wahlkämpfe sind immer mehr auf den Spitzenkandidaten einer Partei ausgerichtet. Die Sachthemen treten immer mehr in den Hintergrund, der Spitzenkandi- 15 dat verkörpert die Politik und die Zie-

le seiner Partei. Strategisch ist hier die Person des Amtsinhabers im Vorteil. Personen repräsentieren politische Botschaften. Je größer das Potenzial an Wechselwählern ist, umso stärker ist der Drang zur Personalisierung. Die Spitzenkandidaten stecken dabei in einer Doppelrolle: Sie sind Hauptdarsteller und zugleich Inhalt der Kampagne. Zu den strategischen Vorbedingungen gehört, dass der Kandidat die geschlossene Unterstützung der Partei und der Anhängerschaft besitzt.

Die Rolle der Medien: Die meisten Bürger erleben Politik nur noch in den Medien. Direkte Parteiwerbung wird kaum beachtet, und Wahlversammlungen erreichen zumeist nur eine kleine, ohnehin überzeugte Minderheit.

Deshalb kommt dem Fernsehen eine besondere Bedeutung zu. Der Fernsehwahlkampf beschränkt sich nicht nur auf Nachrichtensendungen und politische Magazine, erst recht nicht auf Wahlspots der Parteien. Wirkungsvoller ist der Auftritt in Unterhaltungssendungen, dort gilt das Motto: mehr Infotainment als seriöse Information. Bislang wird jedoch diese in den US-Wahlkämpfen bewährte Methode nur zögernd von den politischen Parteien

in ihr Konzept aufgenommen. Als vergleichsweise neues Wahlkampfmedium entpuppt sich das Internet. Auch dort errichten die Parteien seit 1998 eine Wahlkampfzentrale. Sie überlegen, wie sich das neue Medium strategisch in ihre Kampagnen einpassen lässt. Schwer zugängliche Wählergruppen scheinen so leichter erreichbar zu sein. Abrufen kann man neben Veranstaltungsterminen aktuelle Reden und Parteiprogramme. Die Mehrheit der Internetbesucher ist jedoch daran interessiert, selber etwas loszuwerden. Deshalb sind besonders die Diskussionsforen der Parteien erfolgreich.

Professionalisierung: Wahlkampf ist nicht mehr allein Sache der Partei oder der Parteizentralen, die eine Wahlkampfkommission einsetzen. Die Parteien ziehen Experten hinzu, die ihnen und ihren Kandidaten beratend zur Seite stehen. Neben den Demoskopen und Sozialwissenschaftlern kommen diese Fachleute zunehmend aus Werbung, Journalismus und Management. Die deutschen Parteien sind dazu übergegangen, PR-Agenturen zu beauftragen, um den Wahlkampf zu steuern, konkret, um das Image der Kandidaten und die Kontakte zu den Medien zu verbessern.

Karl-Rudolf Korte, www.wahlthemen.de (12.7.2005)

Stammwähler
sind stark auf eine Partei festgelegt und bleiben dieser über viele Jahre treu.

Wechselwähler
sind nicht an eine bestimmte Partei gebunden, sondern entscheiden von Wahl zu Wahl neu.

Protestwähler
sind Wähler, die unzufrieden sind mit ihrer Partei. Sie wählen dann oft extreme Parteien, um ihre Unzufriedenheit zu demonstrieren.

Image
(englisch: „Bild") bezeichnet das Ansehen bzw. die Ausstrahlung einer Person. Dieses Ansehen sucht man v. a. auf einer positiven Emotions- oder Sympathieebene.

M 18   Welche Rolle spielen die Spitzenkandidaten?

Mit den Spitzenkandidaten und ihrer werbewirksamen Vermarktung steht und fällt der Wahlkampf. Sie müssen Glaubwürdigkeit, Sachkompetenz und Vertrauen ausstrahlen.

Die Bewertung des „Images" gründet besonders auf dem Sympathie- und dem Leistungsbereich. Die Spitzen-

kandidaten sind eine Art Werbesymbol. Sie erhöhen die Mobilisierungschancen der Stammwähler und die Einsatzbereitschaft der Anhänger. Dennoch sollte nicht ausgeblendet werden, dass auch die Spitzenkandidaten den Wahlvorgang nicht allein entscheiden. Es geht immer noch

2 Politische Willensbildung

Die Kanzlerkandidaten der beiden großen Parteien für die Bundestagswahl 2013: Angela Merkel (CDU) und Peer Steinbrück (SPD)

um die Wahl einer politischen Partei. Nichts geht in Deutschland ohne die politischen Parteien, relativ wenig ohne ein dazugehöriges politisches Programm.

Neben dem Image der Kandidaten ist natürlich ihr Bekanntheitsgrad ein wichtiges Kriterium für die Auswahl der Spitzenkandidaten. Andererseits lässt sich die Bekanntheit eines Politikers heute innerhalb kürzester Zeit durch das Fernsehen herstellen. Wenn sich jemand zum Kandidaten küren lässt, beginnt die Medienoffensive. Die Redaktionen möchten im Wettlauf mit der Zeit möglichst vieles – politisch wie privat – über die Person publizieren.

In der „Schlussphasendramatisierung" des Wahlkampfes spielt auch das Duell der Spitzenkandidaten in der Öffentlichkeit eine besondere Rolle. Es bietet für die Wähler eine weitere Möglichkeit der Bewertung. Dazu wurde bei den zurückliegenden Bundestagswahlen häufig eine große Fernsehdiskussion mit den Spitzenkandidaten wenige Tage vor der Wahl durchgeführt.

Karl-Rudolf Korte, www.wahlthemen.de (12.7.2005)

Aufgaben

zu Aufgabe 1
Beschreibe zunächst die Wahlplakate.

1. Vergleiche Aussage und Gestaltung der Wahlplakate in M 15.
2. Nenne die Gründe, weshalb die Parteien Wahlkampf betreiben (M 16).
3. „Wahlkampf ist Werbung". Recherchiere im Internet, wie sich die Spitzenpolitiker der Parteien präsentieren. Untersuche, welche Mittel sie anwenden und welches Image sie aufbauen (M 17, M 18).
4. Die Bundestagswahlen, Landtagswahlen, Kommunalwahlen und Europawahlen finden an unterschiedlichen Terminen statt und deshalb ist immer irgendwo eine Wahl in Deutschland. Diskutiert, inwieweit dieser „Dauerwahlkampf" die Arbeit der Bundesregierung erschwert und was man dagegen tun könnte.

Interessenverbände – wie beeinflussen sie die Politik?

M 19 Mietpreisbremse – die Haltung der Verbände

2015 beschloss die Regierung aufgrund immer stärker ansteigender Mieten das Gesetz zur Mietpreisbremse. Es sieht vor, dass die Miete beim Abschluss eines Mietvertrags max. zehn Prozent über der ortsüblichen Vergleichsmiete liegen darf. Die Mietpreisbremse gilt nicht überall, sondern nur in „angespannten Wohnungsmärkten", die von den Landesregierungen für das jeweilige Bundesland ausgewiesen werden. Die Reaktionen der Verbände fielen unterschiedlich aus.

Der Verband Haus & Grund befürchtet eine Verschärfung der Probleme. In einer Pressemitteilung heißt es, dass das Festhalten der Bundesregierung an der Mietpreisbremse von ideenloser Klientelpolitik statt von einer sozial orientierten Wohnungspolitik zeuge. Nach Einschätzung von Haus & Grund sind sich alle Experten einig, dass die in einigen Städten bestehenden Probleme mit der Mietpreisbremse eher verschärft als gelöst würden. Statt potenzielle Investoren abzuschrecken, sollte die Politik Bauwillige ermuntern zu investieren, fordert der Verband.

Der Immobilienverband IVD befürchtet, dass Wohnungssuchende künftig deutlich weniger freie Wohnungen angeboten bekommen. […] Außerdem sei das Gesetz nicht verfassungsgemäß.

Die Bundesarbeitsgemeinschaft Immobilienwirtschaft Deutschland zeigt sich unzufrieden: Zwar seien im Gesetz zentrale Forderungen der Immobilienwirtschaft berücksichtigt worden – wie die unbefristete Herausnahme neu errichteter Wohnungen, die Befristung der Mietpreisbremse auf fünf Jahre und die Beschränkung der Mietpreisbremse auf tatsächliche Mangellagen. Das eigentliche Ziel – mehr bezahlbarer Wohnraum in angespannten Wohnungsmärkten – werde nach Ansicht der BID jedoch eindeutig verfehlt.

Lukas Siebenkotten (Bundesdirektor des Deutschen Mieterbundes DMB) kommentiert die Einigung der Koalitionsspitzen: „Wir freuen uns, dass sich CDU/CSU und SPD endlich geeinigt haben. Die von uns seit langem geforderte Mietpreisbremse wird kommen […]. Das sind gute Nachrichten für Mieter. Erstmals wird es eine gesetzliche Vorschrift geben, die überzogene Vermieterforderungen beim Abschluss eines Mietvertrages verhindert. Und endlich muss derjenige den Makler zahlen, der ihn auch bestellt hat, also im Regelfall der Vermieter."

© Copyright 2015 – IMMOVATION news_blog, 26.2.2015

M 20 Was sind Interessenverbände?

Um ihre Interessen besser vertreten zu können, schließen sich einzelne Bürgerinnen und Bürger in Organisationen zusammen. Interes-
5 senverbände haben meist eine auf Dauer angelegte, feste Struktur, während Bürgerinitiativen organisatorisch eher lockere und in der Regel zeitlich begrenzte Zusammenschlüsse mit ei-
10 nem ganz konkreten Anliegen sind. Es gibt kaum Sachbereiche des Lebens, in der sich keine Interessenorganisation gebildet hat. Ein durch Vielfalt gekennzeichnetes Verbändewesen ist
15 Merkmal einer funktionierenden plu-
ralistischen Demokratie. Zu den wichtigsten Interessenverbänden gehören v. a. Gewerkschaften und Arbeitgeberverbände. Sofern die Interessenverbände auf die Gesetzgebung und 20 andere politische Aktivitäten Einfluss zu nehmen suchen, werden sie auch als „Pressure-groups" bezeichnet. Im Unterschied zu Parteien stellen Interessenverbände nicht selbst Kandida- 25 ten bei der Wahl auf, sondern sie versuchen, indirekt auf Gesetzgebung und Verwaltung Einfluss zu nehmen.

Nach: Schülerduden Politik und Gesellschaft, 5. Aufl., Mannheim u. a., 2005, S. 201

M 21 Tätigkeitsfelder der Interessenverbände

Interessenorganisationen im Wirtschafts- und Arbeitsbereich:	Verbände im sozialen Bereich:
• Branchenverbände, z. B. Bundesverband der Deutschen Industrie (BDI) • Kammern, z. B. die Industrie- und Handelskammern (IHKs) • Arbeitnehmerverbände, z. B. Deutscher Gewerkschaftsbund (DGB) • Verbraucher- und Kundenorganisationen, z. B. Pro Bahn • Berufsverbände, z. B. Verein Deutscher Ingenieure (VDI) • etc.	• Wohlfahrtsverbände • Deutsches Rotes Kreuz • Deutscher Caritasverband • etc.
Politische und ideelle Verbände und Vereinigungen:	**Verbände öffentlicher Gebietskörperschaften:**
• Greenpeace • Amnesty International • etc.	• Deutscher Städte- und Gemeindetag • etc.

Nach: Wolfgang Rudzio, Das politische System der Bundesrepublik Deutschland, 7. Aufl., Wiesbaden, 2006, S. 61

M 22 Wo nehmen Interessenverbände Einfluss?

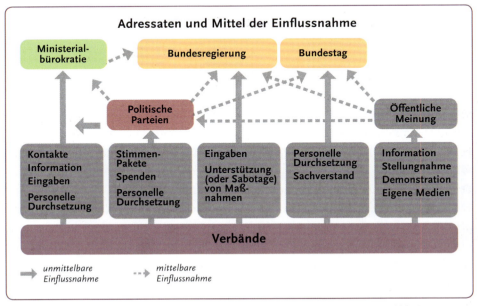

Wolfgang Rudzio, Die organisierte Demokratie, Parteien und Verbände in der Bundesrepublik, Stuttgart, 1977, S. 41

M 23 Offizielle Lobbyliste des Deutschen Bundestags

Gemäß Beschluss des Deutschen Bundestages vom 21. September 1972 führt der Präsident des Deutschen Bundestages eine öffentliche Liste, in der Verbände, die Interessen gegenüber dem Bundestag oder der Bundesregierung vertreten, eingetragen werden können.

Grundsätzlich werden nur diejenigen Verbände in die öffentliche Liste aufgenommen, die eine Aufnahme von sich aus beantragt haben. Nicht registriert werden Anstalten, Körperschaften und Stiftungen des öffentlichen Rechts und deren Dachorganisationen sowie Organisationen, deren Interessenvertretung bereits auf überregionaler Basis erfolgt. Gleiches gilt für angeschlossene Verbände eines bereits registrierten Dachverbandes sowie für einzelne Vereine und Einzelfirmen. [...]

Mit der Registrierung sind keine Rechte und auch keine Pflichten verbunden. Die Eintragung in die Liste begründet [...] keinen Anspruch auf Anhörung oder Ausstellung eines Hausausweises.

Am 20.11.2015 waren insgesamt 2.274 Verbände auf der „öffentlichen Liste über die Registrierung von Verbänden und deren Vertretern" beim Deutschen Bundestag aufgeführt.

Nach: www.bundestag.de (20.11.2015)

Lobbyismus
Der Begriff Lobbyismus bezieht sich auf die Vorhalle des Parlaments, die Lobby. Sie galt insbesondere in US-amerikanischen und britischen Parlamenten als der klassische Treffpunkt von Interessenvertretern und Abgeordneten. Lobbyismus beschreibt eine Methode der Einwirkung auf politische Interessenvertreter. Dabei geht es meist nicht um die Vermittlung allgemeiner Interessen, sondern um die gezielte Einflussnahme auf Gesetzesvorhaben.

M 24 Kontrovers diskutiert: Schaden Interessenverbände der Demokratie?

a) Pro: Lobbyismus ist fester Bestandteil des demokratischen Prozesses

Die politische Arbeit von Unternehmen und Verbänden – sprich Lobbying – ist seit Jahrzehnten fester Bestandteil des demokratischen Prozesses. In der Öffentlichkeit wird ihre Arbeit oftmals als anstößig und verwerflich wahrgenommen. Das liegt oft an Unwissen und falschen Vorstellungen, meint der Politikberater und Public Affairs Experte Axel Wallrabenstein.

Das Image von Lobbying ist geprägt von Unwissen und Vorurteilen. Die öffentliche Haltung hierzulande ist verkürzt gesagt: Wer Profite erwirtschaftet, macht sich gegenüber der Gesellschaft verdächtig. Zwar rüttelt niemand an den Prinzipien der Sozialen Marktwirtschaft in Deutschland, doch Geldverdienen erscheint gerne verwerflich.

Deutschland braucht eine Debatte über Lobbyismus

Deutschland braucht eine Debatte darüber, was gute und was schlechte Interessen sind und wie man sie vertreten darf. Zur Verdeutlichung zwei Beispiele, die ein bestehendes Paradoxon vor Augen führen sollen:

Nehmen wir das Beispiel der Pharmaindustrie: In Reportagen wird regelmäßig das Bild einer Branche vermittelt, die hohe Gewinne auf dem Rücken der Patienten einfährt. Dass Arzneimittelhersteller Produkte mit einem wirklichen Mehrwert – nämlich für die Gesundheit der Menschen – auf Basis jahrelanger und teurer High-Tech-Forschung entwickeln und anbieten, wird dabei gerne vernachlässigt. Dagegen werden Organisationen wie Greenpeace oder

Axel Wallrabenstein

Erklärfilm
„Lobbyismus"

Mediencode: 71035-03

NGOs
Nichtregierungsorganisationen (Organisationen wie Ärzte ohne Grenzen, Amnesty International, Greenpeace)

Foodwatch nicht als Lobbyisten wahrgenommen, obwohl sie ebenfalls professionell agierende Interessensvertreter sind. Natürlich sind Ziele wie Nachhaltigkeit, Umweltschutz und saubere Lebensmittel unstrittig und verfolgenswert. Doch gleichzeitig ist die Gesellschaft auch auf eine funktionierende Wirtschaft angewiesen, deren Grundstein gesunde Unternehmen sind. Diese sind wiederum auf politische Rahmenbedingungen angewiesen, die ihnen ihre Geschäftstätigkeiten erlauben.

Anerkennung dafür, was Wirtschaft für die Menschen leistet

Die Soziale Marktwirtschaft ist hierzulande gesellschaftlicher Konsens. Vor diesem Hintergrund ist es unabdingbar, dass die Wirtschaft mit der Politik darüber diskutiert, wie Rahmenbedingungen angepasst und verändert werden müssen. Die Entscheidungsträger im Deutschen Bundestag und in den Ministerien sind auf diesen Dialog angewiesen. Sie fordern ihn aktiv ein, um aus unterschiedlichen Blickwinkeln in Erfahrung zu bringen, wie sich die Industrie und Wirtschaft verändert und was die Unternehmen brauchen, um Arbeitsplätze zu schaffen oder zu erhalten.

Deutschland hat sich in den letzten Jahrzehnten vom „kranken Mann Europas" zum „German Wunder" entwickelt – ein Erfolg, der sowohl politischen Reformen zu verdanken ist – an denen Interessenvertreter mitgearbeitet haben – als auch den Anstrengungen der Wirtschaft. Diese Leistung sollten wir anerkennen und zu schätzen wissen.

Klare Regeln für Lobbying

Vorurteile abzubauen und die politische Arbeit der Wirtschaft besser zu erklären ist richtig und wichtig, wäre aber zu kurz gedacht. Das Konzept Interessenvertretung muss insgesamt modernisiert werden, nicht zuletzt wegen der offensichtlichen Defizite wie beispielsweise beim Thema Transparenz.

Für manche vielleicht überraschend: Eine Public Affairs-„Umfrage der Kommunikationsberatung MSL Germany" zeigt, dass Lobbyisten selber mehr Transparenz breit befürworten. 19 % können sich ein umfangreiches, verpflichtendes Register vorstellen, in dem z. B. Budgets, Personalstärke und Ziele angegeben werden. 65 % sprechen sich für eine namentliche Registrierung aus, ohne die Erfassung weiterer Daten.

Wir sollten uns wieder bewusst machen, dass die Debatte um den richtigen Weg sowie die Suche nach Kompromissen der Kern einer jeden Demokratie ist. Nur im offenen Austausch von Positionen mit Experten aus NGOs, Wirtschaft und Wissenschaft kann Politik gute Gesetze für das Land schaffen.

Axel Wallrabenstein, Bundeszentrale für politische Bildung, 29.9.2015

b) Kontra: Lobbyismus im Geheimen schadet der Demokratie!

Lobbyismus hat seinen berechtigten Platz in der Politik. Jedoch nicht so, wie er heute funktioniert: Es braucht mehr Transparenz und klare Regeln, findet Martin Reyher von „abgeordnetenwatch.de".

Erinnern Sie sich noch an die 2010 als „Mövenpick-Steuer" berühmt gewordene Steuerermäßigung für das Hotelgewerbe? Sie wurde nicht deswegen beschlossen, weil man sie für besonders sinnvoll hielt, sondern weil eine kleine Gruppe von Hotelbesitzern eine hartnäckige Lobbyarbeit betrieben hatte, einer Millionenspende vom Miteigentümer der Hotelkette Mövenpick an die FDP inklusive.

Als Bundeswirtschaftsminister Sigmar Gabriel „kürzlich eine Klimaabgabe" für besonders schmutzige Braunkohle-Kraftwerke einführen wollte, durfte sich am Ende nicht die Umwelt freuen, sondern die Umweltverschmutzer. Auf Gabriels Vorschlag folgte der Protest verschiedener Interessenvertreter der Energiebranche, die mit Arbeitsplatzverlusten und einem „Strukturbruch" in den Braunkohleregionen drohten. Mit Erfolg: Anstatt eine Strafabgabe auf ihre Altkraftwerke zahlen zu müssen, erhalten große Stromkonzerne nun sogar „eine staatliche Stilllegeprämie" in Milliardenhöhe. Vor dem Hintergrund solcher Beispiele ist es nicht verwunderlich, dass viele Menschen den Eindruck bekommen, Politik sei käuflich oder erpressbar.

Ohne Lobby keine Politik?

Ohne Lobbyismus geht es nicht, sagen seine Befürworter. Weil selbst Fachpolitiker nicht alle Details und Zusammenhänge kennen und schon gar nicht die Folgewirkungen ihrer politischen Entscheidungen überblicken, sind sie auf die Beratung von Experten angewiesen, die aus der Wissenschaft, aber häufig auch aus der Wirtschaft kommen.

Und damit sind wir bei der Kernfrage, die sich im Zusammenhang mit Lobbyismus unweigerlich stellt: Wann entsteht ein Schaden für die Gesellschaft, wenn Konzerne oder Verbände zu ihrem Vorteil die Politik „beraten"?

Machen wir uns nichts vor: Unternehmen verfolgen Geschäftsinteressen. Sie wollen, nein müssen Geld verdienen, das ist legitim. Doch zum Schaden für die Gesellschaft kommt es spätestens dann, wenn ökonomische Individualinteressen den Bedürfnissen vieler Bürger und Verbraucher diametral entgegenstehen, man denke zum Beispiel an „Fracking" oder „gentechnisch veränderte Lebensmittel". Oder anders ausgedrückt: Was gut für ein Unternehmen oder eine Branche ist, muss noch lang nicht gut für die meisten Menschen sein.

Einfluss muss man sich leisten können

In einer Demokratie geht die Macht vom Volke aus. Demokratie lebt davon, dass alle Positionen gehört werden und in die Meinungsbildung unserer Politiker einfließen. Tatsächlich jedoch dringen vor allem diejenigen zu den politischen Entscheidungsträgern vor, die sich in Berlin und Brüssel einen ganzen Stab an Lobbyisten leisten können. Wenn man die „Listen mit den Gesprächsterminen" der Kanzlerin und den Ministern durchgeht, die die Bundesregierung nach parlamentarischen Anfragen der Opposition offenlegen musste, findet man darauf fast ausschließlich Vertreter großer Konzerne und einflussreicher Interessenverbände. Nichtregierungsorganisationen oder mittelständische Unternehmen, die oftmals ganz andere Bedürfnisse ha-

Martin Reyher

Fracking

Methode zur Erzeugung von Spalten im Gestein einer Rohstofflagerstätte in tiefem Untergrund, um die darin befindlichen Gase oder Flüssigkeiten leichter fördern zu können. Kritiker befürchten dadurch vor allem eine Verunreinigung des Grundwassers durch giftige Chemikalien.

ben als Großkonzerne, erhielten dagegen fast nie einen Termin.

Von Befürwortern des Lobbyismus wird gerne in die Debatte eingeworfen, dass natürlich auch Umweltverbände, Verbraucherschutz- oder Menschenrechtsorganisationen Interessenvertreter seien. Das stimmt auch. Aber anders als gewinnorientierte Konzerne verfolgen sie keine ökonomischen Individualinteressen, sondern fühlen sich als Mitgliederorganisationen einem gesellschaftlichen Auftrag verpflichtet. Und im Unterschied zu den Industrielobbyisten praktizieren sie auch keinen diskreten „Hinterzimmer-Lobbyismus", sondern versuchen fehlende finanzielle Schlagkraft durch öffentlichkeitswirksame Aktionen zu kompensieren.

Lobbyismus muss transparent sein

Das Problem also ist nicht der Lobbyismus an sich, sondern der Lobbyismus im Geheimen. Wenn nicht (oder erst nach langer Zeit) bekannt wird, welche Konzernvertreter mit welchen politischen Entscheidungsträgern worüber sprachen oder ob sie hohe Summen an eine Partei gespendet haben, ist eine wirksame Kontrolle des Parlaments und des Regierungshandelns kaum möglich. Rezepte, wie sich diese Missstände beheben lassen, gibt es viele: etwa durch Einführung eines verpflichtenden Lobbyregisters, schärferer Transparenzregeln bei Parteispenden oder die Bekanntmachung von Lobbyisten, die am Gesetzgebungsprozess mitgewirkt haben („legislativer Fußabdruck"). Doch die letzten Regierungskoalitionen haben in diesen Punkten wenig bis gar nichts auf die Beine gestellt.

Dass viele Menschen den Eindruck haben, politischen Einfluss könne man kaufen, ist schädlich für unsere Demokratie. Um diesem fatalen Gefühl wirkungsvoll zu begegnen, braucht es als ersten Schritt mehr Transparenz. Die Botschaft wäre: Seht her, wir haben nichts zu verbergen – hier geht alles mit rechten Dingen zu!

Martin Reyher, Bundeszentrale für politische Bildung, 29.9.2015

Aufgaben

1. a) Beschreibe, wie die verschiedenen Verbände auf die Mitpreisbremse reagierten (M 19).
   b) Arbeite heraus, welche Interessen jeweils dahinter stehen könnten (M 19).
2. Charakterisiere Interessenverbände in Abgrenzung zu Parteien (M 20).
3. Sammle weitere dir bekannte Interessenverbände und ordne sie den verschiedenen Tätigkeitsfeldern zu. Analysiere, woraus sich die Macht eines Verbandes ergibt (M 21, M 22).
4. Fasse die Aussagen Wallrabensteins für sowie Reyhers Positionen gegen (geheimen) Lobbyismus zusammen (M 24).
5. Sind die Aktivitäten der Verbände gut oder schlecht für die Demokratie? Nimm Stellung zu dieser Frage (M 23, M 24).

Was wir wissen

Freie Wahlen erfüllen verschiedene Funktionen: *Repräsentation des Wählerwillens, Legitimation und Kontrolle der Regierenden, Integration der Wähler in das politische System, Konkurrenz personeller und programmatischer Alternativen.* Durch das Grundgesetz wird die BRD als repräsentative Demokratie definiert, in der die Bürger nicht ständig selbst politische Entscheidungen treffen, sondern nach Art. 38 (1) GG Abgeordnete wählen, die dies in ihrem Auftrag tun.

Wahlen
M 1 – M 4

Die veränderten gesellschaftlichen Bedingungen lassen gegenwärtig einen Wandel im Wählerverhalten beobachten. Dennoch ist die Bindung an eine Partei immer noch wahlentscheidender als die Sympathie für einzelne Politiker oder aktuelle Themen. Zwar haben langfristige Parteibindungen, die durch soziostrukturelle Merkmale (Konfession, Beruf, ...) beeinflusst sind, tendenziell abgenommen. Ob aber zukünftig mit größeren Wählerwanderungen zu rechnen ist, bleibt abzuwarten.

Wählerstruktur
M 4

Grundsätzlich kann man zwischen Verhältniswahlsystem und Mehrheitswahlsystem unterscheiden. Bei der reinen Verhältniswahl erhalten die Vertreter der Parteien genauso viele Mandate im Parlament, wie es ihrem Anteil an den abgegebenen Stimmen entspricht. Beim reinen Mehrheitswahlsystem erhalten nur die Kandidaten ein Mandat, die in einem Wahlkreis die meisten Stimmen auf sich vereinigen konnten.

Wahlsysteme
M 7

Das Wahlsystem der Bundesrepublik Deutschland ist im Bundeswahlgesetz festgelegt. Für die Wahl der 598 Abgeordneten des Bundestages haben die Wähler zwei Stimmen: Mit der Erststimme entscheidet der Wähler nach dem Prinzip der relativen Mehrheitswahl, welcher Wahlkreisabgeordnete einen Sitz im Parlament erhalten soll. Die Zweitstimme, die nach den Prinzipien der Verhältniswahl abgegeben wird, ist die wichtigere Stimme, denn durch sie wird die Zahl der Sitze festgelegt, die jeder Partei im Bundestag zustehen. Hat eine Partei die Sperrklausel (fünf Prozent der Zweitstimmen oder drei Direktmandate) überwunden, wird die Gesamtzahl der für sie abgegebenen Zweitstimmen in Mandate umgerechnet. Das Wahlsystem zum Deutschen Bundestag wird häufig als „personalisierte Verhältniswahl" bezeichnet. Dies verdeutlicht, dass das Stimmenergebnis auf der Verhältniswahl beruht, durch die Erststimme aber die Möglichkeit besteht, direkt einzelne Personen zu wählen (Personalisierung).

Wahlsystem in Deutschland
M 9

Zu den Aufgaben der Parteien gehören:
- Mitwirkung: Parteien ermöglichen den Bürgern als Wähler oder als Mitglieder die Teilnahme am politischen Geschehen. Als Parteimitglied kann der Bürger bei Programmformulierungen und bei der Auswahl der Kandidaten mitwirken.

Aufgaben der Parteien
M 12

Was wir wissen

- Meinungsbildung: Parteien nehmen – vor allem mithilfe der Medien – auf die öffentliche Meinung Einfluss und fördern die politische Bildung der Bürger.
- Ermöglichung von Wahlen: In den Parteien werden die Interessen und Meinungen der Bürger artikuliert, gebündelt und daraus programmatische Alternativen für Wahlen entwickelt. In der Parteiarbeit wird Führungspersonal ausgebildet, das bei Wahlen auch für die Kandidatur um politische Ämter bereitsteht.
- Integration: Parteien sorgen für eine kontinuierliche Verbindung zwischen Staat und Gesellschaft, indem sie einerseits die Bürgerinteressen gegenüber staatlichen Institutionen artikulieren und andererseits den Bürger über staatliche Entscheidungen aufklären und diese erläutern. Diese Funktion trägt wesentlich zur Stabilität des politischen Systems bei.

Wahlkampf
M 16 – M 18

Um den Wahlsieg zu erringen, müssen die Parteien v. a. die eigenen Stammwähler mobilisieren und potenzielle Wechselwähler und Nichtwähler gewinnen. Die Parteien versuchen, die Wähler von der Überlegenheit ihres Programms und ihres Personals zu überzeugen. Wahlkampf ist wichtig, weil er dem Wähler ermöglicht, sich über die Programme und das politische Personal der Parteien zu informieren. Zu beobachten ist auch in Deutschland, dass Wahlkämpfe immer stärker auf einzelne Personen zugeschnitten sind (Personalisierung), zunehmend von externen Unternehmen und Beratern gelenkt und geführt werden (Professionalisierung) und die Medien eine immer größere Rolle dabei spielen (Mediatisierung, Amerikanisierung).

Interessenverbände
M 20 – M 24

Interessenverbände sind Zusammenschlüsse von Bürgerinnen und Bürgern in einer auf Dauer angelegten, festen Organisationsstruktur. Ein durch Vielfalt gekennzeichnetes Verbändewesen ist Merkmal einer funktionierenden pluralistischen Demokratie. Um eine Berücksichtigung der von ihnen vertretenen Interessen zu erreichen, versuchen die Verbandsvertreter gezielt, politische Entscheidungen zu beeinflussen. Naturgemäß konzentrieren sie sich dabei auf die wichtigsten politischen Institutionen wie Ministerien, Bundesregierung und Bundestag, doch nutzen sie auch die indirekte Einflussnahme über die Medien und die Öffentlichkeit. Als „Mittler" zwischen der Gesellschaft und den staatlichen Institutionen kommt den Verbänden eine wichtige Aufgabe zu, etwa bei der Bereitstellung von Fachinformationen oder bei der Klärung der Frage, ob eine bestimmte politische Entscheidung sachgemäß ist bzw. auf großen Widerstand in der Bevölkerung stößt. So werden die Interessenverbände z. B. regelmäßig in den Ausschüssen des Bundestags gehört. Beachtet werden muss, dass sich viele Interessen (z. B. von Kindern, Arbeitslosen oder Behinderten) nur schwer organisieren lassen und finanzkräftige und mitgliederstarke Verbände mit großen Blockademöglichkeiten bessere Chancen haben, ihre Interessen einzubringen.

Was wir können

Wahlen in der DDR

Am 7. Mai 1989 sind die DDR-Bürger wieder einmal aufgerufen, die „Kandidaten der Nationalen Front" zu wählen. Das Wahlverfahren ist jedoch nur scheinbar frei: Auf einer von der SED abgesegneten Einheitsliste stehen die Kandidaten – die fast keinem der Wähler bekannt sind. Eine Abstimmung über einzelne Wahlvorschläge ist nicht möglich. Es gibt nur die Unterscheidung zwischen Ja-Stimme, Nein-Stimme und ungültiger Stimme für die gesamte Liste. Was nur wenige DDR-Bürger wissen: Eine Nein-Stimme, also eine Ablehnung des Vorschlags wird nur dann anerkannt, wenn der Wähler auf der Liste jeden einzelnen Namen säuberlich durchstreicht. Jede Abweichung von dieser äußeren Form macht den Stimmzettel ungültig. Zwar ist in jedem Wahlbüro eine Wahlkabine aufgebaut, doch werden die Bürger, welche die Kabine tatsächlich benutzen, von den gestellten, linientreuen Wahlhelfern registriert: In einem sozialistischen Staat hat in ihren Augen ein rechtschaffener Mensch nichts zu verbergen. In der Bevölkerung wird der Gang zur Wahlurne deshalb auch zutreffend als „Zettelfalten" bezeichnet. Es gibt die ungeschriebene Verpflichtung, an der Wahl teilzunehmen, und die Wahlbeteiligung der DDR-Bevölkerung liegt auch ohne die unmittelbare Anwendung von Druckmitteln bei weit über 90 Prozent. Wer jedoch bis 16 Uhr nicht ins Wahllokal kommt, muss damit rechnen, dass ihn Wahlhelfer zu Hause aufsuchen, um die fehlende Stimme abzuholen. Die Wahlkreise konkurrieren untereinander um die höchste Zustimmungsrate. 99 Prozent sollten es am besten sein – und so muss hier und da manipuliert werden.

In einem Bericht vom 7. Mai 1989 über die Wahl im Ort Menz (Brandenburg) hält die Staatssicherheit fest, dass der ehemalige Parteivorsitzende der CDU (Name geschwärzt) alle Kandidaten auf dem Wahlzettel durchgestrichen hat.

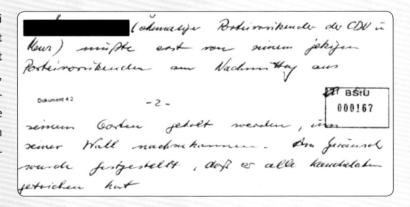

Bruno Zandonella, Thema im Unterricht, Wahlen für Einsteiger, Bundeszentrale für politische Bildung, Juli 2009

Aufgabe
International ist es mittlerweile üblich, dass Wahlbeobachter aus anderen Ländern die heimischen Wahlen überprüfen. Stell dir vor, du wärst einer dieser Wahlbeobachter und müsstest die Wahl vom 7.5.1989 in der DDR beobachten.
Beurteile anhand der Wahlgrundsätze in Art. 38 (1) GG, ob die Wahl in der DDR vom 7. Mai 1989 als frei bezeichnet werden kann und welche Rolle die Parteien bei dieser Wahl spielen.
Verfasse dazu einen Bericht, den du in einer Pressekonferenz der Öffentlichkeit vorstellen willst.

2.3 Mediendemokratie – braucht die Demokratie Medien?

Welche Rolle spielen die Medien in der Demokratie?

M 1   Pressetexte haben viele Funktionen

M 2   Funktionen der Massenmedien

Informationsfunktion

Die Massenmedien sollen so vollständig, sachlich und verständlich wie möglich informieren, damit ihre Nutzerinnen und Nutzer in der Lage sind, das öffentliche Geschehen zu verfolgen. Da unsere Gesellschaft viel zu großräumig geworden ist, kommen wir mit dem direkten Gespräch, der unmittelbaren Kommunikation, nicht mehr aus. Wir als Einzelne und die vielfältigen Gruppen, die in dieser Gesellschaft bestehen, sind darauf angewiesen, miteinander ins Gespräch gebracht zu werden – dafür sollen die Massenmedien sorgen. Dabei müssen wir uns der Tatsache bewusst sein, dass wir die Welt zum großen Teil nicht mehr unmittelbar erfahren; es handelt sich überwiegend um eine durch Medien vermittelte Welt.

Meinungsbildungsfunktion

Bei der Meinungsbildung fällt den Massenmedien ebenfalls eine bedeutsame Rolle zu. Dies ergibt sich aus der Überzeugung, in der Demokratie sei allen am meisten damit gedient, wenn Fragen von öffentlichem Interesse in freier und offener Diskussion erörtert werden. Es besteht dann die Hoffnung, dass im Kampf der Meinungen das Vernünftige die Chance hat, sich durchzusetzen. Da in einer modernen, differenziert strukturierten Gesellschaft eine Vielzahl von mehr oder weniger großen, zum Teil in Konkurrenz zueinander stehenden Interessengruppen existiert, gehört es auch zu den Aufgaben der Mas-

---

Der „Wächterpreis der Tagespresse" wird jährlich für kritische Berichterstattung vergeben. Recherchiere auf *www.waechterpreis.de*, welche Missstände von den Preisträgern aufgedeckt wurden. Wähle einen Fall aus, der dich besonders beeindruckt, und stelle den Fall z. B. auf einem Infoplakat vor.

senmedien, diesen Meinungspluralismus in einem angemessenen Verhältnis widerzuspiegeln.

Kritik- und Kontrollfunktion

45 [...] Ohne Presse, Hörfunk und Fernsehen, die Missstände aufspüren und durch ihre Berichte unter anderem parlamentarische Anfragen und Untersuchungsausschüsse anregen, liefe 50 die Demokratie Gefahr, der Korruption oder der bürokratischen Willkür zu erliegen. Wie die Wirkungsforschung hervorhebt, haben viele Medien über die erwähnten Funktionen hinaus 55 weitere übernommen, zum Beispiel

die **Thematisierungsfunktion**. Diese „agenda setting function", wie sie in den USA heißt, bedeutet, dass diejenigen, die die unterschiedlichen Medien lesen, hören und sehen, genau die 60 Themen für wichtig halten, die darin behandelt werden. Die Medien sind jedoch nicht nur entscheidend dafür verantwortlich, welche Themen auf der Tagesordnung stehen, sondern sie 65 legen auch fest, in welcher Rangfolge der Dringlichkeit diese Themen behandelt werden.

Hanni Chill/Hermann Meyn, Informationen zur politischen Bildung Nr. 260, Massenmedien, hg. von der Bundeszentrale für politische Bildung, Bonn 3/1998

„Agenda-Setting"
Medien bestimmen, welche Themen besondere Bedeutung in der öffentlichen Debatte haben.

M 3   Mediendemokratie – was heißt das?

Der Begriff Mediendemokratie bezeichnet eine Form der Demokratie, in der sich die politische Meinungs- und Willensbildung im Wesentlichen über 5 Massenmedien vollzieht. Deutlich wird dies v. a. in Wahlkampfzeiten: So nennen die Wähler in Deutschland und anderen europäischen Staaten nach mehreren Wahlen in den letzten 10 Jahren das Fernsehen als die wichtigste Informationsquelle für ihre Wahlentscheidung. Meinungsbildung über Medien beinhaltet, dass die Medien durch die Auswahl und Ausgestaltung 15 von Inhalten darüber bestimmen, was auf welche Weise zum öffentlichen Thema wird. [...] Politikvermittlung durch Medien bedeutet darüber hinaus, dass sich die

Politik bzw. die Politiker medienge- 20 recht präsentieren, um Erfolg zu haben. Denn die Bevölkerung tendiert dazu, nur ihre Medienexistenz mit den dazugehörigen Images wahrzunehmen. Die Medien sind dem- 25 nach nicht nur Beobachter, Kritiker und Kontrolleure politischer Ereignisse und staatlicher Macht („vierte Gewalt"). Sie stellen vielmehr einen Faktor dar, der politische Einstellungen 30 und Stimmungen beeinflusst und ein bestimmtes Meinungsklima zugunsten oder zuungunsten einer Partei, einer Person oder einer politischen Forderung vermittelt. Medien bestim- 35 men dadurch die Politik mit.

Schülerduden Politik und Gesellschaft, 5. Aufl., Mannheim 2005, S. 260

Aufgaben

1. Ordne die Schlagzeilen in M 1 den Funktionen der Massenmedien in M 2 zu und begründe deine Zuordnung.

2. „Die Politik und die Politiker brauchen die Medien – die Medien brauchen die Politik und die Politiker" – Erläutere diese Aussage (M 2, M 3).

⊕ zu Aufgabe 2
Stelle mögliche Beziehungsmuster zwischen Medien, Bevölkerung / Wählern und Politikern in einem bzw. mehreren Schaubildern dar. Nutze dazu (beschriftete) Pfeile und ggf. andere anschauliche Symbole.

Presse- und Meinungsfreiheit – ein hohes Gut

M 4   Die Säulen der Demokratie ...

Karikatur: Ed Stein

M 5   Was wäre, wenn ...

Was wäre, wenn es nur noch einen staatlichen Fernsehkanal gäbe, in dem ausschließlich wiedergegeben würde, was die gerade jeweils Regierenden für gut und nützlich halten? Was wäre, wenn Journalisten alles, was sie schreiben, einem Zensor vorlegen müssten, der – mangels besseren Wissens – alles streicht, was er nicht versteht? Freie, vor allem auch kritische Medien, sind aus einer echten Demokratie nicht wegzudenken. Demokratie, das lehrt uns nicht nur die Theorie, sondern einfach auch die Erfahrung, braucht Kontrolle. Tagtäglich. Wenn in einer abgelegenen Region Russlands [...] Sozialabgaben dazu benutzt werden, dem lokalen Machthaber eine neue Datscha zu bauen und ein mutiger Lokalreporter dem Skandal auf die Spur kommt, geschieht Folgendes: Der Journalist wird von seinem Chefredakteur gelobt – und erhält die Auskunft, dass man dies unmöglich veröffentlichen könne, er wisse schon, der lokale Machthaber habe so gute Verbindungen bis hinauf nach Moskau. Wenn der Journalist dann trotzdem darauf besteht, seine Rechercheergebnisse dem staunenden Leser zu vermitteln, wird er eines Abends vor seiner Wohnung auf brutale Schläger treffen – und im besten Fall lediglich im Spital landen. [...] Journalismus ist ein schwieriges Handwerk – das steht außer Frage. Und ein sehr viel verantwortungsvolleres, als viele glauben. Ohne journalistische Kontrolle aber gerät die Demokratie erstaunlich schnell in Schieflage.

Susanne Scholl, www.mein.salzburg.com, 11.5.2010

**Art. 5 GG
(Presse- und Meinungsfreiheit im Grundgesetz)**
(1) Jeder hat das Recht, seine Meinung in Wort, Schrift und Bild frei zu äußern und zu verbreiten und sich aus allgemein zugänglichen Quellen ungehindert zu unterrichten. Die Pressefreiheit und die Freiheit der Berichterstattung durch Rundfunk und Film werden gewährleistet. Eine Zensur findet nicht statt.

Datscha
Garten- oder Wochenendhaus

M 6 Die rechtliche Stellung der Medien

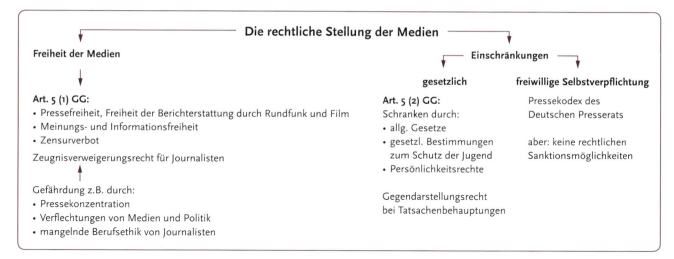

M 7 Pressefreiheit in Deutschland in Gefahr?

In Deutschland ist die Pressefreiheit weniger vom Staat bedroht; bei Verletzung des Redaktionsgeheimnisses durch Sicherheitsbehörden greift das
5 Bundesverfassungsgericht ein und lehrt die Staatsbehörden den Wert der Pressefreiheit für die Demokratie. Die Bedrohung der Pressefreiheit besorgen die Medien heute in erster
10 Linie selber. Die Qualität des Journalismus sinkt, weil Medienunternehmen mit den Medien mehr Geld verdienen wollen als früher. [...]
In Redaktionskonferenzen ist das dis-
15 kussionsfreudige Klima verschwunden, offenbar haben die wirtschaftlichen Schwierigkeiten, in die viele Zeitungen geraten sind, und die Existenzängste nicht weniger Redakteu-
20 re damit zu tun. [...] Zu beklagen ist die Verquickung von Journalismus, Politik und Wirtschaft, zu beklagen ist also die Tatsache, dass sich immer mehr Journalisten zu Büchsen-
25 spannern und Handlangern vor allem von Wirtschaftslobbys machen lassen. [...]
Gelegentlich werden Fälle bekannt, in denen die Staatsanwaltschaft und Polizei die Telefone von Journalisten
30 überwacht haben. Schlimmer als diese staatlichen Lauscher sind Medien-Manager und Finanzinvestoren, für die Zeitungen nur Produkte zum Geldverdienen sind wie andere auch
35 – und die Redaktionen immer billiger machen wollen.

Heribert Prantl, Pressefreiheit in Deutschland, www.goethe.de (10.11.2010)

Aufgaben

1. Arbeite die Kernaussage der Karikatur in M 4 heraus.
2. Nimm Stellung zur Aussage des Karikaturisten (M 4).
3. Stelle dar, ob und ggf. wodurch sich die Säulen ersetzen ließen (M 4).
4. Erläutere, warum die Pressefreiheit ein so hohes Gut ist (M 5).
5. Gib wieder, wodurch der Verfasser in M 7 die Pressefreiheit in Deutschland gefährdet sieht.

Medien zwischen Information und Sensation

M 8 Presserat rügt Satiremagazin Titanic

Presserat

Der Deutsche Presserat ist eine gemeinsame Organisation der großen deutschen Verleger- und Journalistenverbände. Er tritt für die Pressefreiheit und die Wahrung des Ansehens der deutschen Presse ein. Die schärfsten Maßnahmen sind Rügen, die der Presserat dann ausspricht, wenn eine Zeitung oder Zeitschrift gegen den Pressekodex verstößt. Rügen werden vom Presserat öffentlich gemacht und müssen auch in dem jeweiligen Medium veröffentlicht werden. Dazu haben sich die Medien selbst verpflichtet. Aber nicht immer halten sich die Medien auch an diese Selbstverpflichtung.

Der Deutsche Presserat hat gegen die Satirezeitschrift „Titanic" wegen des Papst-Titelbildes eine öffentliche Rüge ausgesprochen. Das teilte der Presserat am Donnerstag in Berlin mit. Die Darstellung von Papst Benedikt XVI. als inkontinent und mit Fäkalien beschmiert sei entwürdigend und ehrverletzend, urteilte der zuständige Beschwerdeausschuss. Gegen das Papst-Bild der „Titanic" waren 182 Beschwerden eingegangen. Das Cover vom Juli zeigte Papst Benedikt XVI. unter anderem mit einem gelben Fleck auf der Soutane. Auf dem Titel hieß es in Anspielung

auf den „Vatileaks"-Skandal um den Verrat von Interna: „Halleluja im Vatikan – Die undichte Stelle ist gefunden!" Die öffentliche Rüge ist die höchste Kategorie einer Unmutsäußerung durch den Presserat, faktisch bleibt sie jedoch – wie alle Sanktionen des Presserats – folgenlos.

Stefan Kuzmany, kuz/dapd, Der Spiegel, 27.9.2012

M 9 Aus dem Pressekodex

Nicht alles, was von Rechts wegen zulässig wäre, ist auch ethisch vertretbar. Deshalb hat der Presserat die Publizistischen Grundsätze, den sogenannten Pressekodex, aufgestellt. Darin finden sich Regeln für die tägliche Arbeit der Journalisten, die die Wahrung der journalistischen Berufsethik sicherstellen, so z. B.:
– Achtung vor der Wahrheit und Wahrung der Menschenwürde
– gründliche und faire Recherche
– klare Trennung von redaktionellem Text und Anzeigen
– Achtung von Privatleben und Intimsphäre
– Vermeidung unangemessen sensationeller Darstellung von Gewalt und Brutalität

www.presserat.info (17.2.2013)

M 10 Die Macht der Medien – der Fall Wulff und die Bild-Zeitung

Christian Wulff trat im Februar 2012 als Bundespräsident zurück, nachdem die Staatsanwaltschaft ein Ermittlungsverfahren gegen ihn eröffnet hatte und wochenlang in den Medien über den Verdacht auf Korruption berichtet wurde. Am 12. Dezember 2011 hatte Wulff durch einen Anruf bei der Bild-Zeitung versucht, einen Bericht über einen von ihm aufgenommenen Privatkredit zu verhindern. Über diesen Anruf berichtete „Bild". Ein Gespräch mit Medienforscher Lutz Hachmeister.

Haben die deutschen Medien in Deutschland überhaupt die Macht, einen Politiker zu Fall zu bringen?

5 Ja, sicher. [...] Wenn man einen Politiker zu Fall bringen will, muss er allerdings bestimmte [...] Schwächen zeigen und sich zu Fall bringen lassen. Außerdem muss der Affärencharakter
10 für die Bevölkerung so eindeutig sein, also [...] Regeln müssen so stark verletzt werden, dass ein Meinungsklima entsteht, in dem sich am Schluss alle einig sind: Dieser Mann oder diese
15 Frau muss gehen. Im Fall von Christian Wulff war das so. Interessant war, dass die meisten Deutschen die Vorwürfe gegen ihn anfangs läppisch fanden und dafür waren, dass er im Amt
20 bleibt. Am Ende haben Umfragen dann ergeben, dass 70 Prozent ihm noch nicht mal den Ehrensold (= Pension als ehemaliger Bundespräsident) geben wollten. Das hat sich komplett
25 gedreht. „Bild" hat dabei eine große Rolle gespielt, aber auch andere Medien wie die „Frankfurter Allgemeine Zeitung" und „Spiegel Online". Das ist übrigens ein dritter Faktor: Allein
30 schafft es ein Blatt nicht. Auch nicht „Bild". Um eine hochrangige Person der Öffentlichkeit zu stürzen, müssen sich führende Medien einig sein.

Die „Bild"-Zeitung hat jahrelang
35 **sehr wohlwollend über Christian Wulff berichtet. [...] Warum hat sich „Bild" auf einmal gegen ihn gewendet?**

Es gibt Hinweise darauf, dass Christian Wulff in der Zeit als Bundespräsident seine Rolle neu definierte und versucht hat, „Bild" klar zu machen, dass er und seine Frau nicht mehr exklusiv für Fotos
45 und Interviews zur Verfügung stehen. Und wie in einer enttäuschten Liebesbeziehung hat sich daraus eine wechselseitige Entfremdung ergeben. Diese hatte schon über ein Jahr vor der
50 Affäre angefangen und zu Reibereien mit dem Springer-Konzern geführt. [...]

War Christian Wulff also ein leichtes Opfer der Medien?

Er war auf alle Fälle sehr naiv, was
55 die Medienwirkung und das Verhältnis zwischen Politikern und Journalisten angeht. [...] Die deutsche Gesellschaft ist mittlerweile erstaunlich offen und tolerant, aber das Publikum
60 merkt schnell, ob ein Politiker komplett aus seiner Rolle fällt. Die Medien liefern natürlich die Vorlage, doch für einen Stimmungsumschwung muss auch das Publikum bereit sein,
65 bestimmte Argumentationen mitzutragen.

Interview: Katja Hanke, Goethe-Institut e. V., Internet-Redaktion, Mai 2012

Am 17.2.2012 trat Bundespräsident Wulff nach einer wochenlangen Medienschlacht von seinem Amt zurück.

Aufgaben

1. Diskutiert, was im Fall des Titanic-Titels mehr Bedeutung hat, das Persönlichkeitsrecht des Papstes oder die Meinungsfreiheit der Zeitschrift (M 8).
2. Erörtere, ob die Rüge, die der Presserat als Mittel zur Bestrafung aussprechen kann, ausreichend ist, um den Pressekodex durchzusetzen (M 8, M 9).
3. Charakterisiere am Beispiel des Falls Wulff, wie die Medien Druck ausüben konnten (M 10).

2 Politische Willensbildung

Internet – Chance oder Gefahr für die politische Meinungsbildung?

M 11 Welche Medien nutzen Deutsche wie intensiv?

Anzahl und verkaufte Auflage von Tageszeitungen in Deutschland

Jahr	Anzahl	Auflage in Mio.
2015	329	16,1
2011	347	18,8
2007	351	20,8
2003	349	22,6

© Statista 2015

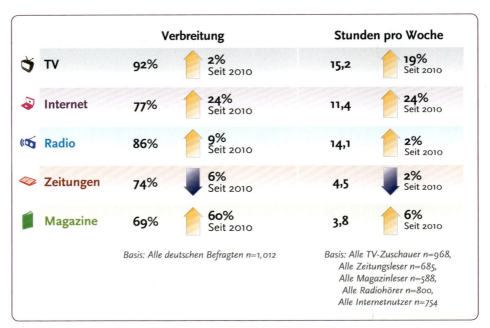

Quelle: Mediascope Europe, Germany Launch Presentation – Summary 2012, S. 9 f.

M 12 Welche Internet-Angebote werden genutzt?

Onlineanwendungen	Anteil an der Gesamtbevölkerung	Anteil 14- bis 29-Jährige
Suchmaschinen nutzen	83 %	90 %
E-Mails senden / empfangen	79 %	80 %
zielgerichtet Angebote / Informationen suchen	72 %	80 %
einfach so im Internet surfen	44 %	57 %
Onlinecommunitys nutzen (z. B. Facebook)	39 %	76 %
Videoportale nutzen (z. B. YouTube)	32 %	65 %
Chatten	26 %	59 %
Onlinespiele	16 %	23 %
Musikdateien aus dem Internet	14 %	33 %
RSS-feeds / Newsfeeds	10 %	18 %
Gesprächsforen	10 %	15 %

Nach: Birgit van Eimeren/Beate Frees, Rasanter Anstieg des Internet-Konsums – Onliner fast drei Stunden am Tag im Netz, Media-Perspektiven 7 – 8/2013, S. 363

M 13 Internet – Chance oder Gefahr für die Demokratie?

Über das Internet kann man sich viel eigenständiger und umfassender informieren, da viel mehr Informationen zu viel mehr Themen verfügbar sind als in klassischen Medien wie Fernsehen oder Tageszeitung.

Das Web 2.0 entkoppelt Handlung und Verantwortung: Oft wird ein „Shitstorm" („Beleidigungsunwetter") über Politiker losgetreten, ohne dass jemand dafür als einzelner verantwortlich gemacht wird.

Die Chancen, seine eigene Meinung selbst einzubringen, sind viel größer. Früher konnte man nur einen Leserbrief schreiben. Heute ist der Aufwand, einen Blog zu kommentieren o. Ä., viel geringer.

Die Meinungsbildung im Internet wird oft nur von wenigen Interessierten vorgenommen, wirkt dann aber häufig wie ein Ergebnis von vielen.

Gebildete, besser Verdienende beeinflussen die Netzinhalte überproportional. Ärmere und ältere Menschen und solche mit einer weniger umfassenden Ausbildung sind deutlich weniger netzpräsent.

Für eine seriöse Auswahl und Aufbereitung politischer (Hintergrund-)Informationen sind Journalisten in Redaktionen von Tages- und Wochenzeitungen am besten ausgebildet. Denn es ist außerordentlich voraussetzungsreich und zeitfressend, wichtige von unwichtigen, seriöse von unseriösen Informationen im Internet zu trennen.

Dadurch, dass sich viele User in Online-Foren u. Ä. an Diskussionen beteiligen, sind deren Ergebnisse ergiebiger und tragen so besser zur Meinungsbildung bei.

Menschen lassen sich in ihrer Meinungsbildung leicht von der Mehrheit in ihrem Umfeld beeinflussen. Dies können Parteien, Verbände und sogar Regierungen nutzen und „follower" (Fans) z. B. bei Twitter kaufen, woraufhin sich andere anschließen.

Durch die vielen Internetnutzer werden die Politiker viel genauer beobachtet.

M 14 Internet – zentrales Medium für den kundigen Nutzer

Linearmedien wie das Fernsehen und insbesondere der Hörfunk zeichnen sich dadurch aus, dass sie auch als Begleitmedien genutzt werden können und in der Regel nur teilaufmerksam rezipiert [= wahrgenommen] werden. [...] Das Fernsehen oder das Radio werden in der Regel [...] zu bestimmten Tageszeiten, in bestimmten Situationen oder auch für bestimmte Angebote oder Sendungen, etwa Nachrichten, eingeschaltet. Die mehr oder weniger aufmerksame Zuwendung erfolgt dann in Abhängigkeit von konkreten Inhalten, die individuell in unterschiedlichem Maße als relevant oder interessant wahrgenommen werden.

Rezeption
hier: Erfassung, Wahrnehmung

Bei der Rezeption von Informationen muss relativ viel Zeit investiert werden, um persönlich Interessantes sehen oder hören zu können. [...] Einer solchen, in Teilen eher flüchtigen, Informationsrezeption bei Linearmedien steht die in der Regel aktivere und damit intensivere Informationsrezeption von Hypertextmedien wie dem Internet gegenüber. [...] Dabei ist das Internet [...] für seine Nutzer am ehesten noch ein Lesemedium, am ähnlichsten der Tageszeitung, wenn man zunächst von multimedialen Optionen absieht. Auch Onlinemedien beanspruchen Zeit beim Auffinden von Informationen, bei der Orientierung im Netz. Sie zeichnen sich aber dadurch aus, dass die gesuchten Informationen bei Kenntnis der richtigen Kategorien sehr zielführend sind und rasch aufgefunden werden können. Insofern ist die Informationsleistung des Internets für einen kundigen Nutzer sehr zeiteffektiv. Durch seine Hypertextstruktur vermag das Internet darüber hinaus auch [...] zusätzlich Themenfelder und ihre Bezüge zueinander per Link zu vernetzen. Ein Nutzer kann dann selbst entscheiden, ob er sich auf weitere Informationsschichten bzw. Informationstiefen einlässt und wie viel Zeit er dafür investiert.

Annette Mende/Ekkehard Oehmichen/Christian Schröter, Medienübergreifende Informationsnutzung und Informationsrepertoires, Media Perspektiven 1/2012, S. 16 f.

M 15 Das Internet als „goldener Informationskäfig"?

Marktanteile von Internetsuchmaschinen in Deutschland im Februar 2015

Internetsuchmaschine	Marktanteil in %
Google	94,84
Bing	2,59
Yahoo	1,66
T-Online	0,75

© Statista 2015

sonntaz: Herr Stalder, was haben Sie zuletzt gegoogelt?
Felix Stalder: Oh je, das mache ich so oft, das fällt mir kaum mehr auf. [...]
Haben Sie bei dieser Suche gemerkt, dass Google seine Suchergebnisse personalisiert, unterschiedliche Nutzer also mit demselben Suchbegriff verschiedene Ergebnisse erhalten?
Konkret bei der Suche nicht. Aber so eine Personalisierung ist für den Einzelnen ja auch fast nicht zu bemerken. Schließlich weiß man in der Regel nicht, wie die Suchergebnisse aussehen würden, wären sie nicht personalisiert oder wenn Google andere Informationen über einen gespeichert hätte.
Sie haben in einem Experiment mit extra dafür angelegten Google-Konten untersucht, wie stark sich die Ergebnisse unterscheiden und im Fazit geschrieben, das Ausmaß sei „überraschend". Wieso?
Weil es gezeigt hat, dass diese ursprüngliche Idee, dass es so etwas wie allgemeines Ranking gibt, wo das Wichtigste oben steht und die weniger wichtigen Sachen weiter unten, kaum mehr stimmt. Was wir finden, hängt in ganz großem Maße von unserer Person ab – oder von dem, wofür uns Google hält. Das fängt bei dem Standort an, von dem wir suchen, unseren Spracheinstellungen und geht weiter über das, was wir in der Vergangenheit gesucht haben, bis hin zu den Informationen, die Google aus seinen anderen Diensten wie etwa Gmail und Adsense über uns gesammelt hat.
Der Autor Eli Pariser, auf den der Begriff der Filter Bubble zurück-

geht, bringt ein Beispiel, in dem der eine Benutzer auf Google das Stichwort „BP" suchte und Nachrichten zu Investitionsmöglichkeiten erhielt, während ein anderer Nutzer mit derselben Suchanfrage Informationen über die von der BP-Bohrplattform „Deepwater Horizon" verursachte Ölpest bekam. **Ist das nicht ein sehr extremes Beispiel?**
Das ist sicher extrem. Aber ich denke, es ist in der Tendenz nicht ungewöhnlich, weil es in der Logik der Personalisierung die Nutzer in Gruppen einteilt. Und dann wird gefragt: Mit welchen Augen sieht diese Gruppe die Welt? Denen eines Investors oder denen eines Umweltschützers?
Google sagt, sie wollen nur die besten Ergebnisse für den Nutzer.
[...] Woher weiß Google denn im Voraus, was das Beste ist? Weiß ich als Nutzer das überhaupt, wenn ich suche? Das Problem ist: Was ich nicht finde, das fehlt mir nicht. Es kommt immer etwas Passendes, und ob es noch etwas Besseres gibt, das weiß ich ja gar nicht. [...]
Google und Facebook sind ja nicht von außen aufgedrängte bösartige Dienste, die ich zwangsweise nutzen muss. Sie sind in vielerlei Hinsicht wirklich nützlich. Aber mit dem Dienst, den der User zu nutzen glaubt, kommen eben noch andere Sachen mit, die für ihn nicht sichtbar sind, wie diese Art goldener Informationskäfig. [...]
Und welchen Einfluss hat die Personalisierung auf eine Gesellschaft?
Wir haben eine Vielzahl von Mechanismen, die uns erlauben, das, was wir von der Welt wahrnehmen, zu filtern. Das ist nicht grundsätzlich neu, wir können die Welt immer nur selektiv wahrnehmen, aber diese Filter werden immer feiner und immer umfassender. Und dadurch nimmt der gesamtgesellschaftliche Vorrat an geteiltem Wissen ab. Wir haben immer mehr Menschen mit ganz viel Nischenwissen und ganz viel Spezialistentum. [...]
Und wieso ist das jetzt problematisch?
[...] Weil verschiedene Gruppen mit ihrer jeweils eigenen Sichtweise auf die Welt sich dann zunehmend einander nicht mehr verständlich machen können.

Felix Stalder ist Medientheoretiker an der Zürcher Hochschule der Künste. Interview: Svenja Bergt, taz, 15.2.2013

Aufgaben

1. Analysiere die Statistiken M 11 und M 12.
2. Ordne die Argumente den Funktionen von Massenmedien zu (M 13).
3. a) Die Autoren von M 14 betonen die Bedeutung des „kundigen Nutzers". Erkläre diese Bedeutung.
   b) Fasse die Aussagen Felix Stalders zum Internet als „goldenen Informationskäfig" zusammen (M 15).
4. Das Internet ist (zukünftig) das zentrale Medium für die Information und Meinungsbildung der Bevölkerung sowie zur Kontrolle der politischen Machthaber. Überprüfe diese These. Beziehe dich dabei auch auf deine Ergebnisse zu den vorherigen Aufgaben.

Gewichte die Argumente zu Chancen und Gefahren des Internets für die Demokratie und begründe deine Ordnung.

Was wir wissen

Funktionen der Medien
M 1 – M 3

Unsere Gesellschaft wird häufig als Informations- oder Wissensgesellschaft bezeichnet. Darin drückt sich die herausragende Bedeutung des Wissens bzw. der Übermittlung von Informationen für den Einzelnen und die Gesellschaft aus. Die Informationsgesellschaft gründet sich auf sich rasant entwickelnde, hoch technisierte Massenmedien, wie Fernsehen, Zeitungen oder das Internet. Sie führen zu einer Ausweitung und Beschleunigung der Kommunikation in allen Lebensbereichen.

In einer immer komplexer werdenden Welt sind wir auf die Informationen der Massenmedien angewiesen. Die Massenmedien sollten so vollständig, sachlich und verständlich wie möglich informieren, damit ihre Nutzer in die Lage versetzt werden, die Bedeutung von Ereignissen zu begreifen, die Funktionsweise des politischen Systems zu durchschauen und ihre eigenen Interessenlagen zu erkennen. Auch bei der Meinungsbildung fällt den Massenmedien eine bedeutsame Rolle zu. Die Medien sollen die Vielfalt der in der Bevölkerung bestehenden Überzeugungen widerspiegeln und sie in die öffentliche Diskussion einbringen. Ohne Medien wäre es schwierig, alternative Positionen und Meinungen einer breiten Öffentlichkeit zugänglich zu machen. Außerdem decken Journalisten durch eigene Recherchen immer wieder politische Missstände auf. Deshalb werden die Medien auch als „vierte (kontrollierende) Gewalt" bezeichnet.

Presse- und Meinungsfreiheit
M 4 – M 7

Voraussetzung für die ungehinderte Information durch die Medien ist die in Art. 5 GG verankerte Meinungs- und Pressefreiheit. Danach hat jeder das Recht, seine Meinung in Wort, Schrift und Bild frei zu äußern und zu verbreiten und sich aus allgemein zugänglichen Quellen ungehindert zu unterrichten. Dies gilt für die Medien als Institutionen sowie für jeden Einzelnen. Art. 5 GG wird als Fundament jeglicher freiheitlichen Demokratie betrachtet. Ohne freie Meinungs- und Willensbildung kann es keine freien Wahlen und keine demokratische Mitwirkung der Bürger geben. Gefährdungen für die freie Meinungsbildung ergeben sich vor allem aus der zunehmenden Pressekonzentration und engen personellen und wirtschaftlichen Verflechtungen von Medien und Politik. Der Presserat sorgt dafür, dass sich die Berichterstattung an rechtlichen und moralischen Prinzipien (Pressekodex) orientiert.

Demokratisierung durch das Internet?
M 8 – M 15

Zwar bietet das Internet bisher nie da gewesene Möglichkeiten der Information und – anders als die anderen Massenmedien – der Interaktion, aber ausschließlich für den medienkundigen Nutzer. Denn zum einen ist die angebotene Informationsmenge für den einzelnen unüberschaubar; und zum anderen personalisieren Suchmaschinen wie Google die Suchkriterien, weswegen in der Tendenz nur Ergebnisse angezeigt werden, die dem ohnehin vorhandenen Weltbild und der politischen Einstellung des Suchenden entsprechen. Das Internet alleine führt also nicht automatisch zu umfassenderer Demokratisierung, sondern nur seine überlegte Nutzung.

Was wir können

WikiLeaks

der BLOG

Dürfen wir alles wissen?
„We open governments" ist das Motto von WikiLeaks: „Wir machen Regierungen transparent". Die Organisation bietet eine Internetseite für sogenannte Whistleblower. Das sind Personen, die geheime Informationen an die Öffentlichkeit bringen. Eine wichtige Veröffentlichung auf WikiLeaks ist unter dem Namen Cablegate bekannt geworden: Im November 2010 hat WikiLeaks mit der Veröffentlichung von etwa 250.000 Berichten US-amerikanischer Diplomaten begonnen.
Frida Thurm, www.blog.zeit.de, 8.12.2010

Wie die NSA das Auswärtige Amt ausforschte
Bundesaußenminister Frank-Walter Steinmeier ist offenbar systematisch vom amerikanischen Nachrichtendienst NSA abgehört worden. In den neuesten von der Enthüllungsplattform WikiLeaks veröffentlichten Dokumenten finden sich 20 Nummern, die die NSA dem Auswärtigen Amt zuordnete. In den vergangenen Wochen hatte WikiLeaks bereits insgesamt 125 Spähziele der NSA im Kanzleramt und verschiedenen Bundesministerien veröffentlicht.
John Goetz/Hans Leyendecker, Süddeutsche Zeitung, 20.7.2015

Pro und Kontra WikiLeaks – Hat die Öffentlichkeit ein Recht auf alle Informationen?
Werner Weidenfeld, Jahrgang 1947, ist Professor für Politische Wissenschaften an der Ludwig-Maximilians-Universität München; Sascha Lobo, Jahrgang 1975, ist Blogger, Unternehmer und Berater.
Weidenfeld: Nein. Im Gegenteil. Sie müssen in Demokratien verschiedene Formen der Kommunikation zulassen. Die Regierung etwa muss die Möglichkeit haben, bestimmte Dokumente als geheim zu kennzeichnen. Sonst würde sich ja die Kommunikation der Politik darauf beschränken, was sie sowieso öffentlich sagen wollen in Fernsehauftritten oder in Interviews. Damit wäre die Politik reduziert auf einen ganz minimalen Prozentsatz ihrer Kommunikation. Und das würde alle beschädigen. [...] Im diplomatischen Dienst gehören solche durchaus subtilen, sensiblen Beurteilungen zum Kerngeschäft. Unter den Vorzeichen der Indiskretion sind die kaum mehr möglich.
Lobo: Die Öffentlichkeit hat ein Recht auf mehr Informationen, als sie im Moment bekommt. Regierungen neigen offenbar dazu, Dinge im Geheimen zu besprechen, obwohl sie eigentlich in Volkes Auftrag handeln sollten. Dinge werden als geheim klassifiziert, auf die die Öffentlichkeit durchaus ein Recht hat. Zu dieser Kontrolle ist ja die freie Presse da. WikiLeaks ist eine Art Verlängerung der freien Presse in das Internetzeitalter – als Quelle für investigativen Journalismus. Nicht umsonst arbeitet WikiLeaks mit den renommiertesten publizistischen Organen weltweit zusammen.
Sascha Lobo/Werner Weidenfeld/Claudia Witte, www.tagesschau.de, 29.3.2011

---

subtil
heikel

Indiskretion
Verrat

investigativ
enthüllend, nachforschend

Aufgabe
Hat die Öffentlichkeit ein Recht auf alle Informationen? Erörtere diese Frage.

Der politische Entscheidungsprozess

Die Verfassung gibt vor, wie ein Gesetz zu Stande kommt und welche Akteure daran beteiligt werden müssen. Wer darf in Deutschland Gesetze initiieren und beschließen? Wie können die unterschiedlichen Akteure ihre Interessen in den Entscheidungsprozess einbringen?

 ## Kompetenzen

Am Ende dieses Kapitels solltest du Folgendes können:
- die Stellung des Bundeskanzlers im politischen System erläutern
- die Arbeitsweise und die Kontrollfunktion des Deutschen Bundestages sowie die Stellung der Abgeordneten des Deutschen Bundestages darstellen
- den Gang der Gesetzgebung an einem Beispiel erläutern
- den Politikzyklus auf ein politisches Problem anwenden

Was weißt du schon?
- Sammelt alle politischen Akteure, die euch einfallen, auf einem Blatt. Ihr könnt euch zu Beginn an den Bildern auf dieser Seite orientieren.
- Welche dieser politischen Akteure haben großen Einfluss auf die Politik und sind mächtig?
  Erstellt eine Hierarchie und beginnt mit dem eurer Ansicht nach mächtigsten Akteur. Begründet eure Entscheidung und übertragt eure Ergebnisse auf ein Plakat.

3.1 Herrschaft und Kontrolle: Regierung und Opposition

Wie wird die Regierung gebildet?

M 1 Nach der Wahl ist vor der Koalition – Schlagzeilen

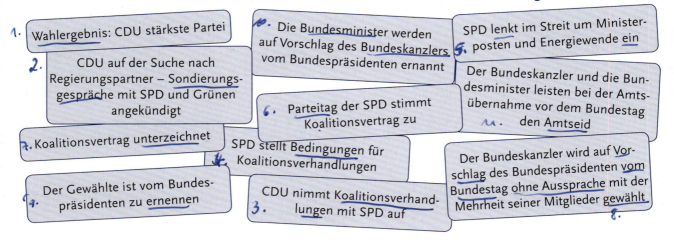

1. Wahlergebnis: CDU stärkste Partei
2. CDU auf der Suche nach Regierungspartner – Sondierungsgespräche mit SPD und Grünen angekündigt
7. Koalitionsvertrag unterzeichnet
9. Der Gewählte ist vom Bundespräsidenten zu ernennen
10. Die Bundesminister werden auf Vorschlag des Bundeskanzlers vom Bundespräsidenten ernannt
6. Parteitag der SPD stimmt Koalitionsvertrag zu
4. SPD stellt Bedingungen für Koalitionsverhandlungen
3. CDU nimmt Koalitionsverhandlungen mit SPD auf
5. SPD lenkt im Streit um Ministerposten und Energiewende ein
11. Der Bundeskanzler und die Bundesminister leisten bei der Amtsübernahme vor dem Bundestag den Amtseid
8. Der Bundeskanzler wird auf Vorschlag des Bundespräsidenten vom Bundestag ohne Aussprache mit der Mehrheit seiner Mitglieder gewählt

M 2 Die Etappen der Regierungsbildung

Nach einer Bundestagswahl wählt der Deutsche Bundestag auf Vorschlag des Bundespräsidenten mit der Mehrheit seiner Mitglieder den Bundeskanzler oder die Bundeskanzlerin. Bis es so weit ist und die neue Bundesregierung ihre Arbeit aufnehmen kann, sind aber meist schon einige Wochen vergangen, in denen intensive Verhandlungen über die Bildung einer mehrheitsfähigen Koalition und das künftige Regierungsprogramm geführt wurden.

Meist stehen die Wunschpaarungen auf Grund fester Koalitionsaussagen schon vor der Wahl fest. Es gibt aber auch Beispiele dafür, dass die Koalitionsfrage bis nach der Wahl offengehalten wurde (so 1969, als sich die FDP in einer kühnen Wende zur Aufnahme von Koalitionsgesprächen mit der SPD entschloss) oder dass der Wahlausgang das angestrebte Bündnis vereitelte (so 2005, als CDU/CSU und FDP die schon sicher geglaubte gemeinsame Mehrheit verfehlten).

Haben sich nach klärenden Vorgesprächen die möglichen Partner gefunden, geht es für sie in den eigentlichen Koalitionsverhandlungen darum, den Vorrat an politischen Gemeinsamkeiten zu ergründen, die groben Züge der gemeinsamen Regierungsarbeit festzulegen und gegebenenfalls ein konkretes Sachprogramm für die einzelnen Politikbereiche zu entwickeln. Darüber hinaus müssen sie sich über personelle Fragen verständigen (insbesondere über die Besetzung der Regierungsposten) und gemeinsame Regeln und Prozeduren für die Zusammenarbeit im Bundestag und in der Regierung, zur Beilegung von Konfliktsituationen usw. vereinbaren.

Das Ergebnis der Verhandlungen wird – mehr oder weniger systematisch, mehr oder weniger ausführlich – in einem Koalitionsvertrag festgehalten, der abschließend durch die Entscheidungsgremien der beteiligten Parteien gebilligt werden muss. Eine solche förmliche Vereinbarung wurde erstmals 1961 zwischen CDU/CSU und FDP geschlossen. Es handelt sich dabei um einen verfassungsrechtlichen Vertrag mit politisch bindender Wirkung, dessen Einhaltung mit rechtlichen Mitteln allerdings nicht erzwungen werden kann. In aller Regel setzen die Koalitionspartner einen Koalitionsausschuss ein, der die Umsetzung der Vereinbarungen laufend überwacht und gegebenenfalls klärend oder ändernd eingreift. Sind die Koalitionsvereinbarungen allgemein zugänglich, wie es heute meist der Fall ist, übt auch die Öffentlichkeit eine Kontrolle darüber aus, wie weit die Koalition ihren selbstgesetzten Versprechen nachkommt.

Die Regierungskoalitionen seit der Wiedervereinigung
CDU/CSU/FDP 1990-98
SPD/Bündnis 90/Die Grünen 1998-2005
CDU/CSU/SPD 2005-2009
CDU/CSU/FDP 2009-2013
CDU/CSU/SPD seit 2013

M 3 Der Weg zur neuen Regierung

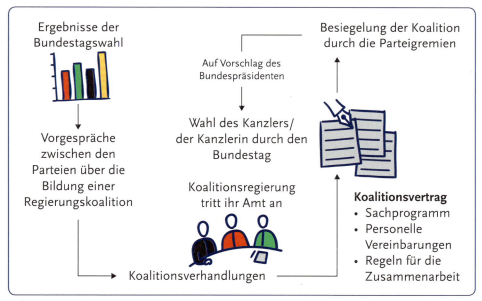

Bergmoser + Höller Verlag AG, Zahlenbilder 67 253

Aufgaben

1. Bringe die Schlagzeilen in M 1 in deinem Heft in die richtige chronologische Reihenfolge. Markiere in verschiedenen Farben die formellen (gesetzlich vorgegebenen) und informellen Aspekte der Regierungsbildung (M 1 – M 3).
2. Erläutere, welche Vor- und Nachteile der in Deutschland übliche Zwang zur Bildung von Koalitionen hat (M 2, M 3).

Was heißt es, zu regieren?

M 4 Was macht ein Bundeskanzler?

M 5 Regieren? Regieren!

Der ehemalige SPD-Vorsitzende Franz Müntefering sagte einmal: „Opposition ist Mist. Lasst das die anderen machen – wir wollen regieren." Alle Politiker wollen regieren! Sie treten in Wahlkämpfen für ihre Parteien an, um eine Mehrheit zu erreichen und „an die Regierung zu kommen". Denn wer regiert, hat die Macht im Land und kann seine politischen Vorstellungen umsetzen. Die Regierung kann weitreichende Entscheidungen vorbereiten und beeinflussen: Sie kann (zusammen mit den Abgeordneten im Bundestag) entscheiden, ob Steuern erhöht werden, ob die Bundeswehr zu einem Einsatz ins Ausland geschickt wird, ob soziale Leistungen gekürzt werden oder ob man mehr Geld in Bildung investiert. Die Politiker, die nicht an der Regierung beteiligt sind, haben dagegen nur wenig Einfluss auf die Politik. Sie können meist nur in der Öffentlichkeit sagen, dass sie anderer Meinung sind. Allein die Regierung ist berechtigt, den Kurs des Landes zu bestimmen, und deswegen wollen Politiker regieren.

Opposition
im Parlament die Gruppe von Abgeordneten, die der Regierungsmehrheit gegenübersteht

M 6 Aufbau und Arbeitsweise der Bundesregierung

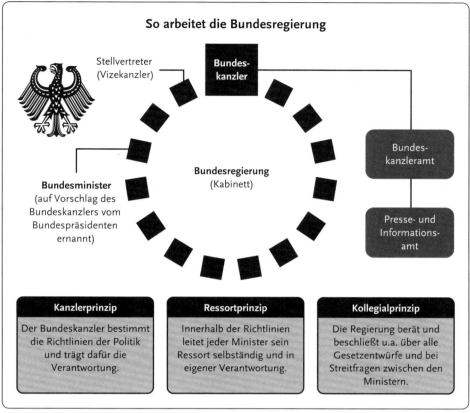

Bergmoser + Höller Verlag AG, Zahlenbilder 67 123

Art. 65 GG
Der Bundeskanzler bestimmt die Richtlinien der Politik und trägt dafür die Verantwortung. Innerhalb dieser Richtlinien leitet jeder Bundesminister seinen Geschäftsbereich selbständig und unter eigener Verantwortung. Über Meinungsverschiedenheiten zwischen den Bundesministern entscheidet die Bundesregierung. Der Bundeskanzler leitet ihre Geschäfte nach einer von der Bundesregierung beschlossenen und vom Bundespräsidenten genehmigten Geschäftsordnung.

M 7 Wie mächtig ist der Bundeskanzler?

Der Bundeskanzler wird häufig als mächtigster politischer Akteur in Deutschland bezeichnet. Dies liegt daran, dass er sowohl gegenüber dem Parlament eine besondere Rolle einnimmt als auch innerhalb der Bundesregierung über eine Sonderstellung verfügt. So wird innerhalb der Bundesregierung nur der Bundeskanzler direkt vom Bundestag gewählt. Alle anderen Mitglieder der Regierung werden auf seinen Vorschlag hin vom Bundespräsidenten ernannt. Damit verfügt er über eine besondere demokratische Legitimation. Innerhalb der Bundesregierung besitzt der Bundeskanzler die Richtlinienkompetenz. Das bedeutet, dass er die Grundlinien der Politik, also die allgemeine politische Ausrichtung der Regierungspolitik, bestimmen kann. Gegen den Willen des Kanzlers kann innerhalb der Regierung keine Entscheidung getroffen werden. Das Kabinett kann ihn nicht einfach überstimmen. Wie der Bundeskanzler diese Richtlinienkompetenz ausfüllen kann, hängt entscheidend von seiner Persönlichkeit, seiner Beliebtheit innerhalb der Bevölkerung und seinem Regierungsstil ab. Seine Macht ist natürlich dann beschränkt, wenn er mit einer Koalition

Kabinett
der Bundeskanzler und die Bundesminister

Legitimation
Rechtfertigung für die Ausübung staatlicher Gewalt hier: durch eine Wahl

Kabinettsaal im Bundeskanzleramt. In den wöchentlichen Kabinettssitzungen werden Gesetzesvorlagen beraten und beschlossen sowie politische Probleme diskutiert.

● Benenne die derzeitigen Kabinettsmitglieder und deren Ressort.

aus verschiedenen Parteien regiert, da er auf andere Parteien einen geringeren Einfluss besitzt.

Auch gegenüber dem Parlament verfügt er über eine Sonderrolle. Wenn der Bundeskanzler den Eindruck hat, dass die Mehrheit der Abgeordneten im Parlament seine Politik nicht mehr unterstützt, dann kann er im Deutschen Bundestag die Vertrauensfrage stellen. Wird er nicht mehr von der Mehrheit der Abgeordneten unterstützt, so kann er Neuwahlen herbeiführen. Viele Abgeordnete fürchten bei Neuwahlen um ihre Wiederwahl und werden so den Kanzler eher unterstützen. Aber wehrlos ist das Parlament beileibe nicht. Das Parlament verfügt über ein starkes Machtmittel: das konstruktive Misstrauensvotum. Über das konstruktive Misstrauensvotum kann das Parlament den Kanzler und damit die gesamte Regierung abwählen. Das Parlament muss dazu allerdings einen neuer Kanzler wählen, weswegen das Misstrauensvotum „konstruktiv" – durch die Wahl eines Nachfolgers – und nicht „destruktiv" – durch die reine Abwahl eines Kanzlers – ist.

● Recherchiere im Grundgesetz, welche Artikel – neben Art. 65 – die Stellung des Bundeskanzlers beschreiben.

Aufgaben

1. Was heißt es, zu regieren? Sammelt Überschriften und Berichte aus aktuellen Zeitungen, die deutlich machen, welche politischen Probleme die Bundesregierung gerade bearbeitet (M 4, M 5).
2. Erkläre, welche Prinzipien die Regierungsarbeit leiten (M 6).
3. a) Der Bundeskanzler gilt als mächtiger politischer Akteur. Was kann er tun, um seine Vorstellungen durchzusetzen? Stelle eine Liste der Machtinstrumente des Bundeskanzlers zusammen.
   b) Beurteile, welches Machtinstrument am wirkungsvollsten ist? Erstelle eine Hierarchie (M 6, M 7).

Wer kontrolliert die Regierung?

M 8 Die Opposition – Gegenspielerin der Regierung

Die politische Grenzlinie verläuft in erster Linie nicht mehr zwischen dem Parlament auf der einen und der Regierung auf der anderen Seite, die entscheidende Trennungslinie liegt in einem parlamentarischen System zwischen der Regierungs- beziehungsweise Parlamentsmehrheit und der Regierung auf der einen sowie der Opposition auf der anderen Seite. Die Regierungsmehrheit, die heute einen Regierungschef wählt, kann morgen nicht so tun, als ob sie mit dessen Person und Regierung nichts verbinde. Durch eine Verweigerung der Zusammenarbeit mit dem von ihr gestellten Regierungschef würde sie sich selbst einen Fehler bescheinigen – nämlich denjenigen, den falschen Kanzler gewählt zu haben. Die Brücke, über die Parlamentsmehrheit und Regierung im heutigen parlamentarischen Regierungssystem verbunden sind, bilden die Parteien. Jedoch muss dies nicht unbedingt bedeuten, dass Regierung und Parlamentsmehrheit eine absolute Einheit darstellen. Die unterschiedliche Intensität der Beziehungen zwischen diesen beiden Organen hängt in erster Linie ab von der Anzahl der Parteien, die zur Bildung einer Regierung notwendig sind.

Emil Hübner, Informationen zur politischen Bildung Nr. 227, Parlamentarische Demokratie 1, Neudruck 1993, S. 26 f.

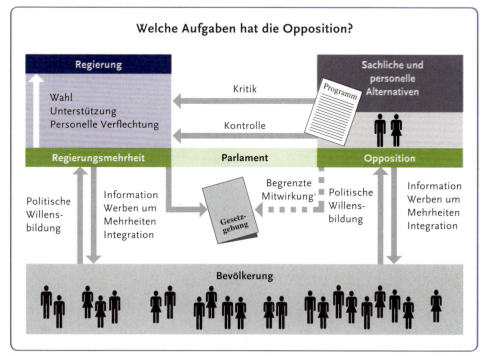

Nach: Bergmoser + Höller Verlag AG, Zahlenbilder 67 260, [1] über Ausschüsse, evtl. Bundesrat

M 9 Wie können Abgeordnete die Regierung kontrollieren?

Stelle dir folgende Situation vor: Die Regierung möchte die von der CSU geforderte allgemeine Maut für PKW einführen und bringt einen entsprechenden Gesetzesvorschlag in den Bundestag ein. Doch viele Abgeordnete, auch der Regierungsparteien, sind damit nicht einverstanden. Wie sollen sie ihre Kritik äußern?

Folgende Maßnahmen stehen den Abgeordneten zur Verfügung:

in einer nicht-öffentlichen Versammlung Bedenken gegenüber der Parteispitze äußern

in einem Fachausschuss des Bundestages hinter verschlossenen Türen Kritik üben

in einer Fernsehtalkshow die Regierung offen und hart kritisieren

im Kreis aller Abgeordneten ihrer Partei (Fraktion) Bedenken äußern

eine Aktuelle Stunde im Bundestag beantragen, in der in aller Breite und öffentlich Mitglieder der Regierung Stellung nehmen müssen; die Debatte wird sogar im Fernsehen übertragen

auf einem Parteitag eine Rede halten, in der sie die Politik der Regierung geißeln

noch nicht veröffentlichte Informationen heimlich und anonym an die Presse geben

M 10 Interview mit dem Bundestagsabgeordneten Michael Donth

Herr Donth, wieso braucht die Regierung eine Kontrolle durch den Bundestag?

Macht an sich birgt die Gefahr in sich, dass sie missbraucht werden kann. Deshalb ist es wichtig, dass die Ausübung der Macht durch die Regierung eine Kontrolle durch das Parlament, die gewählten Vertreter des Volkes, erfährt. Dies geschieht üblicherweise und prinzipiell durch die Opposition, aber auch durch die die Regierung tragenden Parteien.

Kritiker sagen oft, dass eigentlich nur die Opposition die Regierung kontrollieren würde. Können Sie diesen Vorwurf aus der Sicht der Regierungsfraktionen entkräften?

Jeden dieser Kritiker würde ich gerne einmal zu einem Praktikum in den Bundestag einladen oder auch nur in eine Fraktionssitzung der CDU/CSU-Fraktion. Allein zu unserer Fraktion gehören schon zwei Parteien, dazu kommen Sitzungen der entsprechenden Landesgruppen jede Sitzungswoche. Diese diskutieren Themen sehr kontrovers und bringen sehr viele unterschiedliche Aspekte zur Sprache. Auch die Minister der eigenen Partei müssen sich gegenüber diesen Gremien für ihre Entscheidungen und Beschlüsse rechtfertigen. Letztlich gibt es für alle Abgeordneten im Bundestag die Bilanz; spätestens nach vier Jahren müssen sich alle wieder vor den Wählern verantworten und sich an ihren Taten und Aussagen messen lassen. Da werden die Regierung und deren Partei(en) natürlich auch kritischer beäugt, als die Opposition. Und da jeder meiner Kollegen sich dann in seinem Wahlkreis den Bürgern stellt, ist eine Kontrollfunktion auch hier durchaus erfüllt.

Die jetzige Regierung der Großen Koalition verfügt über eine überwältigende Mehrheit im Parlament. Wie wirkt sich dies auf die Kontrollaufgabe des Parlaments aus?

Ich würde behaupten, fast gar nicht. Natürlich waren den beiden Oppositionsparteien aufgrund ihres Wahlergebnisses von zusammen rund 20 % zunächst manche Kontrollrechte versagt. Dies betraf z. B. die Einsetzung von Untersuchungsausschüssen oder einer Enquete-Kommission, sowie die Durchsetzung einer öffentlichen Anhörung in einem Ausschuss. Deshalb haben wir die Geschäftsordnung so geregelt, dass dafür in dieser Wahlperiode nicht die sonst üblichen 25 % erforderlich sind, sondern 120 Oppositionsabgeordnete ausreichen. Außerdem wurde Grünen und Linken zusätzliche Redezeit zugestanden. Ich denke, die Regierungsfraktionen haben deutlich gemacht, dass sie bereit sind, der Opposition entgegen zu kommen, um eine Kontrolle der Regierung, auch durch Parlamentarier, die nicht in einer Regierungsfraktion sitzen, zu gewährleisten. Allerdings ist auch die Große Koalition, obgleich vor der Wahl von vielen Wählern durchaus gewünscht, keine Liebesheirat gewesen. Man kann also keineswegs sagen, dass die Parteien sich überall nur einig sind und nicht auch hier eine gewisse gegenseitige Kontrolle stattfindet. Kontrolle

Michael Donth (CDU) ist Mitglied des Deutschen Bundestags und vertritt dort seit 2013 den Wahlkreis Reutlingen.

Enquete-Kommissionen überfraktionelle Arbeitsgruppen zur Vorbereitung von Entscheidungen über umfangreiche und bedeutsame Sachkomplexe

hat nicht nur mit Quantität, sondern vielmehr mit Qualität zu tun.

Dem Bundestag stehen verschiedene Kontrollinstrumente zur Verfügung. Welche dieser Instrumente halten Sie für besonders wirkungsvoll?

Ich denke, da muss man differenzieren: Das allerschärfste Schwert ist sicher das Misstrauensvotum, das zum Regierungswechsel führen kann. Außerdem ebenfalls sehr spektakulär und mit richterlichen Vollmachten ausgestattet: die Untersuchungsausschüsse. Am effizientesten sind in meinen Augen die Ausschüsse, in denen ein großer Teil aller geplanten Gesetzesentwürfe ausgearbeitet wird. Hier zeigt sich auch, dass alle Parlamentarier, ob mit oder ohne Regierungsbeteiligung, in der Regel sehr konstruktiv miteinander arbeiten. Obgleich naturgemäß die Ansichten divergieren, kann man hier in Ruhe Standpunkte austauschen und ein gutes Ergebnis erlangen. Die Kontrollfunktion auszuüben heißt in meinen Augen nicht, einfach nur den Finger auf Entscheidungen zu halten, die man nicht mittragen kann, sondern mit den eigenen Standpunkten zu einem guten Endergebnis beizutragen. Gerade in der Arbeit des Bundestages sollte eine Kontrolle weniger eine nachträgliche Überprüfung und dafür umso mehr eine vorgeschaltete Einflussnahme auf Entscheidungen und Beschlüsse der Bundesregierung sein. Auch in Berlin wird nicht nur schwarz/weiß gedacht.

Inwieweit wird die öffentliche Wirkung bei der Auswahl der Instrumente berücksichtigt?

Die öffentliche Wirkung ist natürlich insbesondere in einer aktuellen Stunde oder einem Untersuchungsausschuss sicher eines der entscheidenden Kriterien bei der Wahl des Mittels. Hier erzeugt man ein großes Medieninteresse und nimmt somit großen Einfluss auf die Wahrnehmung eines Themas in der Öffentlichkeit, also bei den Wählern. Denn die Öffentlichkeit und die veröffentlichte Meinung nehmen in unserem Staat ja zusätzlich zum Parlament eine wichtige Kontrollfunktion wahr. Man muss sich immer fragen: „Was will ich denn erreichen?" und das Mittel entsprechend wählen. Ein gutes Endergebnis habe ich in der regulären Ausschussarbeit, eine hohe öffentliche Wirkung erziele ich durch einen Untersuchungsausschuss.

Interview des Bearbeiters mit Michael Donth MdB über die Wahrnehmung der Kontrollrechte des Bundestags durch die Abgeordneten am 3.6.2014.

M 11 Das konstruktive Misstrauensvotum

Der Bundestag kann nach Art. 67 Grundgesetz (GG) den Bundeskanzler abwählen, indem er mit der absoluten Mehrheit seiner Mitglieder einen Nachfolger wählt. Damit wird gesichert, dass der Bundeskanzler nur dann aus dem Amt entfernt werden kann, wenn sich im Bundestag eine neue Regierungsmehrheit zusammenfindet. Verhindert wird dadurch, dass wie in der Weimarer Republik negative Mehrheiten, die sich nur in der Ablehnung der Regierung einig sind, die Regierung stürzen können. Die-

Weimarer Republik
Bezeichnung für erste deutsche Republik (9.11.1918 – 30.1.1933)

se Bestimmung wird als „konstruktives Misstrauensvotum" bezeichnet. Ein konstruktives Misstrauensvotum hat es im Bundestag bisher zweimal gegeben, das gescheiterte gegen Bundeskanzler Willy Brandt 1972 und das erfolgreiche gegen Bundeskanzler Helmut Schmidt 1982.

Art. 67 GG
(1) Der Bundestag kann dem Bundeskanzler das Misstrauen nur dadurch aussprechen, dass er mit der Mehrheit seiner Mitglieder einen Nachfolger wählt und den Bundespräsidenten ersucht, den Bundeskanzler zu entlassen. Der Bundespräsident muss dem Ersuchen entsprechen und den Gewählten ernennen.
(2) Zwischen dem Antrage und der Wahl müssen achtundvierzig Stunden liegen.

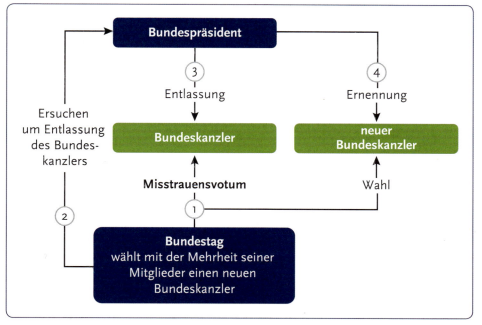

Horst Pötzsch, Die deutsche Demokratie, 5. Auflage, Bonn 2009, S. 73 f.

Aufgaben

1. Charakterisiere das jeweilige Verhältnis eines Abgeordneten der Regierungsfraktion und eines Abgeordneten der Oppositionsfraktion zur Bundesregierung (M 8).
2. Versetze dich in einen Abgeordneten der Regierungsfraktion und der Opposition. Beurteile aus deiner Perspektive und mithilfe von M 9, welche Maßnahmen die beiden treffen sollen, um Kritik an der Regierung zu üben. Wähle dazu die Maßnahmen aus, die dir am sinnvollsten erscheinen und begründe deine Auswahl.
3. Fasse die Aussagen Michael Donths zu den Kontrollmöglichkeiten der Regierung durch die Abgeordneten zusammen (M 10).
4. Überprüfe die folgenden Aussagen zur Kontrolle der Regierung. Stimmen sie? Begründe deine Entscheidungen (M 9 – M 11).
   - Hauptaufgabe des Bundestages ist die Kontrolle der Regierung.
   - Bei der Auswahl der Kontrollmöglichkeiten ist die öffentliche Wirkung von entscheidender Bedeutung.
   - Nur die Opposition kontrolliert die Regierung.
   - Regierung und Parlament sind nicht vollständig voneinander getrennt.

zu Aufgabe 4
Entwirf weitere Aussagen zur Kontrolle der Regierung und lasse sie von deinem Nachbarn überprüfen.

Wie frei ist ein Abgeordneter?

M 12 Die Streitfrage: Mopedfahren schon ab 15 Jahren?

In Sachsen, Sachsen-Anhalt und Thüringen startete zum 1. Mai 2013 ein Modellversuch, der vorsieht, dass bereits 15-Jährige einen Führerschein der Klasse M erwerben dürfen. Dieser erlaubt das Fahren von Mopeds und kleineren vierrädrigen Gefährten wie Quads mit einer Höchstgeschwindigkeit von bis zu 45 Stundenkilometern. In den übrigen dreizehn Bundesländern dürfen 15-Jährige nach wie vor nur auf 25 Stundenkilometer gedrosselte Mofas fahren. Die Verkehrsminister der drei Länder wollen durch den Modellversuch eine bessere Mobilität vor allem junger Leute auf dem Land erreichen. Die Entscheidung ist umstritten und in vielen Internet-Foren wird darüber diskutiert, ob Jugendliche mit schneller fahrenden Gefährten nicht überfordert sind.

Stephan (8.5.2013 16:04)
Na endlich ... Ich sehe das mal aus Sicht der schnelleren Verkehrsteilnehmer: Mofas sind extreme Verkehrsbehinderer (weil sie nicht mal auf den Fahrradweg dürfen!), da man sie bei unserer hohen Verkehrsdichte oft nur mit hohem Risiko oder längere Zeit gar nicht überholen kann. Gut, dass das bald ein Ende hat. Davon abgesehen reizt es die Jugendlichen dann auch sicher deutlich weniger, ihr Fahrzeug zu frisieren.

Heidi (7.5.2013 19:08)
Ich finde die Idee absolut super. Ich muss sonst meine Tochter noch ein Jahr lang zum Reiten fahren (12 Kilometer Landstraße). Mit dem Mofa ist es deutlich gefährlicher.

Gerd (7.5.2013 17:34)
Es ist doch unverantwortlich, dass die Jugend, die sich sonst auch kaum an Regeln hält, jetzt eine Lizenz zum Schnellfahren bekommt.

Anne (7.5.2013 16:56)
Sind unsere Politiker jetzt völlig verrückt geworden? Seit in Österreich 15-Jährige Moped fahren dürfen, steigt die Zahl der Moped-Unfälle dort sprunghaft. Und das wollen wir jetzt auch bei uns?

Ralf (8.5.2013 20:02)
Ich habe eine Schreinerei auf dem Land in einem kleinen Dorf. Busse gibt es nicht. Also habe ich Probleme, Azubis zu bekommen, weil diese oft nicht mobil sind. Wenn die in Zukunft Moped fahren dürfen, wäre mir damit sicher geholfen.

M 13 Der Abgeordnete – wie soll er entscheiden?

Der Deutsche Bundestag soll entscheiden, ob der Mopedführerschein bundesweit bereits für 15-Jährige eingeführt werden soll. Diese Entscheidung ist nicht unumstritten und die Abgeordneten werden von unterschiedlicher Seite beeinflusst. Irgendwann muss der Abgeordnete aber wissen, ob er dem Gesetz zustimmt oder nicht. Sein Problem ist dabei, dass er es nicht allen recht machen kann.

Elterngruppe
Du vertrittst eine Gruppe von Eltern aus dem Wahlkreis des Abgeordneten. Ihr habt euch zusammengeschlossen, da ihr davon überzeugt seid, dass es viel zu gefährlich ist, eure Kinder schnelle Mopeds fahren zu lassen. Erfahrungen aus Österreich haben gezeigt, dass es zu vielen schweren Unfällen kommt. Der Abgeordnete will kommendes Wochenende in den Wahlkreis kommen und ihr plant bereits eine Kundgebung auf dem Marktplatz, um auf eure Forderung aufmerksam zu machen.

Fraktionsführer der Regierungspartei
Die Mehrheit der Abgeordneten und auch die Regierung sind dafür, die Altersgrenze abzusenken. Innerhalb der Fraktion gibt es aber einige Abgeordnete, die sich nicht sicher sind, ob sie dem Vorschlag zustimmen. Der Bundeskanzler hat mit dir telefoniert und er wünscht sich, dass die Fraktion im Bundestag geschlossen zustimmt und das Thema damit endlich erledigt ist.

Einfacher Abgeordneter der Regierungsfraktion
Du bist Mitglied des Verkehrsausschusses und musst bald entscheiden, ob du für oder gegen den Gesetzentwurf stimmst. Im Vorfeld setzen sich verschiedene Menschen mit dir in Verbindung, um deine Entscheidung zu beeinflussen.

Azubi in einem Betrieb auf dem Land
Du bist 15 Jahre alt und um in die Berufsschule zu kommen, musst du sehr weit fahren. Mit dem Bus ist das fast nicht zu schaffen. Ein Moped würde dir sehr helfen. Du hast bereits mit den anderen Berufsschülern gesprochen und dabei gemerkt, dass es sehr vielen von ihnen auch so geht wie dir.

Vorsitzender der Handwerkskammer der ländlichen Region
Viele eurer Auszubildenden haben große Schwierigkeiten, den Ausbildungsbetrieb oder die Berufsschule mit öffentlichen Verkehrsmitteln zu erreichen. Deine Hoffnung ist, dass sich diese Situation entspannen würde, wenn 15-Jährige bereits Moped fahren dürften.

M 14 Die Vertreter des Volkes

Die Abgeordneten des Deutschen Bundestags sind stellvertretend für die Bürgerinnen und Bürger in Deutschland gewählt, um für das Volk die richtigen Entscheidungen zu treffen. Wir geben ihnen bei der Wahl mit unserer Stimme den Auftrag, die Interessen der ganzen Bevölkerung im Parlament zu vertreten. Mit unserem Votum für einen Abgeordneten ist aber keinesfalls ein konkreter Auftrag verbunden – etwa wie sich ein Abgeordneter bei einer bestimmten Abstimmung verhalten soll. Das ist das Prinzip des freien Mandats – und im Grundgesetz festgeschrieben.

Wenn wir die Abgeordneten für vier Jahre in den Bundestag wählen, dann treffen wir diese Entscheidung aber nicht nur wegen ihrer Person, sondern auch aufgrund ihrer Zugehörigkeit zu einer politischen Partei. Bei der Zweitstimme wird es besonders deutlich: Damit wählen wir eine Partei, keine Person. Das hat einen Grund: Parteien spielen in einer Demokratie eine wichtige Rolle. Wenn wir einen Politiker wählen, dann gibt uns seine Mitgliedschaft in einer Partei Aufschluss über seine politischen Überzeugungen und Ziele. Im besten Fall wissen wir also, für welches politische Programm der einzelne Kandidat steht. Um solche Interessen aber auch im Parlament durchzusetzen, bilden Abgeordnete Fraktionen.

Wenn es nun also um Abstimmungen geht, erwarten die Fraktionen in der Regel von ihren Mitgliedern, dass sie so votieren, wie es zuvor beschlossen wurde. Das bezeichnet man als Fraktionsdisziplin. Einen rechtlichen Zwang, im Sinne der eigenen Fraktion auftreten oder abstimmen zu müssen, gibt es jedoch nicht. Das freie Mandat sichert somit die individuelle Verantwortlichkeit der Abgeordneten und die Fraktionsdisziplin seine kollektive Verantwortlichkeit. Aber es gibt auch Abstimmungen – oft über Fragen, die besonders das Gewissen jedes einzelnen Abgeordneten berühren – bei denen die Fraktionsdisziplin bewusst aufgehoben ist.

dpa, www.bundestag.de (20.11.2010)

Überlege, wie sich die Stellung der Abgeordneten verändert, wenn die Regierung nur über eine knappe Mehrheit verfügt.

zu Aufgabe 3
Stelle das Spannungsverhältnis, in dem sich die Abgeordneten befinden, in einer Zeichnung oder Karikatur dar.

Aufgaben

1. Arbeite ausgehend von den Kommentaren in M 12 Argumente für bzw. gegen das Absenken der Altersgrenze für den Moped-Führerschein heraus.
2. Bildet Gruppen und teilt die fünf Rollen untereinander auf. Stellt euch vor, der Abgeordnete hat euch alle in seine Bürgersprechstunde eingeladen. Ihr müsst nun versuchen, ihn von eurer Position zu überzeugen. Im Anschluss an das Streitgespräch muss der Abgeordnete sich entscheiden und seine Entscheidung vor der Klasse begründen (M 13).
3. In Art. 38 (1) GG steht, dass die Abgeordneten des Deutschen Bundestages in ihren Entscheidungen frei und nur ihrem Gewissen unterworfen sind. Arbeite heraus, warum der Abgeordnete in der Praxis der Parlamentsarbeit auch die Wünsche seiner Fraktion berücksichtigen muss (M 14).

Wie arbeitet der Deutsche Bundestag?

M 15 Wo sind die Abgeordneten?

Bundestagsdebatten finden häufig vor leeren Rängen statt. Auch in der Öffentlichkeit werden sie kaum wahrgenommen. Politik-Talkshows erzielen dagegen regelmäßig hohe Einschaltquoten.

M 16 Der Deutsche Bundestag im Zentrum der Demokratie

Der Bundestag ist das einzige direkt vom Volk gewählte Verfassungsorgan des Bundes. Er steht damit im Zentrum der deutschen Demokratie. [...]
Der Bundestag ist eine Mischform aus Arbeitsparlament und Redeparlament. Im Plenum finden richtungweisende politische Debatten statt. Und „hinter den Kulissen" arbeiten die Ausschüsse.
In den Plenarsitzungen finden die öffentlichkeitswirksamen Auseinandersetzungen statt. Diese Parlamentsdebatten dienen vor allem dazu, die Wähler über die verschiedenen Positionen der im Bundestag vertretenen Parteien zu informieren. Rederecht haben alle Abgeordneten sowie Mitglieder der Bundesregierung und des Bundesrates. Zu besonderen Anlässen dürfen auch hohe Staatsgäste im Plenarsaal sprechen.
Das Plenum nimmt wichtige **Kontrollrechte** des Parlaments wahr: In Aktuellen Stunden, Großen Anfragen, Regierungsbefragungen und Fragestunden befassen sich die Abgeordneten mit aktuellen Themen oder fordern mündliche Stellungnahmen der Bundesregierung ein.
Im Plenum wird schließlich auch über Gesetzesvorlagen abgestimmt. Der Bundestag ist beschlussfähig, wenn mindestens die Hälfte der Abgeordneten anwesend ist.
In den **Ausschüssen** können die Abgeordneten in kleinerer Runde die Gesetzesvorlagen diskutieren und den hinzugezogenen externen Sachverständigen zuhören. Die Fraktionen entsenden die Experten unter ihren Abgeordneten in die Ausschüsse. Dieses geschieht entsprechend ihren Kräfteverhältnissen im Parlament. Die Ausschüsse erarbeiten die Vorlagen, die anschließend dem Plenum zur Abstimmung vorgelegt werden. Die anderen Fraktionsmitglieder werden durch ihre Vertreter in den Ausschüssen über die Vorlagen informiert und übernehmen häufig deren Rat.

Verfassungsorgan
vgl. S. 120

Petitionsausschuss
Befasst sich mit Eingaben von Bürgern, die sich bspw. von einer Bundesbehörde ungerecht behandelt fühlen oder Anregungen für Änderungen bestehender Gesetze haben.

Man unterscheidet zwischen den ständigen Ausschüssen und einer Anzahl von Ausschüssen, die nur im Bedarfsfall eine Rolle spielen. Diese werden wieder aufgelöst, nachdem sie ihre Aufgabe bewältigt haben. Im Grundgesetz sind nur die Bildung von Ausschüssen für Angelegenheiten der Europäischen Union, Auswärtige Angelegenheiten, für Verteidigung und ein Petitionsausschuss festgeschrieben. Die Anzahl der ständigen Ausschüsse des Bundestages lag in der Legislaturperiode 2009-2013 bei 22. Oft entsprechen die Ausschüsse den in der Regierung vertretenen Fachministerien.

Das Parlament ist ebenfalls für die Gesetzgebung, die Verabschiedung des Haushalts und die Schaffung einer Regierung durch die Wahl des Bundeskanzlers zuständig. Eine weitere Hauptaufgabe ist die Kontrolle der Exekutive. Hierzu dienen nicht zuletzt **Untersuchungsausschüsse**.

Nach: Martin Hetterich/Stephan Trinius, www.bpb.de, Aufgaben des Bundestags, 28.8.2013

M 17   Die Organisation des Deutschen Bundestags

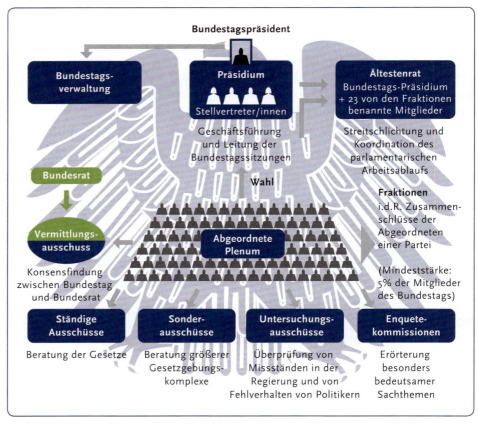

Nach: Bergmoser + Höller Verlag AG, Zahlenbilder 64 110

M 18 Ist die Kritik am Parlament berechtigt?

Abgeordnete sind verpflichtet, an Ausschusssitzungen zu den Gesetzen teilzunehmen, die ihr Ausschuss (z. B. der Verteidigungsausschuss) gerade bearbeitet. Sie müssen Fachleute hören und umfangreiches Informationsmaterial durcharbeiten, das ihr Mitarbeiterstab oder der wissenschaftliche Dienst des Bundestages zusammengetragen haben; es kostet sie Zeit, etwa im Arbeitskreis ihrer Fraktion eine kritische Anfrage an die Bundesregierung zu formulieren oder sich um Kontakte zu den Medien zu kümmern, ohne die sie ihre Anliegen nicht wirksam vertreten können. Auch für die Einzelinteressen und Probleme der Bürgerinnen und Bürger setzen sich die Abgeordneten oft in mühsamer Kleinarbeit ein. Die Arbeit im Wahlkreis erfordert zusätzlichen Zeitaufwand.

Da muss die Plenumsdebatte oft zurückstehen. Dort werden nach getaner Ausschussarbeit häufig die allen Abgeordneten bereits bekannten Argumente ausgetauscht, die niemanden, der sich monate-, manchmal jahrelang mit einer Frage auseinandergesetzt hat, noch zu einem Meinungswandel veranlassen können. Trotzdem sind diese Debatten kein überflüssiges Ritual: Die Sprecherinnen und Sprecher der Fraktionen reden bewusst „zum Fenster hinaus", um der Öffentlichkeit die Gründe für ihre Sachentscheidungen zu vermitteln und so die in der Demokratie wichtige Transparenz zu ermöglichen.

Ein weiteres Stereotyp der Parlamentskritik behauptet, dass die Parlamentarierinnen und Parlamentarier zu viel streiten und zu wenig Einigkeit beweisen. Wie wenig das mit der Realität zu tun hat, zeigt schon die Statistik der Bundestagsgesetzgebung. Die meisten Gesetze werden nämlich im Einvernehmen von den [...] Fraktionen verabschiedet. In den Augen der Öffentlichkeit decken freilich die Meinungsverschiedenheiten über die Steuerpolitik, die Rentenreform, die Arbeitsförderung, die Gesundheitspolitik oder die Zuwanderung die Gemeinsamkeiten auf anderen Gebieten zu. Solche Themen erfordern weitreichende Weichenstellungen und die Abstimmung mit den Interessen großer gesellschaftlicher Gruppen. [...]
Die Präsentation der Politik in den Medien trägt ein Übriges zur kritischen Haltung der Bevölkerung gegenüber der (Partei-)Politik bei: Im Kampf um Einschaltquoten und Verkaufszahlen am Kiosk geben die Medien dem Zwang zu Verknappung, zu Dramatisierung und Zuspitzung immer stärker nach.

Ursula Münch, Information zur politischen Bildung aktuell, Bundestagswahlen 2002, Bonn 2002, S. 7

Transparenz
Durchsichtigkeit, hier: Nachvollziehbarkeit einer Entscheidung

Stereotyp
Vorurteil

zu Aufgabe 3
Verwende die in der Randspalte genannten Begriffe als Hilfestellung.

Aufgaben

1. Die beiden Bilder aus M 15 können auch als Vorwurf an die Abgeordneten verstanden werden. Formuliere, welcher Vorwurf hier erhoben wird.
2. Erläutere, warum man den Bundestag als Mischung aus Rede- und Arbeitsparlament bezeichnen kann (M 16).
3. Entwirf eine kurze Rede aus der Sicht eines Abgeordneten, in der er sich gegen die Parlamentskritik zur Wehr setzt (M 16 – M 18).

Was wir wissen

Regieren
M 2, M 5

Die Bundesregierung mit dem Kanzler an der Spitze hat die zentrale Aufgabe der politischen Führung. Einerseits soll der Wille der Parlamentsmehrheit von der Regierung in praktische Politik umgesetzt werden. Andererseits formt die Regierung den Mehrheitswillen des Parlaments auch durch politische Initiativen entscheidend mit.

Stellung des Bundeskanzlers
M 6, M 7

In der Regierung hat der Bundeskanzler eine hervorgehobene Stellung. Er bestimmt nach Art. 65 GG „die Richtlinien der Politik und trägt dafür die Verantwortung" (Kanzlerprinzip), d. h. er legt umfassende Ziele fest (wie z. B. große Reformvorhaben). Darüber hinaus macht er dem Bundespräsidenten Vorschläge zur Ernennung und Entlassung von Kabinettsmitgliedern. Innerhalb der Richtlinien leiten die Minister ihr Ministerium selbständig (Ressortprinzip). Abgeschwächt wird das Kanzlerprinzip auch durch das Kabinettsprinzip. So berät und beschließt das Kabinett als Ganzes über alle Gesetzesentwürfe und entscheidet bei Streitfragen über die Zuständigkeit zwischen einzelnen Ministerien.

Kontrolle der Regierung

Gewaltenverschränkung
M 8, M 10

Eine wichtige Aufgabe des Bundestags ist die Kontrolle der Regierung. Dies ist die Hauptaufgabe der Opposition. In der Praxis der Parteiendemokratie bilden nämlich die Regierung mit dem Bundeskanzler und die Regierungsparteien, die ja die Mehrheit im Parlament haben, eine Handlungseinheit. Man spricht in diesem Zusammenhang auch von Gewaltenverschränkung. Zwar üben auch die eigenen Abgeordneten Kritik an der Regierung, doch tun sie dies meist nicht öffentlich. So werden die Kontrollinstrumente des Bundestages wie Kleine und Große Anfrage, Aktuelle Stunden, Fragestunden, Untersuchungsausschüsse etc. hauptsächlich von der Opposition in Anspruch genommen. Außerdem kann die Opposition ihre Kritik wirksam über die Medien äußern und sich dort als die bessere Alternative präsentieren.

Stellung der Abgeordneten
M 14

Abgeordnete, die derselben Partei angehören, schließen sich im Bundestag zu einer Fraktion zusammen. Die Fraktionen sind die politische Heimat für die Abgeordneten und bilden den organisatorischen Rahmen der Arbeit im Bundestag, denn anders wäre der Bundestag wohl kaum entscheidungsfähig. Bei Abstimmungen folgen die Abgeordneten in der Regel der von der Fraktion festgelegten Linie (Fraktionsdisziplin), obwohl sie eigentlich nach Art. 38 GG in ihren Entscheidungen frei sind (freies Mandat).

Arbeitsweise des Bundestages
M 16 – M 18

Der Bundestag ist eine Mischform aus Arbeits- und Redeparlament. Neben den Reden und Abstimmungen im Plenum findet die Hauptarbeit der Abgeordneten aber vor allem in Fachausschüssen, die sich mit der Ausarbeitung von Gesetzen beschäftigen, statt. Dort beraten die Abgeordneten, hören Fachleute an, diskutieren die Gesetzesentwürfe und verändern diese.

Was wir können

Insgesamt 3.592 Kleine Anfragen an die Bundesregierung

In der 17. Wahlperiode (2009-2013) regierte eine schwarz-gelbe Koalition unter Kanzlerin Angela Merkel. SPD, Bündnis'90/Grüne und DIE LINKE bildeten die Opposition. Insgesamt stellten die Fraktionen des Deutschen Bundestags in dieser Wahlperiode 3.592 Kleine Anfragen, davon die SPD 457, die Grünen 1.434 und DIE LINKE 1.659. Große Anfragen gab es insgesamt 54, davon 24 von der SPD, 14 von DIE LINKE und 13 von Bündnis'90/Die Grünen.

Deutscher Bundestag, Referat Parlamentsdokumentation, 1.9.2013

Fragerechte des Bundestags

Große Anfrage
- Schriftliche Anfrage zu einem größeren politischen Themenkomplex durch eine Fraktion bzw. mindestens 5 % der Abgeordneten
- An die Beantwortung durch die Bundesregierung schließt sich in der Regel eine Debatte vor dem Bundestag an.

Kleine Anfrage
- Schriftliche Anfrage zu konkreten Einzelthemen durch eine Fraktion bzw. mindestens 5 % der Abgeordneten
- Die Antwort erfolgt schriftlich durch das jeweils zuständige Bundesministerium.

Fragestunde
- Einzelfragen zur mündlichen oder schriftlichen Beantwortung, von einzelnen Abgeordneten eingebracht
- Mündliche Beantwortung in den beiden wöchentlichen Fragestunden des Bundestags
- Möglichkeit für die Abgeordneten, mit Zusatzfragen nachzuhaken

Aktuelle Stunde
- Politische Debatte mit Kurzbeiträgen zu einem aktuellen Thema auf Verlangen einer Fraktion bzw. von mindestens 5 % der Abgeordneten oder nach Vereinbarung
- Redezeit für die Abgeordneten: 5 min; Gesamtdauer: 1 Stunde + Redezeit der Regierung

Hauptfunktionen:
- ▶ Beschaffung von Informationen
- ▶ öffentliche Herausforderung der Regierung durch die Opposition
- ▶ Gelegenheit, die Haltung der Opposition darzulegen

Nach: Bergmoser + Höller Verlag AG, Zahlenbilder 66 250

Aufgabe

Erkläre, weshalb die Fraktionen die parlamentarischen Fragerechte so unterschiedlich stark einsetzen. Wähle für deine Erklärung Begriffe aus dieser Begriffswolke aus:

| Abgeordnete | Bundestag | Öffentlichkeit | Legislative | Gewaltenverschränkung |
| Gewaltenteilung | Opposition | Wahlen | Kontrollrechte | Kontrolle | Exekutive |

3.2 Wie entsteht ein Gesetz?
Das Problem: Energiesicherheit in Deutschland

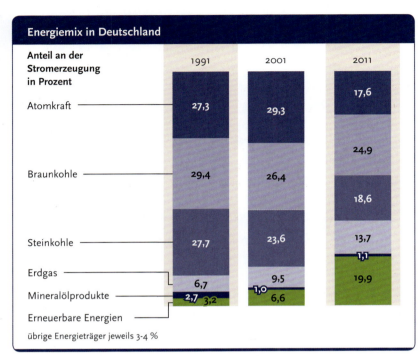

dpa-Grafik 16752; Quelle: Arbeitsgemeinschaft Energiebilanzen (AGEB)

Gesetzentwurf zur Änderung des Atomgesetzes
A. Problem und Ziel: Die nuklearen Folgen der Erdbebenkatastrophe in Japan bedeuten einen Einschnitt für die friedliche Nutzung der Kernenergie auch in Deutschland. Im Lichte dieser Ereignisse hat die Bundesregierung mit den Ministerpräsidenten der Länder, in denen Kernkraftwerke betrieben werden, die Sicherheit aller deutschen Kernkraftwerke durch die Reaktor-Sicherheitskommission [...] überprüfen lassen und zudem durch eine Ethikkommission „Sichere Energieversorgung" einen gesellschaftlichen Dialog zu den Risiken der Nutzung der Kernkraft und zu der Möglichkeit eines beschleunigten Übergangs in das Zeitalter der erneuerbaren Energien angestoßen. Die Bundesregierung hat unter Einbeziehung der Ergebnisse der Reaktor-Sicherheitskommission und der Ethikkommission „Sichere Energieversorgung" sowie des absoluten Vorrangs der nuklearen Sicherheit beschlossen, die Nutzung der Kernenergie zum frühestmöglichen Zeitpunkt zu beenden.

Bundestag, Drucksache 17/6070, Gesetzentwurf der Fraktionen der CDU/CSU und FDP

M 1 Der Streit um die Atomenergie

Die rot-grüne Bundesregierung unter Bundeskanzler Gerhard Schröder hatte nach ihrem Wahlsieg 1998 die Atomkraft neu bewertet und war zu dem Ergebnis gekommen, dass die Risiken der kommerziellen Nutzung zu hoch sind. 2002 wurde der geordnete Ausstieg aus der Atomkraft beschlossen. Die Laufzeit der bestehenden Atomkraftwerke wurde auf durchschnittlich 32 Jahre seit ihrer Inbetriebnahme festgelegt. Nach dem Wahlsieg der CDU/CSU und FDP im Jahr 2009 einigten sich die neuen Regierungsparteien im Koalitionsvertrag auf eine Neuausrichtung der Atompolitik. Im Herbst 2010 verabschiedete die Regierungskoalition im Rahmen ihres „Energiekonzeptes" ein äußert umstrittenes Gesetz, das die Atomenergie als „Brückentechnologie" sah und eine Verlängerung der Laufzeiten für Atomkraftwerke beinhaltete. Infolge der Reaktorkatastrophe von Fukushima in Japan im Frühjahr 2011 vollzog die Regierung jedoch eine erneute Kehrtwende. Die beschlossene Laufzeitverlängerung für Atomkraftwerke wurde wieder zurückgenommen. Stattdessen brachten die Regierungsparteien unter Angela Merkel ein Gesetz für den beschleunigten Ausstieg aus der Atomkraft auf den Weg.

M 2 Abschied vom Kern: Strittig sind nur noch Details

Fast ein halbes Jahrhundert hat die Atomenergie Politik und Nation gespalten. Unzählige teils leidenschaftlich, teils verbitterte Debatten wurden im Bundestag geführt. Doch jetzt ist alles anders. Noch nie waren sich die Fraktionen so einig. Diese Einigkeit über den Atomausstieg kam so plötzlich, dass die Redner versuchten, Unterschiede zu finden, wo es längst keine mehr gab. SPD-Fraktionschef Frank-Walter Steinmeier warf lediglich der Kanzlerin „Unaufrichtigkeit und falsches Pathos" vor. Um dann aber zu betonen, dass sie einer Meinung seien: Sie sei „genau dort jetzt angekommen, wo Rot-Grün die Dinge schon gestaltet" habe. [...] Was Tschernobyl nicht vermochte, das machte Fukushima nun mehr als deutlich: „Die Risiken der Kernenergie sind nicht beherrschbar", brachte es Bundeskanzlerin Angela Merkel (CDU) auf den Punkt. „Wer das erkennt, muss eine neue Bewertung vornehmen. Ich habe eine neue Bewertung vorgenommen", sprach Merkel vergangenen Donnerstag in ihrer Regierungserklärung „Der Weg zur Energie der Zukunft" vor dem Bundestag. [...]
Das Tempo, in dem die Bundesregierung aus der Kernenergie aussteigen will, ist (Gregor Gysi) hingegen zu gering: Die letzten Atomkraftwerke sollen laut Merkel bis 2022 vom Netz genommen werden. Für den Chef der Linksfraktion bedeutet diese Tatsache „elf weitere Jahre Fukushima-Risiko". Ein kompletter Ausstieg sei bereits bis 2014 möglich. Seine Fraktion stellte einen entsprechenden Antrag. Jürgen Trittin, Fraktionschef von Bündnis90/Die Grünen, kritisierte Details der Kabinettsbeschlüsse: „Bei all diesen Gesetzen gibt es massiven Änderungsbedarf." Seine Fraktion will die Kernkraftwerke bis 2017 abschalten. In einem weiteren Antrag verlangt sie, auf eine sogenannte Kaltreserve zu verzichten. Als Zugeständnis an die Bundesnetzagentur will die Regierung ein Atomkraftwerk, das zeitnah abgeschaltet werden soll, nur auf Stand-by-Modus herunterfahren. Wirtschaftsminister Philipp Rösler (FDP) entgegnete auf Steinmeiers Kritik, dass die Berücksichtigung der Versorgungssicherheit im Konzept von „Rot-Grün" komplett gefehlt hätte, aber „im Sinne von Netzstabilität" notwendig sei. „Ein Blackout wäre volkswirtschaftlich nicht zu verantworten", betonte auch Gerda Hasselfeldt, Vorsitzende der CSU-Landesgruppe: „Der Strom darf nicht ausfallen." Und aller gegenseitiger Kritik zum Trotz setzte sich, fast am Ende einer turbulenten Woche, Einigkeit durch.

Verena Renneberg, Das Parlament, 14.6.2011

Abgeordnete stimmen am 30.6.2011 im Deutschen Bundestag über den Ausstieg aus der Atomenergie ab.

Fast ein halbes Jahrhundert hat die Atomenergie Politik und Nation gespalten. Erstellt in Zusammenarbeit mit Geschichte eine Ausstellung/Wandzeitung über den Atomstreit in der Bundesrepublik Deutschland.

Recherchiere den Ablauf der Atomkatastrophe von Fukushima und beschreibe, welche Folgen der Reaktorunfall für Mensch und Umwelt hatte.

Aufgaben

1. Erstelle eine kurze Chronologie zur Atomgesetzgebung und nenne jeweils stichwortartig den Grund für die Gesetzesvorhaben (M 1).
2. Vergleiche die Positionen der jeweiligen Bundestagsfraktionen zum neuen Atomgesetz. Worin waren sie sich einig, worüber wurde gestritten (M 2)?

Das neue Atomgesetz in der Diskussion

M 3 Stellungnahmen zum Gesetz

„Ich bin gegen die Nutzung der Kernenergie, da immer noch ungeklärt ist, was mit dem Atommüll geschehen soll."

„Die Atomkraft ist im Betrieb eine saubere Technologie. So kann klimafreundlich Energie erzeugt werden."

„Atomkraft ist nicht sicher und deshalb nicht zu verantworten. Das wissen wir seit den Katastrophen von Tschernobyl und Fukushima."

„Solange die regenerativen Energien noch nicht so weit sind, brauchen wir die Atomkraft. Stromausfälle kann sich ein Industrieland wie Deutschland nicht leisten."

„Atomkraftwerke können billig Strom produzieren. Davon profitiere ich als Konsument."

M 4 Kontrovers diskutiert: der Ausstieg aus der Atomkraft

a) Sicher ist sicher

Krümmel
Am Geesthachter Ortsteil Krümmel gelegenes Kernkraftwerk, das von 1984 bis 2011 in Betrieb war.

Die Briten haben einen wunderbaren Ausdruck: „elephant in the room". Ein Elefant, den keiner sieht, der aber dennoch Debatten bestimmt –
5 meist als unsichtbarer Bremser. Die Kernkraft war so ein „elephant in the room" in Deutschland: Sie dominierte über Jahre hinweg den Diskurs, sie machte Energiepolitik zur Frage von
10 Macht und Prinzipien. Entscheidungen über Atompolitik hatten dadurch eine Halbwertzeit von allerhöchstens zwei Legislaturperioden; sicher war in dieser Frage nur die Unsicherheit.
15 Diese Zeit ist nun vorbei, zum Glück. Mit dem schwarz-gelben Ausstieg könnte es bald erstmals eine Atomentscheidung mit Aussicht auf Bestand geben. Erstmals ist Inves-
20 toren damit ein Mindestmaß an Kalkulierbarkeit gegeben. Für den deutschen Strommarkt ist dies das wichtigste Signal: Wer hier investieren will, weiß wieder, woran er ist.
25 Daneben tritt eine andere Sicherheit, deren Bedeutung sich in der Katastrophe in Fukushima aufs Neue manifestiert hat. Die deutschen Kernkraftwerke mögen gut gepflegt gewe-
30 sen sein doch die Abschaltung der sieben ältesten Anlagen plus Krümmel macht das Leben in diesem Land objektiv sicherer. Ob die anderen Reaktoren teils noch bis 2022 hätten
35 laufen müssen, mag umstritten sein. Dass es fixe Enddaten für sie gibt, ist gut.
Der Kampf für und gegen Kernkraft hat viele Kräfte gebunden in diesem Land; er hat die energiepolitische De-
40 batte in einem Maße bestimmt, das zur Bedeutung dieser Energieform in

keinem Verhältnis mehr stand. Der Ausstieg setzt diese Kräfte nun frei. Sie werden gebraucht werden: für eine Energieversorgung ohne unüberschaubare Risiken und Müll für Generationen, ohne Raubbau an fossilen Ressourcen. Der Weg ist steinig, aber das Ziel stimmt.

b) Ein Bärendienst

Die Wende von der Wende in der Energiepolitik ist und bleibt ein populistisches Manöver. So schrecklich die Bilder vom Unglück in Fukushima auch waren – die Sicherheit der 17 deutschen Kernkraftwerke wurde dadurch nicht berührt. Wir leben weder auf einer Erdbebenspalte, noch müssen wir mit Tsunamis rechnen. Es geht einzig und alleine um unsere veränderte Wahrnehmung. Rund 70 Prozent der Deutschen sprechen sich inzwischen gegen Kernenergie aus, ohne dass sich an den objektiven Bedingungen für die Reaktorsicherheit hierzulande etwas verändert hätte. Die Physikerin Merkel weiß das. Aber die Politikerin Merkel fürchtet sich.

Die Bundesregierung folgt dem Meinungsumschwung in fast panischer Weise. Wissenschaftlich sorgfältig erarbeitete Energieszenarien für die nächsten 40 Jahre werden über den Haufen geworfen. Acht Kraftwerke gehen von heute auf morgen vom Netz und werden ohne weitere Prüfung stillgelegt. Die anderen Anlagen folgen im Abstand weniger Jahre. Klagen die Konzerne erfolgreich gegen diese Enteignung, kann das den Steuerzahler Milliarden kosten. Zugleich importieren wir Atomstrom aus Frankreich, damit unser Netz stabil bleibt.

Merkel hat vor der aktuellen Angst einer Mehrheit kapituliert. Doch der Union wird dieses Einknicken nichts nutzen, weil Gegner wie Anhänger das hastige Wendemanöver als solches durchschauen. Auch der Sache selbst, nämlich einer klimafreundlichen, sicheren und bezahlbaren Energieversorgung, hat die Kanzlerin mit ihrer Atomwende einen Bärendienst erwiesen. Es wird Jahrzehnte dauern, bis die Kernenergie durch erneuerbare Energie ersetzt wird. So lange steigen der CO_2-Ausstoß ebenso wie die Strompreise. Die Rechnung kommt noch.

Michael Bauchmüller (a), Daniel Goffart (b), Das Parlament 14.6.2011

Zeitgleich zur Debatte im Bundestag fordern Menschen vor dem Brandenburger Tor den Ausstieg aus der Kernenergie.

Aufgaben

1. Nimm Stellung zu den Aussagen aus M 3. Welche leuchten dir ein und welche nicht? Überprüfe die Aussagen mithilfe einer Internetrecherche. Teilt euch dazu in Gruppen und präsentiert eure Ergebnisse im Plenum.
2. a) Stelle die Argumente aus M 3 und M 4 gegenüber.
   b) Ist der Ausstieg aus der Atomkraft die richtige Entscheidung? Nimm in Form eines Leserbriefs begründet Stellung.

Wie verläuft der Gesetzgebungsprozess?

M 5 Etappen der Gesetzgebung

Mit Gesetzen versucht die Politik das gesellschaftliche Leben zu regeln und Probleme zu lösen. Das Gesetzgebungsverfahren verläuft immer nach einem strengen Muster. Wie dieses Verfahren abläuft und wer daran beteiligt ist, zeigt folgendes Schaubild.

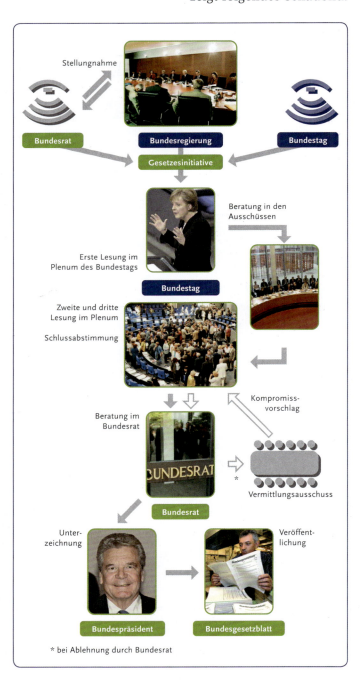

Die meisten Gesetze, die in den Bundestag eingebracht werden, sind Vorlagen der Regierung. Die Entwürfe werden in den zuständigen Fachministerien erarbeitet.

Generell können Gesetzentwürfe von der Bundesregierung, aus dem Bundestag oder vom Bundesrat eingebracht werden.

Die erste Beratung im Plenum des Bundestages dient der Begründung des Gesetzesvorhabens und der Erörterung der Grundsätze der Vorlage. Es erfolgt noch kein Beschluss.

Der Gesetzentwurf wird anschließend an die fachlich zuständigen Ausschüsse überwiesen und dort intensiv beraten. Dort können in sogenannten „hearings" auch Experten von außerhalb zu einem Gesetz gehört werden. Der Ausschuss kann dann dem Plenum eine Abänderung, Annahme oder Ablehnung des Entwurfs empfehlen.

Die zweite Lesung (Beratung) des Entwurfs erfolgt auf der Grundlage der Ausschussempfehlung. Über die einzelnen Bestimmungen wird dann abgestimmt.

Die dritte Lesung schließt sich unmittelbar an. Anschließend erfolgt die Schlussabstimmung.

Das im Bundestag beschlossene Gesetz wird dann dem Bundesrat zugeleitet. Die Zustimmung des Bundesrats ist erforderlich, wenn es sich um ein Zustimmungsgesetz handelt, in der Sache also Bund und Länder zuständig sind. Bei einem Einspruchsgesetz kann der Bundestag einen Einspruch des Bundesrats in einer weiteren Abstimmung überstimmen.

Bei Uneinigkeit über ein Zustimmungsgesetz und einer drohenden Ablehnung kann der Vermittlungsausschuss angerufen werden, der einen Kompromissvorschlag erarbeitet, über den Bundestag und Bundesrat erneut abstimmen. Bundestag und Bundesrat entsenden je 16 ihrer Mitglieder in den Vermittlungsausschuss. Können sich die Vertreter dabei nicht einigen, ist das Gesetz – wenn es sich um ein zustimmungspflichtiges Gesetz handelt – gescheitert.

Nach der Verabschiedung des Gesetzes wird es dem zuständigen Minister und dem Bundeskanzler zur Unterzeichnung vorgelegt.

Anschließend muss noch der Bundespräsident das Gesetz unterzeichnen. Er kann seine Unterschrift nur verweigern, wenn er der Auffassung ist, dass das Gesetz gegen die Verfassung verstößt.

Das Gesetz wird im Bundesgesetzblatt verkündet und tritt in Kraft.

M 6 Auf den Weg gebracht – das neue Atomgesetz

Einigung im Kanzleramt: Die schwarz-gelbe Regierungskoalition hat ein neues Konzept für den Ausstieg aus der Kernenergie bis zum Jahr 2022 vorgelegt.

Der Bundestag berät in zweiter und dritter Lesung über das Atomgesetz und stimmt darüber ab.

Erklärfilm „Gesetzgebung"

Mediencode: 71035-04

Nun hat auch der Bundespräsident das Gesetz unterschrieben. Das teilte das Bundespräsidialamt in Berlin mit. Damit kann die Regelung in Kraft treten.

Die Bundeskanzlerin begründet in einer Regierungserklärung vor dem Bundestag, warum das Atomgesetz erneut geändert werden soll. Der Bundestag berät in erster Lesung darüber.

Kabinett beschließt Atom-Ausstieg: Atommeiler laufen nur noch bis ins Jahr 2022. Ausbau erneuerbarer Energie und des Stromnetzes sollen in dem Gesetzentwurf gefördert werden.

Der Bundesrat stimmt dem Atomausstieg zu.

Das Gesetz zum Automausstieg wird an die zuständigen Ausschüsse überwiesen.

Vor der zweiten und dritten Lesung des von den Koalitionsfraktionen CDU/CSU und FDP in den Bundestag eingebrachten Entwurfs eines dreizehnten Gesetzes zur Änderung des Atomgesetzes hat der Ausschuss für Umwelt, Naturschutz und Reaktorsicherheit über den Entwurf diskutiert und Experten angehört.

Aufgaben

1. Ordne die Meldungen den Stationen des Gesetzgebungsverfahrens zu und begründe deine Entscheidung (M 5, M 6).
2. Stelle dir vor, du würdest einen Interessenverband (z. B. Greenpeace oder den Bundesverband Energie- und Wasserwirtschaft) vertreten. An welcher Stelle des Gesetzgebungsprozesses würdest du versuchen, Einfluss zu nehmen? Begründe deine Entscheidung (M 5, M 6).

Methode

M 7 Wie man politische Prozesse analysieren kann – der Politikzyklus

Modelle sind wichtige Instrumente, mit denen wir die politische Wirklichkeit vereinfacht abbilden können, um sie besser zu verstehen. Im Modell wird nur das Wichtigste dargestellt. Der Politikzyklus ist ein solches Modell und ihm liegt ein gewisses Verständnis von Politik zugrunde: Politik wird hier als eine (endlose) Kette von Versuchen zur Bewältigung gesellschaftlicher Probleme verstanden.
Viele Probleme werden von der Politik gelöst. Es gibt aber auch Probleme, die die Politik dauerhaft beschäftigen, wie z. B. die Energiepolitik.

Am Beginn des Politikzyklus steht ein Problem, mit dem sich die Politik beschäftigen muss. Es wird öffentlich darüber gestritten, was man tun soll. Dabei spielen auch die Medien eine ganz wichtige Rolle. Es folgt das Gesetzgebungsverfahren in Bundestag und Bundesrat. Ist eine Entscheidung getroffen, dann wird diese wieder in der Öffentlichkeit diskutiert und bewertet. Wenn das Problem damit beseitigt werden kann, dann wird der Politikzyklus nur einmal durchlaufen. Verändert sich das Problem oder sind die getroffenen Maßnahmen nicht wirksam, dann beginnt der Zyklus von vorn. Deshalb spricht man davon, dass Politik eine (endlose) Kette von Versuchen ist, gesellschaftliche Probleme zu lösen.

Kategorien	Schlüsselfragen
Problem	Worin besteht das Problem? Welche Aufgabe hat die Politik zu lösen?
Auseinandersetzung Öffentliche Debatte	Was wirkt auf die Auseinandersetzung ein? Welche Interessen haben die Akteure? Welche Interessenkonflikte und Interessenkonstellationen gibt es? Welche Ziele verfolgen die beteiligten Akteure? Welche Lösungsmöglichkeiten werden diskutiert? Wie sind die Machtkonstellationen?
Gesetzgebungs-prozess	Greift der Gesetzgeber das Problem auf? Wie versuchen die Akteure Einfluss auf den Gesetzgebungsprozess zu nehmen?
Entscheidung Beschlussfassung	Zu welchen Ergebnissen hat die Auseinandersetzung geführt? Welche Akteure/Interessen konnten sich durchsetzen?
Bewertung der Entscheidung	Welche Akteure bewerten das Ergebnis positiv? Welche negativ? Welche Interessen und Wertvorstellungen beeinflussen die Bewertung?
Problem gelöst? Problem verändert?	Ist das Problem gelöst oder ist nur die Problemlage verändert? Greift der Vollzug der Entscheidung an den Ursachen an oder werden nur die Folgen bekämpft? Muss das Problem erneut auf die politische Agenda?

Der Bundesrat im Gesetzgebungsverfahren

M 8   Warum gibt es den Bundesrat?

In einem föderalen Staat schließen sich mehrere Gliedstaaten zu einem Bündnis zusammen. So bilden die 16 deutschen Länder gemeinsam einen Bundesstaat, die Bundesrepublik Deutschland. In einem Bundesstaat ist der Gesamtstaat für alles zuständig, was einheitlich geordnet werden muss. Darauf sollte er sich aber auch beschränken, denn die übrigen Angelegenheiten sollen die Gliedstaaten selbst regeln. In Deutschland ist der Bundesrat das Bindeglied zwischen Bund und Ländern. Er ist die Interessenvertretung der Länder auf Bundesebene. Er ist ein Verfassungsorgan des Bundes, besteht aber aus Vertretern der Länder. Über den Bundesrat können die Länder in vielen Fällen die Gesetzgebung des Bundes beeinflussen. Auch in Angelegenheiten der Europäischen Union können die Länder mitwirken. Ihre Mitwirkungsrechte sind dabei genau festgelegt. Der Bundesrat kann keine Änderungen an einem vom Bundestag beschlossenen Gesetz vornehmen. Stimmt er dem Gesetz aber nicht zu, so kann er den Vermittlungsausschuss anrufen. Bei Zustimmungsgesetzen ist die Zustimmung des Bundesrates zwingend erforderlich. Zustimmungsbedürftig sind insbesondere verfassungsändernde Gesetze, aber auch alle Gesetze, die die Finanzen und Verwaltungszuständigkeit der Länder betreffen.

Die Länder der Bundesrepublik Deutschland

Stimmenverteilung im Bundesrat	
Nordrhein-Westfalen	6
Bayern	6
Baden-Württemberg	6
Niedersachsen	6
Hessen	5
Sachsen	4
Rheinland-Pfalz	4
Berlin	4
Sachsen-Anhalt	4
Thüringen	4
Brandenburg	4
Schleswig-Holstein	4
Mecklenburg-Vorpommern	3
Hamburg	3
Saarland	3
Bremen	3

Aufgaben

1. Wende den Politikzyklus (M 7) auf das Problem der Atompolitik an (M 1 – M 8) und beantworte die Schlüsselfragen. Achte dabei besonders darauf, wie die Reaktorkatastrophe von Fukushima die Wahrnehmung des Problems verändert hat.
2. Der Gesetzgebungsprozess in Deutschland ist vergleichsweise kompliziert. Erörtere Vor- und Nachteile des Verfahrens (M 5 – M 8).
3. Recherchiere im Internet, welche aktuellen Mehrheitsverhältnisse im Bundesrat gegeben sind. Prüfe, ob der Bundesrat in seiner derzeitigen Zusammensetzung einen Gesetzentwurf des Bundestags eher blockieren würde oder eher nicht (M 8).

Der Bundespräsident – Makler oder Mahner in der Politik?

M 9 Die verfassungsrechtliche Stellung des Bundespräsidenten

Erklärfilm „Wahl des Bundespräsidenten"

Mediencode: 71035-05

Trotz seiner geringeren Machtfülle verfügt der Bundespräsident über vielfältige Wirkungsmöglichkeiten, die sich aus seinen grundsätzlichen Aufgaben wie aus seiner persönlichen Autorität herleiten. Der Bundespräsident vertritt den Bund völkerrechtlich und schließt im Namen des Bundes Verträge mit anderen Staaten ab. Nach einem entsprechenden Beschluss des Bundestages ruft er den Verteidigungsfall aus. Im Gesetzgebungsverfahren fällt ihm die Aufgabe zu, die Bundesgesetze auszufertigen und zu verkünden. Dabei hat er das Recht, sie auf ihre Übereinstimmung mit dem Grundgesetz zu überprüfen. Im Falle des Gesetzgebungsnotstands (Art. 81 GG) kann er zur Lösung des zwischen Regierung und Bundestag entstandenen Konflikts beitragen. Weitgehend eingeschränkt ist aber das Recht des Bundespräsidenten zur Auflösung des Bundestags (Art. 63 GG, 68 GG).

Auf Vorschlag des Bundespräsidenten wählt der Bundestag den Bundeskanzler. Nach der Wahl nimmt der Bundespräsident die Ernennung des Kanzlers vor und ernennt auf dessen Vorschlag auch die Bundesminister. Nicht zu unterschätzen ist die Rolle, die der Bundespräsident als oberster Repräsentant des Staates spielt. Durch Gespräche und Gesten, Empfänge und Ehrungen, Reisen und Reden trägt er maßgeblich zu dem Bild bei, das man sich im In- und Ausland von der Bundesrepublik macht.

Bergmoser + Höller Verlag AG, Zahlenbilder 67 100

M 10 Der Bundespräsident – ein politisches Amt?

Ernst Benda (1925 – 2009) war von 1968 bis 1969 Bundesinnenminister und von 1971 bis 1983 Präsident des Bundesverfassungsgerichts.

SZ: Welchen politischen Handlungsspielraum gibt das Grundgesetz dem Bundespräsidenten?
Benda: Er kann die notwendigen politischen Entscheidungen selbst nicht fällen. Die sind Sache des Gesetzgebers. Der Bundespräsident kann politische Tätigkeiten anregen und unterstützen. Er kann als ehrlicher Makler zwischen den politischen Parteien vermitteln und sie veranlassen, sich den gemeinsamen Fragen zu stellen.
SZ: Wie weit kann und darf der Makler auch als Mahner auftreten?

Benda: Der Makler ist immer auch ein Mahner. Selbstverständlich kann und soll er mahnen. Es gehört gerade zu den wichtigsten Aufgaben des Bundespräsidenten, die politisch Handelnden auf die großen Probleme des Landes hinzuweisen.

SZ: Wie konkret kann der Mahner werden?

Benda: Der Bundespräsident kann auch Anregungen geben, wie die großen Probleme gelöst werden können.

SZ: Haben die bisherigen Bundespräsidenten diese Mahner-Rolle ausgefüllt?

Benda: Dies hängt natürlich sehr von den einzelnen Persönlichkeiten ab. Unvergessen ist die sogenannte Ruck-Rede des Bundespräsidenten Herzog im Jahr 1997. Sie hat bisher keine unmittelbaren Aktionen ausgelöst, obwohl sie der Sache nach eine dringende Mahnung an alle politisch Aktiven gewesen ist, tätig zu werden.

Interview: Helmut Kerscher, Süddeutsche Zeitung, 15.3.2005

M 11 Soll der Bundespräsident vom Volk gewählt werden?

Sollte der Bundespräsident direkt vom Volk gewählt werden? Darüber streiten die Politiker Dieter Wiefelspütz (SPD) und Jörg van Essen (FDP).

Blickpunkt: Herr van Essen, warum will die FDP eine Direktwahl des Präsidenten? Sind wir mit dem bisherigen Verfahren nicht gut gefahren?

van Essen: Durchaus. Es war ja auch nach den Erfahrungen der Weimarer Republik, in der der Reichspräsident fast so etwas wie ein Ersatzkaiser mit weitgehenden Befugnissen war, eine sehr bewusste Entscheidung unserer Verfassungsmütter und -väter. Sie wollten eine repräsentative Figur mit eingeschränkten Rechten. Daran wollen wir auch keine Änderungen vornehmen. Aber wir glauben, nach fünfzig Jahren stabiler Demokratie sollten wir darüber nachdenken, wie wir die Menschen stärker in die politischen Entscheidungen einbeziehen können. Wir halten die Wahl des Bundespräsidenten für ein solches Feld. [...]

Wiefelspütz: [...] Wir haben mit dem bisherigen Verfahren immer sehr überzeugende Personen in das Amt des Bundespräsidenten gewählt. Sie waren immer Persönlichkeiten, die das ganze Volk repräsentiert haben. [...] [E]ine Direktwahl des Bundespräsidenten passt nicht in unser Staatsgefüge, weil es dann Spitzenpolitiker unterschiedlicher Legitimation gäbe: der eine, der Bundespräsident, vom Volk gewählt, der andere, der eigentlich politisch mächtigere Bundeskanzler, indirekt vom Parlament gewählt. Das passt nicht zusammen.

Deutscher Bundestag, www.bundestag.de, 19.12.2007

Die Präsidenten der Bundesrepublik Deutschland

Theodor Heuss (FDP) 1949–1959

Heinrich Lübke (CDU) 1959–1969

Gustav Heinemann (SPD) 1969–1974

Walter Scheel (FDP) 1974–1979

Karl Carstens (CDU) 1979–1984

Richard v. Weizsäcker (CDU) 1984–1994

Roman Herzog (CDU) 1994–1999

Johannes Rau (SPD) 1999–2004

Horst Köhler (CDU) 2004–2010

Christian Wulff (CDU) 2010–2012

Joachim Gauck (parteilos) seit März 2012

dpa-Grafik 16197

Aufgaben

1. Der Bundespräsident – ein politisches Amt? Erläutere, wie der Bundespräsident die Politik beeinflussen kann (M 9, M 10).
2. Beurteile, ob der Bundespräsident direkt gewählt werden sollte (M 11).

3 Der politische Entscheidungsprozess

Wie funktioniert die Gewaltenteilung?

M 12 Für Putin steht das Urteil fest

Oleg Senzow während seines Prozesses

Ein russisches Gericht hat den ukrainischen Filmregisseur Oleg Senzow zu 20 Jahren Gefängnis wegen „Terrorismus" verurteilt. Den Mitangeklagten Alexander Koltschenko verurteilten die Richter im südrussischen Rostow am Don zu zehn Jahren Haft. Obwohl beide nie die russische Staatsbürgerschaft beantragten, wurde ihnen als Russen der Prozess gemacht. Den Männern wurde in dem international umstrittenen Prozess von der Staatsanwaltschaft vorgeworfen, im Mai 2014 das Büro einer prorussischen Partei auf der von Russland annektierten Krim in Brand gesetzt und geplant zu haben, eine Lenin-Statue in Simferopol in die Luft zu sprengen. Senzow hatte die Anschuldigungen zurückgewiesen, in der ersten Anhörung vor Gericht sprach er von einem „politischen Verfahren". [...] Der Richterspruch sei „der Gipfel der Ungerechtigkeit und Rechtlosigkeit". Auch der Westen und die ukrainische Regierung kritisieren den Prozess als politisch motiviert. [...]
Nach Angaben von Anwälten der Angeklagten wurden Zeugen gefoltert, um sie zu Aussagen gegen Senzow und Koltschenko zu zwingen. Die Zeugen sollten Belege dafür liefern, dass die beiden Männer der rechtsextremen ukrainischen Gruppierung „Rechter Sektor" angehören. Zwei Zeugen, die sich weigerten auszusagen, wurden im Zusammenhang mit dem Fall zu langjährigen Haftstrafen verurteilt.

Stefan Stuchlik, www.tagesschau.de, 25.8.2015

M 13 Das Prinzip der geteilten Macht

Lange Zeit haben die Menschen darunter gelitten, dass sie von Politikern oder Monarchen regiert wurden, die sehr viel Macht hatten. Diese Herrscher konnten mehr oder weniger frei entscheiden, was in einem Staat passieren sollte. Sie konnten Steuern erheben, Gesetze erlassen, Kriege beginnen und die Freiheiten ihrer Untertanen beliebig einschränken. Da diese Herrscher eine allumfassende, absolute Macht besaßen, nannte man dieses Regierungssystem Absolutismus. Damit es den Menschen besser gehen konnte, musste diese Macht gebrochen werden. Man musste also eine „politische Spielregel" erfinden, die verhindert, dass wenige Menschen in einem Staat zu viel Macht bekommen. Diese Spielregel nennt sich Gewaltenteilung. Das Prinzip der Gewaltenteilung ist denkbar einfach. Es gibt verschiedene Institutionen in einem Staat, unter denen die Macht aufgeteilt ist. Keine dieser Institutionen ist so mächtig, dass sie die anderen beiden Institutionen bestimmen oder gar beherrschen kann. Man spricht deshalb auch von einem System geteilter Macht.
Doch welche Institutionen sind dies und über welche Macht verfügen sie?

Verfassungsorgan
Staatsorgan, dessen Rechte und Pflichten in der Verfassung festgeschrieben sind.

Ständige Verfassungsorgane des Bundes
Deutscher Bundestag
(Abschnitt III GG, Art. 38 – 48)
Bundesrat
(Abschnitt IV GG, Art. 50 – 53)
Bundespräsident
(Abschnitt V GG, Art. 54 – 61)
Bundesregierung
(Abschnitt VI GG, Art. 62 – 69)
Bundesverfassungsgericht
(Art. 93, 94, 99, 100 GG)

Nichtständige Verfassungsorgane des Bundes
Gemeinsamer Ausschuss
(Abschnitt IV a. GG, Art. 53a)
Bundesversammlung
(Abschnitt V GG, Art. 54)

An erster Stelle steht die Legislative, d. h. die gesetzgebende Gewalt. In unserem Land sind dies der vom Volk gewählte Bundestag und der Bundesrat, die Gesetze beschließen können. Dies geschieht in einem komplizierten Verfahren, das dazu beitragen soll, dass nicht ein Verfassungsorgan zu viel Einfluss auf die Gesetze nehmen kann.

Die nächste Gewalt ist die Exekutive, d. h. die Regierung und die Verwaltung. Jeder kennt Vertreter dieser Gewalt, denn sie begegnen uns im Alltag bspw. als Polizisten, die darüber wachen, dass die Regeln in unserer Gesellschaft eingehalten werden. Auf Bundesebene stellt die Regierung – also der Bundeskanzler und die Minister mit ihren Ministerien – die Exekutive dar.

Die dritte Gewalt ist die Judikative, d. h. die rechtsprechende Gewalt. Verstößt jemand gegen die Gesetze, dann landet er vor Gericht. Dort sorgen Richter und Staatsanwälte dafür, dass die Täter bestraft werden. Die Richter sind dabei allerdings an die Gesetze gebunden – und diese Gesetze können sie nicht selbst verabschieden. Das war früher anders: Manche Herrscher konnten selbst die Gesetze bestimmen und ausführen – eine unabhängige Justiz gab es nicht und so waren die Menschen der Willkür ausgeliefert.

Oftmals werden die Medien als „vierte Gewalt" bezeichnet, denn sie kontrollieren ebenfalls die Politik, indem sie kritisch über politische Maßnahmen berichten und Skandale aufdecken.

Ein weiteres Element der Gewaltenteilung stellt der Föderalismus dar. Der Bund darf nicht alles alleine entscheiden, sondern muss bei vielen politischen Problemen die Bundesländer mit einbeziehen. Dies macht zwar das Regieren manchmal kompliziert, verhindert aber, dass die Politiker in Berlin zu viel Macht bekommen. Da Bund und Länder sich nicht auf einer Ebene befinden, spricht man in diesem Zusammenhang auch von vertikaler Gewaltenteilung.

Erklärfilm „Gewaltenteilung"

Mediencode: 71035-06

Bergmoser + Höller Verlag AG, Zahlenbilder 61 110

Aufgaben

1. Gib die Grundprinzipien der Teilung der Staatsgewalt in drei Gewalten innerhalb der Bundesrepublik in eigenen Worten wieder (M 13).
2. Das Prinzip der Gewaltenteilung sorgt für ein System aus Macht und Kontrolle. Analysiert, über welche Macht die einzelnen Verfassungsorgane in Deutschland verfügen und wer sie jeweils kontrolliert. Gestaltet dazu ein Plakat (M 12, M 13).
3. Bewerte ausgehend vom Prinzip der Gewaltenteilung den Fall Oleg Senzow (M 12, M 13).
4. Erläutere, wie auch der Föderalismus zur Gewaltenteilung in Deutschland beiträgt (S. 16 f., S. 117).

Das Bundesverfassungsgericht – Hüter der Verfassung oder Ersatzgesetzgeber?

M 14   Das Bundesverfassungsgericht als Gesetzgeber?

BVerfG billigt den europäischen Rettungsschirm ESM

Das Bundesverfassungsgericht entscheidet: Hartz-IV-Sätze sind verfassungswidrig, weil sie Grundrechte verletzen

Das Bundesverfassungsgericht hat das reformierte Bundeswahlgesetz in zentralen Punkten für verfassungswidrig erklärt

M 15   Die Aufgaben des Verfassungsgerichts

Das Bundesverfassungsgericht wird nur auf Antrag tätig. Ein Katalog von Verfahrensarten schreibt vor, wann das Gericht angerufen werden kann. Die Einzelheiten sind im Grundgesetz und im „Gesetz über das Bundesverfassungsgericht" geregelt. Die wichtigsten Verfahren im Überblick:

Die Verfassungsbeschwerde

Jeder, der sich durch die öffentliche Gewalt in seinen Grundrechten verletzt fühlt, kann eine Verfassungsbeschwerde erheben. Sie kann sich gegen die Maßnahme einer Behörde, gegen das Urteil eines Gerichts oder gegen ein Gesetz richten.

Die Verfassungsbeschwerde bedarf der Annahme zur Entscheidung. Sie ist anzunehmen, wenn ihr grundsätzliche verfassungsrechtliche Bedeutung zukommt, wenn die geltend gemachte Grundrechtsverletzung besonderes Gewicht hat oder wenn der Beschwerdeführerin oder dem Beschwerdeführer durch die Versagung der Entscheidung zur Sache ein besonders schwerer Nachteil entsteht. Über diese Annahmevoraussetzungen hat das Bundesverfassungsgericht vor einer Entscheidung über die Verfassungsbeschwerde selbst zu befinden.

Die Verfassungsbeschwerde ist in der Regel erst zulässig, nachdem die Beschwerdeführerin oder der Beschwerdeführer die sonst zuständigen Gerichte erfolglos angerufen hat. Verschiedene Einlegungsfristen sind zu beachten. Die Verfassungsbeschwerde muss schriftlich eingereicht und begründet werden.

Das Normenkontrollverfahren

Nur das Bundesverfassungsgericht darf feststellen, dass ein Gesetz mit dem Grundgesetz nicht vereinbar ist. Wenn ein anderes Gericht ein Gesetz für verfassungswidrig hält und es deshalb nicht anwenden will, muss es zuvor die Entscheidung des Bundesverfassungsgerichte einholen (konkrete Normenkontrolle). Darüber hinaus

3.2 Wie entsteht ein Gesetz?

können die Bundesregierung, eine Landesregierung oder ein Viertel der Mitglieder des Bundestages die Verfassungsmäßigkeit einer Rechtsnorm überprüfen lassen (abstrakte Normenkontrolle).

Der Verfassungsstreit

Das Bundesverfassungsgericht kann auch dann angerufen werden, wenn zwischen Verfassungsorganen oder zwischen Bund und Ländern Meinungsverschiedenheiten über die gegenseitigen verfassungsmäßigen Rechte und Pflichten bestehen (Organstreit, Bund-Länder-Streit). Gegenstand eines Organstreits können beispielsweise Fragen des Parteien-, Wahl- oder Parlamentsrechts sein. Im Bund-Länder-Streit geht es häufig um Kompetenzprobleme. Ferner ist das Gericht unter anderem auch für Wahlprüfungsbeschwerden, Parteiverbote und Verfassungsbeschwerden von Gemeinden zuständig.

www.bundesverfassungsgericht.de (12.4.2013)

Wegweisende Urteile

Menschenwürde
Keine Abwägung Leben gegen Leben: Diesem Grundsatz fiel am 4. Mai 2010 das Luftsicherheitsgesetz, das den Abschuss gekaperter Passagierflugzeuge erlaubte, zum Opfer.

Privatsphäre
Meine Daten gehören mir. Dieses „Grundrecht auf informationelle Selbstbestimmung" entwickelte das Gericht im „Volkszählungsurteil" vom 15. Dezember 1983. Es wurde grundlegend für den Datenschutz. Am 3. März 2004 kassierten die Richter teilweise den „großen Lauschangriff", das Abhören von Wohnungen. Es gebe einen unantastbaren „Kernbereich privater Lebensgestaltung".

Religion
Das Kruzifix muss raus: Am 16. Mai 1995 fiel das bayerische Schulgesetz, das Kruzifixe im Klassenzimmer vorschrieb.

Meinung
Polemik darf sein: Am 10. Oktober 1995 hob das Gericht den Rang der Meinungsfreiheit hervor. Anlass war das Tucholsky-Zitat „Soldaten sind Mörder".

M 16 Das Bundesverfassungsgericht mischt mit

Karikatur: Klaus Stuttmann

M 17 Hat das Gericht zu viel Macht?

Warum bestimmt eigentlich Karlsruhe über die Gleichstellung von Homosexuellen, die Familienpolitik oder das Steuerrecht? [...] Und überhaupt: Wie politisch darf das Verfassungsgericht sein?
Die Kritik am Bundesverfassungsgericht ist nicht neu. Im Gegenteil: Sie ist so alt wie das Bundesverfassungsgericht selbst. Doch der Kritik liegt ein Missverständnis zugrunde. Das Bundesverfassungsgericht war nie unpolitisch. Schon seit seiner Gründung im Jahr 1951 lag es immer wie-

der im Streit mit der Legislative und der Exekutive. Seit mehr als sechs Jahrzehnten steht das Gericht deshalb unter Generalverdacht der Einmischung in die Politik sowie der verfassungsrechtlichen Knebelung des Gesetzgebers. [...]

In der Theorie heißt es, „das Bundesverfassungsgericht wacht über die Einhaltung des Grundgesetzes". Doch die Praxis sieht ganz anders aus. Das Bundesverfassungsgericht ist eben nicht nur Garant für die Menschenwürde und die Grundrechte. Die Verfassungsrichter wachen nicht nur darüber, dass in der Politik die demokratischen Spielregeln eingehalten werden, etwa im Wahlrecht oder bei den Kontrollrechten des Parlaments gegenüber der Regierung.

Vielmehr ist das Bundesverfassungsgericht ein politisches Gericht, es urteilt nicht nur über politische Entscheidungen, sondern macht auch Politik. [...]

Der politische Einfluss des Gerichts ist groß, schließlich gibt es kaum noch eine politische Entscheidung, die ohne Zutun des Bundesverfassungsgerichts gefällt wird. Schon im Gesetzgebungsverfahren wissen alle Beteiligten, ein Kläger findet sich nach der Verabschiedung eines Gesetzes immer. [...] Doch die Parteien sind vor allem auch selber schuld daran, dass das Bundesverfassungsgericht so viel Macht hat und ihnen deshalb immer wieder vorschreibt, welche Politik sie zu machen haben.

Einerseits neigt die Politik dazu, unpopuläre Entscheidungen nach Karlsruhe zu delegieren, etwa bei der europäischen Integration. Immer wieder werden politische Streitfragen nach Karlsruhe getragen, weil sich die Politik nicht traut, den Wählern reinen Wein einzuschenken. Anderseits ist das Bundesverfassungsgericht zu einem Kampfplatz der Opposition verkommen. Wann immer diese politische Mehrheitsentscheidungen nicht akzeptieren will, wie zuletzt bei der Einführung des Betreuungsgeldes, ruft sie nach einem Urteil aus Karlsruhe, um so die verlorene politische Auseinandersetzung zu verlängern.

Christoph Seils, Cicero, März 2013

● Recherchiere nach weiteren wegweisenden Urteilen des Bundesverfassungsgerichts (wie z. B. die Parteienverbote in den 1950er-Jahren oder das „Out-of-area"-Urteil 1994) und stelle die Hintergründe zu einem Urteil dar.

● zu Aufgabe 4
Suche Argumente für die beiden Thesen und stelle sie in einer Tabelle gegenüber.

Aufgaben

1. Fasse die Aufgaben und die Befugnisse des Bundesverfassungsgerichts zusammen (M 15).
2. Erläutere, welche Aufgaben das Bundesverfassungsgericht im politischen System der BRD erfüllt (M 15).
3. Ordne die Beispiele in M 14 den einzelnen Verfahren des Bundesverfassungsgerichts zu. Begründe deine Entscheidung.
4. „Das Bundesverfassungsgericht mischt sich zu sehr in die Politik ein!" „Erst die Politik verleiht Karlsruhe seine Macht!" Diskutiert die beiden Thesen. Entscheide dich abschließend für eine Position.

Was wir wissen

Politik beschäftigt sich mit der Lösung von Problemen und Konflikten, die für die Gesellschaft von Bedeutung sind. Damit die Lösung für alle Gesellschaftsmitglieder verbindlich ist, wird sie häufig in Form von Gesetzen herbeigeführt. Gesetze enthalten Regeln, denen sich die Betroffenen nicht entziehen können. Sie schützen die Menschen (z. B. Lebensmittelgesetz), ordnen das gesellschaftliche Zusammenleben (z. B. im Bereich des Luft- und Straßenverkehrs) und steuern das Verhalten der Menschen (z. B. Gesetz zur Besteuerung von Zigaretten).

Gesetze

Die Gesetzgebung ist ein langwieriger Prozess, an dem Bundesregierung, Bundestag und Bundesrat mitwirken. Aber auch einzelne Interessengruppen versuchen, über ihre Interessenorganisationen oder die öffentliche Meinung Einfluss zu nehmen. Das Initiativrecht haben Bundesregierung, Bundesrat und Bundestag (mindestens fünf Prozent der Abgeordneten). Die meisten Initiativen kommen von der Bundesregierung. Die Entwürfe werden von den Fachministerien ausgearbeitet, vom Kabinett abgesegnet und in den Bundestag eingebracht. Nach den Beratungen im Plenum (1. Lesung) wird der Entwurf an die Ausschüsse verwiesen. Dort findet eine intensive Beratung statt. Experten können befragt, strittige Themen ausdiskutiert und Kompromisse gefunden werden. Unter anderem hier versuchen Interessenverbände, Gesetze in ihrem Sinne zu beeinflussen. Der überarbeitete Entwurf kommt zur 2. und 3. Lesung und zur Beschlussfassung ins Plenum zurück. Anschließend wird im Bundesrat beraten und abgestimmt. Am Ende muss der Bundespräsident das Gesetz unterzeichnen, damit es in Kraft treten kann. Im Bundesanzeiger wird es veröffentlicht.

Gang der Gesetzgebung
M 5, M 8

Politik kann als (endloser) Versuch zur verbindlichen Lösung gesellschaftlicher Probleme oder Konflikte gesehen werden. Am Anfang steht dabei ein ungelöstes Problem. Ob es sich tatsächlich um ein politisches Problem handelt und wie dieses zu lösen ist, darüber wird öffentlich diskutiert. Es folgt der formale Gesetzgebungsprozess. Die parlamentarische Mehrheit macht einen Vorschlag, wie das Problem allgemeinverbindlich gelöst werden soll. Ist das Gesetz vom Bundestag (und Bundesrat) verabschiedet, so muss es umgesetzt werden. Dabei wird es diskutiert und bewertet. Ist das Problem gelöst, so endet der Politikzyklus. Erfolgt eine Neubewertung des Problems, dann beginnt der Zyklus von Neuem.

Politikzyklus
M 7

Der Bundespräsident wird von der Bundesversammlung (durch Vertreter des Bundestags und der Länder) auf fünf Jahre gewählt. Um seine überparteiliche Stellung nicht zu gefährden, lässt er eine Parteimitgliedschaft oder berufliche Verpflichtungen für die Dauer seiner Amtszeit ruhen. Zu seinen Aufgaben gehören:
- völkerrechtliche Vertretung des Bundes und Abschluss von Verträgen mit anderen Staaten im Namen des Bundes
- Prüfung, Unterzeichnung und Verkündung von Gesetzen

Der Bundespräsident
M 9

Was wir wissen

Bedeutung des Amtes
M 10, M 11

- Vorschlag, Ernennung und Entlassung des Bundeskanzlers
- Ernennung und Entlassung der Bundesminister
- Begnadigungsrecht

Bei diesen Aufgaben handelt es sich weitestgehend um formale Kompetenzen, denn der Bundespräsident hat dabei nur einen geringen Entscheidungsspielraum, es sei denn, er hat begründete Zweifel an der Verfassungsmäßigkeit eines Vorgangs oder eines Gesetzes. Dann kann er seine Unterschrift verweigern. Der tatsächliche Einfluss des Bundespräsidenten beruht auf seiner Überzeugungskraft und seinem Ansehen in der Öffentlichkeit. Gelegentlich wird die Frage nach einer Direktwahl des Bundespräsidenten aufgeworfen.

Die Gewaltenteilung
M 13

Durch die Gewaltenteilung, also die Aufteilung der Staatsgewalt auf verschiedene Organe und Personen, sollen Machtkonzentration und Missbrauch politischer Macht verhindert werden. Sie ist ein Grundprinzip der Demokratie. Bei der klassischen Gewaltenteilung werden die drei grundlegenden Staatsfunktionen, die gesetzgebende Gewalt (Legislative), die ausführende Gewalt (Exekutive) und die rechtsprechende Gewalt (Judikative) unabhängigen Staatsorganen (Parlamenten, Regierung, Gerichten) zugewiesen. In der politischen Praxis ergeben sich jedoch Abweichungen von der strikten Gewaltenteilung, da z. B. die Regierung (Exekutive) und Teile des Parlaments (Mehrheitsfraktionen) als Einheit handeln (Gewaltenverschränkung). Darüber hinaus erfolgt eine weitere Teilung der Staatsgewalt auch durch den föderalen Aufbau Deutschlands (vertikale Gewaltenteilung).

Das Bundesverfassungsgericht
M 15, M 17

Das Bundesverfassungsgericht ist oberster Hüter der Verfassung. Es ist allen anderen Verfassungsorganen (Bundestag, Bundesregierung, Bundesrat, Bundespräsident) gegenüber selbstständig, unabhängig und diesen gleichgeordnet.
Ihm kommen wichtige Aufgaben zu:
- Es entscheidet bei Streitigkeiten zwischen Verfassungsorganen (Organstreit);
- es entscheidet, ob Bürger in ihren Grundrechten verletzt wurden (Verfassungsbeschwerden);
- es kontrolliert bestehende Gesetze hinsichtlich ihrer Übereinstimmung mit der Verfassung (konkrete und abstrakte Normenkontrolle);
- und es entscheidet, ob eine Partei verboten werden soll (Parteiverbot).

Durch seine Rechtsprechung konkretisiert das höchste Gericht die Bestimmungen des Grundgesetzes und entwickelt sie weiter. Kritik erfährt das Gericht, wenn es dem Gesetzgeber detaillierte Lösungsvorschläge unterbreitet („Ersatzgesetzgeber") oder der Verdacht entsteht, die Opposition benutze das Gericht, um unliebsame politische Mehrheitsentscheidungen zu blockieren (Justizialisierung von Politik). Doch genießt das Bundesverfassungsgericht nach wie vor sehr hohes Ansehen. Der Sitz des 1951 gegründeten Gerichts ist Karlsruhe.

127

Was wir können

Schlagzeilen zuordnen

Täglich finden sich in den Medien zahlreiche Meldungen zur Bearbeitung von politischen Problemen. Sie lassen sich alle in das Modell des Politikzyklus einordnen.

Mehrwertsteuer für Hoteliers
Abgeordnete der CDU fordern, dass die Entscheidung, Hoteliers nur mit dem ermäßigten Mehrwertsteuersatz zu belasten, zurückgenommen wird.

Bürgerproteste gegen neues Industriegebiet
Die Ankündigung der Stadtverwaltung, ein neues Industriegebiet auszuweisen, löst eine Flut an Leserbriefen aus.

Autofahren zukünftig mit 17
Bundesregierung macht den Weg frei für das „begleitete Autofahren mit 17". Von der Neuregelung, der Bundestag und Bundesrat noch zustimmen müssen, erhofft sich das Kabinett insgesamt weniger Verkehrsunfälle.

Entscheidung des höchsten Gerichts
Das Rauchverbot in Bayern verstößt nicht gegen das Grundgesetz. Das Bundesverfassungsgericht verwarf eine Verfassungsbeschwerde gegen die per Volksentscheid beschlossene Regelung.

Bundesaußenminister fordert eine Welt ohne Atomwaffen
Staaten sollen abrüsten.

Atomkraftwerke sollen länger laufen
Der Bundestag berät darüber, ob die Laufzeiten für Atomkraftwerke verlängert werden sollen.

Volksentscheid in Bayern
Die Bürger Bayerns stimmen per Volksentscheid für ein strengeres Rauchverbot.

Viele Schulgebäude in schlechtem Zustand
Zur Sanierung fehlt jedoch in vielen Gemeinden das Geld.

45.000 Lehrer fehlen
Jetzt sollen Pensionäre unterrichten.

Alterung der Gesellschaft
In Ostdeutschland mehr offene Lehrstellen als Bewerber.

Aufgabe
Ordne die Meldungen den einzelnen Phasen des Politikzyklus zu und begründe deine Entscheidung.

Wirtschaftsunternehmen – Ziele, Strukturen, innere Konflikte

Unternehmen versorgen die privaten Haushalte mit Gütern und schaffen Arbeit und Einkommen. Die Unternehmensspitze entscheidet darüber, was produziert wird, wie viele Arbeitsplätze es gibt und wie diese aussehen. Diese unternehmerischen Entscheidungen treffen auf die Interessen der Mitarbeiterinnen und Mitarbeiter im Unternehmen. Junge Menschen bilden eigene Berufswahlprofile in diesem Spannungsfeld unterschiedlicher Perspektiven.

 ## Kompetenzen

Am Ende dieses Kapitels solltest du Folgendes können:
- wichtige Grundfunktionen, Aufbau, Aufgaben und Ziele von Unternehmen beschreiben und am Beispiel eines Unternehmensleitbildes erläutern
- grundlegende Rechtsformen des Unternehmens unterscheiden
- Führungsstile und Arbeitsbeziehungen im Betrieb beschreiben
- Interessenkonflikte im Unternehmen identifizieren und beurteilen
- eigene Berufswahlprofile im Spannungsfeld individueller Interessen und Fähigkeiten sowie beruflicher Anforderungen differenziert begründen

Was weißt du schon?
Die Personen auf den Bildern stehen stellvertretend für verschiedene Lebenssituationen im Unternehmen: der Unternehmer Steve Jobs, Arbeitnehmer bei der Fahrradproduktion und Auszubildende. Stelle zu den Beziehungen zwischen Unternehmer, Arbeitnehmer und Auszubildendem im Unternehmen Vermutungen auf.

4.1 Die Welt der Unternehmen
Wie wird man Existenzgründer?

M 1   Junge Gründer

Hugo: „Hallo Rudi, gut, dass ich dich treffe. Vielleicht hast du es ja schon gehört, ich habe die Idee, ein Geschäft für Fahrradreparaturen zu eröffnen. Da gibt es viel zu tun, und ich dachte, vielleicht könnten wir uns zusammentun?"

Rudi: „Mensch, das ist ja toll. Das wusste ich noch gar nicht. Hast du dir das auch gut überlegt? So als Selbstständiger hat man ja doch viel zu tun."

Hugo: „Ja, das stimmt schon. Aber ich möchte doch ganz gerne mein eigener Chef sein. Und vor allem: Ich möchte gerne, dass so richtig Knete rüberkommt."

Rudi: „Und wo willst du das Geschäft aufmachen?"

Hugo: „Och, da hatte ich wirklich Glück mit den Geschäftsräumen. Die liegen ganz dicht bei meiner Wohnung, in der Goethestraße."

Rudi: „Was, da redest du von Glück? In der Straße gibt es doch schon ein Fahrradgeschäft. Das bedeutet doch Konkurrenz für dich. Und außerdem ist das doch auch ziemlich weit ab vom Schuss. Meinst du, dass da überhaupt genug Kunden hinfinden?"

Hugo: „Einerseits hast du Recht. Aber auf der anderen Seite: Ich habe schon viele Leute klagen hören, dass die dort nur am Verkaufen interessiert sind. Wenn's danach Probleme mit dem Rad gibt, wird der Kunde eher im Stich gelassen. Ich sehe da also durchaus eine Chance."

Rudi: „Hm, stimmt auch wieder. Ich sehe, du hast dir schon deine Gedanken gemacht. Aber bevor ich mitmache, müssen wir doch noch ein paar Dinge klären. Zum Beispiel: Wie kommen wir denn zu unserem Material? Das kostet doch auch etwas. Woher sollen wir das Geld nehmen? Und wie teilen wir es zwischen uns auf, wenn wir überhaupt einen Gewinn machen?"

Hugo: „Jetzt sei mal nicht zu ängstlich. Schließlich ist doch dein Vater bei der Bank. Der kann uns bestimmt Tipps geben, wie wir geschickt an das nötige Startkapital kommen können. Außerdem habe ich ja auch etwas gespart …"

Rudi: „Gut, gut. Aber so hundertprozentig bin ich noch nicht überzeugt: Dürfen wir das denn überhaupt, so mir nichts dir nichts ein Geschäft aufmachen? Wen können wir denn da fragen?"

Nach einer Idee des Instituts für Ökonomische Bildung, Oldenburg

M 2 Erfolgsfaktoren für Existenzgründer

Persönliche Voraussetzungen
Bereitschaft, 50 – 60 Stunden in der Woche zu arbeiten und zunächst auf Freizeit und Urlaub zu verzichten; Optimismus, Weitblick und den Glauben an sich selbst.

Erfolgversprechende Geschäftsidee
Die Geschäftsidee muss eigene Stärken und Schwächen berücksichtigen und die Markt- und Konkurrenzsituation im Auge behalten. Entscheidend ist die Orientierung an den Kundenwünschen.

Unternehmenskonzept
Das Unternehmenskonzept zeigt bereits im Vorfeld, wo Stärken und Schwächen der geplanten Existenzgründung liegen. Erfolgreiche Gründer passen deshalb die Planungen laufend den neuesten Entwicklungen an.

Finanz- und Liquiditätsplanung
Die Einnahmen und Ausgaben des Betriebes müssen sorgfältig geplant und permanent überwacht werden. Zu berücksichtigen ist eine entsprechende Anlaufphase, so kann auf finanzielle Engpässe schnell reagiert werden.

Marketing
Sie kennen Ihren Markt, die Konkurrenz und die Wünsche Ihrer Kunden. Sie haben eine klare Preispolitik und wissen, wie Sie das Interesse Ihrer Kunden wecken können.

Erkennen von Marktlücken
Auch in traditionellen und gesättigten Märkten können Marktnischen aufgespürt werden. Freundlicher Umgang mit Kunden, gute Beratung und ein umfangreiches Serviceangebot sind letztlich auch Marktnischen und Erfolgsfaktoren für viele Existenzgründer.

Personal
Ein Betrieb braucht motivierte Mitarbeiter. Erfolgsfaktoren sind deshalb: regelmäßige Informationen an die Mitarbeiter, Delegation von Aufgaben und eine an der Leistung orientierte Bezahlung.

Nach: Handwerkskammer Region Stuttgart, o. J.

Unternehmen
sind rechtliche Wirtschaftseinheiten zur Produktion von Gütern oder Erbringung von Dienstleistungen. Sie können aus mehreren Betrieben bestehen.
Beispiel: Daimler Aktiengesellschaft, Zentrale in Stuttgart.

Betriebe
sind die an einen Standort gebundenen Teile eines Unternehmens.
Beispiel: Betriebe der Daimler AG in Deutschland, wie z. B. die Werke in Bremen, Rastatt und Sindelfingen.

Aufgaben

1. Bildet Zweiergruppen in der Klasse und führt den Dialog fort. Geht dabei auf die Erfolgsfaktoren für Existenzgründer ein (M 1, M 2).
2. Haltet eure Ergebnisse in einer Mindmap fest.
3. Beurteilt abschließend die Erfolgschancen von Hugos Fahrradladen, indem ihr Chancen und Risiken gegenüberstellt.

Unter *http://www.fuer-gruender.de/wissen/geschaeftsidee-finden/geschaeftsidee-beispiele/* findet sich eine Datenbank für Geschäftsideen. Wähle eine Idee aus und begründe, warum du sie für überzeugend hältst.

Was braucht man zum Produzieren?

M 3 Hugo und Rudi – was brauchen sie?

Hugo und Rudi wollen ihre Idee in die Tat umsetzen. Sie überlegen, was sie brauchen, damit ihr Fahrradgeschäft funktionieren kann. Zunächst brauchen die beiden einen Geschäftsraum, in dem sie die neuen Fahrräder ausstellen und vor den Augen des Kunden Fahrräder reparieren können. Dieser Geschäftsraum und eine alte Garage, die sie als Lager nutzen, sind der Standortboden, den Hugo und Rudi zur Produktion ihrer Dienstleistung dringend benötigen. Daneben brauchen sie ein Telefon und eine Registrierkasse, außerdem Werkzeuge und Einrichtungen, um die Fahrräder reparieren zu können. Diese Dinge stellen ihr Sachkapital dar. Um dieses Sachkapital zu erwerben und außerdem die Fahrräder beim Großhändler einkaufen zu können, müssen Hugo und Rudi ihr erspartes Geld und einen Kredit von der Bank verwenden. Sie brauchen also Geldkapital.
Entscheidend für den wirtschaftlichen Erfolg der beiden ist neben dem Kapital natürlich ihre Arbeitskraft. Dazu gehören eine Vielzahl von Fähigkeiten, z. B. die höfliche und zugewandte Art, mit den Kunden umzugehen, das handwerkliche Geschick, ein defektes Rad in kurzer Zeit zu reparieren, usw. Arbeit, Boden und Kapital – ohne diese Produktionsfaktoren würde der Fahrradladen nicht existieren können.

M 4 Die Produktionsfaktoren

Bezieht man sich auf die Wirtschaft als Ganzes (Volkswirtschaft), so werden diese Produktionsfaktoren unterschieden:

Volkswirtschaftliche Produktionsfaktoren		

Arbeit
– leitende Arbeit
– ausführende Arbeit
	Boden
	– Anbauboden
	  (Landwirtschaft)
	– Abbauboden
	  (Rohstoffe)
	– Standortboden
	  (für Betriebsstätten)
		Kapital
		– Geldkapital (Kredit)
		– Sachkapital (Maschinen)

Bezieht man sich auf die Güterproduktion im Betrieb, so wird folgende Einteilung der Produktionsfaktoren vorgenommen:

Betriebswirtschaftliche Produktionsfaktoren			
Betriebsmittel, die im Umsatzprozess genutzt, aber nicht verbraucht werden (z. B. Maschinen, Gebäude)	**Werkstoffe** (Roh-, Hilfs-, Betriebsstoffe), Halb- und Fertigprodukte, die in das hergestellte Produkt eingehen	**Arbeitsleistungen**, d. h. die von Menschen im Unternehmen zu erbringenden Leistungen	**Informationen**, die für ein zielgerichtetes wirtschaftliches Handeln notwendig sind (z. B. über die Bedürfnisse der Konsumenten)

M 5   Wie entsteht Kapital?

Robinson Crusoe wird als einziger Überlebender nach einem Schiffsunglück auf eine einsame, unbewohnte Insel verschlagen. Er verfügt zunächst
5 nur über die beiden Produktionsfaktoren Boden und Arbeit. Um seinen Lebensunterhalt zu sichern, fängt er Fische mit der Hand, eine Arbeit, die mithilfe eines Fangnetzes ergiebiger
10 wäre. Dies weiß er auf Grund seiner Lebenserfahrung. Deshalb beschließt er, eine Zeitlang weniger zu essen und einen Teil der Nahrungsmittel aufzubewahren, um über sie verfügen zu kön
15 nen, wenn er seine Arbeitskraft zur Herstellung des Fangnetzes einsetzt.

Volkswirtschaftlich entsteht durch die Herstellung des Fangnetzes ein Produktionsgut, es wird Realkapital gebildet. Robinson Crusoe leistet vorüber 20 gehend Konsumverzicht (= Sparen), weil er weiß, dass er durch den Einsatz des Fangnetzes (= Investieren) in Zukunft weniger Zeit benötigt, um seinen Lebensunterhalt sicherzustellen. 25 Dies gestattet ihm bei gleich bleibendem Zeitaufwand die Herstellung von weiteren Konsum- oder Produktionsgütern. Die Wirtschaft auf Robinsons Insel beginnt zu wachsen. 30

Nach: Hans-Jürgen Albers u. a., Volkswirtschaftslehre, Haan-Gruiten 1997, S. 21 f.

Realkapital
Produktionsausrüstung
(= Sachkapital)

Aufgaben

1. Prüfe, welche betriebswirtschaftlichen Produktionsfaktoren Hugo und Rudi für ihren Fahrradladen benötigen, und nenne jeweils ein Beispiel (M 3, M 4).

2. Boden und Arbeit werden als „ursprüngliche" Produktionsfaktoren bezeichnet. Erkläre, warum man Kapital auch als „abgeleiteten" Produktionsfaktor bezeichnet (M 5).

3. In der betriebswirtschaftlichen und häufig auch volkswirtschaftlichen Einteilung werden Informationen als eigener Produktionsfaktor genannt. Erläutere, warum Informationen so wichtig für die Produktion sind.

Wie arbeitet ein Betrieb?

M 6 Das Beispiel einer Fahrradfabrik

Beschaffung

Produktion

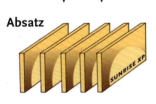
Absatz

Für die Produktion muss ein Betrieb die notwendigen Vorprodukte, Arbeitskräfte und Betriebsmittel beschaffen. Erst dann kann damit ein neues Produkt erstellt werden. Dieses wird auf dem Markt verkauft. Mit dem eingenommenen Geld wird die weitere Produktion finanziert.
Werfen wir einen Blick in eine Fahr-
10 radfabrik:
Für die Fertigung von Fahrrädern muss eine große Anzahl an Teilen zugekauft, das heißt beschafft werden: Schwerpunkte sind Gabeln sowie Lenker, Sattel, Rahmenrohre, Felgenprofile, Reifen, Naben und Speichendraht. Außerdem werden die entsprechenden Maschinen benötigt, um die Teile zusammenzu-
20 setzen. Auch sind Facharbeiter nötig, die die Maschinen bedienen und Teile montieren können. Probleme bei der **Beschaffung** können darin bestehen, dass benötigte Teile in unzu-
25 reichender Menge oder Qualität geliefert werden oder nur schwer zu beschaffen sind. Deshalb muss die Lagerhaltung entsprechend organisiert werden.
30 **Produktion** bedeutet die Herstellung des Produkts Fahrrad. Der Produktionsprozess besteht in der Verbindung von Betriebsmitteln und Werkstoffen durch Arbeitskräfte. Hier findet die eigentliche Wertschöpfung statt, denn 35 hier entsteht das neue Produkt. Der Produktionsprozess kann in einzelne Produktionsabschnitte zerlegt sein, die auf verschiedene Produktionsstätten verteilt sein können (zum Beispiel 40 Endmontage, Rahmenbau, Laufradfertigung). Fertig montierte Fahrräder werden anschließend ins Fertigwarenlager überstellt. Dort werden sie zu Lieferungen zusammengestellt 45 und für den Versand an den Händler vorbereitet.
Die produzierten Güter, hier die Fahrräder, müssen am Markt verkauft werden. Die Fahrräder werden an re- 50 gionale Großabnehmer oder direkt an die Kunden verkauft. Hierfür betreibt die Fahrradfabrik eigene Marketingaktivitäten, um den **Absatz** zu steigern. Dazu gehören die Produkt- 55 gestaltung (Design, Qualität, Ausstattung), Werbung und Preisgestaltung. Ziel ist die Steigerung beziehungsweise Erhaltung der Attraktivität des Unternehmens, um bestehende Kun- 60 den zu binden und neue Kunden zu gewinnen.
Übergeordnete Funktionen im Betrieb sind die **Leitung und Verwaltung** und die **Finanzierung** des Un- 65 ternehmens.

M 7 Beschaffungs- und Absatzmarkt

Jedes Unternehmen ist von zwei Seiten mit dem Wirtschaftskreislauf verbunden, und zwar mit den Beschaffungs- und den Absatzmärkten.

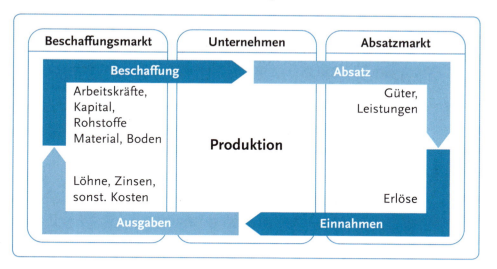

M 8 Die moderne Fahrradproduktion

Das Fahrrad für Vitali Klitschko lehnt an der Wand eines kleinen Werkstattraums in Raubling bei Rosenheim. Was sofort auffällt, ist seine Größe. Doch das wirklich Besondere ist seine Bauart, die es so teuer werden lässt wie einen Kleinwagen. Es handelt sich um ein maßgefertigtes Mountainbike. Sein kolossaler Karbonrahmen wiegt kaum mehr als ein Profirennrad – und doch ist es dafür ausgelegt, den Körperkräften eines Zwei-Meter-Mannes standzuhalten [...]. Der gelernte Boxer ist inzwischen Bürgermeister von Kiew und als solcher zu beschäftigt, um sein Supervelo abzuholen. Im vorigen Sommer bestellte er das Individualmodell von Corratec, entworfen und hergestellt von Mauro Sannino, einem 70-jährigen Halbgott der Rahmenbauszene, seit elf Jahren im Dienst des oberbayerischen Fahrradproduzenten. [...] Die Preise der Raublinger Maßräder liegen bei bis zu 10.000 Euro [...]. Wenn [Deutschland] etwas gründlich aufgegeben hat, dann seine Fahrradindustrie. In nennenswerter Stückzahl kommen Zweiräder heute entweder komplett aus Asien, oder sie werden hierzulande nur noch zusammengebaut. [...] Lediglich bei zentralen Komponenten wie Bremsen, Schaltungen oder Dynamos ist ein Unternehmen aus einem Hochlohnindustrieland führend. Nur handelt es sich dabei nicht um Deutschland, sondern um Japan. Der Name des Unternehmens steht auf Bauteilen der allermeisten Fahrräder, die heute auf der Welt unterwegs sind. Als Shozo Shimano vor 47 Jahren dem Stuttgarter Kaufmann Paul Lange die Vertretung für Deutschland und Österreich übergab, bestand das Produktprogramm der Japaner lediglich aus ei-

Velo
Fahrrad

SRAM-„Torpedo"-Nabe: Angelehnt an die legendäre Sachs-Dreigang-Nabe, produziert SRAM eine umschaltbare Nabe.

nem Nabengetriebe mit drei Gängen und einer Kettenschaltung mit vier Gängen. Damals beherrschte das altdeutsche Unternehmen Fichtel & Sachs noch den Markt der Standardräder, der italienische Komponentenhersteller Campagnolo den Rennzirkus. Heute umfasst das zentrale Hochregallager von Lange in Stuttgart Bad Cannstatt 9.000 Quadratmeter und reicht längst nicht mehr aus. Die Paul Lange & Co. OHG erweitert laufend den Hallenkomplex. Es ist das größte Shimano-Vertriebszentrum außerhalb Japans. Etwa zehn Millionen Teile gehen jährlich von hier aus in den Handel [...]. Und was ist aus Fichtel & Sachs geworden? Das Unternehmen war einst der Großmeister der Nabenschaltung, die Torpedo-Dreigang-Mechanik Grundausstattung von Radlergenerationen. Etwa 70 Millionen der fränkischen Schaltwerke wurden von 1924 an etwa 70 Jahre lang gebaut. Shimano beendete die Torpedo-Ära Mitte der 1990er-Jahre mit einem Volltreffer: Ein geschmeidiges Siebenganggetriebe namens Nexus setzte fortan den Standard. Fichtel & Sachs hatte bereits das Interesse am Fahrradgeschäft verloren und die Sparte abgestoßen. Sie landete 1997 bei dem Unternehmen SRAM aus Chicago [...]. Unter anderem ließ SRAM am Sachs-Standort Schweinfurt eine neue Fabrik für Nabenschaltungen errichten. Doch die Shimano-Modelle waren meist billiger und besser. Vor vier Jahren verlagerte SRAM die Produktion nach Asien. In Schweinfurt verblieb allein die Entwicklungsabteilung. Etwa 80 Ingenieure, die ihre Ideen an die Fabriken in Fernost kabeln, sind die letzten Statthalter des fränkischen Torpedo-Mythos. Entwicklungschef Bernhard Johanni [...] hat noch bei Sachs angefangen. Mit seinen Leuten hat er für SRAM unter anderem eine neue Nabengeneration entwickelt, die sauber schaltet. Besonders stolz ist er auf seine jüngste Innovation bei Kettenschaltungen: einen hinteren Zahnkranz mit elf Übersetzungen, aus einem Stück gefräst und extrem leicht. Johanni hält das Ding feierlich hoch und blickt durch das löchrige Gebilde. Es sieht ein bisschen aus wie eine Kunstschnitzerei. [...] Eine weitere Hightechfirma, die im Fahrradbau eine Nische gefunden hat, befindet sich am Nordrand von Kassel. Das Unternehmen von Bernhard Rohloff fertigt die nach ihm benannte 14-Gang-Nabenschaltung, die als beste der Welt gilt. Shimano persönlich soll auf einer Fahrradmesse gefragt haben: „Herr Rohloff, wie machen Sie das?" Das patentgeschützte Zahnräderwerk zählt zu den Mirakeln der jüngeren Fahrradmechanik. Rohloffs Nabengetriebe deckt ein Übersetzungsspektrum ab wie die Kettenschaltungen von Profis, hält enormen Drehmomenten stand und wiegt mit 1,7 Kilogramm ein Pfund weniger als eine Achtgangnabe von SRAM. [...] Die Firma [...] ist ein mikroskopisches Muster, wie Fahrradindustrie in Deutschland noch funktionieren kann: als Entwicklungslabor für Serienprodukte, die später in Fernost hergestellt werden – und gleichzeitig als Produzent von Luxusgütern made in Germany.

Christian Wüst, Der Spiegel 28/2014, 7.7.2014

M 9 Absatz: der Marketing-Mix

Ein Unternehmen muss nicht nur gute Produkte herstellen, es muss sie auch verkaufen. Die Marketingmaßnahmen, die dem Konsumenten am meisten auffallen, stammen aus dem Bereich der Werbung. Tatsächlich sind es aber sehr vielfältige Maßnahmen, die das Unternehmen einsetzt, um seine Kunden zu erreichen. Diese Maßnahmen werden oft in vier Bereiche eingeteilt – entsprechend der englischen Bezeichnungen in die „4 P" des Marketing. In allen vier Bereichen sind zahlreiche Entscheidungen zu treffen, die auch für die anderen Bereiche relevant sind. Es würde keinen Sinn machen, nur eine dieser Maßnahmen einzusetzen, z. B. nur auf eine aufwändige Fernsehwerbung zu vertrauen, ohne diese durch andere Maßnahmen zu unterstützen, wie z. B. eine entsprechende Produktgestaltung. Da diese Maßnahmen gut aufeinander abgestimmt – also gut „gemischt" – sein müssen, spricht man auch vom „Marketing-Mix". Bei allen Maßnahmen ist die erwartete Wirkung mit den durch die Maßnahme verursachten Kosten in Bezug zu setzen. Entscheidend für die Wirkung einer Marketingmaßnahme ist unter anderem, ob es ihr gelingt, die richtige Zielgruppe anzusprechen. Dies ist besonders wichtig bei Produkten, die für jugendliche Konsumenten bestimmt sind.

P Product
Produktpolitik
Wie wird das Produkt gestaltet?
(Design, Funktionen etc.)
Wie ist die Verpackung gestaltet?
Ist das Produkt in ein Sortiment eingebettet
(„Marke")?
Welcher Produktname ist geeignet?

P Place
Distributionspolitik
Wie gelangt das Produkt zum Kunden?
(Vertrieb über Einzelhandel, Großhandel,
Internet, Vertreter ...)
Wie wird das Ladenlokal gestaltet?

Marketing-Mix

P Price
Konditionenpolitik
Wie hoch ist der Preis?
(Anpassung an die Konkurrenz,
Deckung der Stückkosten)
Gibt es Sonderpreise für bestimmte
Kundengruppen?
Wie werden Rabatte gestaltet?

P Promotion
Kommunikationspolitik
Welches Werbekonzept verspricht am meisten
Erfolg (Medien, Botschaft, Budget)
Wie kann das Image des Unternehmens
verbessert werden?
(Public Relations, z. B. Sponsoring,
Zusammenarbeit mit Schulen)

Aufgaben

1. Beschreibe für ein Fahrradgeschäft, welche Schwierigkeiten in den Bereichen Beschaffung, Produktion und Absatz auftreten könnten (M 6, M 7).
2. Gib wieder, wie der weltweite Fahrradmarkt heute organisiert ist und was das für den Produktionsstandort Deutschland bedeutet (M 8).
3. Bildet Gruppen. Sucht euch aus M 9 ein Marketinginstrument aus und entwickelt für einen Fahrradladen eine geeignete Maßnahme aus einem der Bereiche.

zu Aufgabe 3
Entwickelt eine weitere Maßnahme aus einem anderen Bereich.

Profit als einziges Unternehmensziel?

M 10 Welche Ziele sollte ein Unternehmen verfolgen?

Ulrich Wickert (Journalist und Bestsellerautor): Schluss mit Geschäften ohne Moral: Gewinn dürfe nicht das einzige Unternehmensziel sein, sagt Ulrich Wickert. Der frühere „Tagesthemen"-Sprecher plädiert für mehr Anstand, Ehrlichkeit und Solidarität im Wirtschaftsleben.

Michael Otto (Unternehmer): Gewinne und gesellschaftliche Verantwortung sind für ihn kein Gegensatz. Versandhändler Michael Otto gilt als sozial engagierter Unternehmer und sorgte jüngst als Befürworter einer Reichensteuer für Diskussionen.

Milton Friedman (Wirtschaftsnobelpreisträger): „Die einzige soziale Verantwortung des Unternehmens ist es, seine Gewinne zu steigern."

Nach: www.daserste.de, 21.9.2011 und New York Times Magazine, September 13, 1970

M 11 Die Ziele des Unternehmens

Die unterschiedlichsten Gruppen, zu denen die Unternehmenseigentümer, die Manager, die Arbeitnehmer, die Lieferanten, die Kunden und die Konkurrenten, die Fremdkapitalgeber, aber auch der Staat und die Öffentlichkeit zählen, tragen ihre Interessen und Erwartungen an die Unternehmen heran. Während die Eigentümer und Kapitalgeber an einem möglichst hohen Gewinn und damit an einer möglichst hohen Verzinsung ihres eingesetzten Kapitals interessiert sind, strebt das Management gegebenenfalls nach mehr Macht und einer Ausweitung seiner Gestaltungsspielräume. Die Mitarbeiter sind vor allem an einer sicheren und leistungsbezogenen Entlohnung sowie an guten Arbeitsbedingungen interessiert. Die Kunden erwarten qualitativ hochwertige Produkte zu möglichst günstigen Preisen. Der Staat und die Öffentlichkeit hoffen auf die Erhaltung oder Schaffung von Arbeitsplätzen, ein hohes Steueraufkommen, auf umweltgerechtes Verhalten und auf die Wahrnehmung der gesamtgesellschaftlichen Verantwortung des Unternehmens. Die Unternehmensführung steht grundsätzlich vor der schwierigen Aufgabe, diese unterschiedlichen Erwartungen und Interessen in Einklang zu bringen. Die Unternehmensziele dienen dabei als Orientierungsgrundlage für alle unternehmerischen Entscheidungen. Sie stehen nicht isoliert nebeneinander, sondern bilden ein kompliziertes Zielsystem.

M 12 Unternehmensleitbild – das Beispiel der Drogeriekette dm

„So wie ich mit meinen Mitarbeitern umgehe, so gehen sie mit den Kunden um." Diese einfache […] Erkenntnis liegt der Arbeitsgemeinschaft dm-drogerie markt zugrunde. Sie beinhaltet die ständige Herausforderung, das Unternehmen so zu gestalten, dass die Konsumbedürfnisse der Kunden veredelt werden, die zusammenarbeitenden Menschen Entwicklungsmöglichkeiten erhalten und dm als Gemeinschaft vorbildlich in seinem Umfeld wirkt. Dazu ist es erforderlich, die Eigentümlichkeit jedes Menschen anzuerkennen und mit den individuellen Wesenszügen der Beteiligten umzugehen.

dm-Kundengrundsätze

Wir wollen uns beim Konsumenten – dem Wettbewerb gegenüber – mit allen geeigneten Marketinginstrumenten profilieren, um eine bewusst einkaufende Stammkundschaft zu gewinnen, deren Bedürfnisse wir mit unserem Waren-, Produkt- und Dienstleistungsangebot veredeln.
Sich die Probleme des Konsumenten zu eigen machen

dm-Mitarbeitergrundsätze

Wir wollen allen Mitarbeitern helfen, Umfang und Struktur unseres Unternehmens zu erkennen, und jedem die Gewissheit geben, in seiner Aufgabe objektiv wahrgenommen zu werden.
Transparenz und Geradlinigkeit

Wir wollen allen Mitarbeitern die Möglichkeit geben, gemeinsam voneinander zu lernen, einander als Menschen zu begegnen, die Individualität des anderen anzuerkennen, um die Voraussetzungen zu schaffen, sich selbst zu erkennen und entwickeln zu wollen und sich mit den gestellten Aufgaben verbinden zu können.
Bereitschaft zur Zusammenarbeit in Gruppen

dm-Partnergrundsätze

Wir wollen mit unseren Partnern eine langfristige, zuverlässige und faire Zusammenarbeit pflegen, damit für sie erkennbar wird, dass wir ein Partner sind, mit dem sie ihre Zielsetzungen verwirklichen können.
Erkennen seines Wesens; Anerkennen seiner Eigentümlichkeit
Nach: www.dm.de (9.12.2013)

> „dm beliebtester Händler der Bundesbürger!"
> *Studie der Unternehmensberatung OC&C (Proposition Index 2013)*

M 13 Eine Dimension mehr

Im Januar meldete Schlecker, Langzeit-Champion der Drogerieketten, Insolvenz an. Der Konkurrent dm steht blendend da. Warum?

Die Preise

Die kleinteilige Filialstruktur erhöhte die Stückkosten, und so schnitt Schlecker im Preisvergleich mit dm […] regelmäßig schlecht ab. Konkurrenzfähig waren bei Schlecker allenfalls Sonderangebote, die zusätzliche Kunden in die Märkte locken sollten. Ähnlich wie die großen Elektronikmarkt-Ketten behauptete Schlecker nur, billig zu sein. De facto konnten die Kostenoptimierer beim Preis nicht mithalten. Die Rech-

Schlecker
große Drogeriemarktkette, die im Jahr 2012 Insolvenz anmelden musste

nung ging für Schlecker nur so lange auf, wie seine Kunden noch die Preise der alten, familiengeführten Drogerien im Hinterkopf hatten. Seit Jahren aber vergleichen die Verbraucher eher mit Supermärkten wie [...] Aldi – oder eben mit dm [...].

Lange Jahre warb dm mit dem Slogan „Große Marken, kleine Preise" und erhob damit von Anfang an den Anspruch, [...] billiger als die Konkur-
25 renz zu sein. Dabei griff der Drogerie-Discounter in den Anfangsjahren auch auf handelsübliche Methoden wie Rabattaktionen oder Lockvogel-Angebote zurück. Ende der 1980er-Jahre wur-
30 de die Strategie geändert. Götz Werner spricht von der Entdeckung der „vierten Dimension". Zu den üblichen drei Dimensionen – die richtige Ware zum richtigen Preis am richtigen Ort – kam ein weicher Faktor. Werner baute die konsumkritische Haltung der Öko- und Friedensbewegung in sein Geschäftsmodell ein. Der Slogan hieß fortan: „Hier bin ich Mensch, hier kauf ich ein." So wurde dm zu einem der ersten Unternehmen, die sich durch einen moralischen Mehrwert vom Wettbewerb absetzen wollen – al-
45 lerdings ohne dabei den Anspruch auf Preisführerschaft aufzugeben.

Die praktische Schlussfolgerung war: Schluss mit den üblichen Mätzchen, die aufgeklärte Verbraucher als unehr-
50 lich empfinden – dm führte den sog. Dauertiefpreis ein. Die selbst gesetzte Regel lautete, dass ein Preis vier Monate nicht erhöht werden darf. Damit fällt die Option weg, laufend mit Preis-
55 senkungen zu werben, die in Wahrheit keine sind. Im Wettbewerb gegen Schlecker scheint diese Strategie aufgegangen zu sein. [...]

Die Filialen

Ein Besuch in den meisten Schlecker-
60 Filialen ist wie eine Zeitreise in die Anfänge des Hard-Discounts. Grobe Metallregale säumen enge Gänge. Das Mobiliar hat oft Gebrauchsspuren aus mehreren Jahrzehnten. Bildet
65 sich vorn eine Schlange, wirkt gleich der halbe Laden wie lahmgelegt. Zwar wurden in den Monaten vor der Insolvenz einige hundert Filialen modernisiert. Doch dieses Umdenken kam zu
70 spät [...]. Möglichst viel Ware auf kleinem Raum ist ebenso out wie ein ausgedünntes Sortiment. [...]

dm hat besonders seit Ende der 1980er-Jahre kontinuierlich daran gearbei-
75 tet, dass sich die Kunden in den Filialen wohlfühlen. Weniger ist wie so oft mehr. Regale stehen häufig schräg. Das ist zwar von der Raumaufteilung nicht ganz so effektiv, macht den Raum aber
80 übersichtlicher und verkürzt Laufwege. Eine Vorgabe für die Innenarchitekten lautet: Jeder Gang muss so breit sein, dass zwei Kinderwagen aneinander vorbeikommen. Lichtdesigner
85 komponieren Effekte, die an Wellness-Einrichtungen erinnern. [...]. Aus Kundensicht resultiert aus der Größe ein weiterer Vorteil: Selbst bei gleichem Personalschlüssel findet sich in einer
90 dm-Filiale fast immer eine Verkäuferin oder ein Verkäufer mit Zeit für Beratung.

Schlecker-Filialen sind oft nur mit einer Person besetzt. Sitzt sie gerade
95 nicht an der Kasse, muss sie Regale auffüllen. Wünscht ein Kunde Beratung, wartet oft schon jemand an der Kasse.

Thomas Ramge, Brandeins 4/2012, S. 100 – 105

M 14 Welche Ziele sind wichtig?

Herr Harsch, bei Schlecker soll jetzt alles schöner, größer, heller werden. Macht Ihnen die Offensive Ihres größten Konkurrenten Angst?
Nein, für Schlecker mag das ein Fortschritt sein, aber ein Überholmanöver ist es nicht.

Es kann Sie aber nicht kalt lassen, wenn Schlecker zum Angriff bläst.
Der Vorstoß macht uns nicht nervös. Wir konzentrieren uns auf unsere Kunden. Wenn wir dabei an Schlecker vorbeiziehen – und davon gehen viele Experten aus –, dann wäre das eine unbeabsichtigte Folge, aber es ist nicht unser Ziel.

Wenn nicht Wachstum, was ist dann das Ziel?
Unser Ziel heißt Entwicklung, Wachstum kommt dann meistens von selbst. Ich möchte, dass die dm-Filiale in Passau glückliche Passauer hat, darum geht es. Wachstum ist dann möglicherweise die Folge. Vorgaben in diese Richtung machen wir aber nicht.

Auch nicht die, Gewinn zu machen?
Nein, auch die nicht. Sehen Sie: Bei dm ist alles eine Frage der Haltung. Es geht nicht darum, den Gewinn zu maximieren, sondern den Kundennutzen. Man kann nur so oder so ticken. Wenn viele glückliche Passauer kommen, kommt auch der Erfolg. [...]

Sie verdienen immer gleich, auch wenn's schlecht läuft?
Genau, deshalb kann die Motivation nicht am Geld liegen.

Wie motivieren Sie dann Ihre Mitarbeiter?
Unmotivierte Mitarbeiter können Sie auch mit Geld nicht ändern. Wir glauben daran, dass die persönliche Freude daraus kommt, dass man gestalten kann. Bonussysteme, die unterstellen, dass sich einer nur bewegt, wenn man ihm eine Wurst vorhält, sind menschenverachtend.

Interview: Bernd Breytag, www.faz.net, 15.4.2011

Erich Harsch, Jahrgang 1961, ist bei dm in große Fußstapfen getreten. Als Nachfolger des Unternehmensgründers Götz Werner übernahm Harsch 2008 den Vorsitz der Geschäftsführung der Drogeriemarkt-Kette.

Aufgaben

1. Welche Ziele sollte ein Unternehmen haben? Stellt ausgehend von den Aussagen in M 10 verschiedene Unternehmensziele zusammen und sortiert sie anschließend nach Wichtigkeit (z. B. mithilfe einer Punktabfrage).
2. Erstelle ein Radialdiagramm, das darstellt, welche Gruppen am Unternehmen interessiert sind. Formuliere auf den Ästen die einzelnen Interessen (M 11).
3. Analysiere das Leitbild deiner Schule auf wichtige Ziele hin und vergleiche sie mit den Zielen des Unternehmens dm (M 12).
4. a) Arbeite die unterschiedlichen Leitbilder von Schlecker und dm heraus und ergänze so deine Ergebnisse von Aufgabe 3 (M 13).
   b) Entwickle je eine Frage, die du den beiden Geschäftsführungen stellen würdest (M 13).
5. Diskutiert in der Klasse Harschs Aussage, es sei nicht das Ziel des Unternehmens, Gewinn zu machen (M 14).

Radialdiagramm

4 Wirtschaftsunternehmen – Ziele, Strukturen, innere Konflikte

Gesellschaftliche Verantwortung als Unternehmensziel?

M 15   Was ist die soziale Verantwortung eines Unternehmens?

Corporate Social Responsibility

CSR ist ein Konzept, das den Unternehmen als Grundlage dient, auf freiwilliger Basis – über den gesetzlichen Rahmen hinausgehend – soziale Belange und Umweltbelange in ihre Unternehmenstätigkeit und in die Wechselbeziehungen mit Interessenten am Unternehmen zu integrieren.

Betrieb bildet aus

Spenden an gemeinnützige Organisationen

Arbeitsschutz

besondere Familienfreundlichkeit

Beachtung der Menschenrechte

Kinderbetreuung

Umweltbewusstsein

bewusste Auswahl von Geschäftspartnern und Lieferanten

flexible Arbeitszeitmodelle

Sponsoring von Sport- und Kulturereignissen

anständige Bezahlung

M 16   Was tut ein Konzern, in dem Kinderarbeit auffliegt?

Andhra Pradesh

Bundesstaat im Südosten Indiens

Suhash Joshi (33) wollte Geld machen und gute Geschäfte. Mit Mitte 20 war er auf dem besten Weg. Er war Sales-Manager bei Bayer Cropscience, der
5 Pflanzenschutzsparte des deutschen Chemieriesen. In Indien führt sie ein Saatgutgeschäft, etwas Mais, etwas Reis, vor allem aber Baumwollsamen, die Vertragslandwirte auf den weiten
10 Feldern draußen vor der Stadt ziehen. Zum Anfang jeder Saison gehen die Kinder von Andhra Pradesh auf die Felder und bestäuben die Baumwollpflanzen, am Ende der Saison kom-
15 men sie und helfen bei der Ernte. Fast 2.000 sollen es allein auf den Feldern der Vertragsbauern von Bayer gewesen sein. Joshi sagt, er hat das gewusst. Er sagt, in Indien weiß jeder, dass es so
20 ist. Und fast jedem sei es egal. Sein Job war es, die Aufwendungen niedrig, die Erträge hoch zu halten. „Ich war Ge-schäftsmann, hart, immer nur an Zahlen und Einnahmen interessiert. Das war mein Ding", sagt Joshi. 25
Als er hört, dass die Leute bei Bayer sehr nervös sind wegen der Kinder, denkt er: Was machen die denn für einen Aufstand? Nervös werden die Leute bei Bayer am 12. Oktober 2004. 30
Wie jeden Morgen liegen in Monheim am Rhein die Presseausschnitte auf dem Schreibtisch von Steffen Kurzawa, dem Unternehmenspolitik- und Pressechef. An diesem Morgen 35 brüllen sie ihm entgegen: „Bayer profitiert von Kinderarbeit in Indien." So geht es los, und es hört nicht mehr auf. Drei Nichtregierungsorganisationen haben Beschwerde wegen Ver- 40 stoßes gegen OECD-Leitsätze eingereicht. „taz", „Süddeutsche", „FAZ", „Monitor", ach, alle berichteten.
Bayer ist mittendrin in einem dieser

Skandale, bei denen herauskommt, warum unsere T-Shirts Schnäppchen sind, wer die Dämpfe beim Färben einatmet oder wer sich da eigentlich abrackert für das neue Smartphone, die Turnschuhe, die Spielsachen. So ein Skandal ist schwer abzuschütteln. Ein Unternehmen kann ihn vertuschen, es kann Besserung geloben oder auf das Vergessen hoffen. [...]

Kalpana ist eins von diesen Kindern, von einem dieser Felder, aus einer dieser Hütten. Dicke, schwarze Zöpfe fallen ihr über die Schulter, sie ist 14 Jahre alt, ihre Augen sind älter; Kummer und Scheu im Blick. Arbeit kann sie überall finden: bei Bayer, Monsanto oder einfach auf dem nächsten Acker. Die Arbeit ist überall die gleiche. Mit acht Jahren hat sie auf den Feldern angefangen. In dem Alter fangen die meisten an. Sie sind dann so groß wie die Baumwollpflanzen, wenn sie erste Blüten treiben. Dann ist die Zeit der Kinder. Jede Narbe muss mit Pollen einer anderen Sorte bestrichen werden, dann bildet sie mehr Samen. Das Saatgut für Firmen wie Bayer. Das Bestäuben gelingt nur mit der Hand, am besten mit einer, die sehr klein ist.

Wenn in den Schulen zur ersten Stunde geläutet wurde, stand Kalpana zusammen mit anderen Kindern unter der heißen Sonne über den pieksenden Sträuchern. Die Pflanzen atmeten Pestizide aus, die Kinder atmeten sie ein. Wie lange sie dort stand, weiß Kalpana nicht, sie sagt: „Lang." 14 Stunden dauert so ein Tag in der Regel. Die Kinder bekommen Schmerzen, in den Gliedern, im Kopf, und Geschwüre an den Händen. Das Geld bekommen andere. Viele Kinder werden sehr krank. Manche sterben.

Bayer beschließt, das Saatgutgeschäft in Indien zu behalten. Es kann doch nicht so schwer sein, alles in den Griff zu kriegen, denken die Deutschen. Der damalige Bayer-Vorstand Werner Wenning lässt Kurzawa eine Taskforce aufstellen. Und in Indien sagt Joshis Vorgesetzter: „Kümmere du dich um diese Geschichte." [...] Nun fährt er auf die Felder, wo er Mädchen wie Kalpana trifft. Er sagt, es ist ein Unterschied, von diesen Kindern zu wissen und sie dann tatsächlich zu sehen. [...]

Geld spielt eine entscheidende Rolle im Konzept von Joshi und Bayer. Verbieten hat nichts gebracht, aufklären kaum etwas. „Uns war irgendwann klar, es kann nur über die Profite funktionieren", sagt Joshi. Eine einfache Erkenntnis eigentlich, die Kritiker und NGOs schon lange predigen: Würden die Abnehmer die Farmer besser bezahlen, müssten die ihre Kinder nicht zur Arbeit schicken. [...] Bayer hat sein Kinderschutzprogramm inzwischen zum Wettbewerbsvorteil gemacht. Farmer, die unterzeichnen und nachweislich keine Kinder beschäftigen, bekommen nicht nur einen Bonus auf den üblichen Abnahmepreis. Sie werden auch geschult. Darin, wie sie ihre Felder bewässern können, welcher Dünger sich eignet und welche Form der Schädlingsbekämpfung. „Die meisten Landwirte machen ihre Ernten allein vom Regen abhängig und verlieren unheimlich viel", sagt Joshi. „Allein ein Bewässerungssystem kann wahnsinnig viel bewirken." Tar-

„Kontrollen alleine sind nicht genug. Kinderarbeit kann dauerhaft nur durch einen integrierten Ansatz verhindert werden."

Suhash R. Joshi, Leiter Child Care Program

get 400 heißt das Programm. Auf 400 Packungen Saatgut je Hektar soll es den Saisonertrag steigern. Bei 200 bis 300 liegt der Schnitt, inzwischen schaffen viele Bayer-Farmer weit mehr als 600. „Je höher das Einkommen, desto kleiner ist die Notwendigkeit, Kinder zum Arbeiten zu schicken."

Ein bröckelndes weißes Gebäude am Ende einer staubigen Straße. An den Wänden Poster mit verschlungenen Mindmap-Pfaden. Ein Tisch, der sich vor Akten biegt. 20 junge Männer in sauberen Hemden mit Bayer-Logo auf den Brusttaschen. Joshis Männer in Karnataka. Hier steht eine der Schaltzentralen. In jedem der wichtigsten Anbaugebiete hat Bayer ein Team, mehr als 80 Leute inzwischen, die meisten geschulte Landwirte. Täglich fahren sie auf die Felder. Sie unterstützen die Bauern während der Saison – und kontrollieren sie. Pro Saison mindestens sechs unangemeldete Besuche. Jede Kontrolle wird dokumentiert. Durchschläge und Kopien, händisch, digital. Alle drei Monate geht ein Bericht an den Vorstand in Monheim.

Die Bayer-Teams ziehen von Dorf zu Dorf und geben kostenlose Fortbildungen. So wurde auch Familie TG auf Target 400 aufmerksam. Bei Bayer kann man was verdienen, hieß es im Dorf. „Früher hatten wir etwas einheimisches Gemüse", sagt Kariyamma. „Das hat gerade für uns gereicht." In dieser Saison wird das Saatgut 40.000 Rupien (615 Euro) abwerfen. Für die Ernte wird Kariyamma erwachsene Helfer einstellen.

Zwischen den struppigen, braunen Feldern von Madnakalli steht flach und hell die IBT School. IBT steht für „Introduction to Basic Technology". Für Dutzende Schulen in den ländlichen Gebieten hat Bayer zusammen mit der NGO Prajayatna und der Naandi Foundation ein Curriculum erstellt, das Theorie und Praxis verbindet. Praxis ist jetzt, am Nachmittag. Die Schüler bewirtschaften ein Gewächshaus, reparieren ein Bügeleisen, bereiten verschmutztes Wasser auf. Auch Kalpana, das Mädchen mit den dicken, schwarzen Zöpfen, geht hier jetzt zum Unterricht. Kinder, die früher auf den Feldern gearbeitet haben, bekommen Einzelunterricht, bis sie mit den anderen Schülern mithalten können. Kalpana ist seit zwei Jahren hier. Was sie gut findet an der Schule? „Alles!"

Jarka Kubsova, Financial Times Deutschland, 3.2.2012

Curriculum
Lehrplan

Gehe auf die Internetseite *www.csrgermany.de* und berichte über ein gelungenes CSR-Engagement eines Unternehmens. Nenne die Kriterien für deine Einschätzung.

Aufgaben

1. Entscheide für jeden der Begriffe in M 15, ob er zum Kerngeschäft des Unternehmens gehört oder eine Form sozialen Engagements darstellt.
2. Der Chemiekonzern Bayer setzte in seiner indischen Pflanzenschutzsparte bis zum Jahr 2004 auf Kinderarbeit. Erläutere, warum Bayer seine Strategie in Indien geändert hat (M 16).
3. Nimm Stellung dazu, ob du den Strategiewandel des Unternehmens als Erfolg bezeichnest (M 16).
4. Diskutiert die Frage, ob es sich bei Corporate Social Responsibility um eine Unternehmerpflicht oder lediglich Eigenwerbung handelt.

Nachhaltigkeit als Unternehmensziel?

M 17   Vom Kokon zum fairen Nachthemd

Der grüne Hügel duftet nach blühenden Sträuchern und Kräutern. Eine kleine Herde brauner Kühe wandert durch einen Wald aus 700.000 Maulbeerbäumen, der hier seit 1996 gepflanzt wurde: Seidenraupen lieben Maulbeerblätter. Gesetzt wurden auch 5.000 Obst- und andere Bäume, die Nistplätze und Beschattung bieten – und eine spürbare Verbesserung der Boden-, Wasser- und Luftqualität brachten. „Saba" heißt das Paradies auf 70 Hektar. Die weltweit erste Farm zur Herstellung biodynamischer Seide liegt 150 Kilometer nördlich der boomenden 14-Millionen-Metropole Chengdu.

„Auf dem Hügel war ja nichts", erinnert sich Julius Obermaier, 78. Der Berater in Sachen biologisch-dynamischer Landwirtschaft reist seit vielen Jahren rund um die Welt und leistet lokalen Demeter-Projekten Geburtshilfe. In China war es Mitte der 1990er-Jahre soweit. Auf Anfrage des Schweizer Unternehmens Alkena – bis zu einem Eigentümerwechsel kürzlich Namensgeber der Seidenraupenfarm und des Konfektionsbetriebs – kam der Experte vom badischen Salem in die chinesische Provinz Sichuan. Heute werden auf der Saba-Farm im Lauf eines Jahres fünf Millionen Kokons gewonnen – jeder Kokon gibt mehr als einen Kilometer hauchdünnen Seidenfaden. Vor dem Verpuppen futtern die Seidenraupen insgesamt 900.000 Kilogramm Maulbeerblätter. Auf der Seidenraupenfarm arbeiten ganzjährig sechs Mitarbeiter und saisonal bis zu 200 Menschen aus der Region. Für Obermaier ist Saba längst „ein Projekt, das landesweit Ausstrahlung hat". „Das ist der organische Kompost, und hier stellen wir die Präparate her", sagt Betriebsleiter Zhao Xing-Yuan beim Rundgang. An die Zeit mit Julius Obermaier erinnert sich der 40-Jährige noch gut. 2004 war der Chinese dann auf Gegenbesuch in Deutschland, lernte auf einem Demeter-Hof am Bodensee, wie biologisch-dynamische Landwirtschaft funktioniert. Mit dem Kieselpräparat 501 wird die Pflanzenphysiologie verbessert, erklärt er. Gesunde Maulbeerblätter sind eine wichtige Voraussetzung für besonders reißfeste Seide. Die wird gesponnen, dann gestrickt oder gewoben, gefärbt und schließlich in der Saba-Mutterfirma Otex („Organic Textiles") in Chengdu konfektioniert.

Der 1996 als Joint Venture von Alkena gegründete Betrieb produziert heute außer für Rösch noch für die Freiburger Triaz-Gruppe (Waschbär). Die Tübinger Modemacher lassen bei Otex Seidennachthemden für ihre edle Lizenzmarke Féraud fertigen – und seit neuestem auch eine eigene Rösch-Kollektion: Nachtwäsche aus Bio-Seide, zertifiziert mit dem weltweit anerkannten GOTS-Siegel. Der „Global Organic Textile Standard" gilt als führend bei der ökologisch und sozial verantwortlichen Verarbeitung von Textilien.

Nachhaltigkeit

Nachhaltigkeit bedeutet, von der Natur nur so viel zu verbrauchen, wie auf natürliche Weise nachwachsen kann. Mittlerweile hat sich das Nachhaltigkeitsdreieck als Sinnbild für Nachhaltigkeit durchgesetzt, da es ökologische, ökonomische und soziale Aspekte der Nachhaltigkeit verbindet. Zukunftsfähig wirtschaften bedeutet also: Wir müssen unseren Kindern und Enkelkindern ein intaktes ökologisches, soziales und ökonomisches Gefüge hinterlassen.

Nachhaltigkeit im Unternehmen (Angaben in %)

Bestandteil des Leitbildes	83,0
Beitrag zur Kostenreduktion	72,6
wichtig für Zukunftsmärkte	65,1
verantwortliche Stelle/Person	62,3
konkrete Nachhaltigkeitsziele	60,4
wichtig für Mitarbeitermotivation	60,4
Verknüpfung mit dem Kerngeschäft	59,4
berücksichtigt bei der Lieferantenwahl	54,7
regelmäßige Kontrolle der Zielerfüllung	51,9
Nachhaltigkeitsberichterstattung	49,1
wichtig für Unternehmensbewertung	43,4
wichtig aufgrund der Medienberichte	36,8
Nachhaltigkeitsberichte geplant	10,4
Sonstiges	2,8

Mohammad Mahammadzadeh, Institut der deutschen Wirtschaft Köln e. V. (Hrsg.): IW-Umweltexpertenpanel 2/2012, Befragung von 157 Umweltexperten der Wirtschaft im März/April 2012

Im chinesischen Chengdu stellen Näherinnen im Konfektionsbetrieb Otex Bio-Seidennachthemden für die Textilfirma Rösch her. Löhne und Arbeitsbedingungen werden regelmäßig von der „Fair Wear Foundation" überprüft.

Erklärfilm „Nachhaltigkeit"

Mediencode: 71035-07

„Der Erfolg von Otex und der Saba-Farm liegt uns sehr am Herzen", sagt Rösch-Geschäftsführer Andreas Söffker: „Als Vorzeigeprojekt kann es den dringend nötigen Wandel der chinesischen Wirtschaft zu mehr Nachhaltigkeit unterstützen." Ein ökologisches und faires Gegenmodell zum bisher in China praktizierten hemmungslosen Wachstum mit oft verheerenden Folgen für Menschen und Umwelt. Das chinesische Fernsehen interessiert sich sehr für das Projekt, Söffker sagt beim Interview: Das Beispiel Otex-Saba könne einen Weg zeigen, wie das Land seine wachsenden Umweltprobleme in den Griff bekommen kann. Nach offiziellen Angaben ist ein Fünftel der Agrarfläche Chinas mit Kadmium, Nickel und Arsen verseucht. Auch viele Flüsse sind kontaminiert, die Luft in vielen großen Ballungsgebieten ist schlecht.

Die Luft im großen Nähsaal ist gut. Tageslicht scheint durch hohe Fenster auf die Nähmaschinen der Arbeiter/innen. Über hundert meist weibliche Angestellte arbeiten bei Otex. Ob sie jederzeit zur Toilette gehen darf? Huang Cui Rong schaut ein wenig ungläubig, als ihr die Frage ins Chinesische übersetzt wird – und muss dann lachen. „Ja", sagt die 48-jährige Näherin, „das dürfen wir alle." Und Geldstrafen für „Fehlverhalten", wie andernorts üblich, gebe es auch nicht. Cui Rong gehört dem neunköpfigen Betriebsrat an, der alle zwei Jahre gewählt wird. Sie verdient 3.000 Yuan (rund 350 Euro) im Monat, Überstunden inklusive. Im Firmendurchschnitt kommen die Arbeiter/innen auf 2.710 Yuan (320 Euro). Das ist mehr als doppelt so viel wie der regionale Mindestlohn – und liegt auch über dem unabhängig ermittelten „Living Wage". Damit gemeint ist ein Lohn, der die grundlegenden Lebenshaltungskosten eines Arbeiters oder einer Arbeiterin deckt: Ernährung, Kleidung, Wohnen, Gesundheit, Schule und Ausbildung. Gezahlt wird bei Otex nach „Piece Rate", einer Art Akkordlohn. Die vertragliche Wochenarbeitszeit liegt bei 40 Stunden, je nach Auftragslage können es aber auch mal 50 bis 55 Stunden werden. Cui Rong jedenfalls ist mit den Arbeitszeiten zufrieden. Für Überstunden gibt es 150 Prozent, für Wochenendarbeit 200 Prozent des regulären Lohns. Bei Krankheit zahlt die Firma weiter – in einem Fall geschah das ein ganzes Jahr lang. Alle Angaben werden regelmäßig vor Ort von einer unabhängigen Institution überprüft, Interviews mit Arbeiterinnen inklusive: von der „Fair Wear Foundation" (FWF), einer Stiftung mit Sitz in Amsterdam. Im Vorstand sind gleichberechtigt Gewerkschaften, Nichtregierungsorganisationen (NGOs) und Vertreter von derzeit 80 Textil- und Outdoor-Firmen (mit 120 Marken) aus sieben europäischen Ländern vertreten. [...] Gerechter Handel, ethischer Konsum – das ist ein Trend, über den Rösch-Geschäftsführer Söffker sagt: „Die Kunden wollen das." Bei Händler-Schulungen höre er häufig von Verkäuferinnen: „Wir werden mehrfach am Tag gefragt: Wo kommt das her, wie wurde das produziert?" [...] „Wir haben alle genug Hosen und Hemden", sagt Söffker. Es gehe bei

Kleidung und Mode weniger um Bedarfskäufe als um „Selbstverbesserung", um „die Darstellung innerhalb der Peergroup, gegenüber dem Partner" – oder sich selbst. Dazu gehört: ein gutes Gefühl. Doch das will sich bei vielen Menschen angesichts von Horrorbildern aus ausbeuterischen Sweatshops partout nicht mehr einstellen: „Dann wird gezweifelt – und weniger gekauft." „Das Bewusstsein der Kunden ändert sich", sagt Otex-Geschäftsführer Michael Wang, 50. „Sie wollen sich selbst etwas Gutes tun – aber auch der Umwelt und den Arbeitern." Weshalb Wang und sein Mitarbeiter Xing-Yuan derzeit in Laos eine zweite Seidenraupenfarm gründen.

Volker Rekittke, Schwäbisches Tagblatt, 1.6.2014

M 18 Alles nur schöner Schein?

Grün ist eine begehrte Farbe. Grün gilt nicht nur als Farbe der Hoffnung, sondern steht auch für umweltfreundliches Wirtschaften. Ein Erfolgsfaktor, mit dem sich bei Geschäftspartnern und Verbrauchern hervorragend punkten lässt. Das dachte sich auch der Fastfood-Konzern McDonald's, der angekündigt hat, dass er in Zukunft mehr „grün" als „rot" sein wolle. Geht es danach, dann hat die Farbe Rot als Hintergrund für das geschwungene goldgelbe „M" bald ausgedient, also jene Farbe, die bei Stoppschildern und Ampeln Gefahr signalisieren soll. Und die im Fall von McDonald's als Warnung vor ungesundem Essen interpretiert werden könnte? So will man den Farbwechsel bei McDonald's freilich nicht verstanden wissen, sondern als ein Bekenntnis zum Umweltschutz. Das ist grundsätzlich lobenswert. Allein reicht das jedoch nicht aus. Wer es ernst meint mit dem Umweltschutz, muss glaubhaft machen, dass er sparsam mit Energie und anderen Ressourcen umgeht, also ein überzeugendes Konzept vorlegen. Ein Nachweis, den die Schnellrestaurantkette bislang schuldig geblieben ist. So werden nach wie vor jedes Jahr Berge an Verpackungsmüll produziert. Tonnen von Burgerfleisch landen im Müll, weil es nicht schnell genug an den Mann oder die Frau gebracht werden kann. So gesehen ist die Grünfärbung von McDonald's nicht mehr als ein Marketinggag.

Silvia Liebrich, Süddeutsche Zeitung, 23.11.2009

Greenwashing

Greenwashing betreibt, wer zu Unrecht nachhaltiges Engagement für sich in Anspruch nimmt. Der Begriff bezieht sich vor allem auf Unternehmen, die sich mit ökologischen oder auch sozialen Leistungen brüsten, die entweder nicht vorhanden sind oder die minimal sind im Verhältnis zu negativen öko-sozialen Auswirkungen des Kerngeschäfts. Manche Werbekampagnen stufen Analysten klar als Greenwashing ein.

Lexikon der Nachhaltigkeit, Greenwashing, www.nachhaltigkeit.info, 31.7.2015

Marken im „Greenwashing-Check"

Je negativer der Wert, desto weniger „grün" ist das Unternehmen als tatsächlich öffentlich wahrgenommen:

Unternehmen	Wert
McDonald's	-16,1
Microsoft	-11,5
IKEA	-10,4
SAP	-8,1
Nissan	-7,5
Nike	-7,2
Coca-Cola	-7,0
Kellogg's	-5,8
Shell	-5,8
Nintendo	-5,7

Quelle: Interbrand (Best Global Green Brands 2012), Stand: 18.10.2012

Recherchiert, ob der Fastfood-Konzern McDonald's im Zuge seines Imagewandels auch konkrete Maßnahmen für umweltfreundlicheres Wirtschaften getroffen hat oder ob er in euren Augen Greenwashing betreibt.

Aufgaben

1. Beschreibe, welche Motive bei den Unternehmen vorherrschen, wenn sie Nachhaltigkeit als Unternehmensziel ausweisen (Umfrage in Randspalte).
2. Erläutere, wie die Firma Rösch die ökologische Verantwortung des Unternehmens umsetzt (M 17).
3. a) Arbeite heraus, warum die Autorin in M 18 die Grünfärbung des McDonald's-Logos als „Marketinggag" bezeichnet.
   b) Nimm Stellung zu Silvia Liebrichs Aussage (M 18).

Welche Rechtsform braucht ein Unternehmen?

M 19 Wie findet man als Existenzgründer die richtige Rechtsform?

Jedes Unternehmen hat eine bestimmte Rechtsform, die bei der Gründung festgelegt werden muss. Diese hat rechtliche, finanzielle und steuerliche Folgen. Für die Wahl der Rechtsform sind folgende Überlegungen entscheidend:

M 20 Die wichtigsten Unternehmensformen

Gesellschaft bürgerlichen Rechts (GbR)

juristische Person
Zusammenschluss von Personen (und Vermögen) zu einer eigenen Rechtspersönlichkeit mit Rechten und Pflichten (z. B. Verein)

Schließen sich mindestens zwei Gesellschafter zur Führung eines Geschäftsbetriebes zusammen, ohne dabei eine neue juristische Person zu gründen, so kommt die Rechtsform der GbR in Betracht. Alle Gesellschafter sind geschäftsführungs- und vertretungsbefugt. Sie haften neben dem Gesellschaftsvermögen persönlich und unbeschränkt für die Verbindlichkeiten der Gesellschaft. Das interne Vertragsverhältnis kann weitgehend frei gestaltet werden. Der Gesellschaftsvertrag ist an keine Form gebunden, sollte aber schriftlich gefasst werden. Betreiben allerdings die Gesellschafter einer GbR ein Gewerbe von einer bestimmten Größe, so müssen sie sich in das Handelsregister eintragen. Die Firma wird dann zur Offenen Handelsgesellschaft (OHG). Es entstehen weitere Auflagen bezüglich der Führung des Geschäftsbetriebs.

4.1 Die Welt der Unternehmen

Einzelunternehmen

Besonders gut für den Einstieg geeignet ist die Einzelunternehmung: Sie kommt ohne weitere Formalitäten allein durch Aufnahme der Geschäftstätigkeit (üblicherweise nach Erteilen des Gewerbescheins und einer Mitteilung gegenüber dem Finanzamt) zustande. Dafür ist kein Mindestkapital erforderlich. Als Einzelunternehmer ist der Gründer uneingeschränkt „Herr im Haus". Gewinne fließen ungeteilt in seine Taschen – er muss dafür aber auch bei Verlusten oder Schäden in vollem Umfang mit seinem Privatvermögen geradestehen. Die überwiegende Anzahl der Unternehmen in Deutschland sind Einzelunternehmen.

Gesellschaft mit beschränkter Haftung (GmbH)

Die GmbH wird in zunehmendem Maße im wirtschaftlichen Bereich eingesetzt, weil sie vielseitig verwendbar und das Haftungsrisiko durch Beschränkung auf das Vermögen der GmbH kalkulierbar und überschaubar ist. Sie ist eine Kapitalgesellschaft mit eigener Rechtspersönlichkeit, die zu jedem gesetzlich zulässigen Zweck von einer oder mehreren natürlichen oder juristischen Personen errichtet werden kann. Nach außen wird die GmbH durch den/die Geschäftsführer vertreten. Fremdgeschäftsführung ist möglich, das heißt, die Geschäftsführung muss nicht in den Händen der Gesellschafter liegen. Sie können vielmehr gesellschaftsfremde Personen zu Geschäftsführern bestellen. Wirksamkeit erlangt die GmbH durch die Eintragung im Handelsregister. Das Haftungsrisiko ist auf das Gesellschaftsvermögen beschränkt. Das Mindeststammkapital der GmbH beträgt 25.000 Euro. Der Betrag der Stammeinlage kann für die einzelnen Gesellschafter verschieden bestimmt werden.

Erklärfilm „Einzelunternehmung"

Mediencode: 71035-08

Aktiengesellschaft (AG)

Die AG ist eine Kapitalgesellschaft mit eigener Rechtspersönlichkeit (juristische Person). Rechtsgrundlage ist das Aktiengesetz. Eine AG kann durch eine (kleine AG) oder mehrere Personen gegründet werden mit einem Grundkapital von mindestens 50.000 Euro. Dieses Grundkapital wird aufgeteilt in Anteile (Aktien), die für die Anteilseigner oder Aktionäre bestimmte Rechte verbriefen. Die AG haftet mit ihrem Firmenvermögen für Schulden; die Aktionäre tragen nur das Risiko des Wertverlustes ihrer Aktien, was bis zum Totalausfall führen kann. Organe einer AG sind der Vorstand als Leitungsgremium der Gesellschaft, der Aufsichtsrat als Kontrollorgan für den Vorstand und die Hauptversammlung als Zusammenkunft der Aktionäre, die z. T. den Aufsichtsrat wählt und formal über die Geschäftspolitik beschließt. Aktiengesellschaften werden vor allem dann gegründet, wenn große Mengen Kapital beschafft werden müssen.

Erklärfilm „Personengesellschaft"

Mediencode: 71035-09

Aufgaben

1. Ordne die passende Rechtsform für folgende Unternehmen zu: Bäckerei, Fahrradgeschäft mit deinem Freund, Unternehmen zur Entwicklung eines neuartigen Motors (M 20).
2. Begründe, warum im Zuge der Industrialisierung Aktiengesellschaften gegründet wurden und welche Vorteile damit bis heute verbunden sind (M 20).

Erklärfilm „Aktien"

Mediencode: 71035-10

Was wir wissen

Die Stellung der Unternehmen	Die Unternehmen gehören zusammen mit den privaten Haushalten und dem Staat zu den bestimmenden Wirtschaftsakteuren einer Volkswirtschaft. Unternehmen rücken immer wieder in den Blickpunkt der öffentlichen Diskussion, weil sie es in erster Linie sind (neben dem Staat), die die Arbeitsplätze in Deutschland zur Verfügung stellen. Die Unternehmen fragen die von den privaten Haushalten angebotene Arbeitskraft nach. Gleichzeitig zahlen sie den privaten Haushalten Löhne für ihre Arbeitskraft.
Betriebliche Grundfunktionen M 6, M 7, M 9	In einem Betrieb fallen sehr viele Tätigkeiten und Aufgaben an. Diese Aufgaben und Tätigkeiten werden allgemein in die betrieblichen Grundfunktionen Beschaffung, Produktion und Absatz unterteilt. Beschafft werden müssen Rohstoffe, Halb- und Fertigprodukte. Zur Produktion gehört die Erstellung des eigenen Produkts beziehungsweise der eigenen Dienstleistung, die Koordination der Aktivitäten der Mitarbeiter, die Forschung und Entwicklung neuer Produkte. Zum Absatz gehören alle Maßnahmen, die dazu führen, den Erfolg des Produktes und des Unternehmens am Markt zu sichern, also Marktbeobachtung und -analyse, Werbung, Preispolitik usw.
Unternehmensziele M 10, M 11, M 14	Die Unternehmensziele werden von der Unternehmensleitung formuliert. Sie muss dabei auch die Interessen anderer Gruppen, wie z. B. der Arbeitnehmer, der Eigentümer, der Gesellschaft, der Lieferanten, der Kunden etc. berücksichtigen. Insbesondere bei Massenentlassungen entbrennt immer wieder eine öffentliche Debatte darüber, welche Ziele Unternehmen in erster Linie verfolgen sollten.
Wirtschaftliche Ziele M 10, M 11, M 14	Das Streben nach einem Gewinn, der die Existenz des Unternehmens und damit letztlich auch die Arbeitsplätze und das Einkommen der Arbeitnehmer und des Unternehmers sichert, ist das wichtigste Ziel aller im freien Wettbewerb stehenden Unternehmen. Unternehmen sind aber auch eingebettet in ihre natürliche und gesellschaftliche Umwelt. Entsprechend nehmen die Unternehmen über ihr Gewinninteresse hinaus auch eine soziale und ökologische Verantwortung wahr. Wie weit diese Verantwortung gehen soll, ist umstritten.
Soziale und ökologische Ziele M 15, M 17	Viele Unternehmer sehen die Schaffung bzw. den Erhalt von Arbeitsplätzen und die Garantie menschenwürdiger Arbeitsbedingungen als soziale Aufgabe der Unternehmen an, was idealerweise auch für die Zulieferbetriebe gilt. Wenn das Unternehmen ökologische Verantwortung wahrnimmt, zielt es auf eine nachhaltige Wirtschaftsweise. Nachhaltig zu wirtschaften heißt, die Bedürfnisse der gegenwärtigen Generation zu befriedigen, ohne dabei zu riskieren, dass zukünftige Generationen ihre Bedürfnisse nicht mehr befriedigen können. Ergreift ein Unternehmen solche nachhaltigen Maßnahmen, kann das die Qualität der Produkte erhöhen. Und nicht zuletzt profitieren die Unternehmen von einem verbesserten Image. Gleichzeitig ist zu beobachten, dass noch relativ wenig Unternehmen die Idee der Nachhaltigkeit ernsthaft umsetzen.

Was wir können

Unternehmen sind nach festgelegten Regeln organisiert, sie haben eine bestimmte Rechtsform. Diese kann frei gewählt werden. Die Rechtsformen unterscheiden sich zum Beispiel hinsichtlich der Finanzierungsmöglichkeiten und der Haftung. So sind je nach Rechtsform die Möglichkeiten zur Aufnahme neuen Eigen- oder Fremdkapitals eingeschränkt oder auch – wie im Fall von Aktiengesellschaften, die an die Börse gehen können – erweitert. Bei Personengesellschaften und Einzelunternehmen umfasst die Haftung, anders als bei Kapitalgesellschaften, neben dem Betriebsvermögen auch das gesamte Privatvermögen der Eigentümer.

Rechtsformen
M 19, M 20

Unternehmensverantwortung?

Financial Times Deutschland, Beilage enable 9/2011

Aufgabe
Interpretiere die Zeichnung und erläutere daran den Unterschied zwischen echter Unternehmensverantwortung und reinem Marketing.

4.2 Organisation und Leitung des Unternehmens

Organisation im Wandel

M 1   Der Aufbau eines Unternehmens

Um seine Ziele zu verwirklichen, steht jedes Unternehmen vor der schwierigen Aufgabe, sich eine passende Organisationsstruktur zu geben. Man unterscheidet dabei die Aufbau- und die Ablauforganisation. Die **Aufbauorganisation** legt fest, welche Stellen und Abteilungen ein Unternehmen hat und wie die einzelnen Aufgabenbereiche voneinander abgegrenzt werden. Sie hat also mit den statischen Aspekten der Organisation zu tun und bildet das hierarchische Gerüst eines Unternehmens. Mit anderen Worten regelt sie die Zuständigkeiten für die arbeitsteilige Erfüllung der Unternehmensaufgabe. Typisch sind Instanzen- und Abteilungsbildung, die in einem Organigramm oder den Stellenbeschreibungen wiederzufinden sind. Das Organigramm beantwortet unter anderem Fragen wie „Wer ist der Chef?", „Wer hat wem was zu sagen?", „Wer ist für das Personal verantwortlich?" usw. Die kleinste organisatorische Einheit eines Unternehmens bildet die Stelle, also der einzelne Arbeitsplatz und die damit verbundene Aufgabenbeschreibung. Die **Ablauforganisation** befasst sich mit der Gestaltung des Arbeitsprozesses, z. B. der Gliederung der Arbeit in einzelne Schritte, der zeitlichen Reihenfolge der Arbeitsschritte, dem Einsatz von Sachmitteln, der räumlichen Gliederung des Arbeitsprozesses usw. Sie stellt damit den dynamischen Aspekt der Arbeit dar und zielt auf die optimale Auslastung der Betriebsmittel und Arbeitskräfte. Bei Produktionsbetrieben steht insbesondere die Frage im Mittelpunkt, wie die Produktion und die dazu nötigen Abläufe organisiert werden sollen.

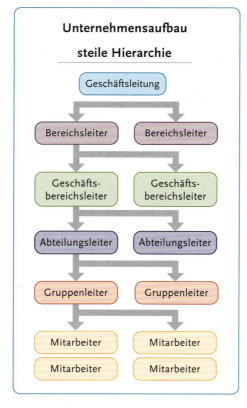

M 2 Der Wandel der Produktionsorganisation

Grundtypen	Fordismus (erstmals eingeführt bei Ford, seit ca. 1920)	Toyotismus (erstmals eingeführt bei Toyota, seit ca. 1970)
Produkte	wenige, standardisierte Produkte (hohe Stückzahlen)	zunehmende Produktvielfalt (auch kleinere Stückzahlen)
Produktionsorganisation	viele direkte Zulieferer, große Lagerhaltung, Fließbandfertigung	starke Abnahme der Direktlieferanten, Just-in-time-Produktion, geringe, jedoch störanfällige Lagerhaltung, Fließband mit Arbeitsgruppen
Arbeitsorganisation	einfache Arbeiten in vorgegebener Folge, Fertigung durch an- und ungelernte Arbeitskräfte, Trennung von Fertigung, Wartung und Qualitätskontrolle	Gruppenarbeit, zunehmende Anforderung an die Qualifikation der Arbeitskräfte, Verantwortung der Gruppe für das Endprodukt, Integration von Fertigung, Qualitätskontrolle, Wartung und Reparatur

M 3 Moderne Automobilproduktion: smartville in Hambach

Warum der Produktionsstandort Hambach insgesamt auch als „smartville" bezeichnet wird, erklärt ein Blick aus der Vogelperspektive: Im Zentrum des
5 Industriekomplexes mit einer Gesamtfläche von 68 Hektar – davon 17,5 Hektar bebaut – steht das smart Zentralgebäude, das von separaten Hallen für die Systempartner umgeben ist.
10 Diese produzieren dort Komponenten, montieren Module vor oder erbringen Logistikdienstleistungen. Im Zentralgebäude in Form eines Plus-Zeichens findet die Endmontage der
15 Fahrzeuge statt: Die Fahrzeuge laufen auf dem Fließband durch jeden der vier Ausläufer („Äste") mit den jeweiligen Montagestationen. Dank der langen Außenwände dieser Äste kön-
20 nen alle Module und Teile unmittelbar an den Montagestationen zum Einbau bereitgestellt werden, und zwar exakt zur richtigen Zeit („just in time") sowie in der richtigen Reihenfolge („just
25 in sequence") für jedes individuelle Fahrzeug. Die Bereitstellung durch die Systempartner erfolgt direkt über Transportbrücken, weitere Umfänge werden über die zahlreichen Lkw-An-
30 dockstellen angeliefert. In der Mitte des Plus-Zeichens befinden sich weitere Stockwerke für den Verwaltungsbereich des Werks, ein achteckiger überdachter Innenhof ermöglicht den
35 jederzeitigen Blickkontakt zur Produktion. Die Kantine im obersten Stockwerk steht allen Beschäftigten am Standort smartville zur Verfügung und ist damit auch tägliche Begegnungs-
40 stätte für die smart Mannschaft und die Mitarbeiter der Systempartner.
Zu den Systempartnern auf dem Werksgelände zählen unter anderem Magna Chassis (tridion-Sicherheitszel-

smart fortwo, gefertigt in „smartville" Hambach

le), Magna Doors (Türen, Heckklappe), Faurecia (Bodypanels), ThyssenKrupp (Hinterachsantriebsmodul und Vorderachse) und SAS (Cockpit). Die Systempartner haben eine weitgehende Verantwortung für ihre Module. So prüft beispielsweise Magna Doors an speziellen Geometriestationen die exakte Maßhaltigkeit der Kunststofftüren des neuen smart fortwo, sodass bei der Endmontage am Fahrzeug keine Justiermaßnahmen mehr notwendig sind.

Auf dem Gelände von smartville gibt es außerdem eine insgesamt rund 1,5 Kilometer lange Teststrecke zur Vorserien-Erprobung und Qualitätssicherung, mit der das Fahrzeugverhalten auf vielen unterschiedlichen Fahrbahnoberflächen, darunter auch einer Rüttelstrecke, untersucht werden kann.

© 2015 Daimler AG, 20.10.2014

M 4   Abschied vom Kramen und Suchen – Abläufe verbessern

Hightech und Schwarzwaldidyll, weltweite Geschäfte und tiefste Provinz – bei Wiha Werkzeuge in Schonach ist der Kontrast alltägliche Realität. Seit 1943 stellt man in der Schwarzwaldgemeinde […] hochwertige Werkzeuge her. Unter anderem entstehen Schraubendreher, Bits, Stiftschlüssel, Zangen, Hämmer und Drehmomentwerkzeuge – Präzisionsgeräte für den professionellen Anwender. Handwerker, Elektriker, Industriemechaniker aus der ganzen Welt greifen auf die hochpreisigen Werkzeuge aus Schonach zurück. Dabei ist es gar nicht so einfach, in Schonach ein hochqualitatives Produkt herzustellen. Fast ein halbes Jahr herrscht in der Gemeinde auf rund 900 Metern Höhe Winter, und die sprichwörtliche Enge lässt trotz guter Geschäftsentwicklung keine großen Bauvorhaben zu. Eingeklemmt zwischen Berghängen und tiefen Tälern, stoßen mögliche Erweiterungen schnell an ihre Grenzen.

Seit 1966 gibt es deshalb ein zweites Werk im rund 20 Kilometer entfernten Mönchweiler, und seither müssen die dort produzierten Metallrohteile ständig mit dem Lastwagen nach Schonach transportiert werden, wo man sie zum Endprodukt weiterverarbeitet. Auch dies ist eine logistische Herausforderung. Bis zur nächsten Autobahn sind es 50 Kilometer, enge Passstraßen erfordern von den Fahrern einiges Geschick und eine gute Stunde Fahrtzeit. Doch Firmenchef Wilhelm Hahn betont die Vorteile der Region. Die ausgeprägte Tüftlertradition etwa. „Dadurch, dass wir hier ständig mit so vielen Herausforderungen zu kämpfen hatten, waren wir immer auf Innovationen und die Verbesserung von Arbeitsprozessen angewiesen." Bei jedem Arbeitsschritt frage man sich, wie man ihn besser und unkomplizierter erledigen könne, um Ressourcen, Platz und Zeit zu sparen.

Das hat sich ausgezahlt und dem Familienunternehmen beim MX Award jetzt auch den erstmals vergebenen Sonderpreis für das beste kleine und mittelständische Unternehmen (KMU) eingebracht. Die Juroren waren beeindruckt von dem hohen Grad an Prozessoptimierung. Lean Production, Kanban, Milkrun – was anderenorts noch heiß diskutiert wird, ist bei Wiha schon Realität. Die wirtschaftliche Entwicklung gibt dem Unternehmen recht. Auf knapp 50 Millionen Euro kletterte der Umsatz 2013, und auch für 2014 zeichnet sich eine positive Geschäftsentwicklung ab. Als besonders erfolgreich stellte sich die Einführung des Kanban-Systems im Jahr 2006 heraus. Unter dem japanischen Begriff versteht man eine Produktionssteuerung, die sich am tatsächlichen Bedarf von Rohwaren orientiert. Für die jeweiligen Produktionsschritte werden dadurch immer genau so viele Materialien zur Verfügung gestellt wie gebraucht werden. Bei Wiha funktioniert das mittels sogenannter Kanban-Karten. Ist beispielsweise der Vorrat an einer bestimmten Schraubenart aufgebraucht, legt der Mitarbeiter eine Karte an eine zentrale Tafel, das Kanban-Board. Dadurch ist für alle ersichtlich, dass entsprechende Teile aufgefüllt werden müssen. Das minimiert die Vorratshaltung und senkt die Lagerkosten.

Viermal täglich läuft ein Logistiker eine festgelegte Strecke ab und füllt nur dort auf, wo tatsächlich etwas benötigt wird. Er macht den Milkrun, den Milch-Lauf – wie ein Milchbote in früheren Zeiten, der die Häuser abfährt und nur die Milchflaschen ersetzt, die leer vor der Haustür stehen. So kann der Logistiker genau sehen, wo Materialien nachgefüllt werden müssen. Die Mitarbeiter haben also immer eine ausreichende Menge an Rohmaterial zur Verfügung und müssen es sich nicht selbst mühsam im Lager zusammensuchen. Die dadurch erreichte Art der Produktionsoptimierung ermöglicht auch eine größere Vielfalt an Produkten. Rund 3.500 Artikel sind im Wiha-Katalog gelistet. Tatsächlich produziert werden aber mehr als 11.000. Dazu zählen auch Sonderanfertigungen und Aufträge von Fremdfirmen, die nicht unter dem Namen Wiha auf den Markt gehen.

Wilhelm Hahn ist sicher, dass man bei Wiha durch die optimierten Prozesse gut auf die kommenden Herausforderungen vorbereitet ist – und gleichzeitig für Arbeitnehmer interessant bleibt. Um die 350 Menschen arbeiten bei Wiha in Schonach und Mönchweiler. Ein eigenes Entwicklungsbüro in Waldkirch bei Freiburg soll die Anbindung an die Großstadt erleichtern. Gemeinsam mit ihren Kollegen in Schonach arbeiten die Entwickler dort sowohl an neuen Materialien und Oberflächen für die Werkzeuge als auch an ganz neuen Produkten. Anregungen dafür liefern regelmäßige Befragungen von Anwendern – dabei geht es beispielsweise um die ergonomische Gestaltung oder zusätzliche Funktionen der Geräte.

Michael Saurer, www.welt.de, 14.11.2014

Aufgaben

1. Entwirf ein Organigramm für dm oder deine Schule (M 1).
2. Erläutere die Vor- und Nachteile, die mit der modernen Produktionsweise des smart fortwo verbunden sind (M 3).
3. Die Firma Wiha hat den MX Award erhalten. Dieser zeichnet jedes Jahr verschiedene Industriebetriebe aus, die in ihrem Umgang mit Kunden, Produkten und Prozessen besonders innovativ sind und damit anderen als Vorbild dienen. Begründe die Preisverleihung schriftlich (M 4).

Die Rolle des Unternehmers

M 5   Pioniere der Wirtschaft

Jakob Fugger (1459 – 1525)

Der Augsburger gilt als der mächtigste Frühkapitalist in Europa. Jakob Fugger finanzierte den Adel, Klerus, Könige und den Kaiser. Im Gegenzug erhielt er Handelsprivilegien, Ländereien und Bodenschätze. So durfte er z. B. die Silberminen der Habsburger ausbeuten. Jakob Fugger errichtete ein Kupfermonopol in Europa und beteiligte sich 1505 sogar am Gewürzhandel mit Ostindien.

Alfred Krupp (1812 – 1887)

Bereits mit 13 Jahren begann er 1825 in der Gussstahlfabrik seines verstorbenen Vaters zu arbeiten. Damals stellten sieben Arbeiter Werkzeugstahl und Feilen her. Mehrmals stand er am Rande des Ruins. Doch als er 1887 starb, beschäftigte Alfred Krupp 20.200 Menschen, 13.000 davon in der Gussstahlfabrik. Bekannt wurde er unter anderem durch seine Kanonen, doch die Rüstungsproduktion machte nur einen kleinen Teil des Umsatzes aus. Krupp erkannte früh, welche Vorteile die Großfertigung hat, und erweiterte außerdem ständig seine Absatzgebiete – durch neue Stahlprodukte wie durch regionale Expansion.

John D. Rockefeller (1839 – 1937)

Er gründete 1870 die Standard Oil Company, mit der er im ausgehenden 19. Jahrhundert die Ölindustrie Amerikas dominierte. Innerhalb von zwölf Jahren schuf er für sein Unternehmen praktisch eine Monopolstellung. Die agressiven Geschäftspraktiken seiner Gesellschaft führten 1890 zu den ersten Anti-Trust-Gesetzen, in denen die US-Regierung die Marktmacht von Großunternehmen massiv einschränkte. Rockefeller teilte daher sein Firmengeflecht auf und legte die Unternehmen dann wieder zusammen. Erst 1911 erklärte der Oberste Gerichtshof in Amerika Standard Oil für illegal. Der Konzern wurde aufgelöst.

Nach: Rainer Hank, Was Sie schon immer über Wirtschaft wissen wollten, Frankfurt 2008, S. 197 f.

M 6 Er hat einfach diesen Instinkt

Karikatur: Kai Felmy

M 7 Die Bedeutung der Unternehmerpersönlichkeit

Zum eigenständig Handelnden wurde der Unternehmer erst seit Anfang des letzten Jahrhunderts bei dem Ökonomen Joseph A. Schumpeter (1883-1950), der ihn als Pionierunternehmer, als schöpferischen Zerstörer, kurz als Heldenfigur des wirtschaftlichen Wandels beschrieben hat. Schumpeters Unternehmer ist weder Kapitalist noch bloßer Unternehmensgründer oder Erfinder, er ist vielmehr ein „Macher", der neue Kombinationen durchsetzt, der zum Beispiel neue Güter oder Produktionsqualitäten oder neue Produktionsmethoden einführt, der neue Absatzwege oder neue Bezugsquellen erschließt oder der Unternehmen effizienter organisiert, etwa in Gestalt von Konzernen. Dieser schöpferische Unternehmer bricht aus dem wirtschaftlichen Alltag aus und sieht Chancen da, wo sie andere nur undeutlich oder gar nicht wahrnehmen. Er zerstört Altes, um Neues zu schaffen. Ihm geht es nicht allein um Gewinn, sondern auch um Sieg im Konkurrenzkampf. Schumpeters Unternehmer ist nicht mehr das Instrument des Marktes, er bewegt die Märkte und führt Umbrüche in ganzen Branchen und letztlich in der Volkswirtschaft herbei. Die schöpferische Zerstörung trifft freilich auch den Pionier, wenn die „Nachahmer" dem Schumpeterschen Helden folgen. Damit ist auch vorgezeichnet, wie Entwicklung und Wachstum einer Volkswirtschaft vorangetrieben werden: durch die Unternehmen.

Jürgen Jeske/Hans D. Barbier, Handbuch Wirtschaft: So nutzt man den Wirtschafts- und Finanzteil einer Tageszeitung, Frankfurt a. M. 2000, S. 328

Joseph A. Schumpeter österreichischer Ökonom und Politiker, erklärte in seinen Schriften die Entwicklung des Kapitalismus

Unter *http://unternehmerpersoenlichkeiten.de* werden Unternehmerpersönlichkeiten porträtiert. Stelle eine Persönlichkeit deiner Wahl ausführlich vor.

Aufgaben

1. Arbeite aus den Porträts in M 5 heraus, welche Eigenschaften ein Unternehmer haben sollte.
2. Analysiere die Karikatur (M 6).
3. Erläutere, wie Unternehmer als „schöpferische Zerstörer" die Entwicklung einer Volkswirtschaft beeinflussen, und nenne Beispiele dafür (M 7).

Wie führt man ein Unternehmen?

M 8   Aufgaben der Unternehmensleitung

Karikatur: Thomas Plaßmann

Unternehmerischer Erfolg hängt wesentlich von einer erfolgreichen Unternehmensführung ab. Dem Unternehmer und seinen Mitarbeitern kommen dabei folgende Aufgaben zu:
- wirtschaftliche Ziele zu formulieren und diese im Unternehmen umzusetzen
- das Unternehmen den Zielen entsprechend auszurichten und zu organisieren
- neue Entwicklungen (z. B. Kundenbedürfnisse, Technologien) rasch zu erkennen und das Geschäftsmodell entsprechend auszurichten
- die besten Mitarbeiter an sich zu binden
- Produkte und Unternehmensabläufe immer wieder mit neuen Ideen und Kreativität zu verbessern

M 9   Frust im Job: Jeder sechste Arbeitnehmer hat keinen Bock

autoritärer Führungsstil
Der Unternehmer trifft alle Entscheidungen in eigener Verantwortung und veranlasst deren Durchführung durch detaillierte Anweisungen an alle nachgeordneten Ebenen.

kooperativer Führungsstil
Der Unternehmer trifft die Entscheidungen im Zusammenwirken mit den Mitarbeitern. Die Aufgabenerfüllung wird den Mitarbeitern eigenverantwortlich zur Durchführung übertragen.

Die Stimmung hat sich aufgehellt, doch die Zahlen bleiben alarmierend: Laut einer Gallup-Umfrage haben 17 Prozent der deutschen Arbeitnehmer innerlich gekündigt. [...]

Viele Angestellte in Deutschland sind nur wenig motiviert. Das ist das Ergebnis einer Umfrage unter mehr als 1.300 Beschäftigten, die das Beratungsunternehmen Gallup vorgestellt hat. [...] Glaubt man Gallup, dann ist dieser Wert nun erstmals im vergangenen Jahrzehnt wieder gesunken. Von 2002 bis 2012 war er kontinuierlich gestiegen: von 16 auf 24 Prozent. Dennoch hat noch immer jeder sechste Mitarbeiter bereits seine „innerliche Kündigung" mit sich ausgemacht. Der Begriff wurde vom Führungsforscher Martin Hilb geprägt. Er bezeichnet diesen Zustand als eine Art Selbstjustiz des Arbeitnehmers. Der Angestellte fühlt sich ungerecht behandelt und arbeitet nur noch so viel, wie ihm angesichts dieser Behandlung als fair erscheint. Er stellt also durch Arbeitsverweigerung sein Gerechtigkeitsgefühl wieder her. Die Ursachen für geringe emotionale Mitarbeiterbindung ließen sich in der Regel auf Defizite bei der Personalführung zurückführen, erklärte der Gallup-Sprecher. Die Mitarbeiter, die sich innerlich verabschiedet haben, fehlen demnach häufiger. Sie entwickeln so gut wie nie Ideen, wie sich die Arbeitsabläufe und Produkte des Unternehmens verbessern lassen, und einige verlassen irgendwann das Unternehmen – was zu Verlusten beim Know-how führt. Und beim Geld: Laut Gallup-Schätzung entsteht durch schlecht motivierte Mitarbeiter ein volkswirtschaftlicher Schaden von 98,5 bis 118,4 Milliarden Euro pro Jahr.

bos, Spiegel Online, 31.3.2014

M 10 Unternehmensführung – zwei Modelle

Zwei der führenden Drogeriemärkte haben eine völlig unterschiedliche Philosophie: Der eine spart, wo er kann, und misstraut seinen Mitarbeitern. Der andere gibt mehr aus, als er müsste, und glaubt an das Gute in seinen Angestellten (vgl. Kap. 4.1, M 12 – M 14).

Die Firma – Gründer: Anton Schlecker, 65, Metzgermeister. Er eröffnet den ersten Drogeriemarkt 1975. Leitet den Konzern mit Ehefrau Christa. Filialen in Deutschland: ca. 9.000, im Schnitt 200 m² groß und eng gestellt, oft an abgelegenen Standorten. Zahl der Angestellten: ca. 52.000. In vielen Filialen erledigt eine einzige Angestellte alle Jobs: einräumen, kassieren, beraten, putzen, bestellen. Mehrarbeit bleibt oft unbezahlt. Bezirksleiter statten regelmäßig Besuche ab und bewerten die Mitarbeiter mit Schulnoten, bei vielen schlechten Noten droht eine Abmahnung. Um den Aufbau der XL-Märkte zu finanzieren, entließ Schlecker Mitarbeiter mit Tarifverträgen und stellte ihnen frei, sich über eine neu gegründete Leiharbeitsfirma zu bewerben – zu deutlich niedrigeren Stundenlöhnen.	*Die Firma* – Gründer: Götz Werner, 66, Drogist. Er eröffnet den ersten Drogeriemarkt 1973. Gibt die Leitung 2008 an Erich Harsch ab. Filialen in Deutschland: ca. 1.100, im Schnitt 600 m³ groß, meist in City-Lagen. Werner glaubt, dass sich der Gewinn eines Marktes durch gut ausgebildetes Personal steigern lässt. Zahl der Angestellten: ca. 33.000. Die Mitarbeiter bestimmen das lokale Sortiment, Dienstpläne und sogar Gehälter selbst. Vorgesetzte werden meist von der Belegschaft gewählt. Verbesserungsvorschläge werden mit allen diskutiert, Neuerungen in einer Filiale müssen meist nicht mit der Zentrale abgesprochen werden. Wird mehr erwirtschaftet als erwartet, erhält jeder einen gleich hohen Warengutschein.
Die Philosophie – Anton Schlecker: „Man muss mit Nachdruck schauen, dass die Spielregeln eingehalten werden." Schlecker betreibt eine sehr konservative Art des Führungsstils: Der Chef entscheidet allein, Verbesserungsvorschläge von Mitarbeitern sind nicht erwünscht, Betriebsräte und Gewerkschaften werden als „notwendiges Übel" nur widerwillig geduldet. Schlecker nennt das: „zielorientierte Beharrlichkeit und konsequentes Festhalten an für richtig erkannten Grundprinzipien".	*Die Philosophie* – Götz Werner: „Wir sind keine Organisation, die Druck macht, sondern eine, die Sog erzeugt." Werner ist bekennender Anthroposoph und hat das Unternehmen nach dem Leitsatz „Zutrauen veredelt den Menschen" ausgerichtet. Er setzt auf flache Hierarchien und Transparenz bis in die Führungsebene, auf die Eigenverantwortung aller Mitarbeiter und Nachhaltigkeit bei Produkten und Logistik. Dieser Ansatz schlägt sich auch in der Firmensprache nieder: Personalkosten heißen „Mitarbeitereinkommen" oder „Kreativposten", die Firma ist eine „Arbeitsgemeinschaft".

Nach: Brigitte 20/2010, S. 104 f.

Aufgaben

1. Analysiere die Karikatur und entscheide, ob du diesen Mitarbeiter als Unternehmensleiter einstellen würdest (M 8). Begründe deine Entscheidung.
2. Erkläre den Begriff „innere Kündigung" und nenne Ursachen und Folgen (M 9).
3. a) Ordne die unterschiedlichen Führungsstile (Randspalte) den Unternehmen in M 10 zu.
   b) Die Firma Schlecker ist inzwischen pleite, die Firma dm zum Marktführer aufgestiegen. Entwickle deine persönliche Einschätzung zum Zusammenhang zwischen Führungsstil und Geschäftserfolg.

Was wir wissen

Aufbau eines Unternehmens M 1	Die Ablauforganisation befasst sich mit der Gestaltung des Produktionsprozesses, d. h. der zeitlichen und räumliche Abfolge der Arbeitsschritte von der Beschaffung über die Produktion bis hin zum Absatz der Produkte. Die Aufbauorganisation hat demgegenüber eher mit den statischen Aspekten zu tun. Sie schafft grundlegende Ordnungen im Unternehmen. Die Aufbauorganisation nimmt eine Aufgliederung des Unternehmens in organisatorische Teilbereiche und die entsprechende Aufgabenverteilung vor. Typisch sind Instanzen- und Abteilungsbildung, die in einem Organigramm oder den Stellenbeschreibungen wiederzufinden sind.
Ablauf- organisation im Wandel M 2 – M 4 **Fordismus**	F. E. Taylor untersuchte Ende des 19. Jahrhunderts systematisch die Vorteile der Arbeitsteilung im Produktionsprozess (Taylorismus). Dies führte ca. 1920 zur Einführung der Fließbandfertigung beim amerikanischen Autohersteller Ford. Dabei wurde der komplizierte Produktionsprozess in viele, meist einfache Arbeitsschritte zerlegt, die auch ungelernte Arbeiter ausführen konnten. Dadurch konnte die Produktion erheblich gesteigert und verbilligt werden. Der Fordismus blieb bis in die 1970er-Jahre hinein der Maßstab für eine effiziente Produktionsweise.
Toyotismus	Die Zerlegung der Arbeit hatte aber auch negative Folgen. Die Arbeit wurde eintönig und die Arbeitnehmer fühlten sich nicht mehr verantwortlich für die Qualität des Gesamtproduktes. Zu Beginn der 1970er-Jahre entwickelte deshalb der japanische Autobauer Toyota eine neue Produktionsweise. Dabei wurde selbstständigen Arbeitsgruppen mehr Verantwortung für einen Teil des Fertigungsprozesses übertragen. Flexibilität und Qualität der Produktion konnten dadurch gesteigert werden.
Aufbau- organisation und Unternehmens- führung M 5 – M10	Die Führungsebene eines Betriebes wird auch als das Management bezeichnet. Dies gilt besonders für Kapitalgesellschaften, in denen Manager das Unternehmen leiten. In Deutschland ist jedoch das Einzelunternehmen vorherrschend. Es wird geleitet von einer einzelnen Person, dem Einzelunternehmer: Er handelt selbstständig und auf eigenes Risiko. Der Unternehmer setzt die Unternehmensziele, plant die Maßnahmen, mit denen die Ziele erreicht werden sollen, organisiert deren Umsetzung und kontrolliert die Ergebnisse. Von ihm wird erwartet, dass er vertraute Routinen verlässt und neue Lösungen durchsetzt, um die Existenz des Unternehmens auf Dauer zu sichern. Stark hierarchische Strukturen werden immer mehr durch flache Hierarchien und neue Arbeitsformen wie Projekt- und Teamarbeit abgelöst. Dies geht einher mit einer größeren Verantwortung und steigenden Anforderungen an den einzelnen Mitarbeiter.
Rolle des Unternehmers M 5 – M 7	Unternehmer setzen Innovationen auf dem Markt um. Sie sind daher eine wichtige Triebfeder des wirtschaftlichen Wachstums und Wandels. Persönliche Voraussetzungen für eine Unternehmertätigkeit sind u. a. eine hohe Risikobereitschaft, Fleiß und der Glaube an die eigene Geschäftsidee.

Was wir können

Henkel-Chef Kasper Rorsted über Revoluzzer im Büro

Also wird die Krawatte nicht abgeschafft, wie in manch anderem Traditionskonzern: Sie tragen weiter Schlips.

Das sowieso. Aber Krawatten haben nichts mit Tempo zu tun. Abgesehen davon müssen wir im digitalen Bereich viel besser werden, etwa indem wir jüngere Leute früher in Verantwortung bringen. Ein typischer Persil-Produktmanager ist 30 bis 40 Jahre alt, hat die klassische Karriere im Konzern durchlaufen: erst Assistent, dann verantwortlich für eine kleinere Marke, am Ende als Höhepunkt: König von Persil. In der neuen Welt muss man auch mal einen 25-Jährigen daneben setzen und sagen: So, du bist jetzt der König für Persil online. Die Jungen denken anders.

Arbeiten sie auch anders?

Ja, viel mehr mit sozialen Medien. Die sind privat bei Facebook, Instagram, Snapchat und erwarten das auch im Büro. Wir haben deshalb im Oktober Yammer eingeführt, eine Art internes Facebook von Microsoft, da machen jetzt schon 20.000 Mitarbeiter mit.

Und tratschen über das Kantinenessen?

Jeder kann reinschreiben, was er mag – auch was ihm an meinen Entscheidungen nicht passt oder wo der Vorstand aus seiner Sicht falsch liegt.

So tollkühn wird keiner sein, der eine Karriere vor sich hat.

Das wollen wir nicht steuern. Was früher in der Kantine besprochen wurde, landet jetzt in den sozialen Medien – damit muss ein Konzern, damit muss auch ich leben lernen.

Sind Sie auch bei Facebook?

Nein, ganz bewusst nicht. Ich trenne mein Privatleben strikt vom Geschäft. Im Büro aber antworte ich auf jede E-Mail selbst, da ist kein Filter dazwischen. Nur wenn ich in Kopie, also cc, stehe, dann ignoriere ich das konsequent. Dieses ganze cc-Geschreibe macht in den seltensten Fällen Sinn und dient meistens nur der Absicherung!

Sie sagen, es sei nötig, jungen Leuten rasch Verantwortung zu geben: Wollen die das überhaupt? Wie viel liegt der Generation Y an der Karriere?

Wie immer gibt es solche und solche, generell wollen die Jungen freier entscheiden, wann und wo sie arbeiten. Als ich neulich eine 27-jährige Frau eingestellt habe, hat die gesagt, ich arbeite gerne zehn Stunden oder auch mal mehr, aber ich möchte entscheiden können, wo ich dabei zu bestimmten Zeiten sitze.

Was haben Sie geantwortet?

Das ist mir egal, habe ich ihr gesagt, Hauptsache, die Leistung stimmt. Wenn du zwischendurch ins Fitnessstudio gehst und mir hinterher die Finanzanalyse schickst, auch gut. Die Präsenzkultur stirbt aus, die Digitalisierung wird das endgültig beenden.

Frankfurter Allgemeine Sonntagszeitung, 22.11.2015; das Gespräch führte Georg Meck

Kasper Rorsted (24.2.1962) war von 2008 bis Anfang 2016 Vorstandschef von Henkel. Der Waschmittel-, Kosmetik- und Klebstoffkonzern brachte es im Jahr 2014 mit 50.000 Mitarbeitern auf 16,4 Mrd. Euro Umsatz. Am 18.1.2016 wurde bekannt, dass Kasper Rorsted in die Chefetage von Adidas wechseln wird.*

Aufgabe

Henkel-Chef Kasper Rorsted zeigt in diesem Interview eine neue Sicht der Führung auf die Mitarbeiter des Unternehmens. Nimm Stellung.

4.3 Arbeitsbeziehungen und Konflikte im Betrieb

Von der Stellenausschreibung zum Arbeitsvertrag

M 1　Wege der Personalbeschaffung

Kurzerklärung:

Die Personalbeschaffung ist eine Teilfunktion der Personalwirtschaft mit der Aufgabe, die von einem Unternehmen benötigten Arbeitskräfte in qualitativer, quantitativer, zeitlicher und räumlicher Hinsicht zu beschaffen.

Ausführliche Erklärung:

1. Begriff: Teilfunktion der Personalwirtschaft mit der Aufgabe, die von einem Unternehmen benötigten Arbeitskräfte in qualitativer, quantitativer, zeitlicher und räumlicher Hinsicht zu beschaffen. Zunehmend wird auch der Begriff Personalgewinnung verwendet.

2. Maßnahmen der Personalbeschaffung werden ausgelöst, wenn eine personelle Unterdeckung festgestellt wird (Personalbedarf). Im Fall eines Fehlbedarfs erfolgt zunächst eine Entscheidung über die Art der Abdeckung. Alternativen sind dabei:

(1) Anpassung der personellen Kapazität ohne Veränderung des Personalbestandes, z. B. durch Personalleasing;

(2) Anpassung durch Veränderung des Personalbestandes, bes. durch Neueinstellung (Personalauswahl);

(3) Besetzung einer vakanten Stelle durch einen bereits vorhandenen Mitarbeiter im Wege der Versetzung, Beförderung etc. (interne Personalbeschaffung). Der Entscheidungsspielraum der Personalbeschaffung wird von zahlreichen inner- und außerbetrieblichen sowie rechtlichen Einflussfaktoren und Rahmendaten strukturiert und begrenzt.

3. Instrumente der Personalbeschaffung:

(1) Anreizinstrumente (materielle, immaterielle Anreize; Arbeitssituationen als Anreizfaktor);

(2) Beschaffungsmethode (direkt durch persönliche Kontaktaufnahme, z. B. Headhunting; indirekt durch Einschaltung von Beschaffungsmittlern, z. B. Bundesagentur für Arbeit, Personalberatung etc.);

(3) Kommunikationspolitik (Maßnahmen der Personalwerbung und der Public Relations). Mit dem Einsatz der Instrumente der Personalbeschaffung soll ein genügend großer Kreis an geeigneten Bewerbern erschlossen werden. Die Instrumente der Personalbeschaffung sind dann optimal kombiniert, wenn ein bestimmter Beschaffungsbedarf mit minimalen Kosten gedeckt wird. Die Wirksamkeit der einzelnen Instrumente ist im Hinblick auf die verschiedenen Beschaffungsquellen bzw. Segmente der Arbeitsmärkte zu beurteilen.

4. Im Zuge eines Auswahlprozesses ist der für das Unternehmen am besten geeignete Bewerber herauszufinden und ein Arbeitsvertrag abzuschließen (Personalauswahl).

Thomas Bartscher, © Springer Fachmedien Wiesbaden GmbH (23.11.2015)

M 2 Das Assessment Center

Das Assessment Center – kurz AC – ist ein Personalauswahlverfahren im Bewerbungsprozess. In einem zeitlichen Rahmen von ein bis drei Tagen absolvieren die vielversprechendsten Bewerber verschiedene Assessment Center-Übungen. Ziel ist es, das Verhalten und die Kompetenzen eines Bewerbers zu ermitteln, um festzustellen, ob er für die vakante Stelle fachlich und persönlich geeignet ist. [...]

Die Assessment Center-Aufgaben sind vielfältig und fordern die unterschiedlichsten Eigenschaften und Fähigkeiten des Bewerbers. Nach einer Vorstellungsrunde finden häufig Gruppendiskussionen statt. Beliebte Elemente sind auch Fallstudien, sogenannte Postkorbübungen, Rollenspiele, Kompetenztests und eine Selbstpräsentation. Am Ende eines AC muss der Bewerber meist noch in einem Assessment Center-Interview Rede und Antwort stehen.

Das Verhalten der Kandidaten im Assessment Center wird von Beobachtern – sogenannten Assessoren – analysiert und bewertet. Dabei handelt es sich in der Regel um Personaler, Psychologen oder Mitarbeiter aus den Fachabteilungen. Anhand von Bewertungsbögen und der Einschätzung der Assessoren werden die persönlichen und fachlichen Kompetenzen der Kandidaten erfasst und am Ende ausgewertet.

ABSOLVENTA, www.absolventa.de, Stichwort: Assessment Center (18.11.2015)

M 3 Der Arbeitsvertrag – Rechte und Pflichten für beide Seiten

Wird der Bewerber eingestellt, so erhält er einen Arbeitsvertrag. Der Arbeitsvertrag kommt, wie jeder andere Vertrag, durch die übereinstimmende Willenserklärung der Vertragspartner zustande. Alle arbeitsrechtlichen Vereinbarungen müssen schriftlich abgefasst sein. Die Vereinbarungen im Arbeitsvertrag dürfen nicht gegen die Bestimmungen des geltenden Tarifvertrags, einer Betriebsvereinbarung oder gegen geltende Gesetze verstoßen.

Rechte und Pflichten aus dem Arbeitsvertrag

- vereinbarte Arbeitsleistung erbringen
- Alle im Betrieb gleich behandeln
- Zeugnis ausstellen
- Beiträge zur Sozialversicherung rechtzeitig und ordnungsgemäß abführen
- notwendige Unterlagen aushändigen
- vereinbarten Lohn zahlen
- Weisungen befolgen
- Sicherheit am Arbeitsplatz gewährleisten
- Auskunft über den Stand der Arbeit geben
- Interessen des Betriebs nach besten Kräften wahrnehmen
- keine Arbeit in direkter Konkurrenz zum Arbeitgeber aufnehmen
- Arbeitnehmer tatsächlich beschäftigen
- Betriebsgeheimnisse wahren
- Erholungsurlaub gewähren
- mit Arbeitsmitteln sorgsam und pfleglich und ihrer Bestimmung gemäß umgehen

Aufgaben

1. Wählt aus dem Stellenteil einer Tageszeitung eine Stellenausschreibung aus und erläutert, welche Anforderungen ein Bewerber erfüllen müsste.
2. Stelle die Wege der Gewinnung eines neuen Mitarbeiters von der Stellenausschreibung bis zur Unterzeichnung des Arbeitsvertrags in einem (sich verzweigenden) Flussdiagramm dar (M 1 – M 3).
3. Arbeite Vor- und Nachteile der Personalbeschaffung innerhalb und außerhalb des Betriebs heraus (M 1).
4. Entwickelt Vorschläge, wie in der Schule die Anforderungen an ein Bewerbungsverfahren trainiert werden könnten (M 2).
5. Ordne die in M 3 und der Randspalte genannten Pflichten nach Pflichten des Arbeitgebers und Pflichten des Arbeitnehmers.

zu Aufgabe 1
Entwerft eine Stellenausschreibung für einen Verkäufer am Stand des Weihnachtsbasars.

Konfliktfall Lohn – wie verlaufen Tarifverhandlungen?

M 4 Konfliktfall Lohn – das Tauziehen in der Tarifauseinandersetzung

Erste Verhandlungsrunde – keine Annäherung
Die erste Verhandlungsrunde für die 75.000 Stahlbeschäftigten in Nordrhein-Westfalen, Niedersachsen und Bremen am Freitag brachte keine Annäherung zwischen Arbeitgebern und IG Metall.

Die Arbeit in den Stahlbetrieben ruht
Die IG Metall-Tarifkommission hat entschieden: Am morgigen Mittwoch wird es die ersten Warnstreiks in der nordwestdeutschen Stahlbranche geben.

IG Metall entscheidet über Warnstreiks
Die Arbeitgeber legten auch in der zweiten Stahl-Tarifverhandlung in Gelsenkirchen kein Angebot vor.

IG-Metall begründet Forderungen
„Wer mehr Wert schafft, hat auch mehr verdient." Unter diesem Motto starten die Tarifverhandlungen für die rund 75.000 Stahl-Beschäftigten in Nordwestdeutschland. Die IG Metall fordert sieben Prozent mehr Geld, die unbefristete Übernahme der Auszubildenden und eine bessere Altersteilzeit.

Dritte Verhandlung bringt Ergebnis für Beschäftigte
3,8 Prozent höhere Einkommen und die unbefristete Übernahme der Ausgebildeten. Das haben IG Metall und Arbeitgeber heute in der dritten Tarifverhandlung in Düsseldorf für die 75.000 Stahlbeschäftigten in Nordrhein-Westfalen, Niedersachsen und Bremen vereinbart. Der Tarifvertrag zur Altersteilzeit wurde verlängert.

Nach: www.igmetall.de (12.8.2012)

M 5 Die Gestaltung der Arbeitswelt durch Tarifverträge

Nach: Bergmoser + Höller Verlag AG, Zahlenbilder 240 021

M 6 Die Tarifautonomie

Die Tarifautonomie überantwortet die Lohnfindung, aber auch die Gestaltung vieler Details der Arbeitswelt den Tarifvertragsparteien. Die Tarifautonomie ist in Art. 9 Abs. 3 Grundgesetz garantiert. Darin heißt es: „Das Recht, zur Wahrung und Förderung der Arbeits- und Wirtschaftsbedingungen Vereinigungen zu bilden, ist für jedermann und für alle Berufe gewährleistet. Abreden, die dieses Recht einschränken oder zu behindern suchen, sind nichtig, hierauf gerichtete Maßnahmen sind rechtswidrig." Tarifvertragsparteien sind Gewerkschaften, einzelne Arbeitgeber sowie Vereinigungen von Arbeitgebern. Der Staat schafft den rechtlichen Rahmen, darf sich aber in die konkreten Auseinandersetzungen der Tarifpartner nicht einmischen. Die Mitglieder der Tarifpartner sind zur Einhaltung der ausgehandelten Tarifverträge verpflichtet. Die Rechte und Pflichten der Tarifparteien werden im Tarifvertragsgesetz genauer geregelt.

M 7 Die Tarifpartner: Arbeitgeberverbände und Gewerkschaften

Bergmoser + Höller Verlag AG, Zahlenbilder 236 150   Quelle: BDA Stand: 2014

Die Arbeitgeber sind heute in einer Vielzahl von Verbänden und Vereinigungen organisiert. Einer der wichtigsten Dachverbände ist die Bundesvereinigung der Deutschen Arbeitgeberverbände. Als Tarifpartei gegenüber den Gewerkschaften treten einzelne Arbeitgeber oder die Fachverbände der Bundesvereinigung der Deutschen Arbeitgeberverbände auf.

Bergmoser + Höller Verlag AG, Zahlenbilder 240 110

Die Gewerkschaften vertreten die Ansprüche der Arbeitnehmer. Sie sehen ihre Aufgabe vor allem darin, in Tarifverträgen bessere Lohn- und Arbeitsbedingungen zu verankern und die Mitbestimmungsrechte der Arbeitnehmer zu sichern.

M 8   Spielregeln für den Arbeitskampf

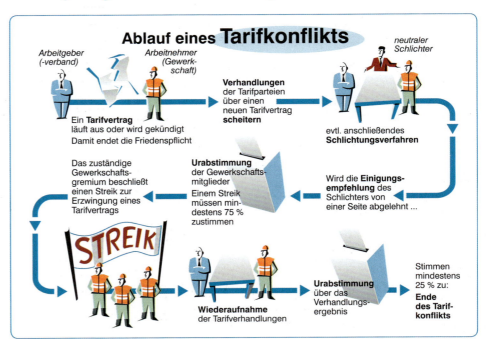

Bergmoser + Höller Verlag AG, Zahlenbilder 244 108

Erklärfilm „Streik"

Mediencode: 71035-11

Rechtliche Grundlagen für Arbeitskämpfe
Tarifautonomie (Art. 9 Abs. 3 GG und § 2 Abs. 1 Tarifvertragsgesetz)

M 9 Kontrovers diskutiert: Argumente in der Lohnpolitik

Der Einfluss der Gewerkschaften

Gewerkschaften verfolgen in Deutschland eine Reihe von Zielen: Dazu gehören Lohnerhöhungen und mehr Mitbestimmung für die Arbeitnehmer, politische Ziele und Umverteilung der Einkommen. Grundsätzlich können Gewerkschaften dafür zwei Wege einschlagen: den Weg über Tarifverhandlungen mit den Arbeitgebern oder über das Einwirken auf politische Entscheidungen der Gesetzgebung. [...] Die Lohnpolitik der Gewerkschaften lässt sich nach Konzepten gliedern: Sie kann
- sich an der Produktivität orientieren,
- versuchen, die Arbeitskosten konstant zu halten,
- versuchen, Löhne stärker zu erhöhen als die Arbeitsproduktivität (expansive Lohnpolitik),
- Vollbeschäftigung anstreben.

Die Reaktion der Arbeitgeber

Wenn die Löhne schneller steigen als die Arbeitsproduktivität, steigen die Lohnstückkosten und sinken die Gewinne der Unternehmen. Kaum anzunehmen, dass Unternehmen das wollen. Mögliche Reaktionen auf eine aggressive gewerkschaftliche Lohnpolitik sind:

1. Überwälzen von Lohnkosten: Steigen die Lohnkosten, können Unternehmen versuchen, über Preiserhöhungen diese gestiegenen Kosten wieder „hereinzuholen". Dabei besteht die Gefahr einer sogenannten Lohn-Preis-Spirale, welche die gesamtwirtschaftliche Stabilität gefährden kann. Der Staat muss dann seine Rolle als Vermittler (Schlichtung) konsequent nutzen, um dies zu verhindern.

2. Mehr produzieren: Dies geht nur, wenn bei den Unternehmen noch ungenutzte Kapazitäten vorhanden sind und die Nachfrage steigt. Dies birgt allerdings die Gefahr einer Inflation.

3. Rationalisieren: Bei höheren Lohnkosten können Unternehmen versuchen, Arbeitskräfte durch vermehrten Einsatz von Kapital zu ersetzen – zum Beispiel durch Maschinen. Die Arbeitslosigkeit wächst.

4. Verlagern der Produktion in Niedriglohnländer: Unternehmen können in Länder mit niedrigeren Löhnen abwandern. Allerdings ist der Lohn nur ein Argument bei der Entscheidung für den Standort. Andere Argumente sind: Produktivität der Arbeitnehmer, Image des Unternehmens, politische Stabilität im Niedriglohnland.

5. Investitionen einschränken: bedeutet wiederum Arbeitslosigkeit.

© 2015 Wirtschaftslexikon.co (10.11.2015)

Arbeitsproduktivität
Arbeitsproduktivität bedeutet, dass sich die Wertschöpfung in Bezug auf den Arbeitseinsatz erhöht hat bzw. das angestrebte Ergebnis mit einer geringeren Menge von Arbeitsstunden erreicht wurde. Einfluss auf die Arbeitsproduktivität haben vor allem technischer Fortschritt und Arbeitsintensität.

Produktivität
Arbeitsergebnis/Arbeitseinsatz

Aufgaben

1. a) Sortiere die Meldungen über die Tarifverhandlungen in der Metallbranche chronologisch. Ordne die Ereignisse, die genannt werden, anschließend in das Ablaufschema für Tarifkonflikte ein (M 4, M 8).
   b) Beurteile das Ergebnis der Verhandlungen (M 4, M 8).
2. Erkläre hypothesenartig, warum sich Arbeitgeber und Arbeitnehmer zu großen Interessenverbänden zusammenschließen (M 5 – M 8).
3. Analysiere ausgehend von M 9 eine aktuelle Tarifauseinandersetzung hinsichtlich der konkreten Ziele der beteiligten Gewerkschaft und der erwiderten Reaktionen der Arbeitgeber.

Rollenspiel – eine Tarifverhandlung durchführen

M 10 Worum kämpfen die Piloten? – Was fordert die Lufthansa?

Bis zur Kündigung des entsprechenden Tarifvertrags Ende 2013 war es Lufthansa-Piloten möglich, ab einem Alter von 55 Jahren frühzeitig in Rente zu gehen. Bis die Auszahlung der gesetzlichen Rente begann, erhielten die Piloten dann bis zu 60 Prozent ihrer letzten Bezüge. Das Geld dafür kam aus dem Topf der Lufthansa-Übergangsversorgung.

Teil dieser Regelung war aber auch, dass sich die Piloten spätestens im Alter von 60 Jahren aus dem Cockpit verabschieden mussten. Ein Lufthansa-Kapitän, der länger arbeiten wollte, klagte dagegen und bekam 2011 vom Europäischen Gerichtshof Recht. Die Lufthansa argumentiert, dass damit auch die Rechtsgrundlage für die Frühverrentung der Piloten weggefallen sei. Deshalb kündigte das Unternehmen den Tarifvertrag. Zudem sei die Übergangsversorgung ausschließlich vom Arbeitgeber finanziert – die Lufthansa zahle jedes Jahr acht Prozent des Gehaltes eines Piloten in die Kasse.

Die Piloten verweisen ihrerseits auf immense Belastungen aufgrund langer Arbeitszeiten und wegen vieler Nachtflüge. Dies habe langfristig gesundheitliche Folgen. Vor diesem Hintergrund müsse es Piloten auch künftig möglich sein, selbst zu entscheiden, wann sie sich nicht mehr fit genug fühlten, um ein Flugzeug zu führen.

Die Gewerkschaft widersprach zudem der Darstellung, dass die Übergangsversorgung einseitig von den Arbeitgebern finanziert sei. Vielmehr hätten die Piloten diese durch Lohnverzicht angespart, so VC-Sprecher Jörg Handwerg [...].

Die Pilotengewerkschaft Vereinigung Cockpit pocht [außerdem] auf zehn Prozent mehr Gehalt bei einer Laufzeit von 24 Monaten. Die Lufthansa bietet zunächst eine vom Geschäftserfolg abhängige Steigerung und ab 2016 ein Plus von drei Prozent.

www.tagesschau.de, 21.3.2015

M 11 Die Verhandlungsführer

Du bist Julia Müller, 48-jährige Juristin, und arbeitest in leitender Position als Tarifexpertin bei der Bundesvereinigung der Deutschen Arbeitgeberverbände (BDA). In dieser Funktion unterstützt du aufgrund deiner langjährigen Verhandlungserfahrungen die Vertreter der Deutschen Lufthansa AG, die auch durch ihren Personalreferenten Peter Maier vertreten wird, während der Tarifverhandlungen. In diesen Verhandlungen wirst du dich vor allem von den folgenden Überzeugungen leiten lassen:

- Die Finanzierung der Übergangsversorgung und höhere Löhne sind für die Lufthansa AG Kosten und mindern den Gewinn und den Spielraum für Investitionen.
- Gehaltserhöhungen müssen als Preiserhöhungen an die Verbraucher weitergegeben werden.
- Höhere Verbraucherpreise vermindern jedoch die Konkurrenzfähigkeit am Markt.

- Um im globalen Wettbewerb vor allem gegen die staatlich finanziell geförderten Airlines aus Asien erfolgreich konkurrieren zu können, müssen alle an einem Strang ziehen.

Im Namen der Deutschen Lufthansa AG gehst du mit folgendem Vorschlag in die Tarifverhandlungen: Der für zwei Jahre gültige Tarifvertrag soll vorsehen, dass die Piloten erst ab 60 Jahren anstelle wie bisher bereits ab 55 Jahren in den Ruhestand gehen können. Eine Lohnsteigerung mit einem maximalen Plus von drei Prozent für die Piloten soll zudem erst ein Jahr nach Abschluss des neuen Tarifvertrags greifen.

Du bist Peter Maier, 54-jähriger Diplom-Wirtschaftsingenieur und Leiter der Personalabteilung der Deutschen Lufthansa AG und in dieser Funktion auch für die Tarifpolitik des Unternehmens verantwortlich. Du vertrittst in den anstehenden Tarifverhandlungen – gemeinsam mit der Vertreterin des Arbeitgeberverbandes – die Lufthansa. Tarifpolitisch wirst du dich während der Verhandlungen vor allem von folgenden Überlegungen leiten lassen:

- Die Lufthansa AG benötigt niedrigere Betriebs- und Lohnkosten, um die dadurch eingesparten finanziellen Mittel für die Weiterentwicklung des Unternehmens im durch hohe Anforderungen geprägten internationalen Luftverkehrsgeschäft flexibel einsetzen zu können. Als Drohpotenzial führst du die Möglichkeit auf, eine neue Billigfluglinie zu gründen, deren Piloten nicht nach dem Konzerntarifvertrag bezahlt werden müssen und dank der geringeren Löhne die Kosten im Vergleich zur Lufthansa AG um 40 Prozent senken würden.
- Um im globalen Wettbewerb vor allem gegen die staatlich finanziell geförderten Airlines aus Asien erfolgreich konkurrieren zu können, müssen alle an einem Strang ziehen.

Hinsichtlich der Ausgestaltung eines neuen Tarifvertrages lehnst du die Beibehaltung des Renteneintrittsalters von 55 Jahren für die Piloten strikt ab, da die Betriebskosten bei 5.000 beschäftigten Piloten dadurch einerseits nicht sinken würden und andererseits die Konkurrenzfähigkeit gegenüber anderen internationalen Fluggesellschaften nicht ansteigen würde.

Du bist Stefan Schulze, 56-jähriger ehemaliger Pilot und Mitglied des Vorstandes von VC (Vereinigung Cockpit). Dein Arbeitsschwerpunkt ist die Tarifpolitik innerhalb der Lufthansa AG. In dieser Funktion unterstützt du aufgrund deiner langjährigen Verhandlungserfahrungen die Piloten, die auch durch die Betriebsrätin Claudia Schmidt vertreten werden, während der anstehenden Tarifverhandlungen. In diesen Verhandlungen wirst du dich vor allem von den folgenden Überzeugungen leiten lassen:

- Die Lufthansa AG trägt die soziale Verantwortung für angemessene Arbeitsbedingungen sowie die Arbeitsplatzsicherheit ihrer gegenwärtigen Beschäftigten.
- Die Piloten tragen aufgrund von langen Arbeitszeiten und zahlreichen Nachtflügen ganz allein das Risiko, gesundheitliche Folgeschäden davonzutragen.
- Gestiegene Lebenshaltungskosten machen Lohnanpassungen erforderlich (Inflationsargument).
- Die gestiegene Produktivität der Arbeitnehmer sollte durch Lohnerhöhungen belohnt werden (Leistungsargument).
- Arbeitgebergewinne und – gerade bei großen Aktiengesellschaften wie der Lufthansa AG – die Gewinne der Aktionäre (Shareholder) sind viel höher als Arbeitnehmerlöhne (Gerechtigkeitsargument) – und zudem stark gestiegen.

Darüber hinaus sind für dich folgende Überlegungen hinsichtlich der Situation bei der Deutschen Lufthansa AG und im internationalen Luftverkehrsgeschäft wichtig:

- Piloten brauchen wegen ihrer immensen Belastung am Arbeitsplatz die Sicherheit, bei körperlichen und seelischen Gebrechen bereits mit 55 Jahren aus dem Berufsleben ausscheiden zu können; die Ausweitung des Renteneintrittsalters von 55 Jahre auf 60 Jahre widerspricht einer solchen Perspektive und mindert die Motivation und das Engagement der Arbeitnehmer.

- Durch frühere Lohnzurückhaltung haben die Piloten dazu beigetragen, dass die Lufthansa AG die Wirtschaftskrise erfolgreich bewältigen konnte; im Gegenzug sollten die Beschäftigten nun dafür belohnt werden.
- Die Arbeitnehmerseite verfügt über eine gute Machtposition: Trotz des globalen Wettbewerbs können die Arbeitsplätze der bereits bei der Lufthansa AG beschäftigten Piloten nicht in nennenswertem Umfang ins Ausland verlagert werden. Aufgrund des hohen Organisationsgrades der Piloten verfügt die Vereinigung Cockpit zudem über ein großes Streikpotenzial. Ein Streik würde der Lufthansa AG bereits in kurzer Zeit Einbußen in Millionenhöhe zufügen.

Im Namen der durch die Vereinigung Cockpit organisierten Piloten gehst du mit folgendem Vorschlag in die Tarifverhandlungen: Eine Anhebung des Renteneintrittsalters von 55 Jahre auf 60 Jahre ist nicht hinnehmbar. Außerdem pochst du auf zehn Prozent mehr Gehalt bei einer tarifvertraglichen Laufzeit von 24 Monaten.

Du bist Claudia Schmidt, 40-jährige Mutter eines Schulkindes, und arbeitest seit zehn Jahren als Pilotin bei der Lufthansa. Als engagiertes Gewerkschaftsmitglied und Betriebsrätin wurdest du von den Piloten zu deren Repräsentantin gewählt und nimmst in dieser Funktion an den anstehenden Tarifverhandlungen teil. In dieser Funktion vertrittst du gemeinsam mit Vereinigung Cockpit-Vorstandsmitglied Stefan Schulze die Interessen der Beschäftigten. Dabei wirst du dich vor allem von den folgenden Überzeugungen und Forderungen leiten lassen:

- Da die Lufthansa in den vergangenen Jahren wenig Personal eingestellt hat, mussten viele Piloten Überstunden ableisten; hierfür forderst du eine zusätzliche Vergütung.
- Aufgrund der immens belastenden Nacht- und Fernstreckenflüge sowie der stark gestiegenen Risiken des internationalen Terrorismus forderst du einen Sonder- und Sicherheitszuschlag auf das Gehalt der Piloten.
- Die gut ausgebildeten Piloten tragen maßgeblich zum Unternehmenserfolg und dem weltweit guten Ruf der Lufthansa AG bei. Als Wertschätzung dieser Leistung forderst du daher eine Garantie, dass die Piloten nach wie vor mit 55 Jahren in den Ruhestand gehen können. Eine Erhöhung des Renteneintrittsalters auf 60 Jahre soll hingegen vom Tisch.

Nach einer Idee von Jan Weber, Praxis Politik 1/2011, S. 42 – 47

M 12   Ablauf und Spielregeln des Rollenspiels

An den Tarifverhandlungen nehmen auf Seiten der Arbeitgeber ein Vertreter des Unternehmens Lufthansa AG und die Verhandlungsführerin des Arbeitgeberverbandes sowie auf Seiten der Arbeitnehmer eine Vertreterin der Piloten sowie ein Verhandlungsführer der Gewerkschaft Vereinigung Cockpit teil. Die Gruppe der Protokollanten sorgt für einen reibungslosen und regelkonformen Ablauf der Verhandlungen.

Für die Tarifverhandlungen gilt der folgende Zeitplan:

1. Runde: 2 Min. Redezeit für das Eingangsstatement; je Verhandlungsseite 6 Min. Verhandlungszeit

2. Runde: 2 Min. Redezeit für das Eingangsstatement (ggf. veränderte Angebote an die Gegenseite); je Ver-

tragsseite 5 Min. Verhandlungszeit
3. Runde: 2 Min. Redezeit für das Eingangsstatement (ggf. veränderte Angebote an die Gegenseite); je Vertragsseite 4 Min. Verhandlungszeit
Jede Verhandlungsrunde wird durch einen der (moderierenden) Protokollanten zusammengefasst (Welche Ergebnisse konnten erzielt werden? Was bleibt offen?). Im Anschluss an jede Verhandlungsrunde haben die Gruppen Gelegenheit, ihre Verhandlungsstrategie zu überdenken und bei Bedarf neu festzulegen (an einem „Strategietisch", 5 Min.). Kommt auch in der 3. Verhandlungsrunde keine Einigung zustande, kann eine Schlichtung mit zwei Verhandlungsrunden eingeleitet werden, für die die Vorgaben der 3. Verhandlungsrunde gelten. Im Falle einer Ablehnung des Schlichterangebots können erneut zwei weitere Verhandlungsrunden angesetzt werden, für die ebenfalls die Zeitvorgaben der 3. Runde gelten. Diese können möglicherweise von Streiks begleitet werden.

Für die Verhandlungsseiten gelten folgende Regeln:
Die Gewerkschaft/Arbeitnehmer können während der Verhandlungen ihre Forderungen folgendermaßen verändern:
→ Ein Abrücken vom Renteneintrittsalter 55 Jahre ist nur in Halbjahresschritten möglich.
→ Forderungen nach Lohnerhöhungen können in viertel Prozentschritten zurückgenommen werden.
→ Forderungen nach einer Sonder- und Sicherheitszulage können nur nacheinander und nicht auf einmal zurückgenommen werden.

Die Arbeitgeber können während der Verhandlungen ihre Angebote folgendermaßen anpassen:
→ Ein Abrücken vom geforderten neuen Renteneintrittsalter 60 Jahre ist nur in Halbjahresschritten möglich.
→ Angebote für Lohnerhöhungen können in viertel Prozentschritten angehoben werden.
→ Eine vom Geschäftserfolg abhängige angebotene Steigerung des Gehalts vor dem Jahr 2016 wird nur bei einem Entgegenkommen der Gewerkschaft/Arbeitnehmer im Bereich „Sonder- und Sicherheitszulage" aufrechterhalten.

Nach einer Idee von Jan Weber, Praxis Politik 1/2011, S. 42 – 47

Aufgaben

1. Bereitet euch mithilfe der Rollenkarten (M 11) auf das Rollenspiel vor, indem ihr
   - euch mit den Argumenten eurer Rolle vertraut macht,
   - euch mit dem Ablauf von Tarifverhandlungen (M 8) vertraut macht und darauf aufbauend
   - eine Verhandlungsstrategie entwickelt (Leitfragen: Was sind unsere Minimalziele, auf die wir keinesfalls verzichten werden? Wo könnten wir unseren Verhandlungspartnern entgegenkommen?)
   - für den ersten Verhandlungstag ein maximal einminütiges Eingangsstatement entwickelt, in dem ihr eure Forderungen und deren wesentliche Begründung verdeutlicht und
   - einen Gruppensprecher bestimmt, der eure Rolle im Rollenspiel vertritt.

2. Führt das Rollenspiel entsprechend des Ablaufplans und der Spielregeln durch (M 12).

3. Prüft, inwieweit sich euer Verhandlungsergebnis einer realistischen Einigung angenähert haben könnte. Analysiert in diesem Zusammenhang, welche Konfliktpartei sich aus welchen Gründen eher durchgesetzt hat (M 10 – M 12).

4. Beurteilt euer Verhandlungsergebnis zuerst aus den Perspektiven der Konfliktparteien und danach aus gesamtbetrieblicher Sicht.

Konfliktfall Kündigung – die Rolle des Betriebsrates im Unternehmen

M 13 Konfliktfall Kündigung

Für ein mittelständisches Unternehmen, das Werkzeugmaschinen herstellt, hat sich aufgrund der internationalen Situation in den letzten beiden Jahren die wirtschaftliche Lage drastisch verschlechtert.

Die daraus resultierenden Umsatzeinbußen und die nicht mehr ausgelasteten Kapazitäten veranlassen die Unternehmensleitung, bei den Personalkosten Einsparungen vorzunehmen.

Eine Maßnahme betrifft die Dreherei des Unternehmens. Von bisher vier beschäftigten Drehern soll ein Arbeitnehmer entlassen werden.

In der Dreherei sind folgende Arbeitnehmer beschäftigt:

Heiner Schmidt ist 54 Jahre alt und seit 18 Jahren im Betrieb. Er ist verheiratet und hat zwei Kinder, die 16 und 19 Jahre alt sind. Die Ehefrau ist nicht berufstätig. Die Familie hat große finanzielle Belastungen durch den Bau eines Eigenheims. Die Leistungen von Heiner Schmidt werden als zufriedenstellend beurteilt. Der für Heiner Schmidt zuständige Meister ist der Auffassung, dass er sich nicht in die Bedienung der neuen Maschine einarbeiten kann. Sein Bruttomonatslohn beträgt etwa 2.900,- €.

Silke Wortmann, 25 Jahre alt, ist nicht verheiratet und seit acht Jahren im Betrieb. Ihre Leistungen werden mit sehr gut beurteilt. Der Bruttomonatslohn beträgt etwa 2.500,- €.

Kurt Reiche, 30 Jahre, ist seit einem Jahr im Betrieb und hat Erfahrungen mit modernen Produktionsanlagen und -verfahren. Seine Leistungsbeurteilung ist gut. Sein Bruttomonatslohn beträgt etwa 2.700,- €.

Michael Hansen, seit zwölf Jahren im Betrieb, ist 38 Jahre alt und verheiratet. Er hat ein Kind (13 Jahre), die Ehefrau ist berufstätig. In seiner Beurteilung steht, dass Michael Hansen mit schwierigen Situationen fertig werden kann. Sein Bruttomonatslohn beträgt etwa 3.100,- €.

Nach: Institut für ökonomische Bildung, Oldenburg

M 14 Kündigungsgründe

Betriebsbedingte Gründe	Personenbedingte Gründe	Verhaltensbedingte Gründe
z. B.: Absatzschwierigkeiten, Rationalisierungsmaßnahmen, Änderung des Produktionsverfahrens, Betriebseinschränkungen ...	z. B.: fehlende Eignung des Arbeitnehmers, mangelhafte oder abnehmende Leistungsfähigkeit, häufige oder lang andauernde Krankheit ...	z. B.: unterlassene oder unberechtigte Krankmeldung, unentschuldigtes Zu-Spät-Kommen, Beleidigung des Arbeitgebers ...

Jugendvertretung

In Betrieben mit in der Regel mindestens fünf Arbeitnehmern, die das 18. Lebensjahr noch nicht vollendet haben oder zu ihrer Berufsausbildung beschäftigt sind und das 25. Lebensjahr noch nicht vollendet haben, sind nach dem Betriebsverfassungsgesetz Jugend- und Auszubildendenvertretungen zu wählen (§§ 60 ff BetrVG). Die Jugend- und Auszubildendenvertretung nimmt die spezifischen Interessen der beiden Gruppen wahr und kann Betriebsratsbeschlüsse einmal für die Dauer von einer Woche zwecks Erörterung von Verständigungsmöglichkeiten aussetzen lassen. Sie kann zu allen Betriebsratssitzungen Vertreter entsenden. Der Betriebsrat hat die Jugend- und Auszubildendenvertretung zu Besprechungen zwischen Arbeitgeber und Betriebsrat hinzuziehen, wenn Angelegenheiten der betreffenden Gruppen vom Betriebsrat behandelt werden.

M 15 Die allgemeinen Mitbestimmungsrechte des Betriebsrates

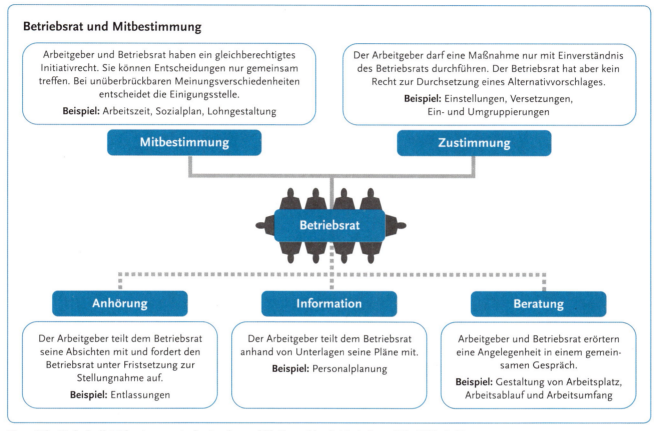

Horst-Udo Niedenhoff, Mitbestimmung in der Bundesrepublik Deutschland, 13. Auflage, Köln 2003, S. 87

Betriebe ab fünf Mitarbeitern müssen laut Betriebsverfassungsgesetz auf Wunsch der Belegschaft einen Betriebsrat einrichten. Dieser ist das gesetzliche
5 Organ zur Vertretung der Arbeitnehmerinteressen und zur Wahrung der betrieblichen Mitbestimmung gegenüber dem Arbeitgeber in Betrieben des privaten Rechts. Der Betriebsrat hat
10 die Aufgabe, die Beschäftigten bei Einstellungen in Lohn und Gehaltsfragen sowie bei Kündigungen und vielen weiteren Themenbereichen vor der Willkür des Arbeitgebers zu schützen.
15 Arbeitsbedingungen sind mit dem Betriebsrat so zu gestalten, dass sie die Bedingungen aus Recht und Gesetz sowie nach den Tarifverträgen erfüllen.

Bei den vielen unterschiedlichen Interessen zwischen Arbeitgebern und 20 Beschäftigten können sich die einzelnen Arbeitnehmer nur schwer allein durchsetzen. Der Betriebsrat jedoch vertritt die Interessen aller Arbeitnehmer im Betrieb. 25

Erläutere, warum leitende Angestellte dem Betriebsrat nicht angehören können.

Aufgaben

1. Bildet ausgehend von M 13 Zweiergruppen. Dabei vertritt einer die Interessen des Unternehmers, der andere die des Betriebsrats. Ihr habt zehn Minuten Zeit, um euch zu entscheiden, welcher Arbeitnehmer durch den Unternehmer gekündigt werden soll bzw. wie der Betriebsrat diese Entscheidung kommentiert. Der Unternehmer teilt seine Entscheidung mit, der Betriebsrat muss dazu gehört werden. Stellt das Ergebnis der Klasse vor.
2. Erkläre, warum der Staat die gesetzliche Pflicht zur Einrichtung eines Betriebsrates geschaffen hat (M 13 – M 15).

Was wir wissen

Personaleinstellung
M 1 – M 3

Das Personalwesen beschäftigt sich mit allen Fragen der Personalplanung und Personalführung im Unternehmen. Hauptaufgabe ist es, über geeignete Bewerbungsverfahren qualifizierte und zum Unternehmen passende Mitarbeiter zu finden. Der Personalbedarf kann über eine innerbetriebliche Stellenausschreibung oder Umsetzung gedeckt werden. Führt dieser Weg nicht zum Erfolg, so können durch eine außerbetriebliche Stellenausschreibung in Massenmedien oder bei der Arbeitsagentur geeignete Bewerber gefunden werden. Am Ende des mehrstufigen Bewerbungsverfahrens steht der Abschluss eines Arbeitsvertrages, in dem Rechte und Pflichten von Arbeitnehmer und Arbeitgeber geregelt werden.

Tarifkonflikte
M 5 – M 12

In einem Unternehmen haben Arbeitgeber und Arbeitnehmer das gemeinsame Interesse am Erfolg des Unternehmens. Wenn es um die Verteilung des erwirtschafteten Gewinns oder um die Folgen wirtschaftlicher Misserfolge geht, unterscheiden sich die Interessen jedoch.

In der Öffentlichkeit werden besonders die Auseinandersetzungen um die Bezahlung von Arbeitskräften, die Tarifkonflikte, wahrgenommen. Gewerkschaften und Arbeitgebervereinigungen haben das Recht, ohne staatliche Einmischung Tarifverträge auszuhandeln (Tarifautonomie). Diese Tarifverhandlungen bestehen aus zahlreichen Schritten, in denen die Tarifparteien versuchen, ihre Interessen durchzusetzen. Endergebnis dieser Verhandlungen sind Tarifverträge, die für den Zeitraum eines oder mehrerer Jahre Löhne und Arbeitsbedingungen ganzer Wirtschaftszweige regeln.

Der Betriebsrat
M 15

Mitarbeiter und Unternehmens- oder Betriebsleitung haben oft auch unterschiedliche Interessen, wenn es um die Gestaltung von Arbeitsverhältnissen geht. Besonders konfliktträchtig sind dabei Personalfragen, insbesondere bei Kündigungen und Fragen der Arbeitszeitregelung. Die Interessenvertretung der Arbeitnehmer im Betrieb ist der von den Arbeitnehmern gewählte Betriebsrat. Betriebe ab fünf Mitarbeitern müssen laut Betriebsverfassungsgesetz auf Wunsch der Belegschaft einen Betriebsrat einrichten. Dieser hat abgestufte Rechte der Mitwirkung in wirtschaftlichen, personellen und sozialen Angelegenheiten. Die Mitbestimmung im engeren Sinn besteht im Zustimmungsrecht (zum Beispiel bei Einstellungen) und im Mitbestimmungsrecht (zum Beispiel bei der täglichen Arbeitszeit). Bei Kündigungen muss der Betriebsrat angehört werden.

Was wir können

Aufgabe
Bestimme jeweils die richtige(n) Antwort(en) auf die Fragen.

1. Welche Rolle spielt der Staat bei der Gestaltung der Arbeitsbeziehungen in Deutschland?

a) Der Staat regelt die Gestaltung der Arbeitsbeziehungen in Deutschland.

b) Der Staat hält sich bei der Gestaltung der Arbeitsbeziehungen in Deutschland zurück.

c) Der Staat verhält sich mal so, mal so.

2. Für das Zusammenwirken von Arbeitgebern und Arbeitnehmern gilt:

a) Die Bearbeitung der Konflikte zwischen beiden Seiten liegt allein in den Händen dieser beiden Gruppen.

b) Die Bearbeitung der Konflikte zwischen beiden Seiten liegt in der Hand des Staates.

c) Die Bearbeitung der Konflikte zwischen beiden Seiten liegt in den Händen der beiden Gruppen und des Staates.

3. Die Mitbestimmungsrechte des Betriebsrates gehen besonders weit ...

a) bei wirtschaftlichen Entscheidungen.

b) bei sozialen und personellen Angelegenheiten.

c) bei Fragen der Produktpreisgestaltung.

4. Warum sieht das Arbeitsrecht Schutzrechte für die Arbeitnehmer vor?

a) Weil der einzelne Arbeitnehmer in einer gegenüber dem Arbeitgeber schwächeren Position ist.

b) Weil es in Deutschland grundsätzlich Vertragsfreiheit gibt.

c) Damit es eine ausgewogene Machtbalance zwischen Arbeitgeber und Arbeitnehmer gibt.

5. Welchen Faktoren wird häufig ein Einfluss auf die Höhe der Tariflohnerhöhungen nachgesagt?

a) der Entwicklung der Produktivität

b) der Entwicklung der Börsenkurse

c) der Entwicklung des Preisniveaus

6. Wie verändert sich die Machtposition der Arbeitnehmerorganisationen bei hoher Arbeitslosigkeit?

a) Ihre Position verbessert sich, da nun mehr Arbeitskräfte zur Verfügung stehen.

b) Ihre Position verschlechtert sich, da sich Arbeitgeber durch einen zu starken Lohnanstieg veranlasst sehen, weitere Arbeitsplätze abzubauen.

c) Ob hohe oder niedrige Arbeitslosigkeit spielt für die Arbeitnehmerorganisationen bei Tarifverhandlungen keine Rolle.

4.4 Arbeit und Arbeitswelt im Wandel
Welche Arbeit braucht der Mensch?

M1 Aussagen zu grundsätzlichen Einstellungen zur Arbeit

Arbeit
Der Begriff umschreibt in erster Linie Erwerbsarbeit. Sie sichert die Lebensgrundlage der Arbeitnehmerinnen und Arbeitnehmer und ihrer Familien. Wurde sie in früheren Zeiten vor allem als Mühsal und Plage empfunden, so ist die Arbeit heute ein wichtiger Bestandteil der Identität, denn in der Arbeit kann der Mensch seine Fähigkeiten unter Beweis stellen. Arbeit verleiht Ansehen und Bedeutung. Sie gibt dem Leben einen Sinn und eine Struktur.

● Führt eine kurze Passantenbefragung zur Bedeutung der Arbeit durch. Bittet die Passanten um ein kurzes Statement: „Was bedeutet Ihnen die Arbeit / Ihr Beruf?" Nehmt die Aussagen auf oder notiert sie. Ordnet und vergleicht die Ergebnisse.

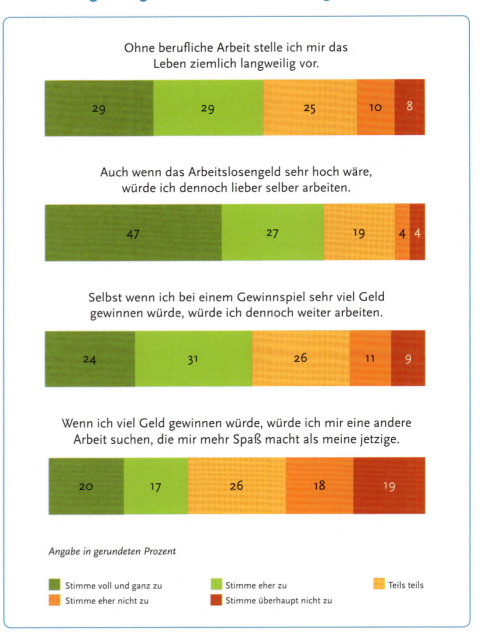

Quelle: Studie „Bedeutung der Arbeit" (gemeinsame Studie vom GfK Verein und der Bertelsmann Stiftung); Onlinebefragung; 1.062 Befragte – GfK Compact, Fokusthema, 09/2015

M 2 Sie werden schon wieder!

Karikatur: Thomas Plaßmann

M 3 Die Funktion der Arbeit

Bei einer Veranstaltungsreihe zum Thema „Arbeit" erhielten die Besucherinnen und Besucher folgende Frage: „Welche Funktion hat die Erwerbsarbeit für die Menschen heute? Nennen Sie mehrere Funktionen!" U. a. wurden folgende Antworten gegeben:

4 Wirtschaftsunternehmen – Ziele, Strukturen, innere Konflikte

M 4   Der Zusammenhang zwischen Arbeit und Bedürfnissen

Erläuterung zur Grafik M 4

Die Grafik stützt sich auf die sogenannte Bedürfnispyramide des amerikanischen Psychologen Abraham Maslow (1908 – 1970). Von ihm stammt der Gedanke, dass der Mensch dann eine höhere Stufe seiner Bedürfnisse befriedigen will, wenn die darunterliegenden Bedürfnisse erfüllt sind.

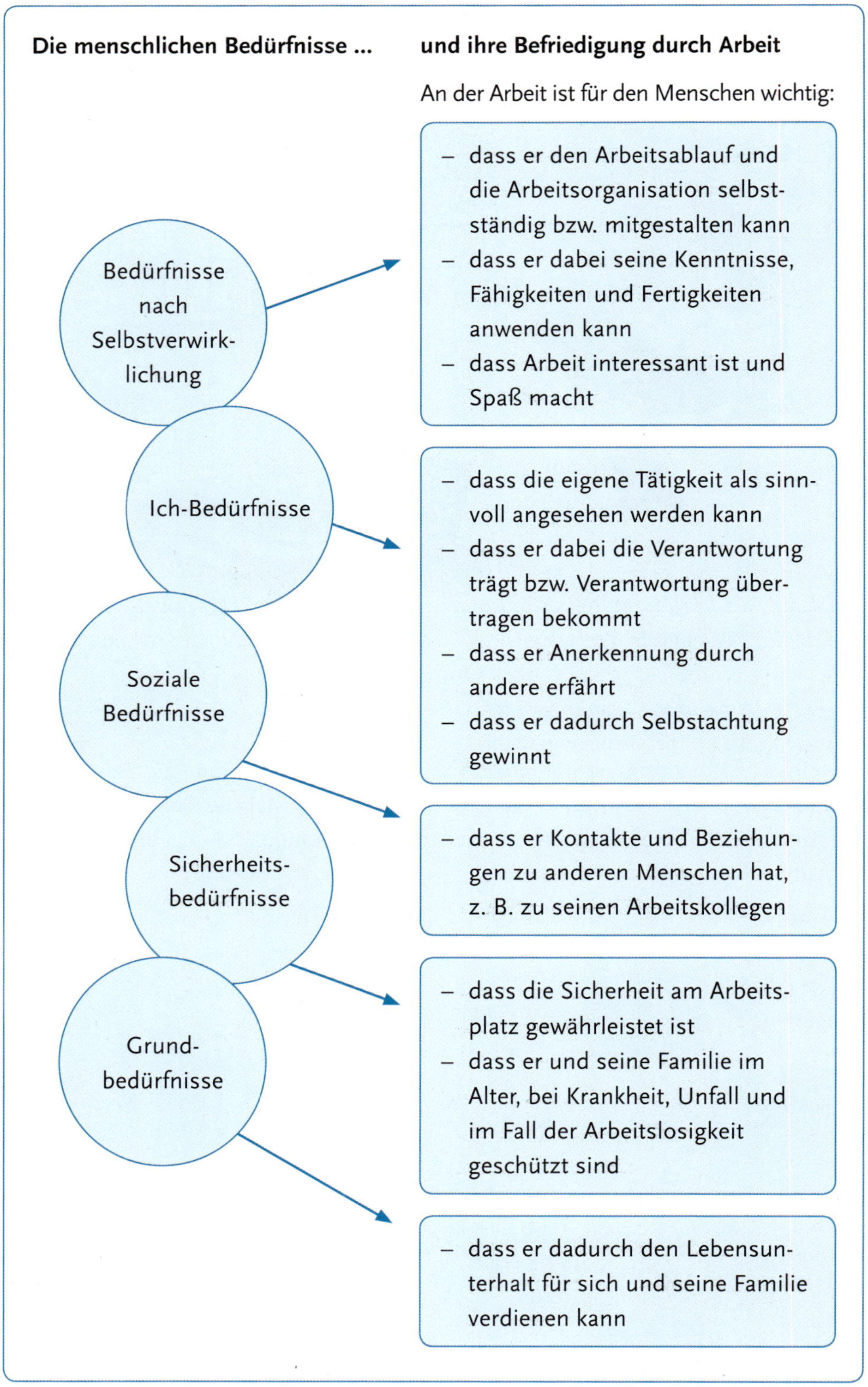

Zitate zur Arbeit

„Wer Leistung fordert, muss Sinn bieten."
Walter Böckmann (1923 – 2014)

„Je mehr Freude du an deiner Arbeit hast, desto besser wird sie bezahlt."
Mark Twain (1835 – 1910)

„Such dir eine Arbeit, die du gerne tust. Dann brauchst du keinen Tag in deinem Leben mehr zu schuften."
Konfuzius (551 – 479 v. Chr.)

Die menschlichen Bedürfnisse ...   und ihre Befriedigung durch Arbeit

An der Arbeit ist für den Menschen wichtig:

Bedürfnisse nach Selbstverwirklichung

- dass er den Arbeitsablauf und die Arbeitsorganisation selbstständig bzw. mitgestalten kann
- dass er dabei seine Kenntnisse, Fähigkeiten und Fertigkeiten anwenden kann
- dass Arbeit interessant ist und Spaß macht

Ich-Bedürfnisse

- dass die eigene Tätigkeit als sinnvoll angesehen werden kann
- dass er dabei die Verantwortung trägt bzw. Verantwortung übertragen bekommt
- dass er Anerkennung durch andere erfährt
- dass er dadurch Selbstachtung gewinnt

Soziale Bedürfnisse

- dass er Kontakte und Beziehungen zu anderen Menschen hat, z. B. zu seinen Arbeitskollegen

Sicherheitsbedürfnisse

- dass die Sicherheit am Arbeitsplatz gewährleistet ist
- dass er und seine Familie im Alter, bei Krankheit, Unfall und im Fall der Arbeitslosigkeit geschützt sind

Grundbedürfnisse

- dass er dadurch den Lebensunterhalt für sich und seine Familie verdienen kann

Nach: Walter Gagel / Wolfgang Hilligen / Ursula Buch, Sehen – Beurteilen – Handeln, Arbeitsbuch für den politischen Unterricht, Frankfurt a. M. 1979, S. 137

M 5   Arbeit kann krank machen – keine Arbeit auch

„Der Krankenstand der Beschäftigten in bayerischen Pflegeheimen ist um mehr als 40 Prozent höher als der Durchschnitt der Beschäftigten aller Branchen", teilte [...] Bayerns größte Krankenkasse in München mit. Im Klartext heißt das: In keinem anderen Beruf erkranken die Mitarbeiter so oft und so lange – und das liege eindeutig an den täglichen Belastungen. Bereits beim vorangegangenen „Report Pflege 2013" hatte die AOK auf diesen Trend in der Altenpflege hingewiesen. Für die Mehrzahl der in den Pflegeheimen Beschäftigten [...] hat sich offenbar nichts verbessert. Im Gegenteil: „Der Gesamtkrankenstand der Branche hat 2014 seinen bisher höchsten Wert erreicht", heißt es im neuen Report – und das gilt auch für gravierende Krankheitsfälle: „Die Pflegebranche weist einen deutlich höheren Anteil an Ausfalltagen durch Langzeiterkrankungen auf", stellen die Autoren der Studie fest. [...]
Die AOK-Spezialisten, die allein im vergangenen Jahr in 338 bayerischen Alten- und Pflegeheimen mit Mitarbeitern und Führungskräften passende Gesundheitskonzepte ausgearbeitet haben, erklären sich dies so: Pflegekräfte seien mehr als viele andere Berufstätige „gefühlsmäßig belastenden Situationen" ausgesetzt – etwa bei der Begleitung Sterbender. Belastungsfaktoren seien auch die unregelmäßige Arbeitszeit sowie die vielen Bereitschafts- und Wochenenddienste. Die Beschwerden durch schweres Heben und Tragen – etwa wenn bettlägerige Menschen umgehoben werden müssen – verursachen indes neben den psychischen Erkrankungen die längsten Ausfallzeiten. [...]
Nicht weniger belastend ist [einer Studie der Bundespsychotherapeutenkammer] zufolge, gar keinen Job zu haben – oder ständig um den Arbeitsplatz fürchten zu müssen. Arbeitslose sind demnach drei- bis viermal so oft von psychischen Erkrankungen betroffen wie Erwerbstätige. Die Krankheit sei meist nicht Ursache der Arbeitslosigkeit, sondern entwickle sich durch das geminderte Selbstwertgefühl.

Z. 1 – 48: Dietrich Mittler, Süddeutsche Zeitung, 1.10.2015 / Z. 49 – 60: www.tagesschau.de (20.9.2010)

Beschäftigte in der stationären Pflege haben ein vergleichsweise hohes Risiko, psychisch zu erkranken.

Aufgaben

1. Werte die Aussagen zu den Einstellungen zur Arbeit aus (M 1).
2. Charakterisiere die Bedeutung von Arbeit im Leben eines Menschen in unserer Gesellschaft. Ordne die Äußerungen in M 3 den Bedürfnissen in M 4 zu. Wähle dann die fünf für dich wichtigsten Begriffe aus und erläutere sie mit konkreten Beispielen.
3. Arbeit kann auch Ursache von Erkrankungen sein. Erläutere, weshalb gerade Mitarbeiter in Pflegeheimen besonders häufig psychisch erkranken. Nenne weitere Arbeitsbedingungen, die sich möglicherweise ungünstig auf die Gesundheit eines Menschen auswirken (M 5).

○ Analysiere die Karikatur M 2 und nimm vor dem Hintergrund deiner Kenntnisse zur Bedeutung von Arbeit Stellung zur Aussage des Karikaturisten.

○ Formuliere ausgehend von den Zitaten in der Randspalte eine Antwort auf die Frage: Welche Art von Arbeit benötigt der Mensch, um seine Grundbedürfnisse dauerhaft zu befriedigen?

Wie verändern sich Berufe?

M 6 Der letzte seines Standes? Die Arbeit eines Schriftsetzers

Ein Schriftsetzer bei der Arbeit – diesen Beruf gibt es nicht mehr.

● Im Artikel der Rheinischen Post „Vom Aussterben bedrohte Berufe" (*http://www.rp-online.de/leben/beruf/vom-aussterben-bedrohte-berufe-bid-1.2383979*) sind Berufe aufgelistet, die im Aussterben begriffen sind. Stelle einen dieser Berufe vor und erläutere, warum er in Zukunft nicht mehr gebraucht wird.

Oskar Bernhard ist einer der letzten Schriftsetzer in Deutschland. Er arbeitet in Nördlingen in einem rund 400 Jahre alten Haus direkt an der mittelalterlichen Stadtmauer. Noch heute hat er Aufträge, die von der Geburtsanzeige über die Speisekarte bis zum kleinen Buch reichen. Im Gegensatz zum normierten Großbetrieb macht er seinen Kunden Vorschläge, welche Schriftart, welche Größe oder Farbe die Schrift haben könnte. Aus in Blei gegossenen Buchstaben, die der Schriftgießer herstellt, setzt der Schriftsetzer einen Text zusammen, den ihm ein Autor vorgelegt hat. Die Buchstaben, die er verwendet, haben eine genau genormte Höhe. Das ist später wichtig für einen gleichmäßigen Druck in der Druckmaschine. Auch Bilder oder Schmuckbestandteile der Seite müssen diese Höhe einhalten. Dabei geht es manchmal um Hundertstel-Millimeter. Damit die Höhe stimmt, werden die Nicht-Text-Bestandteile einzeln vermessen, bevor sie in die Seite eingebaut und gegebenenfalls unterlegt werden. [...] Die gesamte Arbeit des Schriftsetzers erinnert sehr an einen Baukasten: Aus vorgenormten Teilen entsteht immer wieder etwas Neues. Allerdings hatte das Setzen in der „guten alten Zeit" wenig von der Beschaulichkeit, wie es heute den Anschein hat. Denn der Schriftsetzer wurde nach Zeit bezahlt. 1.000 bis 1.200 Buchstaben in der Stunde waren normal. Wer also schnell setzte, konnte mehr arbeiten und mehr verdienen.

Wolfgang Zehentmeier, www.br-online.de (12.9.2010)

M 7 Mediengestalter – Alleskönner am PC?

Mediengestalter am PC – Pixel haben das Blei abgelöst.

Dieser Ausbildungsberuf hat die „alten" Berufe Schriftsetzer, Reprohersteller, Medien- und Werbevorlagenhersteller und den Fotogravurzeichner abgelöst. Mediengestalter Digital und Print arbeiten bei Marketingkommunikationsagenturen, Designstudios, Unternehmen der Druck- und Medienwirtschaft, Mediendienstleistern, Verlagen sowie in Marketing- und Kommunikationsabteilungen von Unternehmen und öffentlichen Institutionen. Ihre Arbeitsaufgaben sind so unterschiedlich wie die Medien, die sie herstellen und bearbeiten. Ausgebildet wird dieser Beruf in den drei Fachrichtungen: Gestaltung und Technik, Beratung und Planung, Konzeption und Visualisierung.

M 8   Social Media und 3D bieten neue Möglichkeiten

Der Wandel des Internets von einer Informations- und Wissensplattform hin zu einem Kommunikations- und Kooperationsmedium hat Auswirkungen auf die Tätigkeiten in der Medien- und Werbewirtschaft: Facebook, Twitter & Co. sind zu lukrativen Marketingkanälen geworden. Durch eine Modernisierung der Ausbildungsordnung „Mediengestalter/-in Digital und Print" wurde nun ein Ausbildungsangebot geschaffen, mit dem Betriebe auch für diese Tätigkeitsfelder ausbilden können.

[So wurden] neue Wahlqualifikationen für die Bereiche Content-Erstellung, Social Media und 3D-Grafikerstellung geschaffen. Die bestehenden Berufe „Dekorvorlagenhersteller" und „Fotomedienlaborant" wurden abgeschafft und durch entsprechende Wahlqualifikationen ersetzt. Social Media wird von vielen Firmen zu Marketingzwecken genutzt. Deshalb wurde in der neuen Ausbildungsordnung die Position „Plattformen zur interaktiven Kommunikation" als neue Wahlqualifikation für Social Media-Inhalte geschaffen. [...]

Alternativ können die Social Media-Inhalte auch mit der Wahlqualifikation „Kommunikationsplanung und Erfolgskontrolle" kombiniert werden. Hier erwerben die Auszubildenden die Qualifikation, Kunden zu beraten und Kommunikationsmaßnahmen für verschiedene Medien zu konzipieren. Kaum ein Internetauftritt kommt heutzutage ohne Grafiken, Animationen oder Filmbeiträge aus. Dies ist das Tätigkeitsfeld von Mediengestaltern, die im neuen Ausbildungsbereich „3D-Grafik" die Erstellung von dreidimensionalen Standbildern und Animationen erlernen, zum Beispiel die Rundum-Betrachtung von Gegenständen, wie sie in vielen Onlineshops üblich ist.

© deutsche-handwerks-zeitung.de 2015,
Neue Berufsbilder im Handwerk, 1.8.2013

Social Media und 3D erfordern neue Inhalte in der Ausbildung: Mediengestalter Digital und Print.

Content
Inhalt

Social Media
digitale Medien und Technologien

Aufgaben

1. Vergleiche die Fähigkeiten, über die Schriftsetzer und Mediengestalter verfügen müssen. Erläutere an diesem Beispiel den Wandel der Berufe und benenne mögliche Ursachen für diese Entwicklung (M 6 – M 8).
2. Sucht nach anderen Beispielen, die diesen Wandel ebenfalls deutlich machen, und gestaltet eine kleine Ausstellung zum Thema „Berufe im Wandel der Zeit".
3. Böttcher, Hufschmid oder Pinsel- und Bürstenmacher sind heutzutage noch anerkannte Ausbildungsberufe. Erkläre, weshalb diese Berufe aber vom Aussterben bedroht sind, und recherchiere nach weiteren Beispielen.
4. Diskutiert in der Klasse, wie sich der beschriebene Wandel der Berufe bzw. die neuen Anforderungen der Arbeitswelt auf eure persönliche Studien- und Berufswahl auswirken könnten.

zu Aufgabe 3
früher Sekretärin – heute Assistentin
früher Automechaniker – heute KFZ-Mechatroniker
früher Krankenschwester – heute Gesundheits- und Krankenpfleger/in
früher Bürokaufmann/frau – Kaufmann/frau für Büromanagement

Was ist noch normal? – wie sich die Beschäftigungsverhältnisse verändern

M 9 Beschäftigungsverhältnisse: Normalarbeitsverhältnis und atypische Beschäftigung

Auch wenn das „Normalarbeitsverhältnis" in Deutschland immer noch die Regel ist und auch in Zukunft noch viele Menschen einer „geregelten" Tätigkeit nachgehen, so haben
5 sich in den letzten Jahrzehnten viele neue Formen der Beschäftigung entwickelt. Diese bezeichnet man als „atypische Beschäftigungen". Der Anteil der Frauen, die in atypischen 10 Beschäftigungsverhältnissen arbeiten, ist deutlich höher als der der Männer. Weiterhin sind junge Menschen und Menschen mit Migrationshintergrund am ehesten atypisch 15 beschäftigt.

Normalarbeitsverhältnis
Unbefristetes Vollzeitarbeitsverhältnis (i. d. R. 37,5 – 42 Wochenstunden), das mit regelmäßigem und vertraglich festgelegtem Lohn oder Gehalt entlohnt wird und voll sozialversicherungspflichtig ist.

Teilzeitarbeit
Ein Teilzeitbeschäftigungsverhältnis liegt vor, wenn die Arbeitszeit, die ein Arbeitnehmer regelmäßig arbeitet, kürzer ist als die Arbeitszeit bei Vollzeitbeschäftigung. Die Arbeitszeit kann dabei innerhalb der Woche unterschiedlich verteilt sein. So kann täglich kürzer oder nur an bestimmten Tagen in der Woche gearbeitet werden.

Mini-Jobs
Die sog. Minijobber dürfen im Monat max. 450 Euro verdienen. Das Einkommen ist steuerfrei. Auch müssen die Minijobber keine Beiträge für die Arbeitslosen-, Kranken- und Pflegeversicherung bezahlen. Lediglich in die Rentenversicherung wird ein kleiner Beitrag eingezahlt, von dem man sich allerdings auch befreien lassen kann. Die Arbeitgeber zahlen hingegen einen pauschalen Betrag in die Sozialversicherung ein. Minijobs bezeichnet man auch als „geringfügige Beschäftigungsverhältnisse".

Befristete Beschäftigung
Arbeitnehmer und Arbeitgeber vereinbaren von Anbeginn eines Beschäftigungsverhältnisses, dieses zu einem bestimmten Datum oder mit einem bestimmten Ereignis ohne Kündigung zu beenden.

(Tele-)Heimarbeit
Als Telearbeit wird eine Tätigkeit bezeichnet, die sich auf die moderne Informations- und Kommunikationstechnik stützt und ausschließlich oder zumindest zeitweise an einem Arbeitsplatz erledigt wird, der außerhalb des Betriebes liegt (z. B. unterwegs im Zug, zu Hause oder beim Kunden; über Laptop, Internet und Handy sind sie mit dem Betrieb verbunden).

Leih- oder Zeitarbeit
Bei der Leiharbeit „überlässt" der Arbeitgeber den Arbeitnehmer für einen gewissen Zeitraum einem anderen Arbeitgeber. Deshalb spricht man auch von „Arbeitnehmerüberlassung".

Projektarbeit auf Zeit
Der Arbeitnehmer wird nur für die Dauer eines bestimmten Projektes eingestellt oder er führt als Selbstständiger für ein Unternehmen ein Projekt durch.

M 10 Die Schattenseiten der neuen Arbeitswelt

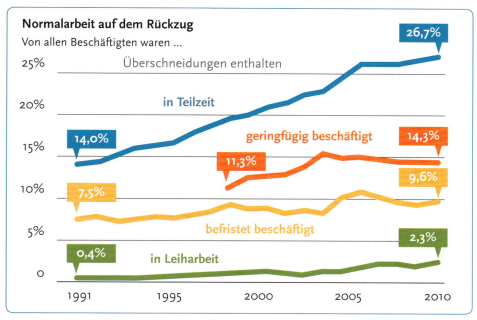

Quelle: Keller, Schulz, Seifert; © Hans-Böckler-Stiftung 2012

M 11 Droht der Fünftagewoche das Aus?

Wer außerhalb der Arbeitszeiten ständig erreichbar ist, wird auf Dauer krank, sagt man. Aber wie heilig sind den Deutschen die Stunden nach 17 Uhr eigentlich? Hier sprechen Menschen aus verschiedenen Berufen über ihr Verhältnis zur Freizeit.

a) Erna Pollin, 54, ist Produktionsmitarbeiterin bei Porsche

„Ab 13:45 Uhr lass' ich los" – Ich arbeite im Schichtbetrieb, seit fast 25 Jahren: eine Woche von sechs bis 13:45 Uhr, die nächste von 13:45 bis 21:15 Uhr. Wenn ich Spätschicht habe, fühle ich mich so, als hätte ich nie Feierabend, denn vormittags, da muss ich mich um den Haushalt kümmern. Aber wenn ich Frühschicht habe, dann kann ich nach Feierabend total abschalten: Ich gehe in den Garten, oder ich unternehme was mit meinem Mann – Freunde besuchen, ins Kino gehen, Nordic Walking. Wenn ich von der Arbeit komme und mit dem Auto über die Dörfer nach Hause fahre, denke ich an nichts. Dabei gucke ich mir einfach die Landschaft an. Klar, manchmal bin ich dann schon ziemlich kaputt. Ich muss mich bei der Arbeit sehr konzentrieren. Wenn ich einen Fehler mache, bekommen die Autos falsche Teile. Wenn wir ein neues Modell haben, kann ich manchmal nach der Arbeit nicht abschalten. Ich mache mir dann Sorgen, ob ich alles richtig gemacht habe. Aber ich arbeite sehr gerne, und wenn ich mich mal nicht mehr konzentrieren kann, gehe ich vor Ort an die Arbeitsplätze und gucke nach meinen Bestellungen.

b) Peter Buchheim, 48, ist selbstständiger MLP-Berater und Leiter einer Geschäftsstelle der MLP Finanzdienstleistungen

„Ich bin gelassener geworden" – Mir ist eine vernünftige Balance zwischen Arbeitszeit und Freizeit sehr wichtig. Deswegen sage ich meinen Kunden: „Das Wochenende ist mir heilig. Das gehört der Familie und dem Sport." Aber im Kopf schalte ich eigentlich nie ab. Mein Beruf macht mir Spaß, ich

5 habe nie das Gefühl, dass ich Pause machen sollte. Die Beziehung zu den Leuten, die ich berate, ist meist über Jahre gewachsen, ich kenne ihre Familien, es gibt da keine klare Trennung zwischen Freizeit und Job. Ich habe mich selbst schon gefragt, ob das normal ist, aber meine Arbeit zieht mich eben nicht runter. Deswegen lasse ich mein Handy auch meistens an; es

10 beruhigt mich, zu wissen, dass meine Kunden mich im Notfall auch zu ungewöhnlichen Zeiten erreichen können. Im Urlaub mache ich das Handy aus, mein Team vertritt mich dann. Früher, als junger Berater, da hatte ich immer ein schlechtes Gefühl, wenn ich mal wegfuhr und nicht erreichbar war. Ich hatte Angst, dass gerade dann ein Großauftrag reinkommen und

15 mir durch die Lappen gehen würde. Inzwischen bin ich gelassener.

c) Erika Hollmann, 51, ist Grundschullehrerin

„Zu Hause braucht es Grenzen" – Wenn ich nicht aufpasse, arbeite ich rund um die Uhr, selbst am Wochenende. Das Problem bei uns Lehrern liegt ja auf der Hand, weil wir den Unterricht von zu Hause aus vor- und nachbereiten. Hinzu kommt jede Menge Organisatorisches. Da ist es wichtig, zu Hause

5 klare Grenzen zu ziehen und zu sagen: „Ich arbeite jetzt noch zwei Stunden, und dann höre ich auf und kümmere mich um die Familie." Das ist jedenfalls meine Art, dafür zu sorgen, dass ich keinen Burnout kriege. Es gibt aber auch Tage, die sehen so aus: Schule – Schreibtisch – Bett. Ich arbeite vierzig bis fünfzig Stunden die Woche, bei einer Dreiviertelstelle. Das Handy ist

10 immer an, ich bekomme jeden Tag Mails von Kollegen und Schulleitung; wenn ich die abends nicht lese, habe ich am nächsten Tag ein Problem, weil ich nicht auf dem neuesten Stand bin und improvisieren muss. Je älter ich werde, desto deutlicher merke ich, dass ich mir Pausen gönnen und auf mich achten muss. Ich lege mich nach der Arbeit oft eine Stunde hin, und es gibt

15 Zeiten, da kann ich mittags nicht mal Radio hören und bin froh, wenn mich niemand anspricht. Meine Freizeit plane ich sehr bewusst, um eine deutliche Grenze zum Job zu ziehen: Ich mache was mit der Familie, gehe zum Sport, treffe Freundinnen, spiele Doppelkopf und singe im Chor.

d) Lars Böske, 42, ist freiberuflicher Licht- und Mediengestalter

„Frei ist, wenn es passt" – Ich kenne keinen Feierabend. Und kein Wochenende. Von alldem habe ich mich verabschiedet, für mich ist jeder Tag gleich. Wenn es was zu tun gibt, dann mach ich das. Ich programmiere Lichtshows in Verbindung mit Videos und Fotos. Dazu reise ich beruflich durch ganz Europa. Zehn bis zwanzig Tage im Monat bin ich unterwegs. Wenn ich zu Hause bin, arbeite ich als Mediengestalter, mit freier Zeiteinteilung. Heute Morgen zum Beispiel bin ich erst spazieren gegangen und habe mich dann an den Rechner gesetzt. Es gibt für mich keine Grenze zwischen Job und Freizeit. Mein Job ist auch mein Hobby. Was es gibt, sind Zeiten, wo es wenig zu tun gibt. Dann beruhige ich mich damit, dass wieder andere Zeiten kommen. Frei mache ich, wenn nichts zu tun ist. Dann gehe ich Kajak fahren, treffe Freunde oder fahre Rad. Abends sitze ich auch oft am Rechner. Erreichbar bin ich immer, außer wenn ich im Ausland im Urlaub bin. Dann schalte ich das Handy meistens aus. Aber nicht, weil ich nicht gestört werden will, sondern aus Kostengründen.

e) Kai Könecke, 48, ist Geschäftsführer bei Unilever Deutschland
„Im Kopf arbeite ich immer" – Ich muss meinen Feierabend bewusst planen. Allerdings kann ich auch tagsüber mal Pause machen, weil wir ein Arbeitsmodell haben, das eine flexible Zeiteinteilung zulässt. Wenn ich was erfolgreich zu Ende geführt habe, kann ich mich also belohnen, indem ich zum Beispiel zwei Stunden laufen gehe, mitten am Tag. Danach dusche ich und setze mich wieder in eine Sitzung, in ein Mitarbeitergespräch oder in den Zug. Im Kopf arbeite ich immer. Auch abends und am Wochenende, da arbeite ich Mails ab oder denke über Strategien nach. In meiner freien Zeit mache ich viel Sport oder bin zu Hause bei der Familie. Faulenzen tue ich fast nie. Am deutlichsten spüre ich die Grenze zwischen Arbeit und freier Zeit, wenn ich im Urlaub bin oder wir ein Wochenende lang wegfahren. Darauf bereite ich mich richtig vor, ich arbeite dann alle Mails ab und lasse den Computer zu. Aber das Handy bleibt meistens an, ich möchte für meine Kollegen im Notfall erreichbar sein. Ich habe nicht das Bedürfnis, es abzuschalten. Ich kann die Gedanken an die Arbeit relativ gut runterfahren, einfach so, wenn ich es will. Ich kann zum Beispiel auch gut schlafen, egal, wie viel Stress ich habe. Ich schalte die stressigen Gedanken einfach aus.

Katrin Hummel, Frankfurter Allgemeine Zeitung, 5.9.2014

Aufgaben

1. Arbeitet in Gruppen. Wählt eines der atypischen Beschäftigungsverhältnisse aus und erläutert, was aus Sicht der Arbeitnehmer und Arbeitgeber dafür bzw. dagegen spricht (M 9).
2. a) Analysiere die Entwicklung der Erwerbsformen seit dem Jahr 2000 (M 10).
   b) Nimm kritisch Stellung zur Art der Darstellung in M 10.
3. Beurteile kürzere Arbeitszeiten aus deiner persönlichen Sichtweise (M 11).

zu Aufgabe 1
Arbeite aus der Grafik M 10 die für dich zwei auffälligsten Entwicklungstrends heraus.

Methode

M 12 Mit Zahlen, Statistiken und Schaubildern umgehen

Interpretationen von Statistiken und Schaubildern

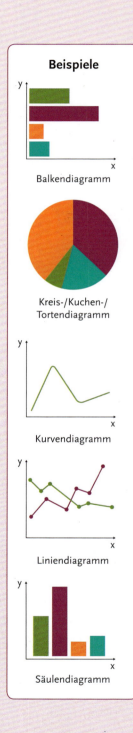

Beispiele
- Balkendiagramm
- Kreis-/Kuchen-/Tortendiagramm
- Kurvendiagramm
- Liniendiagramm
- Säulendiagramm

Eine *Statistik* ist die systematische Sammlung und Ordnung von Informationen in Form von Zahlen. Diese Zahlen werden entweder in *Tabellen* oder optisch aufbereitet als *Diagramme* und *Schaubilder* ausgewertet und dargestellt. Statistiken helfen uns in vielen Alltagssituationen. So wird beispielsweise unter jeder Klassenarbeit, die ihr schreibt, nach der Rückgabe ein Notenspiegel angebracht, damit ihr und eure Eltern sehen könnt, wie viele Schülerinnen und Schüler bessere oder auch schlechtere Ergebnisse erzielt haben. Der Lehrer sammelt die Ergebnisse aller Klassenarbeiten und kann dann herausfinden, wie sich eure Leistung innerhalb eines Schuljahres entwickelt.

Es gibt kaum einen Lebensbereich, der nicht statistisch erfasst wird. So gibt es u. a. Statistiken zu den Bereichen Bevölkerung, Beschäftigung, Gesundheit, Kriminalität, Wohnungen, Verkehr, Wirtschaft. Aus diesen Statistiken können wichtige Erkenntnisse zum Beispiel für die Verkehrsplanung oder den Bau von Kindergärten und Schulen gezogen werden.

Die Zahlen oder auch Daten müssen nach strengen Regeln erhoben werden. Die meisten Daten sammelt das Statistische Bundesamt in Wiesbaden, das seine zusammengefassten Ergebnisse in den Statistischen Jahrbüchern veröffentlicht. Viele Daten stellt das Bundesamt aber auch ins Internet, wo sie unter www.destatis.de abgerufen werden können. Das Statistische Bundesamt ist zur Neutralität verpflichtet. Andere Organisationen, die Daten erheben und veröffentlichen, verfolgen möglicherweise auch eigene Interessen.

Weil Zahlen sehr abstrakt sind, stellt man sie gerne in Diagrammen dar. Es gibt unterschiedliche Formen von Diagrammen: Balkendiagramm, Kreis-, Kuchen- oder Tortendiagramm, Kurvendiagramm, Liniendiagramm, Säulendiagramm.

Zahlen kann man als *absolute* (genaue, gerundete) *Zahlen* oder als *Prozentzahlen* angeben.

Die Prozentzahlen verdeutlichen den Anteil an einer Gesamtmenge.

Auswertung und Interpretation

Beim Umgang mit Zahlen, Statistiken und Diagrammen ist Vorsicht geboten. Der bekannte Satz „Trau keiner Statistik, die du nicht selbst gefälscht hast" macht auf die Problematik im Umgang mit scheinbar objektiven Zahlen aufmerksam. Uns sollte immer bewusst sein, dass man mit der Unterstützung von Zahlenmaterial Tatsachen verfälscht darstellen kann. Häufig werden damit ganz bestimmte Interessen verfolgt. Dies gilt v. a. in der Wirtschafts- und Sozialstatistik. Deshalb ist es notwendig, nicht nur nach der Quelle einer Statistik zu fragen, sondern auch kritisch zu überprüfen, wie die Zahlen in einer grafischen Darstellung präsentiert wurden. Denn mit unterschiedlichen Darstellungen lassen sich bei denselben Zahlen durchaus unterschiedliche Wirkungen erzielen. Sachverhalte können verharmlost oder dramatisiert werden. Folgende Punkte

solltest du bei jeder Untersuchung von Datenmaterial besonders kritisch hinterfragen:
- Quellenangaben

Wird die Quelle der Daten angegeben? Handelt es sich um eine seriöse Quelle – z. B. amtliche Stellen (Behörden, Statistisches Bundesamt, Ministerien usw.)? Besonders skeptisch sollte man bei Angaben wie „eigene Erhebung" sein.

- Aktualität der Daten
- Auswahl des Zeitraums
- Maßstab der Darstellung

Welcher Maßstab auf den Achsen ist gewählt und wie ist das Verhältnis der beiden Achsen zueinander? Ist die Einteilung auf den Achsen sinnvoll gewählt?
- Stimmen Überschrift und Text mit der Aussage des Datenmaterials überein?
- Verfolgt der Verfasser eine manipulative Absicht?

Arbeitsschritte

1. Beschreiben
- Woher stammen die Daten? Wer hat sie erfasst und veröffentlicht? (Quelle)
- Welcher Sachverhalt wird dargestellt? Wie lautet das Thema? Welcher Zeitraum wird dargestellt?
- Welche Darstellungsform wurde gewählt? (Säulen-, Balkendiagramm ...)
- Absolute oder relative Zahlen?

2. Auswerten
- Welche Entwicklung ist zu erkennen? (Dabei sind hohe und niedrige Werte, Trends, Veränderungen zu beachten!)

3. Erklären
- Erst wenn du das Diagramm / die Tabelle genau beschrieben und ausgewertet hast, kannst du versuchen, deine Aussagen zu erklären oder Schlussfolgerungen zu ziehen.

4. Bewerten
- Wurden die Zahlen sinnvoll im Diagramm umgesetzt? Wurden die Abstände auf den Achsen richtig gewählt?
- Sind die Zahlen noch aktuell?

Beispiel für ein Balkendiagramm

2013 gab es in Deutschland 32,4* Mio. Arbeitnehmer:**

Normalarbeitsverhältnis	24,6 Mio.
Teilzeit	5,0 Mio.
befristet	2,6 Mio.
geringfügig	2,5 Mio.
Zeitarbeit	0,7 Mio.

Quelle: Statistisches Bundesamt, Stand: 23.10.2014
*einschl. Mehrfachzählungen; **15- bis 64-jährige Personen in Beruf oder Ausbildung

Egal wo – egal wann:
Licht und Schatten der neuen Arbeitswelt

M 13   Stressfaktor Smartphone?

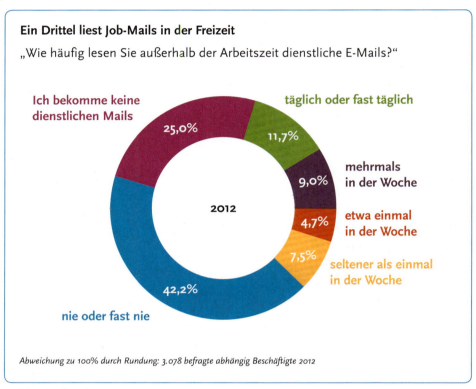

Böckler Impuls 20/2013

M 14   Wenn die Arbeit anruft

kulant
entgegenkommend

Um 20 Uhr, zur besten „Tagesschau"-Sendezeit, schaltet Felix Schell* sein Diensthandy ein. „Nur drei E-Mails, richtig kulant", meint der Ingenieur, der seinen wirklichen Namen nicht gedruckt wissen möchte. Schell, der für einen Hamburger Energiedienstleister arbeitet, hat das Smartphone von seinem Arbeitgeber erhalten. „Das ist das Problem: Man schaut einfach rein", meint Schell. „Das Smartphone erzeugt eine zwanghafte Verfügbarkeit." Wie Schell geht es vielen. Fast jeder zweite Beschäftigte hat heute eine Absprache mit seinem Arbeitgeber, auch außerhalb der Arbeitszeit erreichbar zu sein – so der Fehlzeitenreport 2012 der AOK. Laut dem Branchenverband Bitkom greift fast jeder dritte Beschäftigte mobil auf die Informationstechnologie seines Arbeitgebers zu. Notebooks, Tablet-Computer und handliche Smartphones machen die mobile Arbeit so leicht wie nie.
Im Zug, am Flughafen, beim Kunden vor Ort und zu Hause: Überall ermöglichen mobile Endgeräte die

Arbeit von unterwegs. Während früher nur bestimmte Berufsgruppen wie Vertriebsmitarbeiter oder Monteure unterwegs gearbeitet haben, lösen sich jetzt in vielen Branchen die räumlichen und zeitlichen Grenzen der Arbeit auf. Diese Entgrenzung geschieht nicht immer gegen den Willen der Arbeitnehmer. Durch die mobile Arbeit gewinnen sie, sofern faire Absprachen möglich sind, auch ein neues Maß an Freiheit und Flexibilität, die dazu dienen könnte, Privates und Berufliches besser zu vereinbaren als in den starren Arbeitsregimes der Vergangenheit. Sogenannte Telearbeitsplätze waren der Vorreiter dieser Entwicklung. Einen oder mehrere Tage pro Woche arbeiten Beschäftigte in diesem Arbeitsmodell zu Hause. Laut einer „Spiegel"-Umfrage nutzt nahezu jede dritte Firma dieses Arbeitsmodell.

Arbeitsregime
hier: Arbeitsorganisation

Name von der Redaktion geändert
Marc von Lüpke, Die Mitbestimmung 12/2013

M 15 Warum ständige Erreichbarkeit auch krank machen kann

Ständige Erreichbarkeit, Überstunden, wechselnde Arbeitsorte und lange Anfahrtswege: Die Flexibilisierung der Arbeitswelt lässt immer mehr Arbeitnehmer an ihre psychischen Belastbarkeitsgrenzen stoßen. Viele Angestellte sind schon gestresst, bevor sie an ihrem Schreibtisch ankommen.

Viele Arbeitnehmer in Deutschland fühlen sich durch immer längere Arbeitswege, ständige Erreichbarkeit und Überstunden überlastet. Psychische Beschwerden sind laut dem Fehlzeiten-Report 2012 des Wissenschaftlichen Instituts der AOK (WIdO) häufig die Folge. [...]

Menschen, die Beruf und Freizeit nicht miteinander vereinbaren können, klagen über mehr als doppelt so viele Symptome wie Erschöpfung, Niedergeschlagenheit oder Kopfschmerzen wie der Durchschnitt. Wer häufig private Aktivitäten wegen des Jobs verschiebt, an Sonntagen arbeitet oder viele Überstunden macht, hat häufiger psychische Beschwerden.

Es sei zwar gut für die Gesundheit, wenn Beschäftigte ihre Arbeit räumlich und zeitlich an die eigenen Bedürfnisse anpassen können. [...] Nur: Offenbar gelingt dies oft nicht. Mehr als jeder dritte Erwerbstätige erhielt binnen vier Wochen häufig Anrufe oder E-Mails außerhalb der Arbeitszeit oder leistete Überstunden. Mehr als jeder zehnte nimmt Arbeit mit nach Hause. Fast jeder achte Beschäftigte gibt an, dass er Probleme mit der Vereinbarkeit von Arbeit und Freizeit hat.

Insgesamt sind laut WIdO rund 40 Prozent der Berufstätigen entweder Wochenendpendler, fahren täglich mindestens eine Stunde zur Arbeit oder haben ihren Wohnort aufgrund beruflicher Anforderungen gewechselt. Zwar vermeiden sie dadurch oft Arbeitslosigkeit oder sichern sich Aufstiegschancen. Doch die Belastung durch übermäßiges Pendeln gehe mit einer Zunahme von psychischen Beschwerden wie Erschöpfung oder Niedergeschlagenheit einher.

dpa/wolf/beu, Süddeutsche Zeitung, 16.8.2012

M 16　Nicht ständig im Arbeitsmodus

„Sehr geehrte Damen und Herren, vielen Dank für Ihre Mail. Ich bin ab X.Y.ZZ wieder erreichbar. Ihre Mail wird nicht weitergeleitet. In dringenden Fällen wenden Sie sich bitte an meinen Kollegen no.name@irgendwo.de." Solche Antworten erreichen einen immer häufiger. Volkswagen stellt 30 Minuten nach Ende der Gleitzeit seinen Server-Betrieb ein. [...] [Tim Hagemann, Professor für Arbeits-, Organisations- und Gesundheitspsychologie] stellt fest: „Immer mehr Firmen unternehmen etwas gegen die ständige Erreichbarkeit ihrer Mitarbeiter." Nur: warum sind sie ständig erreichbar? Wenn Mitarbeiter E-Mails am Feierabend und im Urlaub abrufen, tun sie das schließlich aus eigenem Antrieb. „Menschen sind soziale Wesen, an sozialen Kontakten interessiert und neugierig."

Käme der Postbote dreimal am Tag, würden wir dreimal gespannt zum Briefkasten laufen, um zu schauen, wer uns geschrieben hat. Das ist bei digitaler Post noch viel schlimmer: Man muss nicht einmal aufstehen, um sogar ständig in den digitalen Briefkasten schauen zu können. Neugier ist der eine, erfüllende Erwartungshaltung der andere Grund fürs ständige Mail-Abrufen. Wenn der Chef rund um die Uhr an sieben Tagen in der Woche Mails schreibt, wird Druck aufgebaut, ständig erreichbar zu sein. Wer nicht mitmacht, fürchtet, als lahme Ente verspottet zu werden.

Das umfangreiche deutsche Arbeitsrecht reiche aus, um die Folgen der Digitalisierung für die Arbeitswelt zu regeln. „Entscheidend dafür sind Arbeitsvertrag und Arbeitszeitgesetz", sagt Sandra Flämig, Fachanwältin für Arbeitsrecht in Stuttgart. Wenn im Arbeitsvertrag feste Arbeitszeiten vereinbart und die Anordnung von Überstunden erlaubt ist, könne der Arbeitgeber verlangen, dass diese Mitarbeiter nach Feierabend erreichbar sind. Die Überstunden müssen vergütet oder in Freizeit abgegolten werden.

Das Arbeitszeitgesetz bestimmt, dass zwischen dem Ende einer Arbeitseinheit und dem Beginn einer neuen elf Stunden Ruhezeit liegen müssen. Wer also abends um 22 Uhr Mails liest, darf nicht vor 9 Uhr am nächsten Tag mit der Arbeit beginnen. „Oft ist es so, dass die Bearbeitung von E-Mails und die Erreichbarkeit per Handy außerhalb der üblichen Bürozeiten stillschweigend erwartet werden. Schlimmer ist noch, wenn der Arbeitnehmer annimmt, dass es von ihm erwartet wird." Die Arbeitsrechtlerin rät zur Klarheit: „Wer seine Wünsche nicht unmissverständlich äußert, hat keine Chance, sie erfüllt zu bekommen."

Peter Ilg, Stuttgarter Zeitung 16.12.2013

M 17 Recht auf Unerreichbarkeit

Der Automobilhersteller BMW fügt sich in die Reihe der deutschen Unternehmen ein, die sich selbst Regeln auferlegen, um Arbeit vom Smartphone oder Tablet aus in der Freizeit zu begrenzen. Dafür können Mitarbeiter an den deutschen Standorten künftig sogenannte „Mobilarbeit" in ihre Arbeitszeitkonten eintragen. Diese Zeiten können sie sammeln und dafür an anderen Tagen weniger arbeiten oder ganze freie Tage nehmen.

Das berichtet die Zeitschrift „Spiegel" unter Berufung auf Aussagen von Betriebsratschef Manfred Schoch. Dieser habe die neue Regelung in einer Betriebsvereinbarung mit dem Konzern ausgehandelt. BMW wolle auf diese Weise die Gefahr verringern, dass Mitarbeiter aufgrund ständiger Erreichbarkeit in der Freizeit gar nicht mehr abschalten können und frühzeitig einen Burnout erleiden. Um dem vorzubeugen soll es nicht nur den Freizeitausgleich über die Arbeitszeitkonten geben, sondern auch feste, mit den Vorgesetzten vereinbarte Zeiten, in denen Mitarbeiter nicht erreichbar sind.

Der Vorstoß des Automobilherstellers ist dabei nicht neu. Schon seit langer Zeit existieren etwa Regelungen gegen eine ständige Erreichbarkeit von Mitarbeitern im VW-Konzern und bei der Telekom. [...]

Die frühere Bundesarbeitsministerin Ursula von der Leyen hatte schon Mitte 2012 einen ersten Vorstoß für klarere Regeln zum Umgang mit dienstlichen Handynachrichten gestartet. Sie hatte sich aber an Appelle an Arbeitgeber beschränkt; eine entsprechende Verschärfung des Arbeitsschutzgesetzes wollte die Ministerin nicht einführen. Etwa ein Jahr später führte sie dann immerhin einen Kodex zum Umgang mit Smartphones in ihrem eigenen Ministerium ein.

Frankfurter Allgemeine Zeitung 16.2.2014

Betriebsvereinbarung
In einer Betriebsvereinbarung legen Arbeitgeber und Betriebsrat eines Betriebes oder Unternehmens verbindliche Regelungen für die Arbeitnehmerinnen und Arbeitnehmer dieses Unternehmens fest.

Aufgaben

1. Gib wieder, wie die Benutzung mobiler Endgeräte die Arbeitswelt für viele Arbeitnehmerinnen und Arbeitnehmer verändert (M 13, M 14).
2. Erkläre, was man unter Entgrenzung der Arbeit versteht (M 14).
3. Arbeite heraus, welche Vor- und Nachteile die Entgrenzung der Arbeit für Arbeitgeber und Arbeitnehmer hat (M 14, M 15).
4. Fasse zusammen, weshalb viele Arbeitnehmerinnen und Arbeitnehmer auch außerhalb der Arbeitszeit ihre beruflichen Mails lesen, auch wenn es von ihnen gar nicht erwartet wird (M 16).
5. Beurteile, ob die gesetzlichen Arbeitszeitregelungen ausreichend sind (M 16, M 17).
6. Diskutiert die Regelung, die der Automobilhersteller BMW für einen Teil seiner Angestellten betroffen hat (M 17).

Was wir wissen

Bedeutung der Arbeit für den Menschen
M 1 – M 5

Arbeit als Erwerbsarbeit ist die Grundlage für den Wohlstand unserer Gesellschaft, gleichzeitig ist sie aber viel mehr als nur Gelderwerb. Arbeit gibt unserem Leben eine Struktur, sie vermittelt uns den Kontakt zur Außenwelt, lässt uns unsere Fähigkeiten und Grenzen erfahren. Schließlich bestimmt sie über unsere Stellung innerhalb der Gesellschaft. So leiden Arbeitslose zum Beispiel darunter, vom „normalen" Alltag ausgeschlossen zu sein und den gewohnten Tagesablauf zu verlieren. Viele Rentner müssen nach dem Ende ihrer Lebensarbeitszeit erst wieder „lernen", wie der Alltag ohne die tägliche Arbeit gestaltet werden kann.

Berufe im Wandel
M 6 – M 8

Der Arbeitsmarkt in Deutschland und den europäischen Staaten ist zunehmend durch sog. „atypische" Beschäftigungsverhältnisse gekennzeichnet. Zu diesen Beschäftigungsformen zählen u. a. die Teilzeitarbeit, die geringfügigen Beschäftigungsverhältnisse (Minijobs), die Leiharbeit und die befristete Beschäftigung. Diese orientieren sich nicht an unbefristeter Vollzeitarbeit (dem sog. Normalarbeitsverhältnis), die i. d. R. tarifvertraglich geregelt ist und den vollen Schutz der sozialen Sicherungssysteme in Deutschland gewährt. Auf der einen Seite bieten atypische Arbeitsverhältnisse tatsächlich zusätzliche Erwerbschancen insbesondere im Dienstleistungssektor, zeichnen sich gleichzeitig aber oft durch Abweichungen vom jeweiligen tarif-, unternehmens- oder betriebsüblichen Standard hinsichtlich Arbeitszeiten, Entlohnung oder Bestandssicherheit aus. Die Notwendigkeit der Regulierung atypischer Beschäftigungsformen steht deshalb auf dem Prüfstand und wird je nach Perspektive – beschäftigungspolitische vs. sozialpolitische Orientierung – unterschiedlich bewertet.

Neue Beschäftigungsverhältnisse
M 9 – M 11,
M 13 – M 17

Mit der technischen und globalen Entwicklung geht auch ein Wandel in den Beschäftigungsverhältnissen einher. So kann heutzutage in vielen Branchen an jedem Ort der Welt gearbeitet werden. Auch wenn das Normalarbeitsverhältnis nach wie vor das am meisten verbreitete Beschäftigungsverhältnis ist, hat sich daneben eine Vielfalt neuer Beschäftigungsformen entwickelt. Neben den neuen Selbstständigen, befristet Beschäftigten, Leiharbeitern oder Home-Office-Arbeitern, sind es vor allem die Beschäftigten in Teilzeit und mit flexiblen Arbeitszeitmodellen, die die Beschäftigungslandschaft in Deutschland zunehmend prägen. Für viele Arbeitnehmer bedeutet diese Entwicklung eine bessere Vereinbarkeit von Familie und Beruf. Doch wird dieser Trend von vielen Experten und Beteiligten auch mit großer Sorge betrachtet, denn die atypischen Beschäftigungsverhältnisse führen zu einer Belastung der Sozialversicherungssysteme und bieten den Beschäftigten oft keine ausreichende Vorsorge für ihre Rente. Viele dieser Beschäftigungsverhältnisse tragen nicht einmal zur Existenzsicherung bei, deshalb wünschen sich die meisten Menschen nach wie vor ein klassisches Normalarbeitsverhältnis mit geregeltem Einkommen und einer geregelten Arbeitszeit.

Was wir können

Bald kommt das Kleinkind mit ins Büro

Die Babypause ist vorbei, der Job ruft. Wohin mit dem Kind? Vor dieser Frage stehen viele Mütter und Väter. Die Großeltern: wohnen oft weiter entfernt. Ein Kindermädchen: teuer, manchmal gewöhnungsbedürftig als Mitbewohnerin. Bleibt die Kindertagesstätte. Vielen Eltern fällt es aber schwer, sich vom Kind zu trennen, wenn es noch im Windelalter ist. [...]

Arbeiten zu Hause, das ist oft nur theoretisch eine gute Idee. Da ist die Ablenkung: Das Kind verwüstet die Wohnung, zwischendurch wird die Waschmaschine angeworfen. So hat es die Anwältin Sandra Runge, 37, erlebt. Die Mutter von zwei Söhnen gehört zum Team von „Coworking Toddler".

Das Berliner Projekt verbindet die Idee des Gemeinschaftsbüros (Coworking Space) mit Kindern im Krabbelalter (Toddler). „Man hat die Möglichkeit, ohne schlechtes Gewissen zu arbeiten, weil man den Kontakt und die Nähe zu den Kindern hat", sagt Runge.

Die „Coworking Space" haben sich seit ein paar Jahren in vielen Städten ausgebreitet. Meist mieten sich in den Kollektivbüros Berufstätige ein, die nur einen Computer brauchen und sich gerne beim Cappuccino mit anderen austauschen. Kinder sind in Laptopzonen selten.

In Leipzig gibt es das Projekt „Rockzipfel", das schon einige Ableger hat, darunter in Hamburg und München. Eltern oder Babysitter passen im Gemeinschaftsbüro auf den Nachwuchs auf. Eltern, die ihre Kleinen noch eingewöhnen, arbeiten mit Blickkontakt zum Kind, wie Gründerin Johanna Gundermann, 37, erklärt. Andere, die wirklich arbeiten müssen und nicht mehr eingewöhnen, ziehen sich zurück. Sie werden nur geholt, wenn die Kinder sie brauchen.

Stillen, wickeln, füttern, ins Bett legen – das machen die „Rockzipfel"-Eltern. „Das Prinzip ist ja, dass sie für ihre Kinder in diesen wichtigen Schlüsselsituationen da sein sollen", sagt Gundermann. Für die Erwachsenen blieben so etwa drei bis vier Stunden fürs eigene Arbeiten. [...]

Bei „Coworking Toddler" in Berlin sollen sich professionelle Erzieherinnen um die Kinder kümmern. Geplant ist eine Vollzeitbetreuung. Die Mütter und Väter können in Kontakt mit dem Nachwuchs bleiben und zusammen Mittagessen. Der Austausch mit den Erzieherinnen soll sich nicht auf Flurgespräche beschränken. Wenn der Sohn abends eine Beule hat, weiß die Mutter, wie das tagsüber passiert ist.

Eine Idee ist, dass ein Pieper am Schreibtisch den räumlich getrennt sitzenden Eltern Bescheid gibt, wenn ihr Kind sie braucht. Etwa sechs bis sieben Stunden Arbeit könnten für die Eltern möglich sein, schätzt Sandra Runge. Zur Zielgruppe gehören Selbstständige, Angestellte, die zu Hause im Homeoffice arbeiten können, oder Firmen, die ihren Mitarbeitern einen familienfreundlichen Wiedereinstieg bieten wollen.

dpa/cast, www.welt.de, 26.5.2015

Aufgabe

Arbeitet aus dem Text heraus, inwiefern sich im „Coworking Space" der Wandel der Arbeit und der Beschäftigungsverhältnisse widerspiegelt.

4.5 Berufswahl
Welcher Beruf ist der richtige?

M 1 Ich habe meinen Traumjob gefunden!

stringent
gradlinig

Von heute aus betrachtet erscheint mein Weg von der Schulzeitung zum eigenen Verlag stringent. Dazwischen war allerdings vieles unklar und man-
5 ches eher unsicher. In der Mittelstufe arbeitete ich für die Schulzeitung und sammelte so meine ersten journalistischen Erfahrungen. Ich hatte meinen Traumberuf gefunden. In der Oberstufe war ich dann Chefredakteur der Schülerzeitung und konnte mich selbst verwirklichen. Nach dem Abi bewarb ich mich bei der Tageszeitung für ein Volontariat. Die Absage kam prompt. Ich solle doch erst mal studieren und mich zusätzlich über freie Mitarbeit empfehlen. Im Studium habe ich dann meinen Traumjob erst mal aus
20 den Augen verloren. Erst durch ein Journalismus-Seminar im Auslandssemester in den USA fand ich den Weg zurück. Zurück in Deutschland machte ich bei einem Magazin ein längeres
25 Praktikum. Zu rechten Zeit am richtigen Ort übernahm ich ein dreiviertel Jahr später die Chefredaktion, worunter mein Studium litt. Am Ziel meiner Träume angekommen, schmiss ich mit
30 der Einführung der Studiengebühren das Studium.
Insgesamt war ich fünfeinhalb Jahre lang Chefredakteur in diesem Verlag für unterschiedliche Magazinti-
35 tel. Nachdem ich dort ausgeschieden bin, habe ich den eigenen Verlag aufgebaut und meine Rolle vom Journalisten in den vergangenen fünfeinhalb

Jahren zum Verleger und Unternehmer entwickelt.
40

Warum haben Sie diese Tätigkeit gewählt?

Ich habe schon früh sehr gern geschrieben; so war ich als Kind bereits Autor einer Geschichte in einem
45 Büchlein, das sich mit Sagen und Märchen meines Heimatdorfes beschäftigte. Später in der Schule fiel es mir sehr leicht, Texte zu verstehen und selbst welche zu verfassen. Bei meinem ers-
50 ten richtigen Job als Journalist habe ich den organisatorischen Anteil genauso geschätzt wie den kreativen. Mit der Rolle als Unternehmer verbinde ich heute beide Bereiche und habe
55 sehr viel Spaß dabei. [...]

Welche Qualifikationen und Fähigkeiten halten Sie für wichtige Voraussetzungen für die Ausübung Ihrer Tätigkeit?
60

Neben dem Handwerkszeug, schreiben zu können, gehören Neugier, Interesse an Menschen und Begeisterungsfähigkeit zu den wichtigsten Faktoren im Journalismus. Als Unternehmer
65 muss man risikobereit sein und Freude empfinden, Verantwortung für sich und andere zu übernehmen. [...]

Welchen Rat können Sie den [...] Studierenden mit auf den Weg
70 **zum Beruf geben?**

Verfolgt Euren Traumjob hartnäckig, und lasst Euch nicht (durch andere) entmutigen!

www.uni-goettingen.de, CareerGuidance – Interviews
75 *mit Alumni Marco Böhme, Herausgeber des faktor-Magazins (11.5.2015)*

Marco Böhme ist Verleger und Herausgeber von regionalen Magazinen. Das Karriere-Portal der Universität Göttingen hat mit ihm ein Interview geführt.

M 2 Welcher Beruf passt zu mir?

Wieso sich junge Menschen für oder gegen etwas entscheiden, ist nicht einfach zu erklären: „Der Berufswahlprozess ist ein komplexer, sehr individueller Prozess mit vielen Variablen", weiß Christine Stiller [Beraterin bei der Agentur für Arbeit in Leipzig].

Das sieht Lore Funk ähnlich: „Es wäre viel zu kurz gegriffen, einfach zu sagen, Mädchen sind nicht technikaffin und Jungen interessieren sich nicht für soziale Berufe", sagt die wissenschaftliche Referentin des Kompetenzzentrums Technik-Diversity-Chancengleichheit. Sie wertet die Aussagen Tausender Mädchen und Jungen aus, die jedes Jahr am Girls'- und Boys'Day teilnehmen, einem Projekt des Kompetenzzentrums. „Die Geschlechterrollen sind nicht starr. Es handelt sich immer um individuelle Persönlichkeiten mit unterschiedlichen Fähigkeiten und Interessen. Umso wichtiger ist es, sich von den tradierten Geschlechterbildern freizumachen und einen Beruf zu finden, der den eigenen Interessen entspricht." Und das ist die Crux: Denn die „eigenen" Interessen sind oft das Ergebnis von Erwartungen, die von anderen an uns herangetragen werden, ohne dass wir uns dessen immer bewusst sind. Wie reagieren Freunde und Eltern auf meine Wahl, wie wirkt mein Beruf nach außen? Welche Vorbilder und Rollenmodelle gibt es in der Gesellschaft und im persönlichen Umfeld? [...] Man kann niemanden in einen Berufszweig hineinreden, nur weil die Aussichten rosig erscheinen: „Jeder muss letztlich hinter seiner Entscheidung stehen", betont Berufsberaterin Stiller. Was will ich, was kann ich, und welche Chancen habe ich damit?

www.abi.de, Typisch Frau, typisch Mann ... und was machst du so?, abi >>extra, 24.3.2014

M 3 Was ist mir wichtig?

Tipp
Das Berufswahlportal der Bundesagentur für Arbeit bietet auf der Seite: *http://www.planet-beruf.de/Interessen-und-Staer.12600.0.html?&type=2* eine Auswahl von Selbstchecks an, um die eigenen Stärken und Schwächen herauszufinden.

4 Wirtschaftsunternehmen – Ziele, Strukturen, innere Konflikte

M 4   Was will ich? – Was kann ich?

a) Interessen herausfinden

Welche Tätigkeiten interessieren mich?	1. anbauen/hegen/ ernten/züchten 2. bauen 3. herstellen/zubereiten/ Material bearbeiten	4. kaufen/verkaufen/ bedienen/beraten 5. behandeln/pflegen/ erziehen/unterrichten 6. gestalten/malen/ entwerfen/zeichnen	7. montieren/ installieren/reparieren 8. prüfen/untersuchen 9. schreiben/verwalten/ berichten 10. Maschinen steuern und bedienen
Wo möchte ich arbeiten?	1. Werkstatt/Halle 2. Verkaufsraum 3. im Freien/Natur	4. soziale/medizinische Bildungseinrichtung 5. Labor/Prüfstation 6. Hotel/Gaststätte	7. Fahrzeug/Transport- mittel 8. beim Kunden 9. Büro 10. Ausland/ferne Länder
Womit möchte ich arbeiten?	1. Baustoffe 2. chemische Stoffe 3. Elektronik 4. Fahrzeuge/ Transportmittel 5. Glas/Keramik/ Edelstein 6. Holz/Papier	7. Lebensmittel 8. Mess- und Prüfgeräte 9. Menschen 10. Metalle 11. Pläne/Entwürfe 12. Regelungen/Gesetze/ Vorschriften 13. technische Anlagen	14. Textilien/Leder 15. Tiere/Pflanzen 16. Zeichen-/Schreibgeräte 17. Büromaschinen/ Büromaterial 18. Maschinen/ Werkzeuge 19. Informationen/ Medien/ Fremdsprachen

b) Über welche Fähigkeiten verfüge ich?

Geistige Fähigkeiten?	1. Sprachbeherrschung/ sprachliche Gewandt- heit 2. logisches Denken 3. räumliches Vorstellungsvermögen	4. Beobachtungs- vermögen 5. rechnerisches Denken 6. Rechtschreibsicherheit 7. guter schrift- sprachlicher Ausdruck	8. Konzentrations- fähigkeit 9. Merkfähigkeit 10. Kreativität 11. Sinn für Formen und Farben 12. Lern- und Leistungs- bereitschaft
Soziale Fähigkeiten?	1. Kontaktfreudigkeit 2. sicheres Auftreten 3. Rücksichtnahme 4. Selbstständigkeit 5. Belastbarkeit 6. gute Umgangsformen	7. Teamfähigkeit 8. zuhören können 9. andere überzeugen können 10. Verantwortungs- bereitschaft	11. Interesse für andere Menschen 12. Hilfsbereitschaft 13. Zuverlässigkeit 14. Höflichkeit 15. Toleranz
Körperliche Fähigkeiten?	1. körperliche Belast- barkeit (Stehen, Bücken, Sitzen)	2. gutes Hören 3. Farbsehen	4. robuste Gesundheit (Widerstandsfähigkeit) 5. handwerkliches Geschick

M 5 Vom Traum zum Beruf – Stationen zur Berufswahl

Station 1: Was will ich – was kann ich? – Das sind meine Interessen und Fähigkeiten
Das sind die wichtigsten Fragen, die du dir stellen solltest: Was kann ich am besten? – Was mache ich am liebsten? Hilfreich dabei sind Hobbys – Lieblingsfächer in der Schule – Gespräche mit anderen – Praxiserfahrungen (Praktikum, Ferienjob). Die Beraterinnen und Berater der Bundesagentur für Arbeit geben wertvolle Tipps für Tests und bieten individuelle Beratungsgespräche an.

Station 2: Recherchieren und Orientieren
Hast du schon ein paar Ideen, was dich beruflich interessieren könnte? Jetzt solltest du deine Wünsche mit der Berufspraxis abgleichen. Informiere dich über die Tätigkeiten in deinem Wunschberuf: gezielte Recherche im Internet (z. B. http://www.planet-beruf.de/Tagesablaeufe.163.0.html) – Gespräche mit Menschen, die den Beruf ausüben – Auswahl eines entsprechenden Praktikums usw.

Station 3: Ausbildung oder Studium?
Möchtest du lieber gleich praktisch arbeiten oder doch eher an der Hochschule studieren? Ob eine Ausbildung oder ein Studium das Richtige ist, hat damit zu tun, welcher Lern- und Arbeitstyp du bist. Das solltest du herausfinden und die Gründe, die für bzw. gegen eine Ausbildung oder ein Studium sprechen, gut abwägen.

Station 4: Einen Blick in die Zukunft werfen – Prognosen und Arbeitsmarktchancen
Ingenieurmangel, Lehrerschwemme – häufig liest man von Berufen mit hohem oder sehr niedrigem Arbeitskräftebedarf. Experten sind sich einig: Arbeitsmarktprognosen sind ein möglicher Baustein bei der Entscheidungsfindung, viel wichtiger sind die eigenen Fähigkeiten und Interessen. Nur wer Freude im Beruf hat, ist langfristig motiviert, kann schwierige Zeiten durchstehen und sich gegen Mitbewerber durchsetzen.

Station 5: Einen Plan B haben – Alternativen für alle Fälle
Nicht immer klappt es mit dem Einstieg in den gewünschten Studiengang oder Ausbildungsberuf. Alternativen sind dann besonders sinnvoll, wenn du dir nicht ganz sicher bist. Idealerweise erstellst du eine Rangfolge deiner persönlichen Favoriten, denn dann kannst du schnell reagieren, wenn du nach dem Studien- oder Ausbildungsstart merkst, dass du auf dem falschen Weg bist. Hilfe im Beratungsdschungel bietet z. B. http://www.abi.de/index.htm?zg=schueler.

Aufgaben

1. Beschreibe den Weg, den Marco Böhme (M 1) bis zu seinem Traumberuf gegangen ist.
2. Arbeite aus M 2 heraus, welche Faktoren die Berufswahl beeinflussen.
3. Beurteile aus der Perspektive von M 2 den Weg von Marco Böhme (M 1).
4. Erstelle mithilfe von M 4 ein Profil deiner persönlichen Interessen und Stärken. Notiere die jeweiligen Ergebnisse.
5. Erkläre, wie der ideale Weg zum Beruf aussehen kann (M 5). Erstelle mithilfe der Stationen einen konkreten Plan der einzelnen Schritte, die du bis zu deinem Praktikum gehen möchtest.

zu Aufgabe 1
Frage Erwachsene in deinem Umfeld, wie sie zu ihrem Beruf gekommen sind. Welche Wege und Umwege haben sie beschritten, gibt es Gemeinsamkeiten und Unterschiede?

Die moderne Arbeitswelt – was wird erwartet?

M 6 Was Betriebe sich wünschen

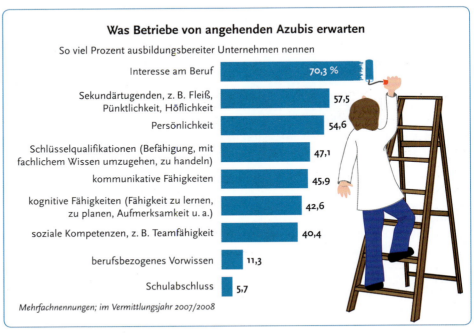

Quelle: BIBB 2009, Globus-Grafik 3089

M 7 Erfolgsfaktor Soft Skills

Einstellungschancen werden heutzutage nicht nur durch die Fachkenntnisse und gute Noten bestimmt. Personalchefs achten auch auf sogenannte Schlüsselqualifikationen, die im Englischen „Soft Skills" genannt werden und funktions- und berufsübergreifende Qualifikationen zur Bewältigung beruflicher Anforderungssituationen bezeichnen.

Soft Skills sind beispielsweise: Ausdauer/Belastbarkeit oder auch die Einstellung zur Arbeit. Sie gehören in den Bereich der persönlichen Kompetenz. Kontakt- und Kommunikationsfähigkeit, Teamfähigkeit oder auch Führungsverhalten sind Ausdruck der sozialen Kompetenz. Lernverhalten, logisches Denken und Problemlösungsverhalten können der Rubrik methodische Kompetenz zugewiesen werden.

Als „Hard Skills" wird die eigentliche Fachkompetenz bezeichnet. Sie ist die Grundlage jeglicher beruflichen Betätigung. Dieses Wissen wird durch eine Ausbildung, ein Studium oder später durch die Berufserfahrung erworben.

Nach: Bundesanstalt für Arbeit (Hg.), abi. Berufswahlmagazin Heft 3/2003, S. 14

M 8 Lernen – ein Leben lang

Über die [...] fachlichen, technischen und persönlichen [...] Kenntnisse hinaus ist in der Internet-Wirtschaft noch eine weitere persönliche Qualifikation unabdingbar: die Bereitschaft zur ständigen Weiterbildung und Qualifikation. Dies betrifft einerseits technische Kompetenzen, die aufgrund neuartiger Techniken und sich ständig weiterentwickelnder Anwendungssysteme angepasst werden müssen, andererseits fachliche Kompetenzen. [...] Dies bedeutet aber auch, dass die Bedeutung klassischer Berufsverläufe – Ausbildung in einem bestimmten Beruf, Ausübung dieses Berufes [...] vor dem Hintergrund dieser neuartigen Arbeits- und Beschäftigungsstrukturen abnimmt. Vielmehr ist zu erwarten, dass zwar gewisse berufsbezogene Basisqualifikationen erlernt werden müssen, die dann jedoch in Abhängigkeit der jeweiligen Anforderungen und tatsächlichen Gegebenheiten anzupassen und weiterzuentwickeln sind.

Rahild Neuburger, Auswirkungen der New Economy auf die Arbeit, in: Gesellschaft – Wirtschaft – Politik, 4/2003, S. 461

M 9 Abschied von traditionellen Denkmustern

Die Anforderungen an die Jugendlichen sind hoch. Ausbildung verlangt Mobilität und Flexibilität. Unternehmen müssten auch an die eigene Zukunft denken. Denn die demografische Entwicklung macht deutlich, dass junge Arbeitnehmer künftig noch stärker gebraucht werden als bisher. In den kommenden fünf Jahren scheiden allein im Arbeitsagenturbezirk Kiel 5.000 Menschen altersbedingt aus dem Arbeitsleben aus, Stellen also, die nach und nach mit qualifiziertem und gut eingearbeitetem Nachwuchs besetzt werden müssen. [...] „Die Anforderungen an die Jugendlichen sind hoch", weiß der Arbeitsagenturchef, „sie müssen sich breit orientieren, inhaltlich flexibel und räumlich mobil reagieren können."
Dass man ein Leben lang ein und demselben Beruf an ein und demselben Ort nachgehen kann, werde immer seltener. Um einen Arbeitsplatz zu bekommen, sei es häufig nötig, seinen Wohn- und/oder Ausbildungsort zu verlassen.

Kieler Nachrichten, 28.8.2010, S. V

Aufgaben

1. Fasse die in M 6 – M 9 beschriebenen Anforderungen an die moderne Arbeitswelt zusammen. Unterscheide diese Anforderungen nach Hard Skills und Soft Skills (M 7).
2. Bewerte die heutigen betrieblichen Anforderungen an einen Arbeitnehmer aus der Perspektive eines Beschäftigen im mittleren Alter, eines Beschäftigen, der wenige Jahre vor dem Renteneintritt steht sowie im Anschluss daran aus deiner persönlichen Perspektive (M 9).

○ Gestalte eine Stellenanzeige für einen Beruf aus der Schule (z. B. Hausmeister / in, Sekretär / in, Politiklehrer / in).

Methode

M 10 Arbeitsplatzerkundung

Die vielfältigen Arbeitsformen, in denen Arbeitnehmerinnen und Arbeitnehmer heutzutage tätig sind, und die unterschiedlichen Tätigkeiten, die sie dabei ausüben, lassen sich sehr gut im Rahmen einer Arbeitsplatzerkundung kennen lernen. Anders als das Betriebspraktikum (vgl. S. 204 f.) handelt es sich dabei um den einmaligen Besuch in einem Unternehmen oder Betrieb, der ermöglichen soll, durch Beobachtung, Befragung und auch Erleben von Menschen an ihrem Arbeitsplatz, Kenntnisse von der Art der Tätigkeit, der Qualifikationen, Anforderungen und Belastungen zu erlangen. Eine Arbeitsplatzerkundung bietet sich vor allem im persönlichen Umfeld an: So kann man die Arbeitsplätze der Eltern oder von Bekannten und Nachbarn erkunden. Sinnvoll ist es, wenn alle Schülerinnen und Schüler einer Klasse unterschiedliche Arbeitsplätze erkunden, damit man bei der Auswertung ein breites Spektrum vielfältiger Arbeitsplätze vorstellen und kennen lernen kann. Selbstverständlich kann eine Arbeitsplatzerkundung aber auch im Rahmen eines Betriebspraktikums durchgeführt werden.

Vorbereitung:
- *Inhaltliche Vorbereitung:* Welche Tätigkeiten üben die Menschen in meinem persönlichen Umfeld aus? Welchen Arbeitsplatz möchte ich genau erkunden? Was interessiert mich?
- *Organisation:* Eine Arbeitsplatzerkundung muss sehr genau geplant werden. Hier geben eure Lehrerinnen und Lehrer die entsprechenden organisatorischen Hinweise.

Durchführung:
Die Beobachtungen und Erkenntnisse aus Gesprächen sollten so genau wie möglich festgehalten werden. Die Beobachtung lässt sich mithilfe der folgenden W-Fragen gut strukturieren:

WO? – An welchem Arbeitsplatz und -ort wird die Tätigkeit ausgeübt? (z. B. im Freien – auf einer Baustelle – in einem Labor – in einer Werkstatt – im Verkaufsraum – im Büro – im Krankenhaus – in einem Pflegeheim – in einer Kindertagesstätte usw.)

WAS? – Welche Aufgabe wird bewältigt? Welche Tätigkeit wird genau ausgeführt? (z. B. herstellen – pflegen – instand halten – montieren – reinigen – bewirten – bedienen – beraten – gestalten usw.)

WIE? – Welche Arbeitsbedingungen sind vorherrschend? (z. B. Lärm oder Ruhe – Hitze oder Kälte – Sauberkeit oder Schmutz – Gestank – Gedränge – Enge – Zeitdruck – Sicherheit – Sitzen oder Stehen – schwere Lasten heben usw.)

WOMIT? – Welche Arbeitsmittel werden benötigt? (z. B. Werkzeuge – Maschinen – Computer – Messgeräte – Telefon – Fahrzeug usw.) Welche Gegenstände werden bearbeitet? (Nahrungsmittel – Autos – Möbelstücke – Handelsware – Menschen usw.)

WIE LANGE? WANN? – Wie lange ist die tägliche, die wöchentliche, die monatliche Arbeitszeit? Wie viele Tage Urlaub erhält man? Wie ist die Lage der täglichen Arbeitszeit? (z. B. Schicht-, Nacht-, Wochenendarbeit)

Auswertung:
Zur Auswertung der Arbeitsplatzerkundung sollten die Ergebnisse für eine Präsentation ausgebreitet werden. Dazu ist es z. B. sinnvoll, Fotos oder kleine Videos zu präsentieren, die die einzelnen Arbeitsabläufe dokumentieren. (Zuvor aber bitte im Betrieb nach Erlaubnis fragen!)

Haben Berufe ein Geschlecht?

M 11 Die zehn beliebtesten Ausbildungsberufe

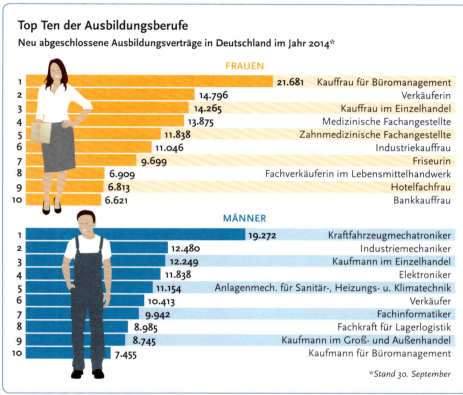

Quelle: Bundesinstitut für Berufsbildung, Globus-Grafik 10258

Frauen- und Männeranteil an den Studienanfänger/innen nach ausgewählten Fächergruppen in Deutschland 2013

Sprach- und Kulturwissenschaften
Frauen: 74,5 % Männer: 25,5 %
Mathematik, Naturwissenschaften
Frauen: 38,7 % Männer: 61,3 %
Ingenieurwissenschaften
Frauen: 23,9 % Männer: 76,1 %
Humanmedizin, Gesundheitswesen
Frauen: 68,9 % Männer: 31,1 %

Quelle: Statistisches Bundesamt, Hochschulstatistik; Bearbeitet nach: WSI Gender-DatenReport 2015

M 12 Warum wählen Mädchen Frauenberufe?

Die Sozialwissenschaftlerin Ursula Nissen hat das Berufswahlverhalten von jungen Frauen untersucht:

sueddeutsche.de: Bei den beliebtesten Ausbildungsberufen von Schülerinnen ist kein einziger Technikberuf dabei, stattdessen haben seit Jahren Arzthelferin und Bürokauffrau einen festen Platz in den Top Ten. Warum bewegt sich da nichts?
Ursula Nissen: Es gibt mittlerweile schon mehr Frauen in Technikberufen. Aber die Veränderungen sind minimal.

sueddeutsche.de: Was versteht man eigentlich unter einem „Frauenberuf"?
Nissen: Als typische Frauenberufe gelten zum Beispiel Krankenschwester oder Erzieherin. In der Statistik heißen sie „weiblich dominierte Berufe", das heißt es gibt zwischen 80 und 100 Prozent weibliche Auszubildende. Diese Berufe gelten als familiennah, weil man hier soziale Kom-

petenzen einsetzen kann, die man auch in der Familie braucht. Sie weisen häufig ein entsprechend diffuses Tätigkeitsprofil auf. Viele junge Mädchen ergreifen diese Berufe mit der Begründung, sie könnten dann Arbeit und Familie besser vereinbaren. Dabei ist das in diesen Berufen gerade nicht der Fall. Die Technikberufe sind zum Beispiel sehr viel familien- und arbeitszeitfreundlicher als die Berufe in der Krankenpflege oder im Handel. Und Frauenberufe sind sehr häufig Sackgassenberufe: Es ist kein Aufstieg möglich. Wer einmal Arzthelferin geworden ist, bleibt es auch. Die gesellschaftliche Bewertung dieser Berufe hört man ihnen geradezu an: Frauenberufe sind die „Helferinnen"- und „Assistenz"-Berufe. Kein Geselle würde sich als Assistent von einem Ingenieur bezeichnen.

sueddeutsche.de: Warum wählen Frauen bei all diesen Nachteilen diese Berufe dann überhaupt?

Nissen: Junge Frauen haben wenig Wissen über die tatsächliche Berufsrealität und ihre Aufstiegschancen. Außerdem ist bei uns in der Bundesrepublik der gesellschaftliche Druck sehr hoch, dass die Frau einen Beruf haben sollte, der dem Geschlechtsrollenbild entspricht – in anderen europäischen Ländern ist man da viel weiter. Und das beeinflusst die jungen Mädchen. Man weiß, dass in der Grundschule die Interessen bei beiden Geschlechtern noch ziemlich gleich sind. In dem Moment, in dem die Mädchen in die Adoleszenzphase kommen, schwindet auf einmal das Interesse an Technik und technischen Berufen.

www.sueddeutsche.de, 11.5.2010

Adoleszenzphase
Phase von der späten Kindheit über die Pubertät bis hin zum vollen Erwachsensein

---

M 13   Vorbilder im Fernsehen?

Sie jagen als Kommissarin Verbrecher, retten als Ärztin Leben oder leiten eine Werbeagentur: Die Zeiten, da Frauen in Fernsehfilmen dem Chef nur den Kaffee servieren, sind vorbei. Attraktive Ingenieurinnen oder Biochemikerinnen, die ihre Abenteuer im Labor bestehen, kommen im Fernsehen jedoch nicht vor – zum Kummer von Experten in Politik und Wirtschaft. Sie befürchten einen Mangel an Fachkräften in Mathematik, Informatik, Naturwissenschaften und Technik (abgekürzt MINT), sollten nicht auch Frauen in die entsprechenden Studiengänge und Berufe streben.

Sind die Gründe für den Frauenmangel in den MINT-Fächern und -Berufen auch zahlreich: Als sicher gilt, dass es jungen Frauen und Mädchen an geeigneten Rollenvorbildern fehlt. Spielfilme und Serien inspirieren junge Menschen bei der Berufswahl aber durchaus, und zwar mehr als der Schulunterricht, lautet ein zentrales Ergebnis des Forschungsprojekts „Berufsorientierung im Unterhaltungsformat", an dem sich Wissenschaftler verschiedener Einrichtungen, darunter der TU Berlin, beteiligten und die vom Bundesforschungsministerium und dem Europäischen Sozialfonds gefördert wurde. [...]

Will das Fernsehen zur Attraktivitätssteigerung dieser Berufe beitragen, dann werden Autoren und Produzenten viel zu tun haben. Und sie müssten fast bei null anfangen. Denn auch Männer werden kaum je als Ingenieur oder Biochemiker gezeigt, sondern als Pfarrer, Förster oder Lehrer. Sender und Produktionsfirmen haben Vorbehalte. Wie soll ein Ingenieur, der vorm Rechner sitzt, oder ein Wissenschaftler, der in „irgendwelchen Kolben rührt", spannend sein?, wird gefragt. Ein Produzent einer Daily Soap gab an, wenn er dem Sender eine Biochemikerin als neue Figur vorschlagen würde, würden die „wohl wortlos den Raum verlassen, weil die sich darunter nichts vorstellen können". [...] Andere Fernsehmacher sagen, dass weibliches Publikumsinteresse nur durch „Liebe, Drama, Tragik" zu erzeugen sei. Eine Ingenieurin an einer Turbine kann solche großen Gefühle nicht wecken, befürchten sie.

Dass Frauen in den Naturwissenschaften durchaus als narrative Figuren taugen und das sogar messbare positive Auswirkungen im realen Leben haben kann, beweist jedoch der große Erfolg der amerikanischen Krimiserie „CSI: Crime Scene Investigation" in den USA und Europa. [...]

Das Studium der Forensik erfuhr in den USA [nach Serienstart] einen ungeahnten Zulauf – von Frauen. In den vergangenen zwölf Jahren ist die Zahl der Forensikstudentinnen um 64 Prozent angestiegen auf einen Frauenanteil von 75 Prozent. In forensischen Laboren [in den USA] arbeiten mit 60 Prozent deutlich mehr Frauen als Männer.

Meike Fries, www.tagesspiegel.de, 12.4.2012

Abigail „Abby" Sciuto (Pauley Perrette), Forensic Specialist in der amerikanischen Krimiserie Navy CIS. Sie ist eigenwillig, unkonventionell und eckt mit ihrem Gothic-Image oft an. Sie ist ein Genie in Computertechnik, Bildbearbeitung und Kriminaltechnik.

Aufgaben

1. Führt in der Klasse eine Umfrage zu euren Berufswünschen durch und vergleicht das Ergebnis mit M 11.
2. Die Texte M 12 und M 13 geben Gründe dafür an, weshalb Frauen in der Regel Frauenberufe wählen. Arbeite diese Gründe heraus und ergänze mögliche weitere Gründe.
3. In den letzten Jahren wurde in den Schulen viel unternommen, die geschlechtsspezifische Berufswahl aufzubrechen. Ihr selbst habt vielleicht schon an entsprechenden Veranstaltungen (z. B. „Zukunftstag") teilgenommen. Diskutiert den Nutzen dieser Aktionen und Angebote.
4. Fernsehserien als Vorbilder bei der Berufswahl? Macht dazu einen Praxistest und untersucht – am besten arbeitsteilig – einige deutsche und ausländische Serienproduktionen. Vergleicht die Frauenrollen im Hinblick auf die ausgeübten Berufe (M 13).

Methode

M 14 Das Betriebspraktikum

1. Vor dem Betriebspraktikum

In diesem oder im kommenden Schuljahr werdet ihr ein Betriebspraktikum absolvieren. Ein Betriebspraktikum ist kein Betriebsausflug. Es ist vielmehr der gezielte Versuch, Betriebs- und Arbeitswelt in Handwerks-, Industrie- oder Wirtschaftsunternehmen kennen zu lernen. Betriebspraktika sollten vorwiegend durchgeführt werden, um Einblicke in bestimmte Arbeitsbereiche und soziale Aspekte des Betriebs zu ermöglichen. Wenn das Betriebspraktikum gut vorbereitet wird, kann es besonders gewinnbringend sein. Besonders wichtig ist, dass vor dem Praktikum Interessenschwerpunkte und Erwartungen zu bestimmten Berufsfeldern bereits geklärt sind.

2. Auswahl eines geeigneten Betriebs

Zuerst solltet ihr z. B. mithilfe des Selbsteinschätzungsbogens M 4 klären, welche Interessen ihr habt, was ihr besonders gerne macht und gut könnt. Klären solltet ihr aber auch, was ihr überhaupt nicht mögt. Eltern, Freunde und Bekannte und eure Lehrer können euch bestimmt wertvolle Hinweise geben.

Erstellt dann euer Persönlichkeitsprofil und überlegt, welcher Beruf bzw. welcher Betrieb für ein Praktikum infrage kommen kann. Hilfreich dabei sind ein Besuch im Berufsinformationszentrum der örtlichen Arbeitsagentur oder einer Ausbildungsmesse, die „Gelben Seiten", Werbeanzeigen in der Tagespresse, Berichte von Freunden und Bekannten und ehemaligen Praktikanten. Allgemein über Berufe informiert man sich am besten auf der Homepage der Agentur für Arbeit unter: *http://www.berufenet.arbeitsagentur.de.*
Daneben gibt es auch Online-Praktikumsbörsen: z. B. *www.meinpraktikum.de* und *www.praktikant24.de.*

Für die Auswahl des Betriebs sollten einige Verhaltensregeln beachtet werden:

a) Die erste Kontaktaufnahme – ob schriftlich, mündlich oder telefonisch – ist besonders wichtig. Denn der erste Eindruck bleibt haften.

b) Die schriftliche Anfrage oder Bewerbung um eine Praktikumsstelle enthält:
- ein Anschreiben
- einen tabellarischen Lebenslauf
- das Begleitschreiben der Schule

Befragt dazu euren Deutsch-Fachlehrer.

c) Habt ihr euch gleichzeitig bei mehreren Stellen beworben, teilt ihr nach Zusage einer Stelle den anderen Stellen mit, dass ihr eure Bewerbung zurückzieht.

d) Achtet auf ein entsprechendes äußeres Erscheinungsbild, vor allem dann, wenn die Berufserkundung mit Kundenkontakten verbunden ist.

e) Korrektes Verhalten im Betrieb wird von euch erwartet. Dazu gehören: Höflichkeit, Pünktlichkeit, Zuverlässigkeit, Rücksichtnahme, vertrauliche Behandlung von Interna, rechtzeitige Information der Berufserkundungsstelle bei Erkrankung, ein Dankeschön am Ende des Praktikums.

3. Während des Praktikums

Während des Praktikums informiert ihr euch möglichst umfassend über euer Arbeitsumfeld. Dazu solltet ihr allerdings Schwerpunkte setzen. Seid euch auch darüber im Klaren, dass ihr Praktikanten und keine richtigen Arbeitnehmer seid, weshalb euch wahrscheinlich bestimmte Bereiche des Tätigkeitsfeldes verschlossen bleiben. Umso wichtiger ist es deshalb, möglichst viele Einblicke zu gewinnen. Die Mitarbeiter (Auszubildende, Ausbilder, Facharbeiter, Meister, Angestellte) sind sicher bereit, eure Fragen zu beantworten. Dazu müsst ihr aber selbst aktiv werden. Dokumentiert eure Eindrücke und Erfahrungen durch stichwortartige Notizen oder das Führen eines Tagebuchs. Vielleicht könnt ihr auch Video- oder Fotodokumente anfertigen. Befragt dazu vorher euren Vorgesetzten.

Zur Analyse des Arbeitsplatzes während des Praktikums kann der folgende Fragebogen hilfreich sein:

> **Was wird gearbeitet?**
> (Arbeitsaufgabe)

> **Wo wird gearbeitet?**
> (Arbeitsort, Arbeitsumgebung, Funktionsbereiche)

> **Womit wird gearbeitet?**
> (Objekte und Arbeitsmittel)

> **Mit wem wird gearbeitet?**
> (Qualifikation/Status)

> **Wann wird gearbeitet?**
> (Arbeitszeit/Arbeitsform)

4. Auswertung des Praktikums (Praktikumsbericht)

Mit der Durchführung des Betriebspraktikums ist die Arbeit noch nicht abgeschlossen. Es schließen sich noch einige wichtige Schritte an:

- Betrieb danken und evtl. Kopien der Praktikumsergebnisse beifügen bzw. zur Ergebnispräsentation einladen
- Systematische Auswertung der Praktikumsunterlagen und Anfertigen eines Praktikumsberichts und ggf. einer Dokumentation des Praktikums. Der Bericht sollte ca. 6-8 Seiten umfassen und folgendermaßen aufgebaut sein:

Inhalte eines Praktikumsberichts

- Erwartungen an mein Praktikum
- Allgemeines zum Betrieb
  - Name, Anschrift, Größe (Mitarbeiter etc.)
  - Arbeitsbereich (Produktionsbereich, Dienstleistung, Versorgung etc.)
  - Zusammenarbeit mit anderen Betrieben
- Organisation und Weisungsordnung im Betrieb
  - Zusammensetzung der Mitarbeiter (männlich, weiblich, Arbeiter, Angestellte ...)
  - Auflistung sämtlicher im Betrieb vertretenen Berufe
  - Abteilungen des Betriebes
  - Weisungsordnung (evtl. nur Bereich, in dem mein Praktikum stattfindet: Bsp. Direktor – Betriebsleiter – Abteilungsleiter – Meister – Facharbeiter – angelernte Kräfte)
  - Möglichkeiten der Fort- und Weiterbildung

- Allgemeines zur Arbeit im Betrieb, soziale Leistungen, Mitbestimmung
  - Arbeitszeiten
  - Unfallschutzmaßnahmen
  - Betriebsrat
  - Besondere soziale Leistungen
- Mein Arbeitsplatz
  - Art des Arbeitsplatzes
  - Ausgeführte Tätigkeiten (selbstständig ausgeführt; unter Anleitung ausgeführt)
  - Verlangter Bildungsabschluss; Dauer und Art der Ausbildung
  - Arbeitsplatzsituation
  - Möglichkeiten der weiteren Qualifizierung
- Tagesbericht
- Kritische Zusammenfassung der Erfahrungen
  - Erfüllung bzw. Nichterfüllung der Erwartungen
  - Beurteilung der Erfahrungen (sinnvoll oder nicht) mit Begründung

Was wir wissen

Wege zum Beruf
M 1 – M 5

Den passenden Beruf zu finden, ist nicht einfach. Im Laufe unserer persönlichen Entwicklung ändern sich unsere Vorstellungen vom Wunsch- oder Traumberuf. Mit dem Prozess des Älterwerdens gehen wir immer realistischer mit dem Traumberuf um. Wir fangen an, unsere Fähigkeiten, Fertigkeiten und Interessen mit den Anforderungen, die ein ganz bestimmter Beruf an die Persönlichkeit des Menschen stellt, abzugleichen. Dabei kommt es immer wieder vor, dass wir Berufswünsche verwerfen, da sich uns andere Möglichkeiten aufzeigen. Weil es eine nahezu unüberschaubare Anzahl an Ausbildungs- und Studienmöglichkeiten und ebenso viele Berufsbilder gibt, ist es ratsam, bei der Entscheidung Hilfe von Experten der Berufsberatung zu holen.

Die Berater der Arbeitsagentur raten Jugendlichen, die vor der Berufsentscheidung stehen, sich auf die persönlichen Stärken und Neigungen zu verlassen, denn es nützt oft wenig, wenn man einen Beruf wählt, nur weil er vermeintlich zu einem sicheren Arbeitsplatz führt. Dann fehlt häufig die für die Ausübung des Berufs notwendige Motivation. Da sich die Berufsbilder ständig ändern, gibt es heute schon kaum jemanden mehr, der seinen Beruf ein ganzes Berufsleben lang ausübt. Der erlernte Beruf bleibt aber nach wie vor die Eintrittskarte in das Arbeitsleben.

Anforderungen der Arbeitswelt
M 6 – M 9

Die Anforderungen, die heutzutage und verstärkt in Zukunft an die Arbeitnehmerinnen und Arbeitnehmer gestellt werden, sind sehr vielfältig und anspruchsvoll. Zentrale Bedeutung haben dabei die Bereitschaft und die Fähigkeit zum lebenslangen Lernen. Aber auch sogenannte Sekundärtugenden wie Fleiß, Pünktlichkeit oder Höflichkeit werden von Arbeitgebern wieder vermehrt eingefordert. Darüber hinaus wird es für die Arbeitnehmerinnen und Arbeitnehmer immer wichtiger, Privat- und Arbeitsleben in ein „gesundes" Verhältnis zu setzen, denn die Grenzen zwischen diesen beiden Lebensbereichen verschwimmen immer mehr.

Geschlechtsspezifische Berufswahl
M 11 – M 13

Obwohl Jungen und Mädchen gemeinsam aufwachsen und dieselben Schulen besuchen, ihnen dieselben Ausbildungs- und Studienmöglichkeiten offenstehen, wählen Jungen und Mädchen unterschiedliche Studienfächer und Ausbildungsberufe. Zumindest in den westlichen Bundesländern ist zu beobachten, dass immer noch wenig junge Frauen technische Berufe ergreifen. Über die Ursachen dieser geschlechtsspezifischen Berufswahl wird immer neu diskutiert. Neuere Untersuchungen haben ergeben, dass sich insbesondere Mädchen auch von Rollenbildern in den Medien bei der Berufswahl beeinflussen lassen.

Was wir können

Berufsberatung simulieren

1. Berufsporträts erstellen:

Vielleicht habt ihr euren Traumberuf schon gefunden? Erstellt zu den in eurer Klasse genannten Berufswünschen jeweils Kurzporträts.

Formuliert zunächst Leitfragen. Berücksichtigt z. B. folgende Aspekte:
- Über welche Fähigkeiten sollte derjenige, der den Beruf ausüben möchte, verfügen?
- Welche schulischen Voraussetzungen werden verlangt?
- Wie lange dauert die Ausbildung?
- Welche Tätigkeiten werden ausgeübt?
- Wie sind die Verdienstmöglichkeiten?
- Welche Aufstiegschancen hat man?
- Hat man die Möglichkeit, diesen Beruf auch im Ausland auszuüben?
- Wie ist die aktuelle Lage auf dem Arbeitsmarkt?
- Ist der Beruf ein krisensicherer Beruf? Wie sind die Zukunftschancen?
- Wird dieser Beruf in gleicher Weise von Männern und Frauen ausgeübt?

Analysiert in einem zweiten Schritt, z. B. durch die Auswertung entsprechender Stellenanzeigen, welche spezifischen Anforderungen an diesen Beruf gestellt werden.

Informationen findet ihr z. B. hier:
Seite der Bundesagentur für Arbeit für Jugendliche und Auszubildende: *www.planet-beruf.de*

Erstellt mit diesen Informationen eine kleine Sammlung von Berufsbeschreibungen (Wandposter, Karteikarten, Dateien ...).

2. Beratung simulieren

Jeweils zwei Schüler spielen nun Berufsberater. Legt diesen Schülern euer Interessen-/Fähigkeitenprofil aus M 4 vor. Die Berater prüfen nun, ob das Profil zum genannten Wunschberuf passt, und machen gegebenenfalls alternative Vorschläge.

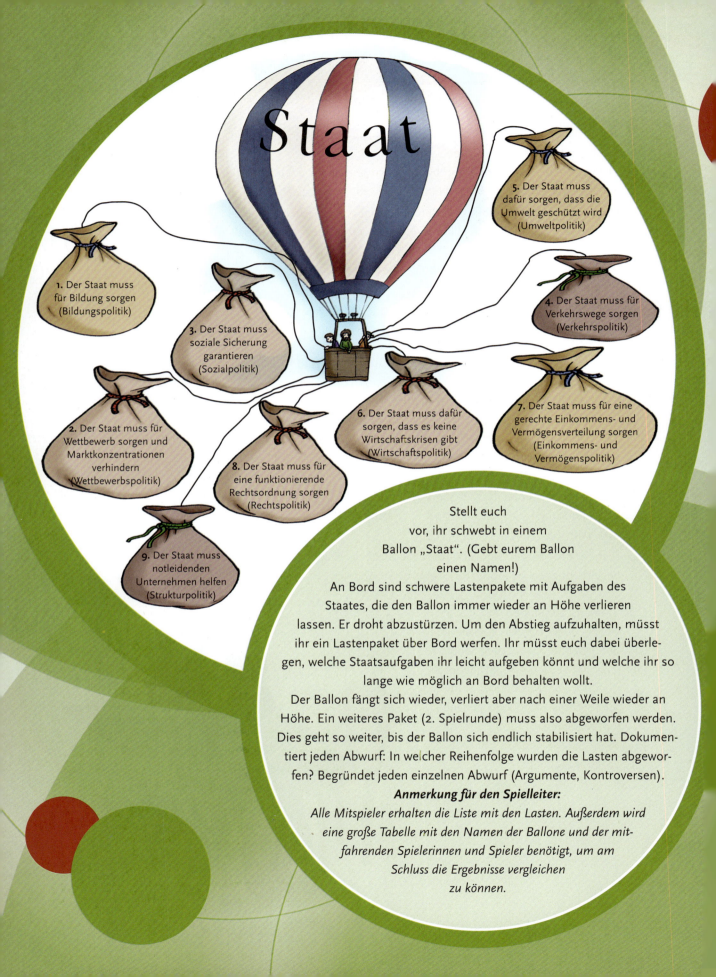

Die Wirtschaftsordnung „Soziale Marktwirtschaft"

Jede Volkswirtschaft muss für sich die Frage beantworten, wie die Produktion der notwendigen Güter vorgenommen werden soll. Was soll produziert werden? Wer soll es produzieren? Wie soll produziert werden? Wie sollen die Güter verteilt werden?

Kompetenzen

Am Ende dieses Kapitels solltest du Folgendes können:
- die grundlegenden Prinzipien einer Wirtschaftsordnung beschreiben und Wirtschaftsordnungen unterscheiden
- volkswirtschaftliche Zusammenhänge mithilfe des Wirtschaftskreislaufs beschreiben
- die Stärken und Schwächen des Marktes erklären
- Möglichkeiten und Grenzen staatlichen Handelns in der Sozialen Marktwirtschaft erörtern
- die wirtschaftliche Entwicklung Deutschlands anhand von Indikatoren beschreiben
- Wirkungsweisen der Wirtschaftspolitik anhand ausgewählter Beispiele beschreiben und beurteilen

Was weißt du schon?
Spielt das Ballonspiel wie in der Spielanleitung beschrieben.

5.1 Wie steuern Regeln das wirtschaftliche Verhalten?

Wie reagieren Menschen auf Anreize?

M 1 Warum sind die Supermarktregale so gut gefüllt?

Das Angebot ist üppig. Doch wie und warum kommen die Produkte auf den „Markt"?

Jeden Tag werden in einer Großstadt wie Berlin Millionen von Menschen pünktlich mit Nahrungsmitteln und Mahlzeiten versorgt, sei es im Supermarkt, an Imbissbuden, in Kantinen, in Restaurants oder in privaten Küchen. Dabei hat jeder die Möglichkeit, seine ganz individuellen Bedürfnisse zu befriedigen. Kebab, Sushi, Hamburger, Eintopf – es werden die unterschiedlichsten Gerichte angeboten. Die allerwenigsten Zutaten für diese Mahlzeiten werden 15 in Berlin selbst hergestellt.
An unterschiedlichsten Orten und in unterschiedlichen Ländern produzieren Menschen Nahrungsmittel und Zutaten, die transportiert, weiterver-20 arbeitet und schließlich an andere Menschen verteilt werden: Wie kann erreicht werden, dass alle Bedürfnisse und Güter so koordiniert werden, dass die Nahrungsmittelversorgung jedes Einzelnen in einer so großen 25 Stadt gesichert ist?
Um dieses „Wunder" zu verstehen, muss man sich den Regeln widmen, nach denen das wirtschaftliche Geschehen funktioniert. Ähnlich wie 30 beim Sport hängen nämlich die wirtschaftlichen Aktivitäten in ihrer genauen Ausführung und in ihren Ergebnissen von bestimmten Regeln ab. Solche Regeln oder Verfahren 35 werden auch als Institutionen bezeichnet. Für die Wirtschaft besonders wichtig sind zum Beispiel das Vertragsrecht, der Markt mit seinem Wettbewerb und das Geldwesen. 40

M 2 Wirtschaftliches Handeln – eine Folge von Anreizen

Ökonomie ist im Kern eine Untersuchung über die Wirkung von Anreizen. Es geht dabei um die Frage, wie die Leute bekommen, was sie wol-5 len oder brauchen, besonders wenn andere Leute dasselbe wollen oder brauchen. Ökonomen lieben Anreize. Sie lieben es, sich Anreize auszudenken, sie einzusetzen, sie zu stu-10 dieren und daran herumzubasteln. Der typische Ökonom glaubt, dass die Welt noch kein Problem erfunden hat, das er nicht lösen könnte, wenn er freie Hand hätte, das passende Schema von Anreizen zu kons-15 truieren. [...]
Ein Anreiz ist einfach ein Mittel, mit dem man Leute dazu bewegt, mehr Positives und weniger Negatives zu tun. Aber die meisten Anreize erge-20 ben sich nicht von selbst. Irgendjemand – ein Ökonom oder Politiker, ein Vater oder eine Mutter – muss ihn erfinden. Ihre dreijährige Toch-

ter isst eine ganze Woche lang das Gemüse auf? Dafür darf sie sich im Spielzeugladen etwas aussuchen. Eine große Stahlfabrik stößt zu viele Abgase aus? Das Unternehmen muss für jeden Kubikmeter, der über die zulässige Menge hinausgeht, Strafe zahlen. Zu viele Leute zahlen ihre Steuer nicht vollständig? Es war der Ökonom Milton Friedman, der in den USA zur folgenden Lösung beigetragen hat: Die Steuer wird automatisch vom Lohn einbehalten. Grundsätzlich gibt es drei verschiedene Arten von Anreizen: ökonomische, soziale und moralische. Sehr oft sind alle drei Varianten in einem einzigen Schema zusammengefasst.

Steven D. Levitt/Stephen J. Dubner, Freakonomics, übersetzt von Gisela Kretzschmar, München 2006, S. 39 ff.

M 3 Lofanga oder die Kultur des Teilens

Papageien- und Doktorfische, Zackenbarsche, Schnapper und Meeräschen zappeln im Netz – um die südpazifische Insel Lofanga im Königreich Tonga gibt es Fisch im Überfluss. Die Fischer hier kennen ein Abgabesystem, das gleichzeitig als Sozialversicherung, Nachbarschaftshilfe und Ökosteuer wirkt: Wer mehr fängt, als er verbraucht, muss seinen Fang mit anderen teilen, zum Beispiel mit alten und kranken Bewohnern oder Fischern, die weniger Glück hatten. Täglich lieferten die Fischer etwa ein Drittel ihres Ertrags ab – Renten in Form von frischen Nahrungsmitteln. Weil sich große Fänge nicht lohnen, gehen sie mit der natürlichen Ressource sparsam um. Und nur ausnahmsweise, wenn sie einmal Geld für Benzin oder Schulen brauchen, dürfen die Männer ihren Fisch an einem Marktstand verkaufen.

Völlig anders – und ähnlich wie in den Industriestaaten – wirtschaften die Fischer der etwas größeren Nachbarinsel Uiha: Sie bringen einen Großteil ihrer Fänge auf den Markt und mancher legt das eingenommene Geld für die eigene Alters- und Krankheitsvorsorge auf einer Bank an. Damit sind sie motiviert, mehr Fische zu fangen, als sie und ihre Familien essen können. Folge: Die Fischgründe bei Uiha sind heute nahezu erschöpft.

Christoph Dieffenbacher, Horizonte, Schweizer Forschungsmagazin 45/2000, S. 14

Aufgaben

1. Fasse zusammen, welche Bedeutung Regeln und Anreize für das wirtschaftliche Handeln der Menschen haben (M 1, M 2).
2. Charakterisiere Beispiele aus deinem Alltag als Anreize, die dein Verhalten und das deiner Umgebung steuern (M 2).
3. Arbeite die unterschiedlichen „Verteilungsregeln" aus M 3 genau heraus und erläutere, wie sich diese auf das Verhalten der Menschen auswirken.

Wie lassen sich Wirtschaftsordnungen vergleichen?

M 4 Wirtschaftsordnungen – Wirtschaftssysteme

Auf einer Wahlkampfveranstaltung im März 1990 fordern die Bürger der DDR die Einführung der Sozialen Marktwirtschaft.

Dispositionen
hier: Verfügbarkeit, Verfügung

Wirtschaftssubjekte
hier: alle am Wirtschaftsgeschehen Beteiligten wie z. B. Staat, Banken, Haushalte usw.

Zentralverwaltungswirtschaft
auch „Planwirtschaft" genannt

Soll ein unübersichtliches und zusammenhangloses Nebeneinander einzelwirtschaftlicher Aktivitäten vermieden werden, sind Regeln, Normen und Institutionen erforderlich, die von allen Wirtschaftssubjekten akzeptiert werden. Die Gesamtheit der wirtschaftlich relevanten rechtlichen Vorschriften, Koordinationsmechanismen, Zielsetzungen, Verhaltensweisen und Institutionen, die den organisatorischen Ablauf und Aufbau einer Volkswirtschaft bestimmen, werden als Wirtschaftsordnung bezeichnet.

Wirtschaftsordnungen setzen sich aus unterschiedlichen Bausteinen zusammen.
Im Wesentlichen sind dies:
- Die Formen der Planung und Lenkung
- Das Eigentumsrecht
- Die Formen der Geld- und Finanzwirtschaft
- Das Außenwirtschaftsrecht
- Die Rolle der Wirtschaftssubjekte, besonders auch des Staates
- Die Rolle des Marktes, z. B. bei der Preisbildung
- Das Unternehmensrecht

Im Allgemeinen werden zwei Wirtschaftsmodelle gegenübergestellt:
- **Marktwirtschaft** und
- **Zentralverwaltungswirtschaft**

In einem marktwirtschaftlichen System werden Nachfrage und Angebot dadurch koordiniert, dass die Unternehmen ihre Güter und Leistungen auf Märkten gegen Geld anbieten, zu Preisen, die sich entsprechend dem Verhältnis von Angebot und Nachfrage, also entsprechend der Knappheit, frei herausbilden.

[...] In der Zentralverwaltungswirtschaft ist die gesamte Produktion und Verteilung der Güter den Dispositionen der Haushalte und Unternehmen entzogen. Stattdessen entscheidet eine staatliche Stelle (Planbehörde) darüber, welche Güter in welcher Menge und Qualität zu erzeugen und nach welcher Rangfolge sie an andere Unternehmen und Haushalte zu verteilen sind (Planauflagen). Oberste Pflicht der Unternehmen ist die fristgerechte Erfüllung der Planauflagen (Planerfüllungsprinzip). Artunterscheidendes Merkmal der Zentralverwaltungswirtschaft ist also, dass der arbeitsteilige Wirtschaftsprozess zentral geplant und aufgrund dieses Planes gelenkt wird. Ein häufig angeführtes Kriterium der Zentralverwaltungswirtschaft ist die Form des Eigentums. In Übereinstimmung mit der kommunistischen Doktrin wird an sachlichen Produktionsfaktoren kein privates Eigentum zugelassen.
Im Falle zentraler Steuerung einer Volkswirtschaft müssen die Koordinatoren über eine außerordentliche Informationsfülle in Bezug auf die Bedürfnisse, die Güter- und Rohstoffvorräte, die Produktionskapazitäten, d. h. die Sachkapitalbestän-

de und das Arbeitskräftepotenzial, verfügen. Daher ist eine umfangreiche, hochqualifizierte und kostspielige staatliche Bürokratie erforderlich, die die Informationen beschafft, auswertet, Teilpläne entwirft, aufeinander abstimmt, zum Gesamtplan zusammenfügt, die Pläne gegebenenfalls revidiert, die Einhaltung der Pläne kontrolliert und durchsetzt.

Nach: Schul/Bank, Wirtschaft, Materialien für den Unterricht, Berlin 2006, S. 10 f., Artur Woll, Allgemeine Volkswirtschaftslehre, 13. Aufl., München 2000, S. 69 f. und Heinz Lampert/Albrecht Bossert, Die Wirtschafts- und Sozialordnung der Bundesrepublik Deutschland im Rahmen der Europäischen Union, 15. Aufl., München 2004, S. 35

M 5 Zentrale Anreizstrukturen einer Wirtschaftsordnung im Überblick

Die Gesamtheit der rechtlichen Regeln und Vorschriften, die den Aufbau einer Volkswirtschaft bestimmen, werden als Wirtschaftsordnung bezeichnet. Wirtschaftsordnungen setzen sich aus unterschiedlichen Bausteinen zusammen.

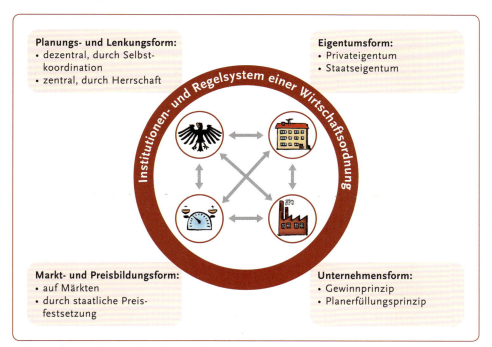

Nach: Institut für Ökonomische Bildung, Oldenburg

Aufgaben

1. Erkläre den Begriff „Wirtschaftsordnung" (M 4).
2. Fast täglich wird über Eingriffe in das Wirtschaftsleben diskutiert, sei es in Deutschland oder auf EU-Ebene. Suche dir aus der Tagespresse drei solcher Schlagzeilen und ordne sie den unterschiedlichen Bausteinen der Wirtschaftsordnung zu (M 5).

Der Markt – vom Wirken der „unsichtbaren Hand"

M 6 Markt und Wohlstand

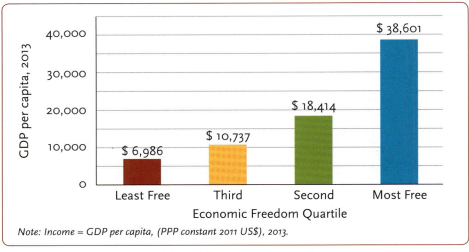

Fraser Institut, Economic Freedom of the World: 2015 Annual Report, S. 23

Auf der x-Achse sind die Länder der Welt entsprechend ihrem Grad an wirtschaftlicher Freiheit in den Jahren zwischen 1990 und 2013 (z. B. sichere Eigentums- und Verfügungsrechte, offene Wettbewerbsmärkte, Vertragsfreiheit und Rechtsstaatlichkeit) in Viertel geteilt, links das unfreieste, rechts das freieste Viertel. Zu den unfreiesten Ländern gehören u. a. die afrikanischen Staaten Republik und Demokratische Republik Kongo, die Zentralafrikanische Republik, Simbabwe und das asiatische Myanmar, zu den freiesten u. a. Neuseeland, die Schweiz, Großbritannien, Australien, Kanada und die Bundesrepublik Deutschland. Auf der y-Achse ist das Bruttoinlandsprodukt pro Kopf in Dollar abgetragen.

M 7 Kapitalismus – was ist das?

Unter den Produktions- und Arbeitsbedingungen des ausgehenden 18. Jahrhunderts und des beginnenden 19. Jahrhunderts wurde der Begriff für eine Wirtschafts- und Gesellschaftsordnung, in der das private Eigentum an den Produktionsmitteln (Fabrikhallen, Maschinen, Anlagen), das Prinzip der Gewinnmaximierung und die Steuerung der Wirtschaft über den Markt typisch ist, geprägt. Das wirtschaftliche und soziale Zusammenleben in der damaligen Gesellschaft wurde weitgehend von den Interessen der Kapitaleigentümer bestimmt. Im Kapitalismus ist Kapitalbesitz die Voraussetzung für die Verfügungsgewalt über die Produktionsmittel, was das Weisungsrecht über die Arbeitskraft der abhängig Beschäftigten einschließt.

Nach: Das Lexikon der Wirtschaft, Bundeszentrale für politische Bildung, 2. Aufl., Bonn 2004, S. 25

M 8 Die „unsichtbare Hand" als Ordnungsprinzip

In seinem wichtigsten Werk, das 1776 veröffentlicht wurde, „Der Wohlstand der Nationen" (auch unter „Der Reichtum der Nationen" bekannt), erklärte der berühmte Schotte Adam Smith so präzise und allgemeingültig wie kein anderer vor allem eins: Er zeigte, inwiefern Individuen im Marktgeschehen letztlich das Interesse der Allgemeinheit voranbringen, obwohl sie nur auf ihren eigenen Vorteil bedacht sind. Es ist jene berühmte „unsichtbare Hand", die den Einzelnen dazu bringt, einen Zweck zu erfüllen, der keineswegs in seiner Absicht liegt. Obwohl er nur seine persönlichen Interessen verfolgt, arbeitet er damit oft auf wirkungsvollere Weise für das Interesse der Gesellschaft, als wenn er sich dies zum Ziel gesetzt hätte.

Aber der britische Denker musste nicht bei Null anfangen. Er ließ sich von dem Holländer Bernard Mandeville inspirieren, der 1714 mit der Veröffentlichung seiner Bienenfabel einen Skandal verursachte. Und worum ging es in dieser Fabel? In einem Bienenstock – Spiegel unserer Gesellschaft – herrscht großer Wohlstand, aber auch großes Laster. Die Gesellschaft wünscht sich die Tugenden, insbesondere die christliche Nächstenliebe, zurück. Als jedoch dieser Wunsch erfüllt wird und es tatsächlich keine Laster mehr in dieser Gesellschaft gibt, verschwinden mit einem Mal auch jede Aktivität und aller Wohlstand, und bald stellen sich Müßiggang, Langeweile und Chaos ein!

Smith nimmt diesen Grundgedanken auf, geht jedoch nicht ganz so weit. Er behauptet lediglich, dass das persönliche Interesse (eher eine „niedere Tugend" als ein wirkliches Laster) unbewusst und ungewollt zu Wohlstand führt. Ganz schön schockierend, diese Idee, oder? Aber so unbeschreiblich menschlich.

André Fourçans, Die Welt der Wirtschaft, Frankfurt/New York 1998, S. 26 f., übersetzt von Sabine Schwenk

Adam Smith (1723 – 1790), englischer Philosoph und Ökonom

Aufgaben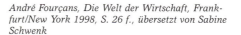

1. Gib die zentrale Aussage der Grafik als „Je ..., desto ..."-Satz (M 6) wieder.
2. Fasse die Aussagen zur „unsichtbaren Hand" zusammen (M 8).
3. Erkläre, was „schockierend" ist an der Idee der „unsichtbaren Hand" (M 8).
4. Arbeite die wesentlichen Merkmale des Menschenbildes der freien Marktwirtschaft heraus (M 8).

zu Aufgabe 4
Vergleiche das Menschenbild der freien Marktwirtschaft mit anderen dir bekannten Menschenbildern, z. B. aus Religion / Ethik oder Biologie (M 8).

Der große Plan – kann das funktionieren?

M 9 So war's in der DDR

Warteschlange vor einem Lebensmittelgeschäft in der DDR 1982

DDR
Deutsche Demokratische Republik

Die FAZ-Hospitantin Franziska Jäger stammt aus Vorpommern. Am Tag, als die Mauer fiel, feierte sie ihren sechsten Geburtstag. 25 Jahre später befragt sie ihre Eltern über das Leben in der DDR.

Franziska Jäger: Was war für euch aus heutiger Sicht das Schlechteste an der DDR?
PETER JÄGER: Der ganze Konsum. Alles, was es nicht gab. Südfrüchte zum Beispiel. Apfelsinen bekamen wir hier oben auf Zuteilung, ein Stück pro Person. Als wir mal in Ost-Berlin waren, konnten wir es nicht fassen: Da fragte uns die Verkäuferin, wie viele Apfelsinen wir denn haben wollten. Die waren dort überhaupt nicht rationiert!
CHRISTINE JÄGER: Wenn man hier im Ort am Gemüseladen vorbeiging und eine Schlange sah, hat man sich gleich angestellt. Auch wenn kein Mensch eine Ahnung hatte, was es da überhaupt gab.
PETER JÄGER: Aber man wusste, es ist etwas Besonderes. Man konnte sich auf etwas freuen. [...]
Franziska Jäger: Auf Apfelsinen oder ein eigenes Auto könnte ich verzichten. Für mich wäre es das Schlimmste, wenn ich nicht reisen dürfte. Das hat euch nicht so sehr gestört?
PETER JÄGER: Na ja, in alle sozialistischen Länder durften wir ja fahren. Wir sind oft in Ungarn gewesen. Das war für uns eigentlich der Westen. Man hat dort Westprodukte bekommen.
CHRISTINE JÄGER: Das war ein echtes Highlight. Unsere erste gemeinsame Urlaubsfahrt.

Ralph Bollmann, Frankfurter Allgemeine Sonntagszeitung, 28.9.2014

M 10 Wie funktioniert die Planwirtschaft?

In einer zentral geleiteten Verwaltungswirtschaft (Planwirtschaft) wird versucht, die wirtschaftliche Tätigkeit der Millionen Betriebe und Haushalte (Produktions- und Konsumeinheiten) in einem zentralen Plan im Voraus festzulegen und aufeinander abzustimmen. Eine aus Experten bestehende zentrale Plankommission muss den Bedarf an Wirtschaftsgütern für einen bestimmten Zeitraum schätzen. Z. B. muss überlegt werden, wie viele Autos im festgelegten Zeitraum benötigt werden. Anschließend müssen die Produktionsmöglichkeiten der einzelnen Betriebe ermittelt werden. Aufgrund der Meldungen wird ein Gesamtplan erarbeitet, der jedoch wieder in konkrete Produktionsziele für die einzelnen Unternehmen aufgeteilt werden muss. So muss die Planbehörde zum Beispiel wissen, wie viele Arbeitskräfte, Maschinen und Rohstoffe für die Planungsperiode zur Verfügung stehen bzw. beschafft werden können. Die Umsetzung der Pläne muss außerdem überwacht werden.

M 11 Wirtschaftliche Leistungsfähigkeit: Vergleich BRD und DDR

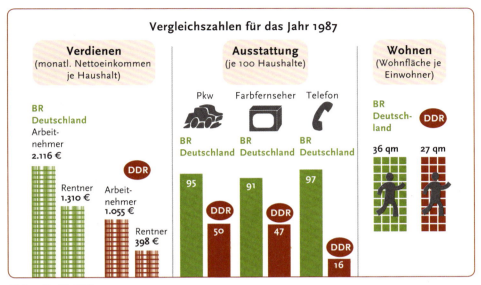

Globus-Grafik 7928

M 12 Vergleich der Wirtschaftsordnungen

	Marktwirtschaft	Planwirtschaft
Lenkung	Freier Wettbewerb auf Märkten (dezentral): Angebot und Nachfrage	Zentral durch staatliche Planung
Wirtschaftliche Initiative	Unternehmen/Konsumenten	Staatliche Planungszentrale
Preisbildung	Angebot und Nachfrage regeln den Preis	Staatliche Preisfestsetzung und -kontrolle
Eigentumsverfassung	Privateigentum an Produktionsmitteln (Kapitalismus)	Staatseigentum an Produktionsmitteln (Kommunismus)
Verteilung (Distribution)	Nach Leistungsprinzip	Nach Gleichheitsprinzip und Bedarfsprinzip
Lohnbildung	Lohnfestsetzung durch die Tarifpartner	Lohnfestsetzung durch den Staat

Aufgaben

1. Fasse die zentralen Merkmale des Modells der Planwirtschaft (M 9, M 10) zusammen.
2. Stelle Vermutungen darüber an, worin die Schwächen der Planwirtschaft bestehen (M 9, M 10).
3. Auch Unternehmen folgen planwirtschaftlichen Prinzipien. Beschreibe, worin diese bestehen.
4. Vergleiche die wirtschaftliche Leistungsfähigkeit der BRD und der DDR im Jahr 1987 (M 11).
5. Vergleiche die freie Marktwirtschaft mit der Planwirtschaft hinsichtlich der Kriterien „Menschenbild" und „Schwächen" und ergänze die Tabelle entsprechend.

Was wir wissen

Regeln, Institutionen
M 1, M 4, M 5

Wirtschaftliches Handeln hängt entscheidend von Regeln ab, die das Handeln der Wirtschaftsakteure in eine bestimmte Richtung lenken. Solche Regeln oder Verfahren werden allgemein auch als Institutionen bezeichnet.

Wirtschaftsordnungen
M 4, M 5

Die existierenden Wirtschaftsordnungen lassen sich danach unterscheiden, welches charakteristische Institutionen- und Regelsystem in der jeweiligen Ordnung gegeben ist (Planungs- und Lenkungsform, Eigentumsform, Markt- und Preisbildungsform, Unternehmensform).
In der Geschichte haben sich bislang vor allem zwei Wirtschaftsordnungen herausgebildet, die auf ganz unterschiedlichen Institutionen- und Regelsystemen basieren. Marktwirtschaften in allen Variationen (z. B. freie oder soziale) und Planwirtschaften. Letztere existieren heute allerdings in ihrer reinen Form nur noch in wenigen Staaten (z. B. in Nordkorea oder Weißrussland).

Merkmale und Menschenbild der Wirtschaftsordnungen

Marktwirtschaft
M 4 – M 8, M 12

Man kann die beiden Wirtschaftsordnungen vor allem daran unterscheiden, wie frei die Menschen in ihren wirtschaftlichen Handlungen sind und wie die Verteilung der Güter organisiert wird. Haben die Menschen eine große wirtschaftliche Handlungsfreiheit und ist die Verteilung der Güter dezentral durch Märkte mit freier Preisbildung organisiert? Dann handelt es sich um das Modell der Marktwirtschaft. Die Marktwirtschaft nutzt den Egoismus des Einzelnen, um über die Koordination auf Märkten die Wohlfahrt aller zu mehren.

Planwirtschaft
M 4, M 9, M 10, M 12

Sind die Menschen in ihrer wirtschaftlichen Handlungsfreiheit stark eingeschränkt und ist die Verteilung der Güter durch einen zentralen Plan mit festen Preisen für die Güter organisiert? Dann handelt es sich um das Modell der Planwirtschaft oder auch Zentralverwaltungswirtschaft. In einer Planwirtschaft bestehen nur in sehr eingeschränktem Maße Anreize für die Menschen, Eigeninitiative und Eigenverantwortung zu übernehmen und den eigenen Gewinn zu vermehren.

Wirtschaftliche Freiheit und Wohlstand in der Welt

Nicht nur der Zusammenbruch der kommunistischen Staaten Ende der 1980er-Jahre hat gezeigt, dass die Marktwirtschaft der Planwirtschaft überlegen ist, weil sie mehr Wohlstand zu erzeugen vermag und die Anbieter der Waren und Dienstleistungen dazu zwingt, sich an den Bedürfnissen der Kunden zu orientieren. Wirtschaftliche Handlungsfreiheit oder allgemein die Freiheit des Einzelnen ist somit offensichtlich eine wichtige Voraussetzung für Wohlstand und Demokratie.

Was wir können

Warum heizen die Berner mehr als die Münchner?

In einer Umweltbefragung [...] in den Städten Bern und München wurde u. a. das Energiesparverhalten erhoben. Als Indikator für den sparsamen Umgang mit Heizenergie galt die Zustimmung zu der folgenden Frage: „Wenn Sie im Winter Ihre Wohnung für mehr als vier Stunden verlassen, drehen Sie da normalerweise die Heizung ab oder herunter?" Nur 23 Prozent der Befragten in der eidgenössischen Hauptstadt, dagegen aber 69 Prozent der Münchnerinnen und Münchner bejahten die Frage. [...] Diese enorme Differenz kann nun wirklich kein Zufall sein. Sind die Bernerinnen und Berner vielleicht weniger umweltbewusst als die Bewohner der bayerischen Metropole? Dies ist nicht der Fall, denn beim Umweltbewusstsein erzielen die Berner keine geringeren Werte als die Münchner. Unterschiedlich war zum Zeitpunkt der Befragung aber die Art der Heizkostenabrechnung in den beiden Städten. Während in München überwiegend nach dem individuellen Verbrauch abgerechnet wurde, war in Bern der kollektive Abrechnungsmodus vorherrschend (z. B. die Aufteilung der Heizkosten nach der Wohnungsgröße).

Andreas Diekmann, Umweltsoziologie, Reinbek 2001, S. 80 f.

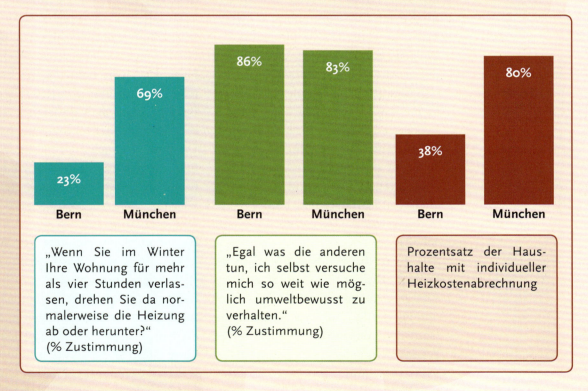

Aufgaben

1. Arbeite heraus, warum sich das Heizverhalten von Bernern und Münchnern so stark unterscheidet. Gehe dabei insbesondere darauf ein, wie sich die Art der Kostenabrechnung auf das Verhalten der Beteiligten auswirkt.
2. Entwickle einen Anreiz, der dazu führt, dass bei individueller Abrechnung noch stärker gespart wird.

5.2 Die Grundlagen der Sozialen Marktwirtschaft

Die Soziale Marktwirtschaft – Geburt eines Erfolgsmodells

M 1 Die Entstehung der Sozialen Marktwirtschaft

Wirtschaft in Trümmern

Dass die Marktwirtschaft [der Planwirtschaft] überlegen ist, glaubten 1945 in Deutschland die wenigsten.
5 Der Zweite Weltkrieg war zu Ende. [...] Die Wirtschaft lag am Boden, die Menschen hungerten, die Geschäfte waren leer, und wer etwas mehr als das Allernötigste haben wollte, der
10 musste auf dem verbotenen Schwarzmarkt einkaufen, sein Tafelsilber bei Bauern gegen Fleisch eintauschen oder sogar stehlen. Wie war da an einen Wiederaufbau zu denken, wenn
15 er nicht von einem starken Staat gelenkt wurde? Zumal die sowjetischen Besatzungsbehörden im Osten bereits mit der Enteignung von Industriebetrieben und landwirtschaftli-
20 chen Gütern begonnen hatten – der Voraussetzung für [die Planwirtschaft].

Streit um die Wirtschaftsordnung

Diesem Ruf nach einer Staatswirt-
25 schaft widersprachen einige Ökonomen heftig. Aus der Katastrophe Deutschlands zogen sie genau den gegenteiligen Schluss: Deutschland musste zu einer echten Marktwirt-
30 schaft werden und der Staat hatte sich auf dieses Ziel zu konzentrieren. Er sollte sich nicht mehr in die Wirtschaft einmischen, sondern nur verhindern, dass einzelne Unter-
35 nehmer wie in Deutschland vor 1933 Monopole und Kartelle errichteten

und so die Macht auf ihren Märkten übernahmen. Der Staat sollte also dafür sorgen, dass die Unternehmer im-
40 mer im Wettbewerb untereinander standen. Außerdem sollte er verhindern, dass jemals wieder eine Inflation wie 1923 das Land zerstörte, er sollte den Geldwert sichern. [...] Von
45 den Ordoliberalen beeinflusst war auch ein bislang völlig unbekannter Wirtschaftsprofessor aus Fürth mit Namen Ludwig Erhard (1897–1977). Nach 1945 war Erhard zunächst ein
50 paar Monate Wirtschaftsminister in Bayern, ohne sich dabei mit größeren Erfolgen hervorgetan zu haben. Dann aber machten ihn die Briten und Amerikaner zum Wirtschaftsdi-
55 rektor ihrer gemeinsamen Zonenverwaltung.

Die Währungsreform

Sie beauftragten ihn mit der Vorbereitung eines wichtigen Projektes, der
60 Währungsreform in den westlichen Besatzungszonen Deutschlands. Diese Reform war dringend nötig, denn die Nazis hatten die alte Reichsmark durch ihre Kriegspolitik ruiniert: Es
65 war immer mehr Geld in den Umlauf gekommen, dem keine Waren mehr gegenüberstanden. Das alte Geld musste also aus dem Verkehr gezogen und durch neues ersetzt werden: die
70 D-Mark. [...] Das alles geschah am 20. Juni 1948. Als die Westdeutschen am Morgen des 21. Juni, dem ersten Gel-

---

Ordoliberalismus

Ordoliberalismus ist ein Konzept für eine Wirtschaftsordnung, bei der der Staat lediglich einen Rahmen für einen gesicherten Wettbewerb setzt, der die Freiheit der Bürger auf dem Markt gewährleisten soll, sonst aber nicht weiter in das Marktgeschehen eingreift.

tungstag des neuen Geldes, aufwachten, trauten sie ihren Augen nicht. Die Geschäfte, in denen am Abend zuvor gähnende Leere geherrscht hatte, waren plötzlich voll. Es gab alles, was man jahrelang vermisst hatte: Schinken, Schuhe, gutes Mehl, Anzüge, Kleider, Strümpfe. Der Grund für dieses Wunder war die neue D-Mark. Das Geld war wieder etwas wert, also ließen sich auch wieder Geschäfte machen.

Die Durchsetzung der Sozialen Marktwirtschaft

Erhard war zu der Überzeugung gekommen, dass Deutschland sich nur erholen konnte, wenn es möglichst schnell auf alle Methoden der Plan-, Zwangs- und Kriegswirtschaft verzichtete. Deshalb setzte er am Tage der Währungsreform fast alle Vorschriften über die staatliche Zuteilung von Nahrungsmitteln und Energie außer Kraft und hob die meisten Preisvorschriften auf. […] Als ihn der amerikanische General Lucius Clay deshalb zur Rede stellte und fragte, wie er dazu komme, einfach Vorschriften zu ändern, sagte er, der Überlieferung nach, die legendären Sätze: „Ich habe die Vorschriften nicht geändert. Ich habe sie abgeschafft." Für viele Deutsche ist bis heute der Wiederaufstieg ihres Landes nach dem Zweiten Weltkrieg untrennbar mit dem Namen Ludwig Erhard verbunden. […] 1949 wurde im Westen des ehemaligen Deutschen Reiches die Bundesrepublik Deutschland gegründet. Der Wirtschaftsminister der ersten Bundesregierung in Bonn wurde Ludwig Erhard. Er setzte seine Vorstellung von der richtigen Wirtschaftsordnung durch. Bald nannten sie alle die Soziale Marktwirtschaft. Es ging schnell aufwärts; man konnte sich etwas leisten: erst ausreichend zu essen, dann Wohnzimmermöbel, Waschmaschinen, Fernseher, Autos und schöne Reisen. Den Westdeutschen erschien dies, wenige Jahre nach dem verlorenen Krieg, einfach wunderbar. Deshalb sprachen sie vom deutschen Wirtschaftswunder. Ludwig Erhard allerdings widersprach immer, wenn von diesem Wirtschaftswunder die Rede war. Für ihn handelte es sich nicht um ein Wunder – der wachsende Wohlstand war ein Ergebnis des Wettbewerbs, dem sich die junge Bundesrepublik öffnete. Wirtschaftsminister Ludwig Erhard betrieb die Förderung des Wettbewerbs aus eigener Überzeugung. Im Bundestag setzte er 1957 – gegen den energischen Widerstand von Industrieverbänden – ein Gesetz gegen Wettbewerbsbeschränkungen durch und richtete das Bundeskartellamt in Berlin (heute in Bonn) ein. Dem Kartellamt wurde das Recht übertragen, den Zusammenschluss von Großunternehmen zu prüfen und gegebenenfalls zu verbieten; Firmen, die Kartelle bilden und ihre Preise absprechen, machen sich seitdem strafbar.

Nikolaus Piper, Geschichte der Wirtschaft, Weinheim/Basel 2002, S. 152 ff.

Der Wirtschaftserfolg äußerte sich in „Konsumwellen": Auf Ess-, Kleidungs- und Wohnungswelle folgte die Motorisierungswelle, schließlich die Reisewelle.

Aufgaben

1. Arbeite genau heraus, welche Bedingungen erfüllt waren, damit sich die Soziale Marktwirtschaft nach dem Zweiten Weltkrieg zu einem Erfolgsmodell entwickeln konnte (M 1).
2. Erstellt mithilfe eigener Recherchen eine Collage zur Entstehung und Entwicklung der Sozialen Marktwirtschaft (Zusammenarbeit mit Geschichte).

Die Soziale Marktwirtschaft – die wesentlichen Prinzipien

M 2 Was gehört zum Grundbild der Sozialen Marktwirtschaft?

> *„Ich will, dass der Einzelne sagen kann: ‚Ich will mich aus eigener Kraft bewähren, ich will das Risiko des Lebens selbst tragen, will für mein Schicksal selbstverantwortlich sein. Sorge du, Staat, dafür, dass ich dazu in der Lage bin‘.“*
> *Ludwig Erhard*

1. Die Soziale Marktwirtschaft basiert auf der Funktion eines beweglichen und sich dynamisch entwickelnden Marktes. Wenigstens in dieser Hinsicht besteht eine gemeinsame Auffassung sehr vieler Wirtschaftspolitiker, dass die Marktwirtschaft ein wirtschaftlich effizientes, ja den anderen Ordnungen überlegenes System sei.

2. Die Soziale Marktwirtschaft ist angetreten mit dem Anspruch, durch den marktwirtschaftlichen Prozess nicht nur die Gütererzeugung anzuheben, den Bereich persönlicher freier Gestaltungsmöglichkeiten für die Einzelnen zu erweitern, sondern *auch soziale Fortschritte zu bringen.* Der marktwirtschaftliche Prozess hat fraglos eine unvergleichliche Erweiterung der Konsumkaufkraft breitester Schichten ermöglicht und auch durch sein von Jahr zu Jahr vorrückendes Wachstum Arbeitsplätze neu geschaffen, die Vollbeschäftigung gesichert und die Voraussetzung für steigende Löhne und Einkommen aller Schichten begründet.

3. Die Soziale Marktwirtschaft fordert keinen schwachen Staat, sondern sieht in einem starken demokratischen Staat die Voraussetzung für das Funktionieren dieser Ordnung. Der Staat hat nicht nur der Sicherung der Privatrechtsordnung zu dienen, er ist gerade durch die marktwirtschaftliche Theorie in einer wesentlichen Aufgabe bestärkt worden, sich für die Erhaltung eines echten Wettbewerbs als einer politischen Funktion [...] einzusetzen. Die vom Staate zu sichernde Wettbewerbsordnung wehrt zugleich Machteinflüsse auf dem Markt ab.

4. Garant des sozialen Anspruchs der Marktwirtschaft ist nicht nur der Markt, dessen wirtschaftliche Leistungen sehr oft schon sozialen Fortschritt bedeuten. Der Staat hat vielmehr die unbestrittene Aufgabe, über den Staatshaushalt und die öffentlichen Versicherungen die aus dem Marktprozess resultierenden Einkommensströme umzuleiten und soziale Leistungen, wie Kindergeld, Mietbeihilfen, Renten, Pensionen, Sozialsubventionen usw., zu ermöglichen. Das alles gehört zum Wesen dieser Ordnung, und es wäre eine Farce, nur den unbeeinflussten Marktprozess zu sehen, ohne seine vielfältige Einbettung in unsere staatliche Ordnung zu beachten.

Das bedeutet keineswegs ein Hinüberwechseln aus dem Markt in den staatlichen Bereich, sofern man sich dabei bewusst ist, dass die Mittel, die der Staatshaushalt transformiert, von der wirtschaftlichen Leistung des Marktes abhängig bleiben und „marktkonform“ sein müssen.

Es muss die Grenze eingehalten werden, deren Überschreitung eine Störung der Marktvorgänge bewirkt.

5. Neben den engeren Aufgaben der Wettbewerbssicherung und den weiteren Aufgaben des sozialen Schutzes steht der Staat seit je und heute bewusster als früher vor Aufgaben der Gesellschaftspolitik, um die heute so gern zitierte „Qualität des Lebens", d. h. die Lebensumstände für alle, zu verbessern. Es gibt eben neben den Leistungen, die sich der Einzelne im Markte zu beschaffen hat oder die er aus den Sozialfonds des Staates erhält, eine Fülle von gesellschaftspolitischen Aufgaben. Ich nenne Erweiterung der Vermögensbildung, Verbesserungen der Investitionen im Bereiche des Verkehrs, des Gesundheitswesens, Aufwendungen für Bildung und Forschung, Schutz gegen die wachsende Verschlechterung vieler Umweltbedingungen, Städtebauförderung und eine verbesserte Gliederung des Wohn-, Arbeits- und Erholungsraumes der gesamten Bevölkerung.

Ludwig Erhard/Alfred Müller-Armack, Soziale Marktwirtschaft – Ordnung der Zukunft. Manifest '72, Berlin 1972, S. 25-27 (Kursivierung im Original)

Sozialfonds
hier: Sozialhaushalt zur sozialen Absicherungen der Bürgerinnen und Bürger

M 3 Merkmale der Sozialen Marktwirtschaft

Eine der wichtigsten Aufgaben des Staates in der Sozialen Marktwirtschaft ist die Schaffung eines rechtlichen Rahmens, innerhalb dessen sich das wirtschaftliche Handeln abspielen kann. Dazu gehört die Sicherung persönlicher Freiheitsrechte […]. Die Gewährleistung des marktwirtschaftlichen Wettbewerbs [… ist] ebenfalls von grundsätzlicher Bedeutung.

Der Anspruch der Sozialen Marktwirtschaft ist, die Vorteile einer freien Marktwirtschaft wie wirtschaftliche Leistungsfähigkeit oder hohe Güterversorgung zu verwirklichen, gleichzeitig aber deren Nachteile wie zerstörerischer Wettbewerb, Ballung wirtschaftlicher Macht oder unsoziale Auswirkungen von Marktprozessen (z. B. Arbeitslosigkeit) zu vermeiden.

Duden Wirtschaft von A bis Z: Grundlagenwissen für Schule und Studium, Beruf und Alltag. 5. Aufl. Mannheim: Bibliographisches Institut 2013. Lizenzausgabe Bonn: Bundeszentrale für politische Bildung 2013.

Aufgaben

1. Zum Grundbild der Sozialen Marktwirtschaft (M 2): Arbeite heraus, welche allgemeinpolitischen Ziele mit der Sozialen Marktwirtschaft erreicht und welche Werte verwirklicht werden sollen.
2. Zum Grundbild der Sozialen Marktwirtschaft (M 2): Erläutere, welche Aufgaben dem Staat zugeschrieben werden, welche dem Markt.
3. Formuliere drei Fragen zur Sozialen Marktwirtschaft. Gib die Fragen deinem Nachbarn und bitte ihn, Antworten auf deine Fragen zu finden (M 2, M 3, eigene Recherchen).

zu Aufgabe 1
Erläutere die Prinzipien Wettbewerbs-, Marktkonformitäts- und Sozialprinzip und beschreibe mögliche Beziehungen dieser Prinzipien zueinander.

Die Soziale Marktwirtschaft – was zeichnet sie aus?

M 4 Bausteine der Sozialen Marktwirtschaft

Die Soziale Marktwirtschaft fördert den freien Wettbewerb der Anbieter. Dort, wo Unternehmen ihre Freiheit missbrauchen, um z. B. Kartelle und Monopole zu bilden, greift der Staat regulierend ein (z. B. durch die Kartellbehörden).

Die Soziale Marktwirtschaft garantiert die Vertragsfreiheit, d. h. dass jeder mit jedem die Verträge abschließen kann, die für ihn vorteilhaft sind. Doch werden der Vertragsfreiheit Grenzen gesetzt. So werden die schwächeren Vertragspartner auf vielfältige Weise geschützt (z. B. durch Kündigungsfristen im Mietrecht und Arbeitsrecht oder durch das Gewährleistungsrecht).

Das Privateigentum ist in der Sozialen Marktwirtschaft garantiert. Jeder kann mit seinem Eigentum im Prinzip tun, was er möchte. Doch gibt es eine Verpflichtung: Das Eigentum soll auch dem Wohle der Allgemeinheit dienen. So muss man sich als Hauseigentümer z. B. an Vorschriften des Denkmalschutzes halten. Was auf dem Markt gewonnen wird, gilt als Eigentum; was verloren wird auf dem Markt, gilt als Verlust und davon gewährt der Staat keine Entlastung.

In der Sozialen Marktwirtschaft werden die Einkommen nicht nur nach der individuellen Leistungsfähigkeit verteilt. Der Staat sorgt für einen sozialen Ausgleich, indem er z. B. hohe Einkommen höher besteuert oder soziale Leistungen wie Kindergeld, Mietbeihilfen oder die Grundsicherung Hartz IV bezahlt.

Die Soziale Marktwirtschaft versucht mit unterschiedlichen Mitteln, negative Auswirkungen des Marktprozesses auf die Umwelt zu verhindern. So gibt es Gesetze gegen Luftverschmutzung, Pfand auf Einwegverpackungen usw.

Die Soziale Marktwirtschaft ist schon deshalb sozial, weil sie durch ihre wirtschaftliche Leistungsfähigkeit dazu beiträgt, dass alle Menschen vom technischen Fortschritt, von steigenden Einkommen und der Schaffung neuer Arbeitsplätze profitieren. Darüber hinaus betreibt der Staat in der Sozialen Marktwirtschaft Gesellschaftspolitik, er investiert in die Infrastruktur, in Bildung und Forschung, in Kultur und Städtebau.

M 5 Drei Wirtschaftsordnungen im Vergleich

Freie Marktwirtschaft	Soziale Marktwirtschaft	Planwirtschaft
In der freien Marktwirtschaft hat der Staat lediglich die Aufgabe für die innere und äußere Sicherheit zu sorgen. Er greift darüber hinaus so wenig wie möglich in das Marktgeschehen und die Ergebnisse ein.	In der Sozialen Marktwirtschaft sorgt der Staat für einen freien Wettbewerb, er greift aber dort ein, wo der Markt keine guten Ergebnisse hervorbringt, und schützt die wirtschaftlich Schwächeren vor den Stärkeren.	In der Planwirtschaft gibt es keinen freien Wettbewerb. Der Staat legt fest, was, wann, wie und von wem produziert werden muss, und sorgt für die Verteilung der Güter. Dadurch soll eine möglichst große Gleichheit der Bürger erreicht werden.

M 6 Die Soziale Marktwirtschaft – Wohlstand für alle!?

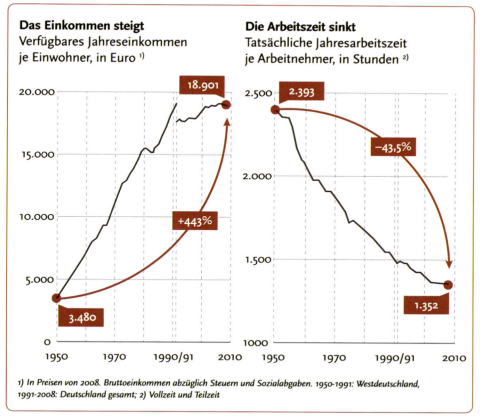

Quelle: www.faz.net, IW, Statista/F.A.Z.-Grafik Andre Piron, 4.3.2015

Aufgaben

1. Überprüfe, welche der folgenden staatlichen Maßnahmen mit welcher Wirtschaftsordnung vereinbar / nicht vereinbar wären (M 4, M 5):
   - Der Staat legt Höchstpreise für Brot fest.
   - Der Staat legt fest, dass nur noch Autos mit Elektroantrieb produziert werden dürfen.
   - Der Staat zahlt allen Familien mit Kindern Kindergeld.
   - Der Staat verpflichtet die Menschen dazu, in eine Rentenversicherung einzuzahlen.
   - Der Staat beschließt, die Wasserversorgung privaten Unternehmen zu übertragen.
2. Erläutere, in welcher Wirtschaftsordnung die meisten Vorschriften und Regeln erlassen werden müssen (M 4, M 5).
3. Betrachte die Bausteine in M 4. Erörtere, in welchen Bereichen die Soziale Marktwirtschaft deiner Meinung nach als Erfolgsmodell gelten kann, in welchen nicht (M 4, M 6).

Methode

M 7 Der erweiterte Wirtschaftskreislauf als Analyseinstrument

Im Modell des erweiterten Wirtschaftskreislaufs werden die gesamten Beziehungen zwischen den einzelnen Wirtschaftssubjekten einer Volkswirtschaft vereinfacht dargestellt. Dabei werden nur die Geldströme berücksichtigt.

Die Sektoren
Private Haushalte
Die privaten Haushalte stellen den Unternehmen Produktionsfaktoren (Arbeit, Boden, Kapital) zur Verfügung und verwenden ihr Einkommen, das sie von den Unternehmen beziehen, für den Konsum der von den Unternehmen produzierten Güter und Dienstleistungen. Von den Banken erhalten sie Sparzinsen oder nehmen Kredite auf. Vom Staat erhalten sie Transferleistungen, im Gegenzug entrichten sie Steuern und Abgaben (Beiträge zu den Sozialversicherungen).

Die Unternehmen
Die Konsumausgaben der privaten Haushalte sind die Einkommen der Unternehmen, im Gegenzug bezahlen sie die Einkommen der Haushalte. Von den Banken erhalten sie Sparzinsen oder nehmen Kredite auf. Vom Staat empfangen sie Subventionen, aber sie bezahlen auch Steuern.

Der Staat
Der Staat erhält von den Haushalten und den Unternehmen Steuern, Gebühren und Beiträge. Von diesen Einnahmen zahlt der Staat Beträge für unterschiedlichste Zwecke: Investitionen (z. B. Straßenbau, Bau von Schulen) und andere Sachleistungen; Gehaltszahlungen an die Angestellten und Beamten des öffentlichen Dienstes; Transferzahlungen (Zahlungen ohne direkte Gegenleistung des Empfängers) an die Haushalte in Form von sozialen Leistungen (z. B. Wohngeld, Sozialhilfe); Transferzahlungen an die Unternehmen in Form von Subventionen.

Kapitalsammelstellen (Vermögensveränderung)
Banken und Versicherungen werden als Kapitalsammelstellen bezeichnet. Sie erhalten die nicht verwendeten Teile der Einkommen von Unternehmen und Haushalten (theoretisch auch vom Staat). Damit stellen sie Haushalten, Unternehmen und dem Staat Kredite zur Verfügung. Für die ausgegebenen Kredite werden Schuldzinsen eingenommen, andererseits werden den Anlegern Guthabenzinsen bezahlt.

Zur Vertiefung: das Ausland
Der Sammelbegriff Ausland steht für ausländische Staaten, Unternehmen und Haushalte, zwischen ihnen wird nicht unterschieden. Da im Kreislaufmodell nur die Geldströme dargestellt werden, verlaufen die Ausgaben für den Import (z. B. Kauf von Erdöl aus Saudi-Arabien, Honorar für einen Architekten in Italien) und die Einnahmen aus dem Export (z. B. Verkauf eines Pkw in die USA) jeweils entgegen der Richtung der Warenströme.

Der Wirtschaftskreislauf als Analyseinstrument
Das Modell des Wirtschaftskreislaufs eignet sich dazu, um die Auswirkungen wirtschaftlicher Ereignisse in Form von Wirkungsketten zu analysieren. Angenommen, der Staat erhöht seine Transferzahlungen, zum Beispiel in Form von Kindergeld und Sozialhilfe. Welche gesamtwirtschaftlichen Folgen hätte dies?

Man kann davon ausgehen, dass Sozialhilfeempfänger und auch kinderreiche Familien einen Großteil ihres Einkommens für den Konsum verwenden. Also wird der Konsum der Haushalte deutlich und das Sparen nur etwas steigen. Der erhöhte Konsum führt zu höheren Einkommen der Unternehmen usw.

5.2 Die Grundlagen der Sozialen Marktwirtschaft

Grafische Darstellung:

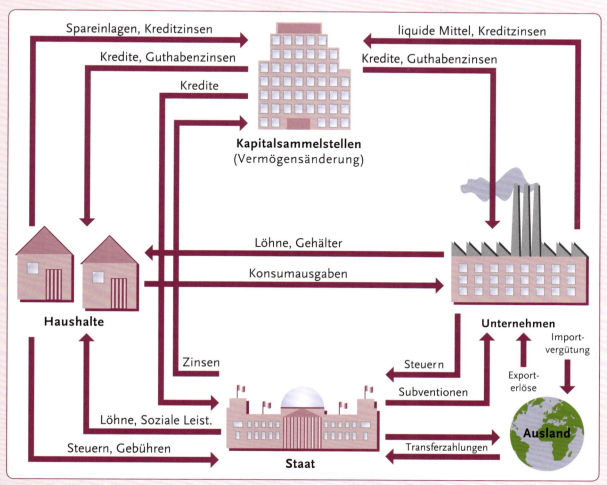

Udo Schmitz, Bernd Weidtmann, Handbuch der Volkswirtschaftslehre, Stuttgart 2000, S. 66 f.

Aufgaben

1. Erläutere, welche Auswirkungen auf die Sektoren folgende wirtschaftliche Ereignisse haben könnten:
   - Der Staat erhöht die Transfereinkommen (Kindergeld, Arbeitslosengeld II) für die privaten Haushalte (vgl. letzter Abschnitt M 7).
   - Der Preis für Rohöl steigt stark an.
   - Die Zinsen für Guthaben bei den Banken steigen.
   - Der Staat erhöht die Steuern für die privaten Haushalte.
   - Der Staat zahlt eine Prämie, wenn Haushalte für ihre Rente zusätzlich sparen.
2. Formuliere dazu mögliche Wirkungsketten (M 7).

Was wir wissen

Soziale Marktwirtschaft
M 1 – M 6

Der Kern der Sozialen Marktwirtschaft liegt nach Ludwig Erhard (1897 – 1977, erster deutscher Wirtschaftsminister nach dem Zweiten Weltkrieg und Bundeskanzler von 1963 – 1966) darin, die Freiheit auf dem Markt mit dem Prinzip des sozialen Ausgleichs zu verbinden. Die Wirtschaftsordnung erfordert deshalb einen starken Staat in der Rolle des Schiedsrichters: Er überwacht das Spiel, garantiert die Wirtschaftsordnung, mischt sich selbst aber möglichst wenig in das Wirtschaftsgeschehen ein. So sichert er zum Beispiel den Wettbewerb, indem er Kartelle verbietet. Nur dann kann die Wirtschaftsordnung zu sozialem Fortschritt führen, u. a. in Form einer wachsenden Wirtschaft und steigender Massenkaufkraft der Verbraucher. Daneben gilt als weitere Staatsaufgabe eine umfassende Gesellschaftspolitik überall dort, wo der Markt nicht automatisch zu guten Ergebnissen führt, z. B. im Bereich des Umweltschutzes.

Zu den konstituierenden Prinzipien, die die Wirtschaftsordnung der Sozialen Marktwirtschaft erst ausmachen, zählen:

- ein funktionierendes Preissystems, das Informationen über veränderte Knappheiten und Präferenzen liefert und das Scharnier zwischen Angebot und Nachfrage darstellt;
- der Vorrang der Währungspolitik, die einen stabilen Binnen- und Außenwert des Geldes gewährleisten soll, um die schädlichen Wirkungen einer Geldentwertung zu verhindern. Als letzte Instanz wirkt hier die Europäische Zentralbank;
- offene Märkte: Dieses Grundprinzip meint vor allem den freien Marktzutritt, denn bei einer Schließung der Märkte besteht die Gefahr der Behinderung der vollständigen Konkurrenz;
- Privateigentum: Privates Eigentum gibt Sicherheit und Unabhängigkeit. Darüber hinaus motiviert Eigentum. Auf das, was einem gehört, passt man besser auf. Es muss gleichzeitig eingehegt sein von den Eigentumsrechten anderer, vom Wettbewerb, aber auch von klarer Haftung;
- Vertragsfreiheit: Die Wettbewerbsordnung fußt darauf, dass wirtschaftliche Entscheidungen dezentral und freiwillig gefällt werden. Einzelne Unternehmen und Individuen schließen einmütig Verträge über ihre Transaktionen ab und handeln deren Bedingungen aus – an der Metzgertheke ebenso wie in Gehaltsgesprächen oder in den Vertragsverhandlungen bei Zulieferbeziehungen;
- Haftung: das Prinzip der Haftung ist deshalb so entscheidend, weil nur derjenige, der auch für die Folgen seines Tuns vollumfänglich haftet, wirklich verantwortlich handelt;
- die Konstanz der Wirtschaftspolitik: Damit ist gemeint, dass die politischen Rahmenbedingungen zuverlässig berechenbar sein mögen, damit die wirtschaftlichen Akteure planen können. So entsteht eine Atmosphäre des Vertrauens.

Was wir können

Gemessen am Wirtschaftswachstum (BIP) ist die Geschichte der Sozialen Marktwirtschaft seit der Gründung der Bundesrepublik Deutschland zumindest bis Ende der 1980er-Jahre eine einzige Erfolgsgeschichte. Die Wirtschaftsleistung der BRD hat sich im besagten Zeitraum nach Abzug der Preissteigerungen fast verzehnfacht.

Nur eine Gesellschaft, in der sich jeder Einzelne vollständig selbst versorgt, kann auf wirtschaftliche Tauschbeziehungen verzichten. Moderne, arbeitsteilige Gesellschaften kommen ohne Gütertausch und Geldströme nicht aus. Die Handlungen der Akteure einer Volkswirtschaft sind auf allen Ebenen miteinander verknüpft. Wirtschaftliches Handeln vollzieht sich in Kreislaufprozessen. Bei der Betrachtung der einzelnen Akteure ist diese Interdependenz stets zu berücksichtigen.

Erfolgsgeschichte

Wirtschaftskreislauf
M 7

Ein Werbeplakat zur Sozialen Marktwirtschaft gestalten

Bildet Gruppen. Ihr arbeitet in einer bekannten Werbeagentur und bekommt den Auftrag, im Rahmen einer Kampagne für die Soziale Marktwirtschaft ein Werbeplakat zu gestalten. Alternativ kann auch ein „Warnplakat" zu den negativen Seiten der Sozialen Marktwirtschaft gestaltet werden. Überlegt euch zunächst, welche Art von Plakat ihr gestalten wollt.

Beachtet bei der Umsetzung folgende Punkte:
- Welche Grundbotschaft wollt ihr übermitteln (Textaussage)?
- Wie soll das Plakat aufgebaut werden (Anteil Text / Bild, Farben, Schriften, Gestaltung)?
- Wie sollen Text und Bild miteinander interagieren?
- Welche Stimmungen oder Gefühle sollen provoziert werden?

Diese Hinweise solltet ihr berücksichtigen:
- einfacher Text, klare Sprache, gut lesbare Schrift
- auf komplexe Grafiken oder Bilder verzichten
- wichtige Dinge auf einer Diagonalen platzieren, die von oben links nach unten rechts verläuft
- farblich sollte ein Plakat nicht zu bunt und nicht zu voll gestaltet werden

5.3 Herausforderungen: Wie viel Markt und wie viel Staat brauchen wir?

Wirtschaftspolitik – wie soll der Staat eingreifen?

M 1 Wirtschaftspolitik in den Schlagzeilen

Staat verabschiedet Konjunkturpaket zur Bewältigung der Wirtschaftskrise

Städte planen Einführung einer City-Maut zur Verbesserung der Luftqualität in Ballungsgebieten

Bundeskartellamt verhängt Strafen wegen Preisabsprachen in der Stahlindustrie

Durch Steuererleichterungen soll der Konsum angekurbelt werden

Regierung erhöht Subventionen für regenerative Energien

Steuern für Besserverdienende sollen steigen, Geringverdiener werden entlastet

M 2 Warum brauchen wir einen Staat?

Ohne starken Staat gibt es keine freien Märkte. Nur ein starker Staat kann individuelle Grund- und Freiheitsrechte verlässlich garantieren. Nur
5 so lassen sich Eigentums- und Verhaltensrechte und damit die Funktionsfähigkeit offener und freier Märkte sichern. Dazu greift der Staat auf Gerichte, Polizei und Streitkräfte zu-
10 rück. Sie sorgen für die innere und äußere Sicherheit, die seit Adam Smith als klassische Staatsaufgaben verstanden werden.

In einem weiteren Sinne braucht
15 es den Staat auch, um Rechts-, Vertrags-, Handels- und Verkehrsregeln durchzusetzen. Er muss Grundbücher und Handelsregister führen oder Maße und Gewichte kontrollie-
20 ren. Er soll Wettbewerb ermöglichen und Marktmacht verhindern.

Hat der Staat seine erste und wichtigste hoheitliche Aufgabe der Rechtsetzung und Rechtsprechung gut ge-
25 löst und sind die Menschen gegen Macht und Willkür geschützt, kann alles andere ruhig der freien Ent-

scheidung der Unternehmer, Verbraucher, Arbeitgeber und Arbeitnehmer überlassen bleiben. [...]
30 Eine zweite Rechtfertigung für staatliches Handeln ist die Tatsache, dass sich nicht alle Güter so einfach wie Nahrungsmittel, Textilien, Möbel oder Autos handeln lassen. Für einige Be-
35 dürfnisse gibt es keinen Markt, etwa für die Landesverteidigung oder den Gerichtsvollzug. Für andere Güter und Dienstleistungen versagt der Markt, weil es doch zu mächtigen Monopo-
40 len kommt. Das ist vor allem dann der Fall, wenn Leistungen nur mit hohen Fixkosten erbracht werden können, so wie bei Eisenbahn, Post, Strom oder beim Festnetz fürs Telefon. Eben-
45 so stößt ein freier Marktmechanismus an seine Grenzen, wenn das Tun des einen unerwünschte Rückwirkungen beim anderen hervorruft, etwa wenn die Luft verschmutzt wird.
50 Hier setzt der Leistungsstaat an. Er dient dazu, jene gemeinsamen Aufgaben zu erledigen, bei denen der Markt versagt und ein Angebot gar

nicht, nicht in genügendem Maße oder nur mit ungewünschten Nebenwirkungen zustande kommt. „Leistungsstaat" bedeutet allerdings nicht, dass der Staat die Leistung auch selber erbringen muss. Meistens genügt es, wenn er durch Regulierungen, Anreize und Sanktionen lediglich dafür sorgt, dass Marktversagen verhindert wird oder fehlende Märkte neu geschaffen werden. So kann der Staat private Wachdienste dafür bezahlen, dass sie für die Sicherheit der Bürger sorgen. Er kann Private beauftragen, Bahn, Post, Flughäfen, Schulen und Theater zu betreiben. [...]
Schließlich liefert die Gerechtigkeit einen dritten Rechtfertigungsgrund für den Staat. Der Markt sorgt nicht für eine gerechte Einkommensverteilung. Er verteilt Einkommen nach Leistung und nicht nach Bedarf. Aus gesellschaftspolitischen Gründen ist daher eine Umverteilung durch den Staat angezeigt.

Thomas Straubhaar, Frankfurter Allgemeine Sonntagszeitung, 10.12.2006

Erklärfilm „Konjunkturzyklen"

Mediencode: 71035-12

M 3 Warum betreibt der Staat Wirtschaftspolitik?

Sowohl die Überhitzung der Konjunktur als auch eine Wirtschaftskrise schaffen soziale und damit auch politische Probleme. Lahmt die Konjunktur, so steigt die Arbeitslosigkeit, dem Staat entgehen Einnahmen und er kann weniger ausgeben. Bei einer Überhitzung der Konjunktur drohen Preissteigerungen und ein jäher Absturz. Insgesamt erschwert ein unsicherer Wirtschaftsverlauf die Entscheidungen der Wirtschaftsakteure. Sie meiden Risiken und neigen zu vermehrtem Sparen, dies schadet der wirtschaftlichen Entwicklung. Um eine möglichst stetige Wirtschaftsentwicklung zu erreichen, betreibt der Staat Stabilitätspolitik. Gesetzliche Grundlage ist das **Stabilitäts- und Wachstumsgesetz von 1967**, das die wirtschaftspolitischen Ziele festschreibt: **Stabilität des Preisniveaus, hoher Beschäftigungsstand (geringe Arbeitslosigkeit), außenwirtschaftliches Gleichgewicht, stetiges und angemessenes Wirtschaftswachstum.**
Der Bund und die Länder sind zu einer an den „Erfordernissen des gesamtwirtschaftlichen Gleichgewichts" orientierten Wirtschafts- und Finanzpolitik verpflichtet. Da es – wegen wechselseitiger Abhängigkeiten – schwer bzw. unmöglich ist, die Ziele gleichzeitig zu erfüllen, werden sie auch als „magisches Viereck" bezeichnet. Auch der Schutz der natürlichen Lebensgrundlagen, eine gerechte Einkommensverteilung und die Rückführung der Staatsverschuldung werden mittlerweile als wichtige wirtschaftspolitische Ziele anerkannt.

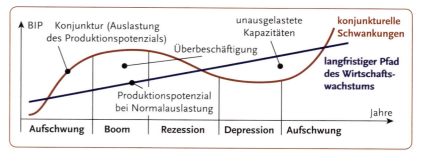

Darstellung eines idealtypischen Konjunkturzyklus. Im Aufschwung sinkt die Arbeitslosigkeit, die Investitionsneigung der Unternehmen ist hoch, die Preise steigen. Im Abschwung (Rezession) sind die Preise noch hoch, aber die Nachfrage geht zurück. Die Arbeitslosigkeit steigt, Unternehmen investieren nicht mehr.

Bruttoinlandsprodukt (BIP)
Gesamtwert aller Güter (Waren und Dienstleistungen), die innerhalb eines Jahres in einer Volkswirtschaft hergestellt werden und dem Endverbrauch dienen.

nominales BIP
Wert der in einem Jahr produzierten Güter, gemessen in den Preisen, die tatsächlich dafür gezahlt wurden. Das so ermittelte BIP ist über längere zeitliche Abstände nicht gut vergleichbar, weil auf lange Sicht das allgemeine Preisniveau ansteigt (Inflation).

reales BIP
Um das BIP unabhängig von einer Veränderung der Preise zu betrachten, wird das reale BIP berechnet. Dabei wird das Wachstum des nominalen BIP mit der Inflationsrate verrechnet.

Erklärfilm „Bruttoinlandsprodukt"

Mediencode: 71035-13

Erklärfilm „Wirtschaftswachstum"

Mediencode: 71035-14

M 4 Die Leistung unserer Wirtschaft

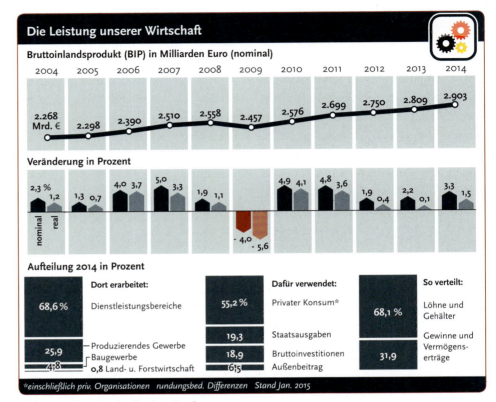

Globus-Grafik 10046; Quelle: Stat. Bundesamt

M 5 Wirtschaftspolitik und Wachstum – wenn es doch so einfach wäre

Wenn das Bruttoinlandsprodukt – abgekürzt: BIP – wächst, ist die Chance größer, dass es allen besser geht. [...] Das BIP hängt von der gesamt-
5 wirtschaftlichen Nachfrage ab. Die entsteht, wenn alle vier wichtigen Mitspieler der Wirtschaft einkaufen gehen: Nummer eins sind die Privatleute. Sie konsumieren (shoppen),
10 etwa indem sie einen Kühlschrank kaufen. Nummer zwei sind die Unternehmen. Sie investieren in eine neue Fabrik oder Maschine, wofür sie auch Geld ausgeben. Der Staat,
15 die Nummer drei, gibt Geld aus, um eine Straße oder eine Schule zu bauen. Nummer vier schließlich sind die anderen Länder. Regierungen oder Bürger aus dem Ausland kaufen auch in Deutschland ein, zum Beispiel Ma- 20
schinen oder ein paar Autos. Rechnet man die Summen auf dem Kassenzettel und Rechnungen aller dieser vier Mitspieler zusammen, so kommt man auf die gesamtwirtschaftliche Nach- 25
frage.
Wie entsteht jetzt Wachstum? [...] Wachstum entsteht, wenn mindestens einer der vier Mitspieler in Deutschland für mehr Geld kauft 30
oder investiert als im Jahr davor. [...] Hier haben wir einen ersten Ansatz

für Wirtschaftspolitik, um das BIP zu steigern. Die Regierung kann durch Instrumente wie zum Beispiel Steuersenkungen das verfügbare Einkommen des Privatmannes erhöhen, damit er Lust aufs Shoppen bekommt. Kauft er dann mehr als bisher, steigt das BIP.

Steuersenkungen können auch Unternehmen glücklich machen. Sie können dann mehr von ihrem Gewinn behalten, in Bürogebäude, Aufzüge, Förderbänder oder Mähdrescher investieren, neue Leute anstellen oder ihren Angestellten höhere Gehälter zahlen. Woraufhin diese mehr einkaufen gehen können. Steuersenkungen sind ein Mittel der Wirtschaftspolitik, das helfen kann, das BIP und damit Wachstum zu stimulieren.

Die Idee der Wirtschaftspolitik ist es, dann einzugreifen, wenn es von selbst nicht läuft. Eine Vorstellung dabei lautet, dass der Staat die gesamtwirtschaftliche Nachfrage erhöht.

Neben Steuersenkungen kann die Regierung ihre eigenen Ausgaben erhöhen, indem sie Bürgern Geld schenkt – etwa durch eine Erhöhung des Kindergeldes – oder indem sie Aufträge an Firmen vergibt. Sie kann beispielsweise Straßen bauen lassen. Dafür stellen die Unternehmen Rechnungen an den Staat, der muss sie bezahlen, und so kann auch das BIP wachsen. Ein Verfechter dieser Idee, durch Erhöhung der Staatsausgaben Wachstum in Schwächephasen zu erzeugen, war einer der berühmtesten Ökonomen des vergangenen Jahrhunderts: John Maynard Keynes.

[...] Aber dieses Beispiel wollen wir uns noch etwas genauer angucken, um ein Gefühl dafür zu bekommen, wie kompliziert Wirtschaftspolitik wirklich ist. [...]

Die aktuelle Regierung hat hohe Schulden und gibt ohnehin schon jedes Jahr mehr Geld aus, als sie einnimmt. Wenn sie die Ausgaben erhöhen möchte, wie Keynes das sagt, dann muss sie entweder einen zusätzlichen Kredit aufnehmen oder aber die Steuern erhöhen.

1. Wenn der Staat seine Steuern erhöht, so sinkt das verfügbare Einkommen der Bürger, und die Unternehmen haben weniger von ihrem Gewinn übrig. Der positive Effekt der höheren Staatsausgaben kann schnell verschwinden. Dazu kommen die oben erwähnten Probleme: Die Leute halten ihr Geld zurück oder produzieren weniger.

2. Wenn der Staat nicht knausert, sondern noch mehr Schulden macht, dann hat das auch Auswirkungen. Der Staat muss sich noch mehr Geld leihen. [...] [W]enn viele Gruppen – Regierungen und Unternehmen und Privatleute – Kredite haben wollen, dann werden Kredite teuer, weil die Banken mehr Zinsen verlangen. [...] Das schadet der Wirtschaft.

3. Noch ein Problem taucht auf: Was ist, wenn die Privatleute die Steuersenkung zwar zum Shoppen nutzen – aber nicht in Deutschland, sondern auf Mallorca? Die Deutschen lieben Auslandsurlaub. Oder wenn sie nur ausländische Autos kaufen?

Eine Lehre hieraus ist, dass Eingriffe in die Wirtschaft Folgen haben, weil alle Mitspieler zusammenhängen. Das macht Wirtschaftspolitik so schwierig für die Regierung.

Winand von Petersdorff, Das Geld reicht nie, Frankfurt a. M. 2008, S. 119–123

John Maynard Keynes (1883 – 1946), britischer Ökonom und Regierungsberater, der als Begründer der nachfrageorientierten Wirtschaftspolitik gilt.

Erklärfilm „Staatsverschuldung"

Mediencode: 71035-15

M 6 Zwei Strategien der Wachstums- und Beschäftigungspolitik

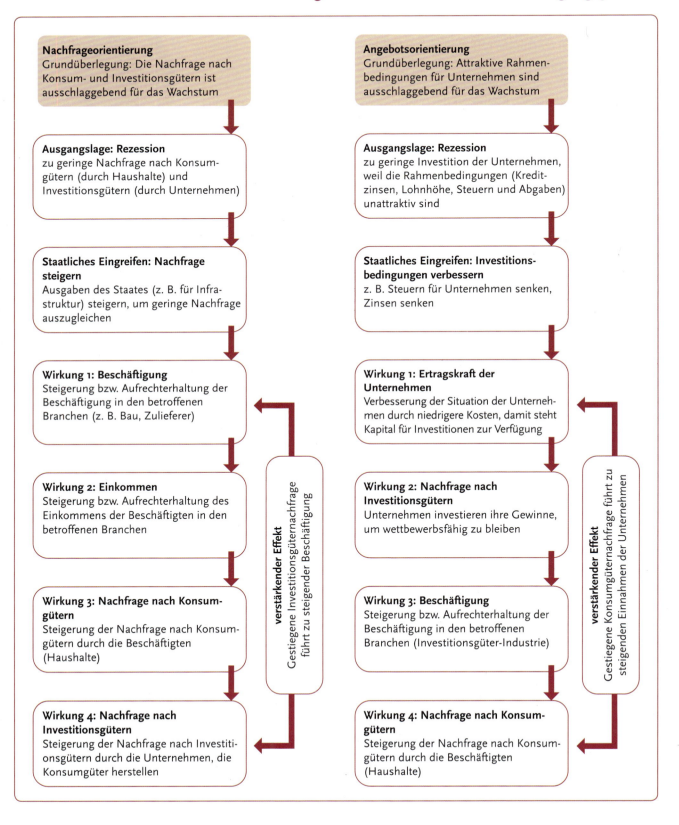

M 7 Konjunkturkurven

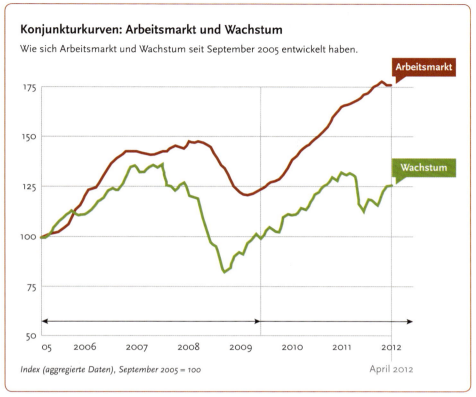

Quelle: IW-Konjunkturindex; grafische Darstellung: Wirtschaftswoche/INSM

Aufgaben

1. Gib die Rechtfertigungsgründe wieder, warum der Staat in das Wirtschaftsgeschehen eingreift. Finde Oberbegriffe für die verschiedenen Gründe (M 2, M 3).
2. Ordne die in M 1 genannten Beispiele für staatliches Handeln den Oberbegriffen aus Aufgabe 1 zu.
3. Angenommen, die gesamte Volkswirtschaft eines Minilandes würde aus nur einer Bäckerei bestehen: Der Bäcker verkauft im 1. Jahr Brot für 5.000 €. Im Jahr 2 beträgt die Inflationsrate 2 %.
Wenn der Bäcker im 2. Jahr seine Produktion steigert und Brot für 5.350 € verkauft: Wie hoch ist das nominale Wachstum, wie hoch ist das reale Wachstum (M 4)?
4. Erläutere in Form von Wirkungsketten, mit welchen Maßnahmen der Staat das Wachstum ankurbeln kann. Bedenke auch, durch welche Faktoren die Wirkungsketten „gestört" werden könnten (M 5, M 6).
5. Arbeite aus M 7 den Zusammenhang zwischen Beschäftigung und Wachstum heraus.

Soziale Marktwirtschaft und Gerechtigkeit

M 8 Niemand muss im Regen stehen ...

Karikatur: Aurel

M 9 Das Sozialstaatsgebot im Grundgesetz

Art. 1 GG
(1) Die Würde des Menschen ist unantastbar. Sie zu achten und zu schützen ist Verpflichtung aller staatlichen Gewalt.

Art. 20 GG
(1) Die Bundesrepublik Deutschland ist ein demokratischer und sozialer Bundesstaat.

Im Grundgesetz, der deutschen Verfassung, werden die Grundrechte der Bürgerinnen und Bürger garantiert und die Organisation des Staates festgelegt. Artikel 20 fasst die wichtigsten Staatsprinzipien zusammen. Das darin enthaltene „Sozialstaatsgebot" verpflichtet den Staat dazu, das Ziel eines sozialen Ausgleichs bei allen staatlichen Maßnahmen zu berücksichtigen. In Verbindung mit dem Grundrecht auf ein menschenwürdiges Leben ergibt sich daraus ein Anspruch des Einzelnen gegen den Staat, für ihn im Falle seiner – verschuldeten oder unverschuldeten – Bedürftigkeit so zu sorgen, dass sein Existenzminimum gesichert ist. Wer zum Beispiel durch Krankheit oder Alter in eine Notlage geraten ist, muss durch die Unterstützung staatlich organisierter Sozialsysteme eine angemessene Behandlung und ausreichende Hilfe bei der Existenzsicherung erhalten. Der Staat ist auch dazu verpflichtet, „Daseinsvorsorge" zugunsten der Bürgerinnen und Bürger zu betreiben, d. h. die Versorgung mit Gas, Wasser, Strom und Schulen, öffentlichen Verkehrsmitteln u. a. sicherzustellen. Er muss dies allerdings nicht immer kostenlos tun, sondern kann dafür eine zumutbare Gegenleistung in Geld fordern.

M 10 Das soziale Sicherungssystem in Deutschland

Das Kernstück des Sozialstaats in Deutschland ist die gesetzliche Sozialversicherung. Sie ist im Sozialgesetzbuch geregelt und schreibt verpflichtend vor, dass jeder Mensch, der in einem regulären Beschäftigungsverhältnis (sozialversicherungspflichtige Vollzeit- und Teilzeittätigkeiten) steht, gegen bestimmte Grundrisiken des Lebens versichert sein muss. Arbeitgeber und Arbeitnehmer beteiligen sich in etwa je zur Hälfte an der Finanzierung der einzelnen Versicherungszweige. Eine Ausnahme bildet die gesetzliche Unfallversicherung. Bei dieser Versicherung sind nur die Arbeitgeber beitragspflichtig. Auf diese Weise ist ein Arbeitnehmer versichert bei Arbeitslosigkeit, bei Krankheit, bei Pflegebedürftigkeit, im Alter, wenn er nicht mehr berufstätig sein kann, und bei Unfällen. Diejenigen, die aus der gesetzlichen Sozialversicherung keine oder keine ausreichenden Leistungen beziehen können, erhalten im Falle ihrer Bedürftigkeit eine Grundsicherung, die aus allgemeinen Steuermitteln finanziert wird. Darüber hinaus leistet der Sozialstaat auch in besonderen Lebenslagen Unterstützung, z. B. für Familien, Kinder oder die Ausbildung. Der Sozialstaat wird von dem Grundgedanken der „Solidarität" getragen, d. h. dem Prinzip gegenseitiger Hilfe. Im Bedarfsfall tritt die Gemeinschaft mit ihren Mitteln für den Hilfsbedürftigen ein.

Erklärfilm „gesetzliche Sozialversicherung"

Mediencode: 71035-16

M 11 Die Säulen der sozialen Sicherung

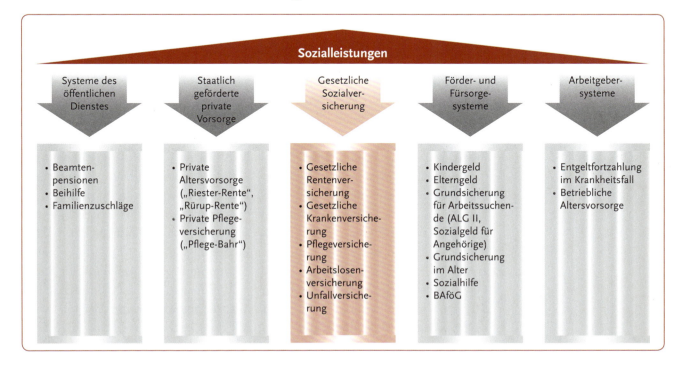

M 12 Staatliche Umverteilung

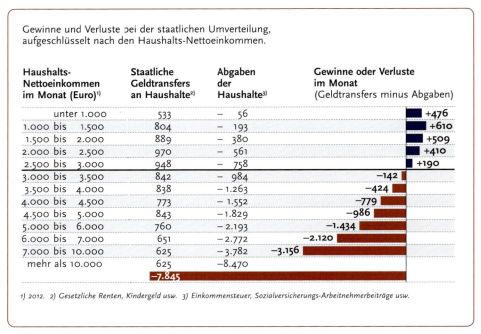

Gewinne und Verluste bei der staatlichen Umverteilung, aufgeschlüsselt nach den Haushalts-Nettoeinkommen.

Haushalts-Nettoeinkommen im Monat (Euro)[1]	Staatliche Geldtransfers an Haushalte[2]	Abgaben der Haushalte[3]	Gewinne oder Verluste im Monat (Geldtransfers minus Abgaben)
unter 1.000	533	−56	+476
1.000 bis 1.500	804	−193	+610
1.500 bis 2.000	889	−380	+509
2.000 bis 2.500	970	−561	+410
2.500 bis 3.000	948	−758	+190
3.000 bis 3.500	842	−984	−142
3.500 bis 4.000	838	−1.263	−424
4.000 bis 4.500	773	−1.552	−779
4.500 bis 5.000	843	−1.829	−986
5.000 bis 6.000	760	−2.193	−1.434
6.000 bis 7.000	651	−2.772	−2.120
7.000 bis 10.000	625	−3.782	−3.156
mehr als 10.000	625	−8.470	−7.845

[1] 2012. [2] Gesetzliche Renten, Kindergeld usw. [3] Einkommensteuer, Sozialversicherungs-Arbeitnehmerbeiträge usw.

Quelle: www.faz.net, IW; F.A.Z.-Grafik Thomas Heumann, 3.8.2015

M 13 Gut gemeint, aber ...: Die Mietpreisbremse hilft nur den Reichen

Placebo
Scheinintervention

Status quo
bestehender bzw. aktueller Zustand einer Sache

Seit ein paar Jahren steigen die Mieten vor allem in den beliebten Gegenden der Großstädte stark. Deswegen wird die Mietpreisbremse wohl
5 im Koalitionsvertrag zwischen Union und SPD stehen. [...] Wird eine Wohnung künftig wiedervermietet, darf die neue Miete nicht höher als zehn Prozent über der ortsüblichen Preis-
10 marke liegen. Mieter mit geringen und normalen Einkommen sollen so vor der Ausbeutung durch profitgierige Investoren geschützt werden. Das ist die Idee. Und sie leuchtet auf den
15 ersten Blick durchaus ein.
Doch leider zeigt sich am Beispiel Mietpreisbremse einmal mehr ein chronisches Leiden der Politik: Es wird nur der Status quo betrachtet,
20 aber nicht die Auswirkung der Regulierung. Wer diese Folgen im Falle der Mietpreisbremse analysiert, der erkennt: Es handelt sich um Placebopolitik. Gering- und selbst Normalverdiener werden auch künftig keine 25 Wohnungen in attraktiven Lagen finden. Es kommt noch schlimmer: Die vielbeklagte Gentrifizierung, also das Verdrängen alteingesessener Mieter durch wohlhabende Zugezogene, 30 könnte sich noch verschärfen.
Warum das so ist? Ein Beispiel aus der Praxis macht es deutlich: Bei der Besichtigung einer 100-Quadratmeter-Wohnung im schicken Berliner Stadt- 35 teil Mitte erscheinen 50 Bewerber. Die bisherigen, langjährigen Mieter haben für die Vierzimmerwohnung 600 Euro bezahlt, nun will der Vermieter zwölf Euro pro Quadratmeter nehmen, also 40

1.200 Euro im Monat. Den Zuschlag erhält der solventeste Bieter, ein Doppelverdiener-Ehepaar ohne Kinder, das 6.000 Euro netto monatlich zur Verfügung hat.

Nun kommt die vermeintlich segensreiche Preisbremse, die Miete darf also höchstens zehn Prozent über dem Wert des Mietspiegels liegen, das entspricht gut sieben Euro. Die Wohnung kostet statt 1.200 künftig 700 Euro. Bekommt nun endlich der Rentner, die Mitarbeiterin des Drogeriemarktes oder der alleinerziehende Altenpfleger die Wohnung? Mit Sicherheit nicht! Schließlich hat das Doppelverdiener-Ehepaar ohne Kinder nun noch mehr Interesse an der schönen und dazu dank Mietpreisbremse auch noch billigen Wohnung. So lange die Nachfrage das Angebot übersteigt, haben die Schwächeren, die mit geringem Einkommen und vielen Kindern, auf dem Mietmarkt immer das Nachsehen.

Ihre Lage wird mit der Mietpreisbremse eher noch aussichtsloser. Denn dank der gedeckelten Preise werden die Wohnungen in beliebten Lagen nicht mehr nur für Top-Verdiener, sondern auch für die Schicht darunter viel attraktiver. Wer über 6.000 Euro netto verfügt, spart im Vergleich zum Status quo viel Miete und hat mehr Geld für den Urlaub. Und wer mit 4.000 Euro netto immer noch zu den Gutverdienern gehört, kann sich die Wohnung nun auch prima leisten. Folglich ist das als soziale Errungenschaft gepriesene Vorhaben nicht mehr als ein Noch-mehr-Netto-Projekt für die Oberschicht und die gehobene Mittelschicht.

Sven Böll, Spiegel online, 5.11.2013

solvent
finanzstark, zahlungsfähig

M 14   Sozialstaat und Gerechtigkeit

Es gibt einen engen Zusammenhang zwischen der sozialen Gerechtigkeit und der sozialen Ungleichheit. Während man Letztere jedoch messen kann, ist die soziale Gerechtigkeit eine Ansichtssache. Der Regierende Bürgermeister von Berlin verdient mehr als ein U-Bahn-Fahrer der Berliner Verkehrsbetriebe. Das ist leicht festzustellen, aber ist es gerecht? Der Regierende Bürgermeister verdient deutlich weniger als ein Profifußballer von Hertha BSC. Ist das gerecht? Letztendlich dreht sich die Frage der sozialen Gerechtigkeit immer um die der Gleichheit. Wie gleich müssen die Bürger, wie unterschiedlich dürfen sie sein, damit eine Wirtschafts- und Gesellschaftsordnung als gerecht empfunden wird? Gerechtigkeit und Gleichheit hängen also zusammen. Aber wo soll die Gleichheit ansetzen, bei den Chancen oder bei den Ergebnissen? Müssen, um ein Bild aus dem Sport zu benutzen, alle zur selben Zeit loslaufen (Chancengerechtigkeit) oder sollen alle zur selben Zeit ankommen (Verteilungsgerechtigkeit)? Darauf gibt es keine einfache und keine allgemeine Antwort. Je nach politischer und weltanschaulicher Position unterscheiden sich die Meinungen hier deutlich. In der Bundesrepublik Deutschland werden beide Ansätze verfolgt. Zum einen sollen alle Gesellschaftsmitglieder die

„Je wohlhabender Nationen sind, desto ungleichheitsempfindlicher scheinen sie zu werden."
Jürgen Kaube, Frankfurter Allgemeine Sonntagszeitung, 26.10.2014

progressiv
hier: sich stufenweise
steigern

gleichen Chancen haben, im Berufsleben erfolgreich zu sein. Da die beruflichen Möglichkeiten mit wenigen
40 Ausnahmen (wie Berufssportler oder
Künstler) über Bildungsabschlüsse
vergeben werden, ist es wichtig, dass
alle Kinder dieselben schulischen
Chancen haben. Da aber Kinder und
45 Jugendliche nicht nur von der Schule geprägt werden, sondern vor allem
vom Elternhaus, bedeutet das, dass
diejenigen, die von zu Hause weniger mitbekommen, stärker gefördert
50 werden müssen. Um soziale Gerechtigkeit herzustellen, greift der Staat in
Deutschland aber auch bei der Verteilung der materiellen Güter ein, und
zwar über das klassische Mittel der

Steuern. Wer mehr verdient, zahlt 55
nicht nur mehr Steuern, sondern auch
einen höheren Prozentsatz, der Steu-
ertarif ist progressiv. [...] Jeder ist seines Glückes Schmied. Diesen Satz haben wir alle schon einmal gehört. Er 60
stimmt oft, aber keineswegs immer.
Wir alle sind Faktoren ausgesetzt, die
wir nicht beeinflussen können. Das
betrifft den Fußgänger, der bei „Grün"
über die Ampel geht und dennoch von 65
einem Auto überfahren wird, genauso
wie den Werftarbeiter, der über Nacht
seinen Arbeitsplatz verliert, weil seine Firma beschlossen hat, die Produktion einzustellen oder zu verlagern. 70

Nach: Eckart D. Stratenschulte, Wirtschaft in
Deutschland, Bonn 2006, S. 149 ff.

M 15 25 Jahre gesamtdeutsche Soziale Marktwirtschaft: Der Markt versagt, der Staat aber auch

Occupy
weltweite Protestbewegung,
die die Bekämpfung von
sozialen Ungleichheiten,
Spekulationsgeschäften
von Banken und den Ein-
fluss der Wirtschaft auf die
Politik fordert

Im vergangenen viertel Jahrhundert hat sich mit dem Zusammenbruch der sozialistisch-kommunis-
tischen Planwirtschaften Epochales
5 ereignet. Auch wenn der reale Sozialismus nur noch in Nordkorea und
nicht mal mehr in Kuba existiert –
vage Gedankengebäude eines besseren Wirtschaftssystems haben bis
10 heute überlebt. Zwar wird man auf
der Suche danach, wie die Alternative denn nun konkret aussehen könnte, nicht fündig. Aber die Talkshows,
Feuilletons und Bibliotheken sind voll
15 von Anklagen gegen den Kapitalismus. [...]
Nicht alle Kritiker des Kapitalismus
wollen ihn auch gleich abschaffen.
Dazu müssten sie ein anderes Ord-
20 nungsprinzip aufzeigen als das des
Marktes. Streng genommen kann das
nur der Staat sein – und damit ist man

wieder bei der Planwirtschaft. Gleichwohl: Der auf Privateigentum und Ei-
geninteresse basierenden und von der 25
unsichtbaren Hand gesteuerten Wirtschaft wünschen immer noch viele
den systembedingten Niedergang, den
Urvater Karl Marx schon vor 150 Jahren vorhersagte. 30
Die, die sich beim Aufbau einer gerechten Gesellschaft auf Marx berie-
fen – von Lenin über Mao Zedong bis
Erich Honecker – haben freilich nicht
viel Fortune gehabt. Man könnte auch 35
sagen: Alle Versuche endeten in der
ökonomischen und menschlichen Katastrophe.
Hat sich die Diskussion um eine
grundsätzliche Alternative zum kapita- 40
listischen System damit erledigt? Mit-
nichten. Sie kommt nur nicht mehr in
der dogmatischen Strenge und im K-
Gruppen-Kaderton der 1970er-Jahre

daher. Sondern etwa als Occupy oder Blockupy. Oder als kluge und sachkundige Sarah Wagenknecht, die sich gleichwohl auf Ludwig Erhard, den Gründungsvater der Sozialen Marktwirtschaft, beruft – und im gleichen Atemzug die Verstaatlichung der Banken verlangt und anderes mehr. [...]
Mit [den kapitalistisch-marktwirtschaftlichen] Prinzipien zu sympathisieren, fällt den Systemkritikern entweder unendlich schwer. Oder sie halten sie für selbstverständlich, wie etwa der Bestseller-Ökonom Thomas Piketty – mit der Folge, dass der überzeugte Marktwirtschaftler von den Lesern seines Buches „Das Kapital" als Marxist der Moderne interpretiert wird. Dabei kann man sich auch als Linker aus Überzeugung zum Kapitalismus bekennen, ohne deren Verfehlungen zu verkennen. Gerhard Schick, Finanzexperte der Grünen, hat dies mit seinem Buch „Machtwirtschaft nein danke!" unter Beweis gestellt.
Der grüne Chefökonom, seit zehn Jahren im Bundestag und über seine Partei hinaus als Fachmann für Finanz- und Wirtschaftspolitik geschätzt, stammt aus der Freiburger Schule des sogenannten Ordoliberalismus. Diese Denkrichtung wurde in den 1940er- und 1950er-Jahren gegründet, zu einer Zeit also, in welcher die Auseinandersetzung zwischen Sozialismus und Kapitalismus noch nicht von der Geschichte entschieden war.
Hier Markt, dort zentralistische Planung. Zwischen beiden ficht der Ordoliberalismus für den starken Staat – aber nicht den, der Wirtschaft macht, sondern der die Regeln dafür setzt. So will er vor allem auch die Machtzusammenballungen (Kartelle, Monopole) verhindern, die den Wettbewerb, das Zentralmotiv einer Marktwirtschaft, außer Kraft setzen.
Schick führt viele Beispiele auf, die seine Grundhaltung belegen: „Ja, der Markt versagt. Aber der Staat versagt auch. Denn wo Märkte versagen, handelt es sich immer auch um ein Versagen der staatlichen Ordnungsmacht." Deshalb kann er auch mit den politischen Koordinaten rechts und links nichts anfangen. Beide Lager seien im Kern für Staat und für Markt. In der Realität aber treten die Linken geradezu reflexhaft mit dem Ruf nach mehr Staat auf, um ungerechte Marktergebnisse auszubügeln.
„Das ist der völlig falsche Ansatz", sagt der linke Grüne Gerhard Schick: „Linke müssen viel früher ansetzen und die Regeln für den Markt so gestalten, dass er gerechtere Ergebnisse produziert."
Das freilich geht nur, wenn man die Marktwirtschaft, also den Kapitalismus, anerkennt. Schick tut das nicht nur guten Gewissens, sondern mit glühender Überzeugung. Von anderen Linken hat man davon noch wenig vernommen.

Helmut Schneider, Südwest Presse, 14.4.2015

Blockupy
Blockupy bezeichnet ein kapitalismus- und globalisierungskritisches Netzwerk aus mehreren Organisationen, dessen Name sich von seinem Vorhaben einer Blockade und von der Occupy-Bewegung ableitet.

zu Aufgabe 3
Gehe ausgehend vom Fazit des Autors von M 13 darauf ein, ob der Staat in diesem Falle eher gar nicht oder hingegen noch stärker in die Preisbildung des Marktes hätte eingreifen sollen (Analyse des erzeugten Aufwands im Vergleich zum erbrachten Nutzen der Mietpreisbremse).

Aufgaben

1. Fasse zusammen, welche Verpflichtungen sich für den Staat aus dem Sozialstaatsgebot ergeben (M 8 – M 11).
2. Nimm Stellung zum Maß der staatlichen Umverteilung (M 12).
3. Der Staat mischt sich in der Absicht, sozial Gutes zu tun, immer wieder in die Preisbildung des Marktes ein. Beispiele sind unter anderen der Mindestlohn und die Mietpreisbremse. Beurteile diese Eingriffe aus deiner persönlichen Sicht (M 13).
4. Bewerte die Soziale Marktwirtschaft auf einer Skala von eins bis fünf hinsichtlich der Frage, ob es sich dabei um eine – alles in allem – gerechte Wirtschaftsordnung handelt. Begründe deine Zuordnung (M 9 – M 15).

Was wir wissen

Wirtschafts-politik
M 1 – M 7

Weltweit haben Marktwirtschaften mit regelmäßigen Wachstumsschwankungen zu kämpfen, die mit Arbeitslosigkeit, Preisanstiegen und Wohlfahrtverlusten einhergehen. Zur Stabilisierung der wirtschaftlichen Entwicklung greift der Staat in der Sozialen Marktwirtschaft in das Wirtschaftsgeschehen ein. Gesetzliche Grundlage für die Stabilitätspolitik ist das Stabilitäts- und Wachstumsgesetz, das 1967 verabschiedet wurde. Das formuliert die wichtigsten Ziele der Wirtschaftspolitik, die möglichst gleichzeitig zu erfüllen sind: stetiges und angemessenes Wirtschaftswachstum; Preisniveaustabilität; hoher Beschäftigungsstand und außenwirtschaftliches Gleichgewicht. Über die Ziele des Stabilitätsgesetzes hinaus gelten die Bewahrung der Umwelt, eine gerechte Einkommensverteilung und die Rückführung der Staatsverschuldung als weitere wichtige Ziele der Wirtschaftspolitik.

Zur Beeinflussung der wirtschaftlichen Entwicklung kann der Staat vielfältige Maßnahmen ergreifen. So kann er insbesondere über Steuerentlastungen und Ausgabensteigerungen die gesamtwirtschaftliche Nachfrage erhöhen und so im Idealfall für mehr Beschäftigung sorgen. Man spricht in diesem Fall von nachfrageorientierter Globalsteuerung oder antizyklischer Nachfragepolitik, da die Wirtschaftspolitik von der Absicht geleitet ist, die Ausschläge der Wirtschaftszyklen zu glätten. Alternativ kann der Staat auch zu einer Verbesserung des Angebots beitragen, indem die Bedingungen für Investitionen der Unternehmen zum Beispiel durch Steuersenkungen oder günstige Kredite verbessert werden (Angebotspolitik).

Trotz der unbestrittenen Erfolge der Sozialen Marktwirtschaft steht diese Wirtschaftsordnung heute vor einer Reihe von Herausforderungen, die die öffentliche politische Diskussion prägen. Als wichtige Herausforderung gilt neben den Fragen nach der Umweltverträglichkeit der Wirtschaftsordnung und nach den Folgen der Globalisierung die Frage nach der Gerechtigkeit der Wirtschaftsordnung.

Gerechtigkeit
M 11 – M 18

Der Markt weist Einkommen nach Leistung, nicht nach Bedürftigkeit zu. Menschen, die nicht in der Lage sind, eigenes Einkommen zu erzielen, wären daher im schlimmsten Fall sich selbst überlassen. In der Sozialen Marktwirtschaft garantiert der Staat jedoch jedem Einzelnen ein Existenzminimum. Außerdem sorgt er mit Mitteln der Steuer- und Sozialpolitik für ein deutliches Maß an Umverteilung der Einkommen. Deutschlands Sozialleistungsquote (sie misst den Anteil, der am Bruttoinlandsprodukt für soziale Zwecke verwendet wird) liegt etwa bei einem Drittel der Wirtschaftsleistung. Nur in Frankreich und Schweden liegt sie etwas höher.

Gefühlt klafft die Schere auseinander, wenn man die Millionengehälter von Hedgefonds-Akrobaten, Bankern, Entertainern und Fußballern betrachtet. Eine verlässlichere Messlatte stellt allerdings der „Gini-Koeffizient" dar, der die Einkommensungleichheit auf einer Skala von null (alle gleich: perfekte Gleichverteilung) bis eins (einer hat alles: perfekte Ungleichheit) misst. Der Wert für Deutsch-

Was wir können

land gehört mit 0,29 nach der Umverteilung weltweit zu den niedrigsten und liegt damit nur knapp unter den Werten der hochegalitären skandinavischen Länder. Bei seiner Umverteilungspolitik ergreift der Staat neben marktkonformen Eingriffen wie z. B. Abgaben und Steuern unter Umständen auch zu drastischeren Eingriffen in die Soziale Marktwirtschaft: In der Absicht, sozialen Schaden abzuwenden, greift er direkt in die Preisfindung ein, bspw. indem er einen staatlichen Mindestlohn festsetzt oder indem er Vorschriften zur Höhe der Mieten erlässt. Teilweise verfehlen solche Maßnahmen jedoch ihre Wirkung, wenn sie nämlich nicht denen zugutekommen, für die sie eigentlich gedacht sind.

Ob die Ungleichverteilung der Einkommen und Vermögen auch ungerecht ist, darüber wird politisch gestritten. Dabei muss man zwischen ganz unterschiedlichen Konzeptionen von Gerechtigkeit unterscheiden:

- Chancengerechtigkeit: Sie zielt auf die Schaffung gleicher Startbedingungen;
- Leistungsgerechtigkeit: Danach soll jeder entsprechend seiner Leistung entlohnt werden;
- Bedarfsgerechtigkeit: Jeder soll so viel bekommen, wie er braucht;
- Verteilungsgerechtigkeit: Sie zielt auf eine möglichst gleiche Verteilung von Einkommen und Vermögen.

In der Diskussion um die richtige Dosierung des Sozialen in der Sozialen Marktwirtschaft sind folgende Einstellungen in der Bevölkerung zu berücksichtigen: Die Menschen gehen in der Regel davon aus, dass immer nur der gleiche Kuchen verteilt werden könne, während der Kuchen doch durchaus auch wachsen kann. Besonders schwierig wird es, wenn unter einer Maßnahme jemand Einzelnes leidet. Einzelschicksale gewinnen gerade in der Mediengesellschaft eine besondere Bedeutung. Und schließlich gewichten die Menschen die Ansprüche ihrer eigenen Gruppe gerne höher als die anderer Gruppen.

Ballonspiel – zweite Runde

Nimm dir noch einmal das Ballonspiel der Auftaktseite dieses Kapitels vor und spiele es erneut. Welche Veränderungen beobachtest du gegenüber den Ergebnissen deines ersten Spiels? Begründe gegebenenfalls.

Begriffe-Memory anfertigen

Sicher kennt ihr das Spiel „Memory". Das könnt ihr gut auch selbst anfertigen. Sammelt die wichtigsten Begriffe dieses Kapitels. Entwickelt für jeden dieser Begriffe eine passende Definition. Erstellt nun „Memorykarten" aus Pappe. Paare bestehen aus zwei Karten, dem Begriff und der dazugehörigen Definition. Mischt die Karten und legt sie auf dem Tisch aus. Wer die meisten Paare erhält, hat gewonnen. Mögliche Begriffe: Markt, Aufschwung, Rezession, Depression, Boom, Konjunkturzyklus, Monopol, Sozialstaatsprinzip, Soziale Marktwirtschaft, Wirtschaftskreislauf, Stabilitätsziele, Staatsverschuldung, Gerechtigkeit …

Flüchtlingsströme nach Europa

Der anhaltende Flüchtlingsstrom stellt die EU vor akute Herausforderungen. Experten fordern daher eine grundlegende Reform der Flüchtlings- und Asylpolitik. Sie plädieren u. a. für ein europäisches Bleiberecht. 2015 vervierfachte sich der Flüchtlingsstrom im Vergleich zu den Vorjahren. Allein in Deutschland wurden über 1 Mio. Flüchtlinge registriert.

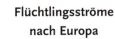

Feinstaub

Seit 2005 gilt die EU-Richtlinie zur Verringerung des Schadstoffausstoßes in Ballungsräumen. Zu diesem Zweck wurden von der EU Grenzwerte festgelegt. Seit dem Sommer 2008 bekommen wir diese Richtlinie durch die zunehmende Schaffung von städtischen Umweltzonen (momentan ca. 50 in Deutschland) zu spüren. Diese dürfen nämlich nur mit entsprechender Plakette befahren werden.

EU-Biosiegel

Auch was öko ist, bestimmt die EU. Seit 1.7.2010 gibt es das neue EU-Bio-Siegel. Lebensmittel, die damit gekennzeichnet sind, dürfen nicht gentechnisch verändert oder mit chemischen Pflanzenschutzmitteln behandelt worden sein. Tiere müssen artgerecht gehalten und mit ökologisch produziertem Futter gefüttert worden sein.

Staatsschuldenkrise

Die europäische Staatschuldenkrise führte zu Spannungen unter den EU-Mitgliedsländern. Das hochverschuldete Griechenland stand bereits kurz vor dem Austritt aus dem Euro. Gefährdet die Staatsschuldenkrise daher die europäische Währungsunion und den Zusammenhalt der gesamten EU?

Europa – ein Erfolgsmodell?

Europäische Politik bestimmt unser Leben in Deutschland mehr, als wir denken. Im europäischen „Haus" befinden sich nunmehr 28 Staaten und weitere Staaten wollen Mitglied der Europäischen Union werden. Gleichzeitig stellen die großen wirtschaftlichen Unterschiede der Mitgliedstaaten untereinander sowie der weltweite Flüchtlingsstrom die EU vor große Herausforderungen.

Kompetenzen

Am Ende dieses Kapitels solltest du Folgendes können:
- Meilensteine in der Entwicklung der EU und Ziele der europäischen Integration wiedergeben
- Beispiele für Einflussnahmen der EU auf das Leben in den Mitgliedstaaten nennen
- demokratische Mitwirkungsmöglichkeiten im europäischen Willensbildungs- und Entscheidungsprozess einschätzen und nutzen
- wichtige politische Organe der EU und den Entscheidungsprozess beschreiben
- Errungenschaften und Gefährdungen der europäischen Integration – insbesondere die Herausforderungen der europäischen Staatsschuldenkrise sowie die Rolle der EU im System der Internationaler Beziehungen – beurteilen

Was weißt du schon?
- Benenne die Staaten der Europäischen Union.
- Europa bedeutet für mich ... – Finde mithilfe der Beispiele Satzergänzungen, die zeigen, welche Bedeutung die Europäische Union für dich hat.

6.1 Die Europäische Union – „in Vielfalt geeint"?

Leben in Europa – gibt es eine europäische Jugend?

M 1 Freizeit in Europa

Studenten aus fünf Nationen bei einer Party im Rahmen des Erasmus-Programms in Groningen

Flashmob zu Ehren von Michael Jackson in Paris

DreamHack (LAN-Party) in Jönköping/Schweden

Kissenschlacht unter Jugendlichen am Internationalen Tag der Kissenschlacht in Bologna

M 2 Was eint, was trennt die Jugend Europas?

„Die Pfade werden kurviger", der französische Soziologe Vincenzo Cicchelli über die Jugend Europas, was sie eint, was sie trennt – und woran sie sich in diesen unsicheren Zeiten orientieren kann.

Le Monde: Haben die jungen Europäer eine gemeinsame Kultur?
Cicchelli: Ja. Die Jugendlichen hören die gleiche Musik – Rock, Pop, Rap –,
5 sie lesen die gleichen Comicbücher, tragen die gleiche Kleidung, spielen die gleichen Videospiele, und sie machen ausgiebig Gebrauch von den neuen Kommunikationsmitteln: Internet, Chat, SMS, soziale Netzwerke. 10

6.1 Die Europäische Union – „in Vielfalt geeint"?

Es ist eine Kultur des Kontakts, unmittelbar und abgeschirmt von den Eltern, die sich entfalten konnte, weil die Familie sie zugelassen hat, sie selber nutzt und weil die Erziehung sich vor allem stark verändert hat. Sie ist nicht mehr an Autorität gebunden, sondern an eine ausgehandelte Autonomie. Alle Untersuchungen zeigen, dass Junge und Erwachsene nunmehr gemeinsame Werte haben, die weder der religiöse Glaube noch der Gehorsam sind, sondern die Autonomie, der Respekt vor anderen, die Toleranz, die Sorge um sich.

Le Monde: Führen die Jugendlichen also von einem Ende zum anderen Europas das gleiche Leben?

Cicchelli: Nein, die Unterschiede zwischen den Ländern bleiben unverkennbar. Skandinavien zum Beispiel ist geprägt von einer starken Vorstellung von Autonomie, mit einem frühzeitigen Weggang von den Eltern, aber mit einem staatlich geförderten Studium: diese lange Zeitspanne vor dem Eintritt ins Berufsleben wird positiv erlebt, wie eine Experimentierphase, in der die Jugendlichen reisen, arbeiten, studieren können. In den südlichen Ländern ist es hingegen die Familie, die das Studium finanziert, den Kindern hilft, sich niederzulassen, was erklärt, warum sie das Elternhaus später verlassen. Aber heute erschüttert diese Generation eine massive Arbeitslosigkeit, die mehr als die Hälfte der jungen Spanier betrifft, 30 Prozent der Italiener. Und es ist kein Zufall, dass man in diesen Ländern ‚die Empörten' trifft, die ‚eine Arbeit, eine Zukunft' wollen. Frankreich nimmt eine Mittelstellung ein, wo der Staat das Studium finanziert und ein Wohngeld zahlt, das die familiären Zuschüsse ergänzt. Großbritannien hat eine Sonderstellung, aufgrund seiner liberalen Option, die die jungen Leute drängt, sich finanziell sehr früh selbst zu tragen und sich für kurze, übrigens teure, Studien zu entscheiden – auch wenn die Krise dieses Modell verändert.

Le Monde: Erasmus und die immer häufigeren Aufenthalte in den Ländern Europas – tragen sie dazu bei, eine neue Kultur zu formen?

Cicchelli: Ein bisschen, aber Erasmus betrifft sehr wenige Studenten, weniger als zwei Prozent. Die Austausche tragen gleichwohl dazu bei, ein Generationsbewusstsein zu entwickeln. Es entsteht auch ein europäischer Markt des Studiums und der Diplome, mit Studenten, die ihre Abschlüsse jenseits der Grenzen ihres Heimatlandes machen.

Interview: Isabelle Rey-Lefebvre, Süddeutsche Zeitung, 31.5.2012

ERASMUS

Das Programm ERASMUS richtet sich an **Hochschulen** und ist auf die Lehr- und Lernbedürfnisse von Studierenden ausgerichtet. Auch Einrichtungen und Organisationen, die allgemeine oder **berufliche Bildungslehrgänge mit Fachhochschulniveau** anbieten, können sich beteiligen. Das Programm ist mit einem Etat von **3,114 Milliarden Euro** ausgestattet. Ziel war es, bis 2013 drei Millionen Studierenden die Möglichkeit zu geben, einen Teil ihres Studiums im Ausland zu absolvieren.

Nationale Agentur für ERASMUS ist der Deutsche Akademische Austauschdienst (DAAD)
→ *http://eu.daad.de*

Aufgaben

1. Stellt in einer Tabelle, ausgehend von M 1, M 2 und euren Erfahrungen mit Jugendaustauschen oder Studienfahrten, Gemeinsamkeiten und Unterschiede jugendlicher Lebenswelten in Europa gegenüber.
2. Stelle zusammen, welche Vorteile ein Praktikum, ein Auslandsjahr oder ein Studium im Ausland bringen kann.

○ Informiert euch über europäische Bildungsprogramme. Ladet dazu ehemalige Praktikanten und Studenten ein und befragt diese nach ihren Erfahrungen.

○ Erläutere die Voraussetzungen, die staatliche Hochschulen in der EU erfüllen müssten, damit tatsächlich ein „europäischer Markt des Studiums entsteht" bzw. ausgebaut wird (M 2, Z. 73 f.).

Warum gibt es die Europäische Union?

M 3 Angela Merkel über Europa

„Deutschland wird auf Dauer nur stark sein, wenn auch Europa stark ist. [...] Ich kann dazu sagen, dass die [...] Bundesregierung und die sie tragenden Fraktionen alles tun werden, damit die gedeihliche Entwicklung Europas gut fortgesetzt werden kann. In einer globalen Welt ist Europa unsere gemeinsame Heimat, an der wir arbeiten müssen. Ein starkes Europa, ein bürgernäheres Europa, ein wettbewerbsfähiges Europa, ein gerechteres Europa, das ist unser Ziel."

Regierungserklärung von Bundeskanzlerin Merkel zum Europäischen Rat am 19./20. Dezember, www.bundesregierung.de, 18.12.2013

● Diskutiert die Aussage Merkels, wonach Deutschland auf Dauer nur stark sei, wenn auch Europa stark ist.

M 4 Das europäische Haus – in Frieden vereint

Die Europäische Union lässt sich anschaulich mit dem Bild eines großen Hauses vergleichen. Die ersten Bewohner des Hauses waren die sechs Gründerstaaten der EU (Deutschland, Frankreich, Italien, Belgien, Niederlande und Luxemburg) die 1951 bereit waren, ihre Entscheidungsgewalt (Souveränität) über die Kohle- und Stahlindustrie und damit über die Produktion von Waffen einer zentralen europäischen Behörde zu überlassen. Die sechs Staaten haben gleichsam den ersten Vertrag (Montanunion) für das Zusammenleben im gemeinsamen Haus geschlossen – die Hausordnung. Bis heute wurde diese Hausordnung, die die Prinzipien des Zusammenlebens beschreibt, durch zahlreiche Verträge erweitert. Immer mehr vormals nationale Entscheidungen und Regelungen wurden so in gemeinsames politisches Handeln überführt (Vergemeinschaftung). Parallel dazu wurde das Haus weiter ausgebaut (Erweiterung der EU). Heute umfasst das Haus 28 Bewohner und weitere Staaten wollen beitreten. Um das Zusammenleben in der Hausgemeinschaft zu regeln und zu fördern, müssen gemeinsame politische Institutionen geschaffen werden – die politischen Organe der EU. Für die Weiterentwicklung der Hausordnung, den Entwurf und den Ausbau des Hauses sind die Architekten, die Staats- und Regierungschefs der EU-Staaten zuständig. Über die Einhaltung der Hausordnung wacht die Europäische Kommission und der Europäische Gerichtshof. Das Europäische Parlament und der Ministerrat beschließen Regeln auf der Grundlage der Verträge, welche die Politik der EU-Staaten bestimmen.
Warum war gerade nach 1945 die Zeit für die europäische Integration gekommen?
Angesichts des Leids und Elends zweier Weltkriege auf europäischem

Auf dem Soldatenfriedhof in Lommel liegen aus dem Zweiten Weltkrieg 38.560 und aus dem Ersten Weltkrieg 542 gefallene deutsche Soldaten begraben. Er ist der größte Soldatenfriedhof des Zweiten Weltkriegs in Westeuropa.

Boden wollten die Menschen in Europa endlich Frieden. Ein schneller Wiederaufbau des zerstörten Europa und die Steigerung des Wohlstands waren nur durch wirtschaftliche Kooperation und die Schaffung größerer Wirtschaftsräume zu bewerkstelligen. Ferner mussten die alten europäischen Großmächte angesichts einer neuen Weltordnung, die durch die Supermächte USA und Sowjetunion bestimmt wurde, befürchten, wirtschaftlich und politisch an den Rand gedrängt zu werden. Die Integration diente insofern der Selbstbehauptung Europas. Für Deutschland stellte die Aufnahme in die europäische Staatengemeinschaft einen entscheidenden Schritt zur Rehabilitation und zur Anerkennung dar.

Was hält die Staaten im europäischen Haus zusammen?

Die Europäer haben aus der durch Krieg und Feindschaft geprägten europäischen Geschichte gelernt, dass Frieden und Wohlstand auf Dauer nur durch ein Miteinander möglich sind. Auf der Grundlage der Menschenrechte und der Demokratie soll Europa in Vielfalt geeint das Wohlergehen der Menschen fördern. Einig sind sich die 28 Staaten nämlich in ihren gemeinsamen Zielen. Erstens wollen sie erreichen, dass es allen EU-Ländern wirtschaftlich gut geht und die Menschen in Wohlstand leben können. Zweitens kümmern sie sich darum, dass in Europa und der Welt Frieden und Sicherheit herrschen. Drittens haben sie sich vorgenommen, allen in der EU lebenden Menschen die gleichen demokratischen Grundrechte und Grundfreiheiten zu garantieren, ein Leben ohne Diskriminierungen und mit Chancengleichheit für alle. Viertens sollen nach dem Motto „in Vielfalt geeint" die Kulturen und Traditionen der unterschiedlichen Staaten respektiert werden.

Rehabilitation
Wiedereingliederung eines Kranken

M 5 Das europäische Haus im Bau – Meilensteine der Erweiterung

Im Jahr 1951 gründeten sechs Staaten die „Europäische Gemeinschaft für Kohle und Stahl" (EGKS), auch „Montanunion" genannt.

Mitten in Rom am 25. März 1957, 18 Uhr [herrschen] im festlichen Saal des alten Konservatorenpalasts, Stolz, Freude und auch etwas Erleichterung: Noch bis zur allerletzten Minute hat man um die Einzelheiten gefeilscht. Jetzt sitzen die Vertreter Belgiens, Deutschlands, Frankreichs, Italiens, Luxemburgs und der Niederlande an einem langen Tisch und unterzeichnen die Verträge zur Gründung der Europäischen Wirtschaftsgemeinschaft (EWG). Zum Abschluss schenkt der Bürgermeister von Rom allen Teilnehmern eine goldene Medaille. In den Dokumenten, die „Römische Verträge" genannt werden, steht, dass die sechs Länder nicht nur bei Kohle und Stahl, sondern in der gesamten Wirtschaft zusammenarbeiten wollen. Am gleichen Abend gründeten die sechs Länder übrigens auch die Europäische

Die Europäische Union – ein unvollendetes Bauwerk

Erweiterungen der EU

1973 Dänemark, Groß-
     britannien, Irland
1981 Griechenland
1986 Portugal, Spanien
1995 Finnland, Österreich,
     Schweden
2004 Estland, Lettland,
     Litauen, Malta,
     Polen, Slowakei,
     Slowenien, Tsche-
     chische Republik,
     Ungarn, Zypern
2007 Bulgarien, Rumänien
2013 Kroatien

Atomgemeinschaft (EAG oder Eura-
tom). Damit wollten sie erreichen,
dass die Kernkraft in Europa friedlich
genutzt würde, also zum Beispiel in
35 Kernkraftwerken, und nicht etwa zur
Herstellung gefährlicher Atomwaffen.
In den folgenden Jahren traten immer mehr Länder der Europäischen
Gemeinschaft (EG) bei, wie sich das
40 Bündnis ab 1967 nannte. 1992 vereinbarten die mittlerweile zwölf Mitgliedsländer in der niederländischen
Stadt Maastricht, sich nicht nur wirtschaftlich, sondern auch politisch en-
45 ger zusammenzuschließen. 1993 trat
dieser „Vertrag von Maastricht" in
Kraft und begründete die „Europäische Union". „Union" kommt vom
lateinischen Wort „unio", „Vereini-
50 gung". Mit dieser Namensänderung
wollten die Europäer zeigen, dass sie
nun noch näher zusammengerückt
waren. 2002 führte die EU eine gemeinsame Währung ein und machte
55 damit einen weiteren großen Schritt:
Heute klimpert in 19 EU-Ländern der
Euro im Geldbeutel. Am Anfang, mit
nur wenigen Mitgliedern, konnte die
EU leicht und schnell Entscheidun-
60 gen treffen. Als immer mehr Länder
der EU beitraten, die alle eine eigene Meinung hatten, wurde das immer
schwieriger. Doch wie sollte die EU

handlungsfähig bleiben, wenn in Zukunft sogar noch mehr Länder beitre- 65
ten würden? Der Versuch, in einer eigenen „Verfassung" neue Spielregeln
für die EU festzulegen, klappte nicht.
Die Wähler in Frankreich und in den
Niederlanden waren dagegen. 2007 70
nahmen die damaligen 27 EU-Staaten
einen neuen Anlauf und unterzeichneten in der portugiesischen Hauptstadt schließlich den „Vertrag von Lissabon". Mit 287 Seiten ist der ganz 75
schön umfangreich. Im Vertrag stehen nicht nur neue Abstimmungsre-
geln. Der Vertrag stärkt auch die Rolle des Europäischen Parlamentes, in
dem die direkt gewählten Abgeordne- 80
ten sitzen. Er gibt auch den Auftrag,
die Grundrechte jedes einzelnen Bürgers zu schützen, beispielsweise das
Recht auf Bildung oder Gesundheit.
Außerdem kann jeder EU-Bürger ein 85
neues Gesetz auf den Weg bringen –
vorausgesetzt, er hat vorher eine Million Unterschriften gesammelt. Am
1. Dezember 2009 ist der Vertrag von
Lissabon in Kraft getreten. Im Juli 90
2013 trat Kroatien als 28. Mitgliedsland der EU bei.

*Quelle: http://ec.europa.eu © Europäische Union,
1995 – 2015, Für die Wiedergabe und Anpassung
ist allein die C.C.Buchner Verlag GmbH & Co. KG
verantwortlich*

M 6 Europäische Symbole

Die zwölf kreisförmig angeordneten Sterne der **europäischen Flagge** symbolisieren Vollkommenheit,
Vollständigkeit und Einheit. Die Ster-
5 ne auf der Flagge stehen daher für
die Harmonie der europäischen Völker. Die Zahl der Sterne hat nichts

mit der Anzahl der Mitgliedstaaten
zu tun.
Seit 1986 ist der letzte Satz von Lud- 10
wig van Beethovens 9. Symphonie
die **offizielle Hymne** der Europäischen Union. Die Hymne hat bisher
keinen offiziellen Text und kann da-

her nicht gesungen, sondern nur instrumental gespielt werden.
Europatag – Am 9. Mai 1950 unterbreitete Robert Schuman, damaliger französischer Außenminister, seinen Vorschlag für ein Vereintes Europa als unerlässliche Voraussetzung für die Aufrechterhaltung friedlicher Beziehungen (Schuman-Erklärung). Dieser Tag gilt als Grundstein der heutigen Europäischen Union.

„In Vielfalt geeint" – dies ist das **offizielle Motto** bzw. der offizielle Slogan der Europäischen Union. Der 2005 gescheiterte Vertrag über eine Verfassung für Europa enthält erstmals einen offiziellen Leitspruch für die Europäische Union. Dieser wurde im Lissabon-Vertrag übernommen.

Die europäische Flagge; eines der vier offiziellen Symbole der EU

M 7 Werte und Ziele der Europäischen Union

Im Vertrag von Lissabon sind die zentralen Werte der EU festgehalten: „Die Werte, auf die sich die Union gründet, sind die Achtung der Menschenwürde, Freiheit, Demokratie, Gleichheit, Rechtsstaatlichkeit und die Wahrung der Menschenrechte einschließlich der Rechte der Personen, die Minderheiten angehören. Diese Werte sind allen Mitgliedstaaten in einer Gesellschaft gemeinsam, die sich durch Pluralismus, Nichtdiskriminierung, Toleranz, Gerechtigkeit, Solidarität und die Gleichheit von Frauen und Männern auszeichnet." Als Ziele der Europäischen Union nennt der Vertrag unter anderen die Förderung des Friedens, die Schaffung eines Binnenmarkts mit freiem und unverfälschtem Wettbewerb, Wirtschaftswachstum, Preisstabilität, Soziale Marktwirtschaft, Umweltschutz, soziale Gerechtigkeit, kulturelle Vielfalt, weltweite Beseitigung der Armut und die Förderung des Völkerrechts.

Art. 2 EU-Vertrag
Die Werte, auf die sich die Union gründet, sind die Achtung der Menschenwürde, Freiheit, Demokratie, Gleichheit, Rechtsstaatlichkeit und die Wahrung der Menschenrechte einschließlich der Rechte der Personen, die Minderheiten angehören. Diese Werte sind allen Mitgliedstaaten in einer Gesellschaft gemeinsam, die sich durch Pluralismus, Nichtdiskriminierung, Toleranz, Gerechtigkeit, Solidarität und die Gleichheit von Frauen und Männern auszeichnet.

Art. 3 EU-Vertrag
(1) Ziel der Union ist es, den Frieden, ihre Werte und das Wohlergehen ihrer Völker zu fördern.

zu Aufgabe 3
Entwickelt in Gruppen weitere mögliche gemeinsamen Symbole der EU und begründet eure Entwürfe (ggf. zusammen mit den Fächern Geschichte und Kunst).

Aufgaben

1. Fasst Merkmale zusammen, die Europa für euch als einheitlichen Raum erscheinen lassen.
2. Die Europäische Union lässt sich anschaulich mit dem Bild eines Hauses vergleichen. Das Fundament bilden die gemeinsamen Werte und Ziele. Im Erdgeschoss wohnen die Gründerstaaten. In den oberen Geschossen wohnen die hinzugekommenen Mitglieder. An der Hausfassade stehen die Meilensteine, die das Leben im europäischen Haus prägen und prägten. Zeichnet in Gruppen das europäische Haus auf ein großes Plakat. Vergleicht eure Ergebnisse (M 3 – M 5).
3. Braucht die EU gemeinsame Symbole? Beurteilt dies mithilfe einer Diskussion in der Klasse oder Arbeitsgruppe (M 6, M 7).

Die Europäische Union – eine Friedensgemeinschaft?

M 8 Die EU erhält den Friedensnobelpreis – „Vom Krieg zum Frieden: eine europäische Geschichte"

Umstrittene Auszeichnung
Die hohe Auszeichnung für die Europäische Union ist nicht unumstritten. Drei frühere Preisträger, der südafrikanische Erzbischof Desmond Tutu, der argentinische Menschenrechtler Adolfo Peréz Esquivel und die nordirische Friedensaktivistin Mairead Maguire forderten in einem gemeinsamen Schreiben die Stockholmer Nobelstiftung auf, die Verleihung des Friedensnobelpreises an die EU zurückzuziehen. Sie erklärten, dass die EU „eindeutig kein Vorkämpfer für den Frieden" sei, und dass der Wille des Preisstifters Alfred Nobel durch die Entscheidung des Komitees verfälscht würde. „Die EU strebt nicht nach der Verwirklichung von Nobels globaler Friedensordnung ohne Militär", schrieben sie weiter. Die EU gründe kollektive Sicherheit auf militärischen Zwang und die Durchführung von Kriegen.
(taz, 4.12.12)

Rede des damaligen Präsidenten des Europäischen Rates Van Rompuy anlässlich der Verleihung des Friedensnobelpreises an die Europäische Union, Oslo, 10.12.2012:

Eure Majestäten, Königliche Hoheiten, verehrte Staats- und Regierungschefs, verehrte Mitglieder des Norwegischen Nobelpreis-Komitees, Exzellen-
5 zen, meine Damen und Herren, voller Demut und Dankbarkeit nehmen wir hier gemeinsam den Friedensnobelpreis im Namen der Europäischen Union entgegen. In Zeiten der Unsi-
10 cherheit erinnert dieser Tag die Menschen in Europa und der ganzen Welt an den ureigensten Zweck der Europäischen Union: die Brüderlichkeit zwischen den europäischen Nationen
15 jetzt und in Zukunft zu stärken. Dies ist unsere Aufgabe. Dies war die Aufgabe der Generationen vor uns. Und dies wird die Aufgabe der Generationen nach uns sein. [...]
20 Der Krieg ist so alt wie Europa. Unser Kontinent trägt die Narben von Speeren und Schwertern, Kanonen und Gewehren, Schützengräben und Panzern. Für unsere Tragödie fand He-
25 rodot vor 2.500 Jahren folgende Worte: „Im Frieden begraben die Söhne ihre Väter. Im Krieg begraben die Väter ihre Söhne". Nach zwei schrecklichen Kriegen, die unseren Konti-
30 nent und die Welt in den Abgrund gestürzt haben, verwirklichte Europa doch einen dauerhaften Frieden. In jenen dunklen Tagen lagen die Städ-

Verleihung des Friedensnobelpreises 2012 an die EU, vertreten durch (v. l.) den damaligen Präsidenten des EU-Rates Herman Van Rompuy, den damaligen Kommissionspräsidenten José Barroso und den EU-Parlamentspräsidenten Martin Schulz (Stand: 2016)

te in Trümmern und die Herzen vieler Menschen waren voll Trauer und 35
Verbitterung. [...]
Natürlich hätte der Friede auch ohne die Union nach Europa kommen können. Vielleicht. Wir werden es niemals erfahren. Aber er wäre ganz an- 40
ders gewesen. Wir haben dauerhaften Frieden, keinen frostigen Waffenstillstand. [...]
Hier kommt die „Geheimwaffe" der Europäischen Union ins Spiel: Eine 45
einzigartige Methode, unsere Interessen so eng miteinander zu verknüpfen, dass ein Krieg nahezu unmöglich wird. Durch ständige Verhandlungen zu immer mehr Themen zwischen im- 50
mer mehr Ländern gemäß der goldenen Regel von Jean Monnet: „Mieux vaut se disputer autour d'une table que sur un champ de bataille." („Es ist besser, sich am Verhandlungstisch zu 55
streiten, als auf dem Schlachtfeld.")

© *Europäische Kommission 1995 – 2015, http://ec.europa.eu, 10.12.2012*

⊕ Beurteile die Einwände der Menschenrechtler zur Verleihung des Nobelpreises an die EU.

M 9 Frieden – langweilig?

Karikatur: Chappatte

M 10 Wie schafft die EU Frieden?

Die europäische Geschichte führte schließlich zu der Erkenntnis, dass es nicht möglich war, durch Kriege eine dauerhafte politische Ordnung in Europa zu bilden. Im Friedensschluss wurde immer zugleich der Keim zur Vorbereitung des nächsten Krieges gelegt. Vor diesem Hintergrund konnte sich nach dem Zweiten Weltkrieg das Konzept der Integration entfalten – als kluge Strategie der Verflechtung ehemals verfeindeter Staaten. Flankiert wurde der schmerzhafte Verzicht auf staatliche Souveränität durch ein Programm der Wohlstandsentwicklung über den Aufbau eines gemeinsamen Marktes. Zentral war auch die Idee, dass kleine Staaten nicht mehr Objekte der Machtpolitik ihrer größeren Nachbarn sein sollten. Europäische Integration hat sich in diesem Sinne als eine Sicherheitsgemeinschaft entwickelt, die ihren Mitgliedern Schutz vor Bevormundung und Unterwerfung durch die unmittelbaren Nachbarn versprach. Garant für den Frieden ist dabei das hohe Maß an wirtschaftlicher und politischer Verflechtung, das weltweit ohne Beispiel ist. Gemeinsame Institutionen ermöglichen die friedliche Konfliktlösung, da sie gleichrangige Chancen der Mitwirkung und Entscheidung garantieren.

> Entwerft ein Plakat, auf dem die Leistungen der EU für den Frieden in Europa beworben werden.

Aufgaben

1. „Die EU hat Europa über 60 Jahre Frieden gebracht und damit die größte Errungenschaft europäischer Integration". Erläutere mithilfe der Rede anlässlich der Verleihung des Friedensnobelpreises diese These (M 8).
2. Nimm zur Aussage der Karikatur Stellung (M 9).
3. Arbeite heraus, wie die EU den Frieden in Europa garantiert (M 10). Ergänze weitere Aspekte.

Wer entscheidet in der EU? – der lange Weg der EU-Gesetzgebung

M 11 Europas Raucher

Land	BE	BG	DK	DE	EE	FI	FR	GR	IE	IT	HR	LV	LT	LU
Anteil der Raucher an der Bevölkerung in %	27	36	26	26	26	25	28	40	29	24	k. A.	36	30	27

Land	MT	NL	AT	PL	PT	RO	SE	SK	SI	ES	CZ	HU	GB	CY
Anteil der Raucher an der Bevölkerung in %	27	24	33	32	23	30	13	23	28	33	29	32	27	30

Nach: Eurobarometer, dpa-Infografik 17958, 8.10.2013; Länderkürzel laut ISO 3166

M 12 Soll die EU ihre Bürger vor den gesundheitlichen Gefahren des Rauchens schützen?

Das Problem: Rauchen kann tödlich sein – hoher Tabakkonsum schädigt alle

Rauchen verursacht hohe Gesundheitsgefahren und hohe Kosten für die Allgemeinheit. Weltweit sterben nach Angaben der Weltgesundheitsorganisation (WHO) jährlich sechs Millionen Menschen an den Folgen des Tabakkonsums. Damit ist Tabakkonsum das größte vermeidbare Gesundheitsrisiko weltweit. Die durch den Tabakkonsum verursachten gesundheitlichen Folgen wie Krebs, Herz-/Kreislauf- und Atemwegserkrankungen verursachen jährlich Kosten von rund 25 Mrd. Euro. Die EU beschloss bereits 2002 eine Tabakproduktrichtlinie zur Bekämpfung des Tabakkonsums, die 2006 nochmals verschärft wurde. Werbung für Zigaretten wurde eingeschränkt, die schädlichen Zusatzstoffe begrenzt und große, abschreckende Warnhinweise auf den Zigarettenpackungen vorgeschrieben. Im Jahr 2015 nahmen die Warnhinweise mindestens 30 Prozent der Vorderseite und 40 Prozent der Rückseite einer Packung ein. Die Europäische Kommission hält die bisherigen Maßnahmen für nicht ausreichend, um die Gesundheit der Bürger wirksam zu schützen und unterbreitete dem Europäischen Parlament und dem Ministerrat Vorschläge zur Überarbeitung der Tabakrichtlinie.

Dezember 2012: Vorschlag der EU-Kommission zur Kennzeichnung und Verpackung

Alle Packungen von Zigaretten und Tabak zum Selbstdrehen müssen einen kombinierten textlichen und bildlichen Warnhinweis tragen, der 75 Prozent der Vorder- und der Rückseite der Packung einnimmt, und sie dürfen keine Werbeelemente tragen. Die gegenwärtigen Informationen über Teer, Nikotin und Kohlenmonoxid, die als irreführend betrachtet wurden, werden durch eine seitlich auf der Packung angebrachte Informationsbotschaft ersetzt, der zu entnehmen ist, dass Tabakrauch über 70 krebserregende Stoffe enthält. Den Mitgliedstaaten steht es frei, in begründeten Fällen neutrale Einheitsverpackungen einzuführen. [...] Nikotinhaltige Erzeugnisse (z. B. elektronische Zigaretten), deren Nikotingehalt unter einer bestimmten Schwelle liegt, dürfen auf den Markt kommen, müssen aber gesundheitsbezogene Warnhinweise tragen. Produkte, deren Nikotingehalt oberhalb dieser Schwelle liegt, sind nur zulässig, wenn sie als Arzneimittel – wie beispielsweise Nikotinersatztherapeutika – zugelassen sind. Pflanzliche Raucherzeugnisse müssen ebenfalls gesundheitsbezogene Warnhinweise tragen.

© Europäische Union 1995 – 2015, Pressemitteilung: Tabakerzeugnisse – größere Hinweise zur Warnung vor Gesundheitsrisiken und Verbot starker Aromen, www.europa.eu, 19.12.2012

Dezember 2012: Die Zigarettenbranche sieht ihre Eigentumsrechte verletzt

„Ich bin entsetzt, wie weit die Bevormundung gehen soll" – mit dieser Kritik reagierte der Vorsitzende der Gewerkschaft Nahrung-Genuss-Gaststätten, Franz-Josef Möllenberg, auf die Pläne der EU-Kommission. Er warf ihr eine „genussfeindliche Ideologie" vor: „Zu befürchten ist, dass diese Vorgehensweise mit einem Dominoeffekt auf andere Produkte ausgeweitet wird: heute Tabak, morgen der Alkohol im Bier, übermorgen das Fett in der Wurst und nächste Woche der Zucker in der Schokolade." Die Pläne gefährdeten Jobs in der Tabakindustrie, im Anbau und in der Werbung. Nicht anders reagierte die Zigarettenindustrie. Sie verstieg sich zu der Behauptung, die Kommission schränke die Marktwirtschaft ein. Geistige Eigentumsrechte würden verletzt und eine legale Industrie zerstört. „Die Tabakwirtschaft steht zu ihrem verantwortungsvollen Umgang mit dem Produkt Tabak." Der Zigarettenhersteller Reemtsma bescheinigt der EU-Kommission sogar, eine „Gesundheitsdiktatur" anzustreben. Sollten die Vorschläge in dieser Form Gesetzeskraft bekommen, droht Reemtsma mit einer Klage: „Zur Not würden wir bis zum Europäischen Gerichtshof ziehen."

Timot Szent-Ivanyi, Reaktionen zur Tabakrichtlinie – Firmen drohen mit Klage, www.fr-online.de, 19.12.2012

Wann wird die EU tätig? – das Subsidiaritätsprinzip

Die EU soll sich nur um Dinge kümmern, die sie besser regeln kann als die Mitgliedsländer. In Art. 5 des EU-Vertrages heißt es: „In den Bereichen, die nicht in ihre ausschließliche Zuständigkeit fallen, wird die Gemeinschaft nach dem Subsidiaritätsprinzip nur tätig, sofern und soweit die Ziele der in Betracht gezogenen Maßnahmen auf der Ebene der Mitgliedstaaten nicht ausreichend erreicht werden können und daher wegen ihres Umfangs oder ihrer Wirkungen besser auf Gemeinschaftsebene erreicht werden können." Das Subsidiaritätsprinzip dient nicht nur der Erhaltung der Eigenständigkeit der EU-Staaten, es hilft auch, ein Stückchen „EU-Bürokratie" abzubauen. Die EU-Kommission muss bei jeder Gesetzesinitiative nachweisen, dass sie die jeweilige Aufgabe besser lösen kann als die Regionen oder die Mitgliedstaaten.

Februar 2013: Stellungnahme der Bundesärztekammer zum Richtlinienentwurf der EU-Kommission

Die Bundesärztekammer begrüßt die vorgesehenen Regelungen zur Kennzeichnung und Gestaltung der Verpackungen von Tabakerzeugnissen. [...] Die bislang zur Wirkung von Warnhinweisen auf Tabakverpackungen durchgeführten Studien haben zum Ergebnis, dass diese einen nachweisbaren Einfluss auf das gesundheitsbezogene Wissen und die Risikowahrnehmung haben. [...] Darüber hinaus weisen wir darauf hin, dass durch die Einführung eines Plain Packaging (standardisierte Verpackungen) für Tabakerzeugnisse, mit dem diese mit einer einheitlichen neutralen Grundfarbe und einem einheitlichen Schriftdesign für den Markennamen gestaltet werden, die Aufmerksamkeit für die aufgebrachten Warnhinweise erhöht werden kann [...]. Auch verliert das Produkt durch eine neutrale Gestaltung gerade bei Jugendlichen an Attraktivität für den Konsum.

Bundesärztekammer, Stellungnahme der Bundesärztekammer zum Vorschlag für eine Richtlinie des Europäischen Parlaments und des Rates zur Angleichung der Rechts- und Verwaltungsvorschriften der Mitgliedstaaten über die Herstellung, die Aufmachung und den Verkauf von Tabakerzeugnissen und verwandten Erzeugnissen vom 19. Dezember 2012, www.bundesaerztekammer.de, 20.2.2013

Oktober 2013: „Die Welt" berichtet über ein Gespräch mit Rebecca Harms MdEP

Der Tabakriese Philip Morris versucht offenbar besonders heftig, die EU-Abgeordneten zu beeinflussen. Laut Rebecca Harms, Fraktionsvorsitzende der Grünen im Europaparlament, stellte der US-Konzern dafür eigens 160 Lobbyisten ein und gab 1,5 Millionen Euro für Essenseinladungen für die Parlamentarier aus. Nach Medienberichten aus mehreren EU-Ländern sollen sich die Lobbyisten des Konzerns mit mehr als 250 Abgeordneten getroffen haben.

AFP/lw, Tabaklobby verwässert geplante EU-Richtlinie, www.welt.de, 3.10.2013

Februar 2014: EU-Parlament stimmt über Änderung der Tabakrichtlinie ab

Die Europäische Union will mit Schockbildern auf Verpackungen Raucher vom Griff zur Zigarette abhalten. Das EU-Parlament stimmte [...] mit großer Mehrheit für strengere Vorschriften, die ab 2016 gelten sollen. Damit enden zähe Verhandlungen zwischen Unterhändlern des Parlaments und den EU-Staaten. Ab 2016 werden auf den Verpackungen beispielsweise verfaulte Füße oder schwarze Raucherlungen zu sehen sein. Die Warnhinweise sollen dabei deutlich größer werden als bisher: Sie werden 65 Prozent der Vorder- und Rückseiten von Zigarettenschachteln bedecken. [...] Die neuen Vorschriften gelten nach Angaben des Europaparlaments für rund 90 Prozent aller Tabakprodukte. [...] Besonders gefährliche Zusatzstoffe, die Krebs erregen, das Erbgut verändern oder die Fortpflanzungsfähigkeit einschränken können, sollen komplett aus Tabakprodukten verbannt werden. Das Gleiche gilt für Aromen wie Vanille oder Schokolade, die den bitteren Geschmack des Tabaks mildern und deshalb vor allem Jugendlichen den Einstieg ins Rauchen erleichtern. Mentholzigaretten sollen ebenfalls vom Markt genommen werden – allerdings erst ab 2020.

aar/dpa/AFP, Parlamentsbeschluss: EU führt Schockbilder auf Zigarettenpackungen ein, www.spiegel.de, 26.2.2014

März 2014: Der Ministerrat nimmt die überarbeitete EU-Tabakrichtlinie an

Am 14.3.2014 nahm der Rat eine überarbeitete EU-Tabakrichtlinie an, sie trat am 20.5.2014 nach der Veröffentlichung im Amtsblatt der Europäischen Union in Kraft. Deutschland und Österreich wurden im Ministerrat überstimmt. Die Mitgliedstaaten werden zwei Jahre für die Aufnahme der Richtlinie in ihr einzelstaatliches Recht Zeit haben.

November 2014: Klage vor dem EuGH: Marlboro-Hersteller prozessiert gegen Europas Tabakrichtlinie

Der EU steht ein Prozess des weltgrößten privaten Zigarettenherstellers Philip Morris International (PMI) gegen ihre neue Tabakrichtlinie vor dem Europäischen Gerichtshof bevor [...]. Durch die Klage des Marlboro-Herstellers könnte das Vorhaben aber um Jahre aufgeschoben werden, noch einmal geändert oder neu verhandelt werden müssen. Oder gar fallen, sollte der EuGH dem Unternehmen recht geben. „Tabakprodukte sollten reguliert werden, aber die Maßnahmen müssen die EU-Verträge respektieren", sagte der für Rechtsfragen zuständige PMI-Vizepräsident Marc Firestone. Einige Bestimmungen in der Tabakrichtlinie würden „ernsthafte Fragen über die freie Verbraucherwahl, den freien Warenverkehr und Wettbewerb aufwerfen." [...] Besonders erbittert bekämpfen die Multis das sogenannte „Plain Packaging". In Artikel 24 der Richtlinie räumt die EU den Mitgliedstaaten das Recht ein, die Hersteller zu Einheitsverpackungen für Zigaretten ohne Markenlogos, Farben und andere Unterscheidungselemente zu zwingen. [...] Die Tabakindustrie, die Abermilliarden Euro in Werbung und Markenaufbau steckt, hält ihre geistigen Eigentumsrechte für verletzt und spricht von einem Handelshemmnis und unzulässigen Eingriff in den freien Wettbewerb.

Claus Hecking, Klage vor dem EuGH: Marlboro-Hersteller prozessiert gegen Europas Tabakrichtlinie, www.spiegel.de, 3.11.2014

Tabaksteuer

Die Tabaksteuer ist nach der Mineralölsteuer die ertragreichste Verbrauchsteuer [in Deutschland]. 2014 betrugen die Netto-Einnahmen der Tabaksteuer über 14,2 Mrd. Euro. Die über die Zigarette erzielte Steuer macht mit über 12,2 Mrd. Euro den Hauptanteil bei den Tabaksteuereinnahmen aus (86,0 %).

© Copyright 2015 by DZV – Deutscher Zigarettenverband, www.zigarettenverband.de (3.9.2015)

M 13   So funktioniert die Europäische Union

Die EU auf einen Blick

Europäischer Rat

28 Staats- und Regierungschefs

Rat der EU (Ministerrat)

Fachminister aus den 28 Mitgliedsländern (z.B. Außen- oder Agrarminister)

EU-Kommission

28 Kommissare (ein unabhängiger Kommissar je Mitgliedsland)

gibt allgemeine politische Richtung vor

schlägt Gesetze vor

schlägt Gesetze vor

beschließen gemeinsam Gesetze und EU-Haushalt

Weitere Einrichtungen und Organe der EU (Auswahl)

Gerichtshof der Europäischen Union	*wacht über Verträge*
Europäischer Rechnungshof	*kontrolliert Ausgaben*
Europ. Wirtschafts- und Sozialausschuss	*beratende Aufgaben*
Ausschuss der Regionen der EU	*beratende Aufgaben*
Europäische Zentralbank	*sorgt für Stabilität des Finanzsystems und der Preise*

Europäisches Parlament

750 Abgeordnete aus den 28 Mitgliedsländern plus der nicht stimmberechtigte Parlamentspräsident

bestätigt, kontrolliert, fordert zum Rücktritt auf, stellt Misstrauensantrag

wählen direkt

EU-Bürger

Gesetzesinitiativen per Bürgerbegehren

Globus-Grafik 5915; Quelle: Europäische Union, Bundeszentrale f. politische Bildung, Stand Sept. 2013

Beispiele

Verordnung

Verpflichtende Angaben auf verpackten Lebensmitteln sollen die Kaufentscheidung erleichtern und dienen dem Schutz der Verbraucher. Diese sollen erkennen, woraus [5] die Lebensmittel bestehen und welche Eigenschaften sie haben. Mit der Lebensmittel-Informationsverordnung der EU, die seit dem 13.12.2014 EU-weit gilt, werden die Vorschriften des europäischen Lebensmittelkennzeichnungsrechts nochmals verbessert.

M 14   Arten von gemeinschaftlichen Rechtsakten

- **Verordnungen** sind ab dem Zeitpunkt ihrer Verabschiedung auf Gemeinschaftsebene für jedermann verbindlich; sie gelten un- [5] mittelbar in jedem Mitgliedstaat und müssen nicht erst in nationales Recht umgesetzt werden.

- **Richtlinien** legen Ziele fest, wobei es Aufgabe der Mitgliedstaaten ist, diese auf nationaler Ebene an- [10] zuwenden; sie geben den Mitgliedstaaten Ergebnisse verbindlich vor, stellen ihnen jedoch frei, wie sie diese erreichen.

- **Beschlüsse** beziehen sich auf [15] ganz bestimmte Themen; sie sind in allen ihren Teilen für diejenigen verbindlich, an die sie gerichtet sind. Eine Entscheidung kann an alle Mitgliedstaaten, einen Mit- [20] gliedstaat, ein Unternehmen oder eine Einzelperson gerichtet sein.

- **Empfehlungen** und **Stellungnahmen** sind nicht rechtsverbindlich; sie geben lediglich den [25] Standpunkt der Organe zu einer bestimmten Frage wieder.

© Europäische Union 1995 – 2015, http://ec. europa.eu, 6.2.2013

M 15 Die Organe der EU im Überblick

EU-Organe	Aufgaben	Zusammensetzung	Legitimation
Europäischer Rat	fällt Grundsatzentscheidungen	28 Staats- und Regierungschefs	gewählt durch die Bürger oder die nationalen Parlamente
Europäisches Parlament	beschließt „Gesetze", zusammen mit dem Ministerrat	750 Abgeordnete + der Präsident des EPs	durch die EU-Bürger
Rat der Europäischen Union (Ministerrat)	beschließt „Gesetze", zusammen mit dem EP	28 Fachminister – wechselnd nach Ressort	Ernennung durch die Staats- und Regierungschefs
EU-Kommission	• Überwachung der EU-Verträge • Motor der EU-Integration • Initiativrecht für „EU-Gesetze"	28 Kommissare, inkl.: • EU-Kommissionspräsident • Hohe Vertreterin für Außen- und Sicherheitspolitik der EU	Europäischer Rat schlägt EU-Kommissionspräsident vor, der vom EU-Parlament per Wahl bestätigt werden muss. Die anschließend vom Kommissionspräsidenten nominierten Kommissare können vom Parlament entweder als Ganzes bestätigt oder abgewählt werden.
Gerichtshof der Europäischen Union	Wahrung des EU-Rechts bei der Auslegung und Anwendung der Verträge der Europäischen Union	• EuGH: je Mitgliedsland eine Richterin/ein Richter; 11 Generalanwälte • EuG: je Mitgliedsland eine Richterin/ein Richter • Fachgericht: 7 Richter/innen	EuGH, EuG und Fachgerichte: Ernennung seitens der Regierungen der Mitgliedsländer (Europäischer Rat)

Richtlinie

Am 13.6.2014 trat die neue EU-Verbraucherrechtlinie in Deutschland in Kraft. Aufgrund der Harmonisierung des Online-Handels in allen EU-Mitgliedstaaten kommt es durch die neue EU-Richtlinie zu einem positiven Einfluss auf den grenzüberschreitenden Handel: Das Verbraucherschutzniveau wird verbessert, die Rechtsvorschriften in den EU-Mitgliedstaaten werden angeglichen, Hindernisse auf dem EU-Binnenmarkt werden beseitigt und die Kosten beim grenzüberschreitenden Handel werden verringert.

Beschluss

Die EU-Außenminister beschlossen am 17.3.2014 ein Einreiseverbot gegen russische Politiker, welche die Stabilität und Sicherheit der Ukraine gefährden oder untergraben.

Empfehlung

Die EU empfahl der deutschen Regierung im Jahr 2014 eine verbesserte Lohnentwicklung in Deutschland ins Auge zu fassen, da die Produktivität in Deutschland deutlich schneller steigt als die Löhne.

Aufgaben

1. Erläutere, warum die EU eine neue Tabakrichtlinie beschlossen hat (M 12).
2. Arbeite die unterschiedlichen Interessen der von der Gesetzgebung Betroffenen heraus (M 12).
3. Erläutere verschiedene Ansätze zur Lösung des Interessenkonflikts sowie deren Vor- und Nachteile (M 12).
4. Nimm Stellung zur Entscheidung der EU (M 12). Beachte dabei die Beurteilungskriterien: Rechtslage, Durchsetzbarkeit, Effizienz (Kosten/Nutzen), Effektivität (Grad der Zielerreichung), Freiheit, Sicherheit.
5. Analysiere das Zustandekommen der Tabakrichtlinie mithilfe des Politikzyklus (vgl. S. 116).

zu Aufgabe 1
Analyse der Problemstellung: Was ist?

zu Aufgabe 2 und 3
Auseinandersetzung: Was ist möglich?

zu Aufgabe 4
Urteil: Was soll sein?

Wahlen zum Europäischen Parlament – vom Bürger missachtet?

M 16 Europawahl

Erklärfilm „Europawahl"

Mediencode: 71035-17

Karikatur: Freimut Wössner

M 17 Europa hat (nicht) gewählt

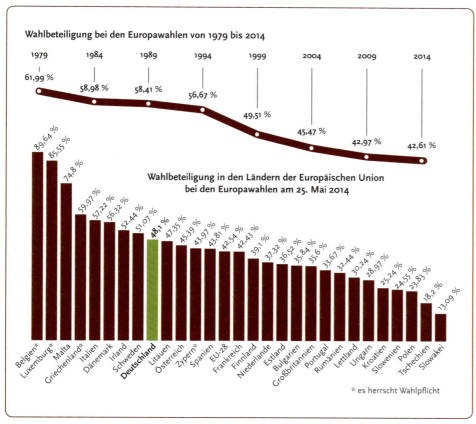

Quelle: © Statista GmbH, Statista-Dossier Europawahl 2014, S. 18 f.

M 18 2014 „This time it's different"

Europe Direct: Die Wahlbeteiligung an den Europawahlen ist in den letzten Jahren kontinuierlich zurückgegangen. Jetzt kommt der Weckruf der neuen Europawahlkampagne: „This time it's different". Was genau ist dieses Mal anders?

F. Piplat: Das Europäische Parlament hat in den vergangenen Jahren kontinuierlich an gesetzgeberischem Einfluss gewonnen. In fast allen wichtigen europapolitischen Bereichen ist es jetzt Mitgesetzgeber, gemeinsam mit dem Rat (Vertretung der Mitgliedstaaten). Wie im Vertrag von Lissabon festgelegt, wird das Europäische Parlament erstmals den Präsidenten oder die Präsidentin der Europäischen Kommission wählen. Damit haben die Wählerinnen und Wähler jetzt mit ihrer Stimme die Möglichkeit, Einfluss auf diese wichtige Personalentscheidung zu nehmen.

Europe Direct: Die Europäische Union erfreut sich aktuell nicht gerade großer Beliebtheit, wenn man den Umfragen glauben darf. Wie möchte das EU-Parlament die Menschen für die Wahl 2014 und Europa begeistern?

F. Piplat: Die Zustimmung der Menschen in Deutschland zur Europäischen Union ist immer noch sehr hoch. Umfragen haben ergeben, dass die Bürgerinnen und Bürger überzeugt sind, eine wichtige Stimme in Europa zu haben. In der Informationskampagne des Europäischen Parlaments soll deutlich gemacht werden, dass die EU weiter Garant für die längste Friedensperiode in Europa war und ist. Viele wichtige Themen können in Europa nur gemeinsam gestaltet werden, wie z. B. Wettbewerbsfähigkeit in einer globalisierten Welt, der Umweltschutz, die Bewältigung der Schuldenkrise oder die Bekämpfung der Jugendarbeitslosigkeit in vielen Regionen der EU.

Europe Direct: Was macht das Europäische Parlament aus? Unterscheidet es sich von den nationalen Parlamenten, wie dem Bundestag?

F. Piplat: Die Besonderheit des Europäischen Parlaments ist, dass hier Europaabgeordnete aus 28 Staaten zusammenkommen, um gemeinsam europäische Politik zu gestalten. Ein so zusammengesetztes Parlament ist weltweit einmalig. Anders als im Deutschen Bundestag wählt das Europäische Parlament keine Regierung, sondern muss immer wieder neue Mehrheiten über die Fraktionen hinaus bei den jeweiligen Gesetzgebungen finden. Einen besonderen Charakter geben dem Europäischen Parlament die 24 offiziellen Sprachen, die in seinen Sitzungen gesprochen und gedolmetscht werden können.

Frank Piplat ist Leiter des Informationsbüro des Europäischen Parlaments in Deutschland.

Interview nach: Newsletter des Europe Direct Relais Rhein-Main, Ausgabe 06/13, S. 3 f.

M 19   Warum ist die Wahlbeteiligung so gering?

Die Beteiligung an der Wahl zum Europäischen Parlament ist seit jeher geringer als bei Bundestagswahlen. Während der Einfluss Brüssels auf nationale Entscheidungen weiter steigt, befindet sich die Wahlbeteiligung weiterhin im Sinkflug. Auch hierzulande. [...] Den Mainzer Parteienforscher Jürgen Falter wundert das nicht: Schließlich fehle es an allem, was das Interesse der Wähler und damit die Wahlbeteiligung in die Höhe treiben könnte. Das Wissen über die europapolitische Arbeit sei zu abstrakt. „Wir haben keine europäische Öffentlichkeit, wir haben keine europäischen Parteien. Was in Brüssel und Straßburg diskutiert wird, findet selten Niederschlag in den Medien", erklärt Falter. Auch gebe es kaum unterschiedliche europapolitische Konzepte zwischen den großen Parteien. Eine Debatte, wie sie in den einzelnen Mitgliedstaaten auf nationaler Ebene geführt wird, findet also gar nicht statt. [...] Das Europäische Parlament spiele in der Wahrnehmung der Menschen kaum eine Rolle.

Maria Menzel, www.welt.de, 7.5.2014

M 20 Europawahlen in Deutschland – Wissenswertes zur Wahl

Die Kandidaten für die Europawahl werden von Parteien oder sonstigen politischen Vereinigungen aufgestellt und auf einer bundesweiten Liste (Bundesliste) bzw. auf den Listen einzelner Länder (Landeslisten) platziert. Gewählt werden kann in Deutschland jeder Deutsche und EU-Bürger, der hier auch das Recht zur Wahl hat. Ein Kandidat für Deutschland muss seinen Wohnsitz in Deutschland haben. In der Praxis heißt dies, dass z. B. ein in Tschechien lebender Deutsche in Tschechien als Kandidat antreten kann. Erhält er genügend Stimmen, wäre er einer der 21 tschechischen Abgeordneten des Europäischen Parlaments.

Wer in Deutschland das Recht hat, bei den Europawahlen zu wählen, der hat auch das sogenannte passive Wahlrecht und kann sich damit auch um einen Straßburger Abgeordnetensitz bewerben. Wählbar ist, wer am Tag der Wahl die deutsche Staatsangehörigkeit, oder die Staatsangehörigkeit eines anderen Mitgliedslands der EU, hat und 18 Jahre alt ist. Das Wahlsystem in Deutschland ist eine Verhältniswahl ohne Sperrklausel.

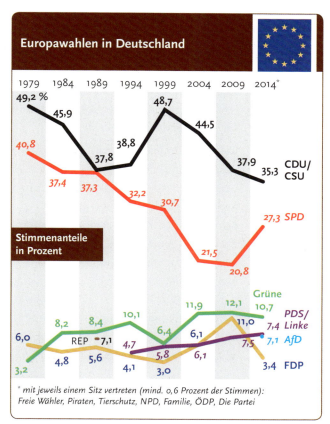

Globus-Grafik 6506; Quelle: Bundeswahlleiter

Aufgaben

1. Arbeite aus M 16 und M 17 in arbeitsteiliger Gruppenarbeit heraus:
   a) Wie sieht der Karikaturist die Einstellung der Bürger zur bzw. das Wissen der Bürger über die Europawahl?
   b) Wie entwickelt sich die Wahlbeteiligung seit 1979?
   c) Welche Zusammenhänge bestehen zwischen Aussage der Karikatur und der Statistik.
2. Erläutere die Zuversicht Piplats hinsichtlich der Wahlen zum EU-Parlament 2014 (M 17) und vergleiche diese anschließend mit der endgültigen Wahlbeteiligung.
3. Entwickelt in Gruppenarbeit Konzepte, die zur Stärkung des EU-Parlaments durch die Bürgerinnen und Bürger führen können.

Recherchiere nach dem Verlauf und den Ergebnissen der Europawahl 2014. Inwieweit hatte vor allem das Wahlergebnis Einfluss auf die Wahl des EU-Kommissionspräsidenten?

Was wir wissen

Jugendliche in Europa
M 2

In vielen Bereichen haben sich die Lebensrealitäten der Jugendlichen in Europa angeglichen. Dazu tragen auch vielfältige Möglichkeiten Ausbildung und Studium im europäischen Ausland zu absolvieren und die Anerkennung von Abschlüssen in der EU bei. Von einer einheitlichen europäischen Jugendkultur kann man jedoch noch nicht sprechen, weil sich die wirtschaftlichen und kulturellen Lebensverhältnisse von Jugendlichen in den europäischen Ländern zum Teil noch erheblich unterscheiden.

Friedensprojekt Europa
M 4, M 8 – M 10

Das friedliche Zusammenleben der Nationen auf dem europäischen Kontinent ist vor allem für die jüngere Generation, die ohne Krieg aufwuchs, eine Selbstverständlichkeit geworden. Tatsächlich ist die europäische Geschichte jahrhundertelang durch Kriege geprägt. Erst nach den schrecklichen Erfahrungen des Zweiten Weltkriegs reifte die Idee eines vereinten und friedlichen Europas. Durch die gemeinsame Kontrolle kriegswichtiger Industrien (Montanunion) war der Grundstein für eine dauerhafte friedliche Kooperation zwischen den europäischen Staaten gelegt. Die Friedenssehnsucht der Menschen, die Einbindung Deutschlands in ein supranationales Bündnis, die wirtschaftliche und politische Behauptung europäischer Großmächte gegenüber den Supermächten USA und UdSSR waren die wichtigsten Motive und Antriebskräfte für die europäische Integration nach 1945.

Entwicklung der EU
M 5

Charakteristisch für die Entwicklung des europäischen Hauses ist seit der Unterzeichnung der Römischen Verträge im Jahr 1957 ein Wechselspiel von Vertiefung und Erweiterung. Immer mehr Politikbereiche wurden in die Zuständigkeit der Europäischen Union übertragen und immer mehr Staaten wurden in die EU aufgenommen. Das Anwachsen der EU von ursprünglich sechs Gründerstaaten (Belgien, Deutschland, Frankreich, Italien, Luxemburg und Niederlande) zu heute 28 Mitgliedstaaten zeigt die große Attraktivität der Europäischen Union. Um auch mit einer größeren Mitgliederzahl handlungsfähig zu bleiben, war es notwendig, dass die EU sich einer institutionellen Reform unterzieht. Da institutionelle Fragen jedoch Machtfragen sind, ist es weder durch den Vertrag von Amsterdam (1999 in Kraft getreten), noch durch den Vertrag von Nizza (seit 2003 gültig) gelungen, das Institutionengefüge der EU zu modernisieren. Ein weiterer Versuch, eine Verfassung für die EU zu schaffen, der Verfassungsvertrag, scheiterte im Jahr 2005 an negativen Referenden in den Niederlanden und in Frankreich. Der Lissabonner Vertrag ist nun der bisher umfassendste vierte Versuch, diese Aufgabe zu bewältigen. Er trat 2009 in Kraft.

Gemeinsame Werte
M 7

Das Fundament der europäischen Einigung sind die gemeinsamen Werte: Wahrung der Menschenrechte, Frieden, Freiheit, Rechtsstaatlichkeit und Demokratie. Die europäische Integration bescherte Europa die längste Friedensepoche in ihrer bisherigen Geschichte.

Was wir wissen

Die EU ist eine Gemeinschaft, in der die nationalen Interessen ihrer Mitgliedstaaten bei der Gestzgebung miteinander vereint werden müssen. Da alle Mitgliedstaaten Souveränitätsrechte an die Gemeinschaft abtreten, entscheiden ihre gewählten Regierungsvertreter mit. Aus diesem Grund ist das Europäische Parlament im Gegensatz zu den nationalen Parlamenten nicht der alleinige Rechtsetzer und Souverän im Institutionengefüge der Europäischen Union. Bei der Gesetzgebung sind sowohl die Kommission als auch der Rat der Europäischen Union als Vertretung der nationalen Regierungen beteiligt. Mit dem Vertrag von Lissabon ist das Europäische Parlament neben dem EU-Ministerrat gleichberechtigter Gesetzgeber in der Union geworden. Beide müssen einem Gesetzesentwurf zustimmen. Grundsätzlich hat nur die Europäische Kommission das Recht, Gesetzentwürfe vorzulegen. Allerdings können das EU-Parlament, der Ministerrat und der Europäische Rat die Kommission auffordern, tätig zu werden. Auch können eine Million Bürgerinnen und Bürger der EU in einem Volksbegehren die Kommission auffordern, sich eines Themas anzunehmen. Ein Gesetzesvorschlag der Kommission wird in einem mehrstufigen Verfahren von Ministerrat und EU-Parlament beraten. Sofern es im regulären Verfahren nicht zu einer Einigung zwischen Ministerrat und EU-Parlament kommt, tritt ein Vermittlungsausschuss in Aktion. Er setzt sich aus einer gleich großen Zahl von Mitgliedern aus EU-Parlament und Ministerrat zusammen und muss binnen sechs Wochen eine Einigung herbeiführen. Wenn dies nicht gelingt, ist der geplante Rechtsakt gescheitert. Die nationalen Parlamente müssen zeitgleich mit dem EU-Parlament von der EU-Kommission über Gesetzesinitiativen unterrichtet werden. Sie können unter Berufung auf das Subsidiaritätsprinzip gegen die Gesetzesinitiative Stellung nehmen. Interessengruppen (Lobbyisten) versuchen auf allen Ebenen des Verfahrens ihre Interessen im Gesetzgebungsverfahren, wie das Beispiel der Tabakrichtlinie verdeutlicht, durchzusetzen.

Verordnungen sind ab dem Zeitpunkt ihrer Verabschiedung auf Gemeinschaftsebene für jedermann verbindlich; sie gelten unmittelbar in jedem Mitgliedstaat und müssen nicht erst in nationales Recht umgesetzt werden.
Richtlinien legen Ziele fest, wobei es Aufgabe der Mitgliedstaaten ist, diese auf nationaler Ebene anzuwenden; sie geben den Mitgliedstaaten Ergebnisse verbindlich vor, stellen ihnen jedoch frei, wie sie diese erreichen.
Beschlüsse beziehen sich auf ganz bestimmte Themen; sie sind in allen ihren Teilen für diejenigen verbindlich, an die sie gerichtet sind.
Empfehlungen und *Stellungnahmen* sind nicht rechtsverbindlich; sie geben lediglich den Standpunkt der EU zu einem bestimmten Sachverhalt wieder.

Das EU-Parlament wird von den Bürgern der EU seit 1979 alle fünf Jahre direkt gewählt, um ihre Interessen zu vertreten. Jeder EU-Bürger besitzt (ab einem bestimmten Alter) das aktive und passive Wahlrecht. Das Parlament vertritt somit den demokratischen Willen der Bürger der Union und macht ihre Interessen gegenüber den anderen EU-Organen geltend. Dem Parlament gehören 750 Abge-

---

Gesetzgebungsverfahren in der EU
M 12 – M 15

Arten von Rechtsakten
M 14

Das EU-Parlament
M 13 – M 15

Was wir wissen

ordnete und der nicht stimmberechtigte Präsident aus allen 28 Mitgliedstaaten an. Die kleinsten Mitgliedstaaten wie Malta und Luxemburg entsenden sechs Abgeordnete nach Brüssel und Straßburg. Deutschland hat als bevölkerungsreichster Mitgliedstaat 96 Abgeordnete. Das Parlament hat drei wesentliche Aufgaben: Es teilt sich die gesetzgebende Gewalt mit dem Ministerrat in vielen Politikbereichen. Durch die direkte Wahl des Parlaments wird die demokratische Legitimierung des EU-Rechts gewährleistet. Es übt eine demokratische Kontrolle über alle Organe der EU und insbesondere über die Kommission aus. Es stimmt der Benennung der Kommissionsmitglieder zu oder lehnt sie ab und kann einen Misstrauensantrag gegen die gesamte Kommission einbringen. Es teilt sich die Haushaltsbefugnis mit dem Rat und kann daher Einfluss auf die Ausgaben der EU ausüben. In letzter Instanz nimmt es den Gesamthaushalt an oder lehnt ihn ab. Seit der Europawahl im Mai 2014 wählt das EU-Parlament den Präsidenten der EU-Kommission. Der Europäische Rat schlägt zwar nach wie vor dem Parlament einen Kandidaten vor, allerdings muss er das Wahlergebnis der Europawahl berücksichtigen. Damit haben alle Wähler seit der Europawahl 2014 einen indirekten Einfluss auf die Wahl des Präsidenten der EU-Kommission.

Der Ministerrat
M 13 – M 15

Der Ministerrat ist das wichtigste Entscheidungsgremium der EU. Er vertritt die Mitgliedstaaten, und an seinen Tagungen nehmen die Fachminister aus den nationalen Regierungen der EU-Staaten teil. Die Zusammensetzung der Ratstagungen hängt vom zu behandelnden Sachgebiet ab. Stehen z. B. Angelegenheiten der Gemeinsamen Außen- und Sicherheitspolitik auf der Tagesordnung, kommen die Außenminister der einzelnen Länder im Rat für Auswärtige Angelegenheiten zusammen. Alle im Rat vertretenen Minister sind befugt, für ihre Regierungen verbindlich zu handeln. Außerdem sind die im Rat tagenden Minister ihrem nationalen Parlament sowie den von ihm vertretenen Bürgern gegenüber politisch verantwortlich. Dies gewährleistet die demokratische Legitimierung der Ratsbeschlüsse. Der Vertrag von Lissabon zielt darauf ab, dass der Rat zunehmend mit qualifizierter Mehrheit entscheidet. Für die Praxis bedeutet dies, dass die Beschlussfassung mit qualifizierter Mehrheit auf zahlreiche Bereiche ausgeweitet wurde. Der Vertrag von Lissabon sieht weiterhin vor: Seit 2014 wird die qualifizierte Mehrheit nach der doppelten Mehrheit von Mitgliedstaaten und Bevölkerung berechnet, sofern kein Mitgliedsland widerspricht. Eine doppelte Mehrheit ist erreicht, wenn 55 Prozent der Mitgliedstaaten, die gemeinsam mind. 65 Prozent der europäischen Bevölkerung auf sich vereinen, zustimmen. Jedes Land verfügt über eine Stimme. 2017 wird das Verfahren der doppelten Mehrheit endgültig eingeführt.

Die EU-Kommission
M 13 – M 15

Die Kommission ist von den nationalen Regierungen unabhängig. Sie vertritt und wahrt die Interessen der gesamten EU. Die Kommission erarbeitet Vorschläge für neue europäische Rechtsvorschriften, die sie dem Parlament und dem Rat vorlegt. Sie ist auch die Exekutive der EU, d. h. sie ist für die Umset-

Was wir wissen

zung der Beschlüsse des Parlaments und des Rates verantwortlich. Dies bedeutet, dass sie das Tagesgeschäft der EU führt: Umsetzung der politischen Maßnahmen, Durchführung der Programme und Verwaltung der Mittel. Die Kommission besteht aus 28 Kommissaren. Jeder EU-Mitgliedstaat stellt ein Kommissionsmitglied. Die Neubesetzung der Kommission erfolgt alle fünf Jahre innerhalb von sechs Monaten nach der Wahl zum EU-Parlament. Die Kommission ist dem Parlament gegenüber politisch rechenschaftspflichtig. Es kann der Kommission als Ganzes das Misstrauen aussprechen und sie so zum Rücktritt zwingen. Die EU-Kommission hat im Wesentlichen vier Aufgaben: Sie macht dem Parlament und dem Rat Vorschläge für neue Rechtsvorschriften. Sie setzt die EU-Politik um und verwaltet den Haushalt. Sie sorgt (gemeinsam mit dem EuGH) für die Einhaltung des europäischen Rechts. Sie vertritt die EU auf internationaler Ebene, z. B. durch Aushandeln von Übereinkommen zwischen der EU und anderen Ländern.

Der EuGH ist das höchste europäische Gericht im Gerichtssystem der EU und hat u. a. die Aufgabe, auf Antrag zu prüfen, ob die Rechtsakte der EU rechtmäßig sind (Nichtigkeitsklagen) und die Mitgliedstaaten ihren Verpflichtungen aus den Verträgen nachkommen (Vertragsverletzungsverfahren). Jedes EU-Mitgliedsland entsendet einen Richter auf sechs Jahre mit der Möglichkeit der Verlängerung der Amtszeit. Der Präsident des EuGH wird von den EuGH-Richtern ebenfalls auf sechs Jahre gewählt. Der EuGH-Präsident kann uneingeschränkt wiedergewählt werden.

Der Europäische Gerichtshof
M 13 – M 15

Im EU-Rat treffen sich die Staats- und Regierungschefs der EU-Mitgliedstaaten, der Präsident des EU-Rates und der Präsident der EU-Kommission. Der EU-Rat ist die höchste Repräsentanz der EU. Bei den Gipfeltreffen werden die Leitlinien der EU-Politik festgelegt und Fragen, die auf unterer Ebene (d. h. von den Ministern bei einer normalen Ministerratstagung) nicht geregelt werden konnten, gelöst. Der EU-Rat darf nicht mit dem Ministerrat (Rat der EU) verwechselt werden.

Der Europäische Rat
M 13 – M 15

Am 25.5.2014 erfolgte die letzte Wahl zum EU-Parlament, bei der in Deutschland 96 Abgeordnete zu wählen waren. Der Ausgang der Wahl hat seit 2014 immer auch Einfluss auf die Besetzung des zukünftigen Kommissionspräsidenten, weil der EU-Rat nach dem Lissaboner Vertrag sich bei seinem Vorschlag am Ausgang der Wahlen orientieren soll. Allein dies zeigt, dass die Kompetenzen des EU-Parlaments seit der ersten Direktwahl 1979 stetig erweitert worden sind. Inzwischen stellen die Parteien auch Spitzenkandidaten zur Wahl auf, was den Stellenwert der Parlamentswahlen zusätzlich verdeutlicht. Nichtsdestoweniger zeigt die relativ niedrige Wahlbeteiligung, dass europäische Politik die Bürger noch nicht gut erreicht. Nach wie vor hat das EU-Parlament weniger Befugnisse als z. B. der Deutsche Bundestag. Auch der i. d. R. mangelnde direkte Kontakt der EU-Abgeordneten zum Wähler ist dafür mit verantwortlich.

Wahlen zum EU-Parlament
M 16 – M 20

Was wir können

Kontrovers diskutiert: Sollen in Deutschland standardisierte Zigarettenpackungen mit warnenden Bildern (sog. Plain Packaging) eingeführt werden?

Kriterium Effizienz
Argumente, die dem Kriterium „Effizienz" zugeordnet werden können, sind z. B. die Frage,
- ob die abschreckenden Bilder einen wirksamen Beitrag zum Gesundheitsschutz leisten können;
- ob es gleichwertige Maßnahmen zum Gesundheitsschutz geben könnte, die Produzenten und Konsumenten weniger bevormunden, wie z. B. Aufklärung in der Schule u. Ä.;
- ob die Umsetzung der Tabakrichtlinie in nationales Recht gelingen kann angesichts der Gestaltungsmöglichkeiten des Bundestages bei der Umsetzung einer EU-Richtlinie und dem Eigentumsschutz des Grundgesetzes, auf den die Zigarettenindustrie sich zum Schutz ihrer Marken bezieht.

Das höchste Gericht des Landes hat in Australien den Weg für einheitliche Zigarettenpackungen mit großflächigen Bildern von durch Tabakrauch geschädigten Organen freigemacht. Weltweit wird nun auch in anderen Ländern darüber diskutiert, ob eine solche Maßnahme Tabakkonsum und -missbrauch eindämmen kann. Sollen auch in Deutschland standardisierte Zigarettenpackungen mit warnenden Bildern eingeführt werden?
In „Pro und Kontra" erläutern die Leiterin der Stabsstelle Krebsprävention des Deutschen Krebsforschungszentrums, Martina Pötschke-Langer, und der Deutsche Zigarettenverband (DZV), ihre jeweilige Position.

Pro: Bildliche Warnhinweise wirken
Standardisierte Tabakproduktverpackungen mit großen Warnhinweisen aus Text und Bild können vor allem dazu beitragen, dass weniger Jugendliche mit dem Rauchen anfangen und dass Raucher zu einem Rauchstopp motiviert werden. Denn: Sie vermindern die Attraktivität der Produkte, die nicht länger vielfarbig und glamourös verpackt werden dürfen. Zudem kann keine Irreführung der Käufer durch suggestive Farbgebung erfolgen und der Eindruck vermittelt werden, ein Produkt sei weniger gesundheitsschädlich. Auch gegen den Zigarettenschmuggel eignen sich die Standardverpackungen: Sie erhöhen die Erkennbarkeit von zukünftig geplanten Sicherheitsmerkmalen, sodass Fälschungen schneller identifiziert werden können. Bildliche Warnhinweise wirken, denn ein Bild sagt mehr als tausend Worte: Vergleichende Untersuchungen zeigen, dass bildliche Warnhinweise häufiger dazu führen, dass sich Raucher mit den Warnhinweisen auseinandersetzen und sich damit die Wahrscheinlichkeit eines Rauchstopps erhöht. Auch sehen Jugendliche die bildlichen Warnhinweise als effektivere Informationsvermittlung an, und erfolgreiche Ex-Raucher gaben an, dass die Bilder eine hilfreiche Rückfallprophylaxe darstellen. Es besteht eine hohe Akzeptanz für bildliche Warnhinweise in Deutschland. Mehr als 70 Prozent der deutschen Bevölkerung spricht sich für Bilder aus. Befürchtungen, die abschreckenden Bilder könnten an deutschen Supermarktkassen zu Ekelreaktionen der Kunden führen, sind leicht zu entkräften: Zigarettenschachteln sollten von Supermarktkassen entfernt werden und in einem nicht einsehbaren Regal stehen. Auch rechtlich gibt es keine Hindernisse: Der Schutz der Gesundheit rechtfertigt Maßnahmen wie diese.

Plain Packaging in Australien mit Warnhinweisen für Zigarettenkonsum

Martina Pötschke-Langer, Bildliche Warnhinweise wirken, in: © fos/aerzteblatt.de, Pro und Kontra: Sollen auch in Deutschland standardisierte Zigarettenpackungen mit warnenden Bildern eingeführt werden?, www.aerzteblatt.de, 21.8.2012

Was wir können

Kontra: Überzogene Maßnahme ohne Wirkung

Die EU-Kommission hat heute ihren Vorschlag für eine überarbeitete Tabakprodukt-Richtlinie vorgestellt. Er sieht erstmalig für eine Konsumgüterbranche in der EU massive Einschränkungen bei der Gestaltung von Verpackung und Produkt vor. Die EU Kommission erreicht damit eine spürbare Verringerung der Angebotsvielfalt und damit der Auswahl für den Verbraucher. Der Richtlinienentwurf stellt darüber hinaus einen Freibrief für die EU-Behörde zur weiteren Verschärfung ohne demokratische Kontrolle aus. Das Europäische Parlament und die Mitgliedstaaten werden ausgeschlossen. [...]

Die geplanten Maßnahmen der EU sind maßlos, überzogen und ihre beabsichtigte Wirkung zudem höchst zweifelhaft. De Facto wird die Industrie über Nacht enteignet, indem über Jahrzehnte aufgebaute Marken zerstört werden. So verletzt die Richtlinie verfassungsrechtlich geschützte Rechte der Zigarettenhersteller. Auf die negativen gesamtwirtschaftlichen Folgen – Verlust von Arbeitsplätzen, Steuerausfälle und Schmuggel – wird keine Rücksicht genommen.

In der Konsequenz schränkt der vorliegende Entwurf der Kommission die freie Marktwirtschaft ein. Und das Vorhaben hat Methode. Verbraucher und Industrie müssen sich so auf eine weitere Ausweitung der Bevormundung auf andere Konsumgüter wie Alkohol, Süßwaren, Softdrinks, Fast Food einstellen – ein Alarmsignal. [...]

Eine Vergrößerung der Warnhinweise trägt nicht zu einer besseren Informationsvermittlung der gesundheitlichen Risiken des Tabakkonsums bei. Ebenso wenig existiert ein überzeugend belegter Wirkungszusammenhang zwischen Verpackungsdesign und der Entscheidung das Rauchen zu beginnen oder aufzugeben.

Deutscher Zigarettenverband (DZV), www.presseportal.de, 19.12.2012

Aufgaben

1. Analysiere die beiden Texte im Hinblick auf eine Verschärfung der EU-Tabakrichtlinie.
2. Erörtere unter Einbeziehung der beiden Texte, ob die EU-Tabakrichtlinie mithilfe von Plain Packaging in Deutschland zusätzlich verschärft werden sollte. Berücksichtige dabei die Kriterien Legitimität und Effizienz aus den Randspalten.

Kriterium Legitimität

Argumente, die dem Kriterium „Legitimität" zugeordnet werden können, betreffen z. B. die Frage,

- ob die Einführung von abschreckenden Bildern auf Zigarettenpackungen gerechtfertigt und verhältnismäßig ist, um Jugendliche und Erwachsene vom Zigarettenkonsum abzuhalten;
- ob die Einschränkung der Freiheit der Produzenten, Verpackungen aus Wettbewerbsgründen attraktiv zu gestalten, verhältnismäßig ist;
- ob die Schockbilder auf Zigarettenpackungen eine angemessene Maßnahme zum Gesundheitsschutz der Bürgerinnen und Bürger sind;
- ob ein möglicher Verlust von Arbeitsplätzen in der Zigarettenindustrie und im Handel gerechtfertigt ist.

6.2 Integration und Erweiterung im europäischen Haus

Wie groß soll das europäische Haus werden?

M 1 Der Stand der Erweiterungsdebatte

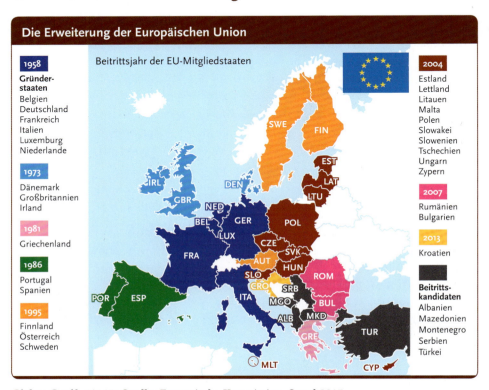

Globus-Grafik 10147; Quelle: Europäische Kommission, Stand 2015

M 2 Wer kann Mitglied werden?

Art. 49 EU-Vertrag
Jeder europäische Staat, der die in Artikel 2 genannten Werte achtet und sich für ihre Förderung einsetzt, kann beantragen, Mitglied der Union zu werden.

Der Vertrag von Lissabon legt die Grundsätze für die Aufnahme neuer Mitgliedstaaten fest. In Art. 6 Abs. 1 heißt es: „Die Union beruht auf den
5 Grundsätzen der Freiheit, der Demokratie, der Achtung der Menschenrechte und Grundfreiheiten sowie der Rechtsstaatlichkeit; diese Grundsätze sind allen Mitgliedstaaten ge-
10 meinsam." Die sog. Kopenhagener Kriterien konkretisieren diese allgemeinen Grundsätze:

- Politische Kriterien: stabile Institutionen, die die Rechtsstaatlichkeit, die Menschenrechte und die Achtung und den Schutz von Minderheiten garantieren.
- Wirtschaftliche Kriterien: eine funktionsfähige Marktwirtschaft und die Fähigkeit, dem Wettbewerb und den Marktkräften in der EU standzuhalten.
- Fähigkeit zur Erfüllung der Verpflichtungen aus der EU-Mitglied-

schaft und zur Übernahme der Ziele der politischen Union sowie der Wirtschafts- und Währungsunion.
- Übernahme des gesamten europäischen Rechtsbestands und dessen wirksame Anwendung mittels geeigneter Verwaltungs- und Justizstrukturen.

Der Beitrittsprozess besteht im Groben aus drei Schritten: Zunächst wird ein Land zu einem offiziellen Kandidaten für die EU-Mitgliedschaft ernannt, was jedoch noch nicht bedeuten muss, dass offizielle Verhandlungen aufgenommen werden. In einem einstimmigen Beschluss des Rates beschließen dann zu einem gegebenen Zeitpunkt die EU-Mitgliedstaaten gemeinsam, offizielle Beitrittsverhandlungen mit dem Kandidatenland aufzunehmen: Ihre Grundlage sind die 35 Kapitel des EU-Besitzstandes, d. h. die verbindlichen Rechte und Pflichten der EU. Das Bewerberland ist verpflichtet, den gesamten Besitzstand und seine Rechtsvorschriften zu übernehmen. Auch auf seine Anwendung und Durchsetzung muss das Land sich vorbereiten und alle notwendigen Reformen durchführen, um die Beitrittskriterien zu erfüllen. Wenn alle Verhandlungen erfolgreich abgeschlossen und alle Reformen durchgeführt sind, müssen die Kommission, der Rat und das Europäische Parlament dem Beitrittsvertrag zustimmen, der dann vom Kandidatenland und sämtlichen Mitgliedstaaten unterzeichnet und ratifiziert werden muss. Danach erfolgt der Beitritt zur EU. Die derzeitige Erweiterungspolitik der EU konzentriert sich auf die Länder des westlichen Balkans [und] die Türkei [...]. Das Europäische Parlament verfolgt alle Beitrittsgespräche sehr genau: Der Ausschuss für Auswärtige Angelegenheiten des EP hält regelmäßig Aussprachen mit den beteiligten Vertreterinnen und Vertretern der Kommission und der Regierungen sowie Expertinnen und Experten ab. Außerdem veröffentlicht das EP jährliche Entschließungen über die Fortschritte von Bewerberländern und potenziellen Kandidatenländern, die häufig den Beitrittsprozess beeinflussen.

Europa 2015, Europäisches Parlament, Informationsbüro in Deutschland (Hrsg.), 21.11.2014, S. 49 ff.

Literaturtipp
Holger-Michael Arndt, Der westliche Balkan: So nah und doch so fern – Beitrittsdebatte um die Balkanstaaten, in: D&E, Heft 66, 2013, S. 32 – 40

Aufgaben

1. „Alle europäischen Staaten sollten zukünftig Mitglied der Europäischen Union werden!" Diskutiert diese Forderung in Gruppen mithilfe der Materialien M 1 und M 2 sowie an einem konkreten Länderbeispiel eurer Wahl.
2. Stellt die Gruppenergebnisse anschließend in der Klasse vor und nehmt abschließend Stellung zu dieser Forderung.
3. Griechenland, Portugal, Spanien und auch viele der 2004 beigetretenen Staaten wurden relativ kurz nach der Beseitigung der Diktatur Mitglieder der EU. Erläutere die mögliche Rolle der Europäischen Union bei der Stabilisierung eines demokratischen Staatswesens.

zu Aufgabe 1
Analysiert vorab die politische und wirtschaftliche Situation eines möglichen Beitrittslandes und beurteilt, ob die Kopenhagener Kriterien bereits erfüllt werden.

Soll die Türkei Mitglied der EU werden?

M 3 „Sultan Erdogan"

Karikatur: Klaus Stuttmann

M 4 Wo beginnt Europa, wo endet es?

Hintergrund: Verhandlungen über einen EU-Beitritt der Türkei

Am 12. Dezember 2002 fiel auf dem EU-Gipfel in Kopenhagen die Entscheidung, mit der Türkei über eine Aufnahme in die Europäische Union zu verhandeln. [...] Die EU und die Türkei verbindet eine knapp 50-jährige Partnerschaft. Bereits 1963 wurde zwischen Ankara und der damaligen Europäischen Wirtschaftsgemeinschaft ein Assoziierungsabkommen geschlossen: Das Ankara-Abkommen stellte dem Land erstmals eine Mitgliedschaft und die Schaffung einer Zollunion in Aussicht. Doch erst 1996 wurde das Land Teil der Europäischen Zollunion. Erst 1999 erhielt die Türkei dann offiziell den Kandidatenstatus und am 12. Dezember 2002 entschied die EU auf dem Gipfel von Kopenhagen, ab 2004 Beitrittsverhandlungen aufzunehmen. Diese laufen seit 2005 und sollten sich über 10 bis 15 Jahre erstrecken, so damals der Plan.

Bundeszentrale für politische Bildung, Vor 10 Jahren: EU beschließt Beitrittsverhandlungen mit der Türkei, www.bpb.de, 12.12.2012

Als das Assoziierungsabkommen zwischen der EWG und der Türkei am 12.9.1963 abgeschlossen wurde, erhob kein Mitglied der EWG Einwände unter Bezug auf die Römischen Verträge von 1957, in denen ausdrücklich bestimmt worden war, dass nur europäische Länder Mitglied werden könnten. [...] Die Türkei wird [heute] als etwas „anderes" angesehen. Viele [...] sehen die Türkei von Europa durch geografische, kulturelle, historische und politische Grenzen getrennt.

Die Türkei ist in der Tat historisch-politisch janusköpfig. Sie blickt zum einen auf den islamisch geprägten Vorderen Orient; und zum anderen auf das über Jahrhunderte vom Christentum geprägte Europa. Auf dessen politische Werte und Institutionen bewegt sie sich nunmehr seit dem Beginn des 18. Jahrhunderts zu. [...] Europas ideelle Grenzen im Südosten sind also nicht eindeutig festzulegen; jedenfalls haben sie sich in der Geschichte vielfach verschoben. Das Osmanische Reich, das im Kernland des Byzantinischen Reiches im westlichen Kleinasien entstand, expandierte zunächst auf den Balkan, der weit eher „türkisch" wurde als das Zweistromland und Ägypten. Im 15. Jahrhundert wurde das Reich Teil eines „europäischen" machtpolitischen Kontinuums, innerhalb dessen nicht nur Handel und Wandel getrieben wurde, sondern mit dem auch Koalitionen in der innereuropäischen Rivalität der Mächte geschlossen wurden. Noch im 18. Jahrhundert war das Osmanische Reich Teil eines europäischen Konzerts der Mächte, bevor es im 19. Jahrhundert als „kranker Mann am Bosporus" zum Spielball der Machtpolitik anderer europäischer Mächte wurde. Einige [...] Politiker suchten die Lösung in der vordergründig mit objektiv Maßstäben operierenden Geografie zu finden: [...] Schon in den [1890er-Jahren konnten] führende Vertreter des Faches wie Alfred Hettner eine methodisch überprüfbare Grenze hinsichtlich Morphologie, Klima und Vegetationsgeografie nicht (mehr) erkennen. Konsequenterweise sprach Hettner dann nur noch von einem Kontinent Eurasien, dessen Westflügel Europa und dessen größerer Ostflügel eben Asien sei. [...] Letztlich können Wissenschaftler [...] keine eindeutigen Grenzziehungen für Europa vornehmen. Europas Geschichte und Gegenwart ist vielschichtig und auch daher vielfältig interpretierbar. Es bleibt schwierig, aus der Geografie, Kulturwissenschaft und Politologie eindimensionale Kriterien zu zimmern, die es vordergründig erlauben, die Türkei vom Eintritt in das europäische Haus abzuhalten oder diesen Eintritt als zwingend erforderlich zu reklamieren.

Nach: Udo Steinbach, www.bpb.de, 17.7.2006

EWG
Europäische Wirtschaftsgemeinschaft

janusköpfig
zweideutig

Zweistromland
Mesopotamien

Kontinuum
Kontinuierlichkeit

Morphologie
innerhalb der Sprachwissenschaft ein Teilgebiet der Grammatik

M 5 Was trennt die Türkei von der EU-Mitgliedschaft?

Auch 100 Jahre nachdem Soldaten des Osmanischen Reiches 1915 rund 1,5 Millionen Armenier deportiert und umgebracht haben sollen, weigert sich die Regierung der heutigen Türkei dieses Geschehen als Völkermord anzuerkennen. Damit strapaziert die Türkei regelmäßig ihre Beziehungen zur Europäischen Union (EU) und behindert die seit 2005 laufenden Verhandlungen über einen Beitritt des Landes zur Union. In dieser Zeit hat die Türkei erst 1 der insgesamt 33 sogenannten Kapitel [...] abschließen können. Über 17 Kapitel wird aktuell verhandelt und zu 15 Kapiteln sind noch gar keine Verhandlungen eröffnet worden. Doch nach den jüngsten Unstimmigkeiten zwischen der Türkei und der EU anlässlich des 100. Jahrestages des Völkermordes an den Armeniern durch das Osmanische Reich, als dessen Nachfolger sich die Türkei sieht, scheint der EU-Beitritt des Landes unwahrscheinlicher zu werden. „Es wird damit die Saat einer antieuropäischen und antiwestlichen Haltung gesät, was aus heutiger Sicht einen künftigen Beitritt sehr schwierig macht", sagte Johannes Hahn, EU-Kommissar für Nachbarschaftspolitik und Erweiterung [...]. Er bezog sich dabei auf die Reaktion der türkischen Regierung auf die Aufforderung des Europaparlaments den Völkermord des Osmanischen Reiches an den Armeniern zu seinem 100. Jahrestag am 24. April als solchen anzuerkennen. Das türkische Außenministerium hatte daraufhin dem EU-Parlament vorgeworfen, die Entwicklung der Beziehungen zwischen der Türkei und der EU behindern zu wollen und zu versuchen „die Geschichte bezüglich der Ereignisse von 1915 umzuschreiben" [...]. Bereits 1987 – noch bevor die Türkei zwölf Jahre später offiziell EU-Beitrittskandidat wurde – hatte das Europäische Parlament bereits festgelegt, dass die Anerkennung des Völkermordes eine der Bedingun-

Umfrage: Sollte die Türkei in einigen Jahren in die EU aufgenommen werden?

Partei	Anzahl der zustimmenden Befragten
CDU/CSU	22%
SPD	32%
Linke	41%
Grüne	43%

© *Statista 2014 – Anteile Zustimmung nach Parteianhängerschaft*

Kapitel
hier: einzelne Verhandlungsbereiche, wie beispielsweise „Wissenschaft und Forschung"

gen für die Aufnahme der Türkei in die EU sei. Diese Entscheidung wurde mehrfach bekräftigt – zuletzt anlässlich des 100. Jahrestages des Völkermordes dieses Jahr. Ein weiterer Streitpunkt in den Beitrittsverhandlungen ist die türkische Besatzung Nordzyperns und die dort etablierte türkische Republik Zypern, die von den Vereinten Nationen (UN) als völkerrechtswidrig angesehen wird. Bei der Unterzeichnung eines Zusatzprotokolls zum sogenannten „Ankara-Abkommen", dass die Zollunion zwischen der Türkei und der EU, um die 2004 neu aufgenommenen Länder einschließlich Zypern ausdehnt, erklärte die Türkei, dass sie Zypern weiterhin nicht anerkennt und nicht in die Zollunion aufnehme. Die EU wies diese Interpretation zurück und beschloss Ende 2006 sogar eine teilweise Aussetzung der Beitrittsverhandlungen – acht Verhandlungskapitel bleiben geschlossen und es können keine Kapitel abgeschlossen werden, bevor der Zypernkonflikt beigelegt wurde. Auch dieser Beschluss wurde seitdem mehrfach erneuert. Das Ankara-Abkommen, das 1963 zwischen der Türkei und der Europäischen Wirtschaftsgemeinschaft (EWG) geschlossen wurde, räumt der Türkei die Möglichkeit eines EU-Beitritts ein und begründet eine Zollunion zwischen der EU und der Türkei. Weitere seit längerem ungelöste Probleme in den Beitrittsverhandlungen sind der Umgang mit den Kurden und anderen Minderheiten in der Türkei, sowie der Umgang mit Korruption.

Im jährlich erscheinenden Fortschrittsbericht der EU-Kommission zu den Beitrittsverhandlungen wurden der Türkei Ende 2014 Fortschritte bei der Beilegung des Konflikts mit den Kurden attestiert und gleichzeitig Zweifel am Umgang mit Korruptionsvorwürfen geäußert. Die Erlaubnis sich in anderen Sprachen und Dialekten als Türkisch politisch zu engagieren und erzogen zu werden, wurde als wichtiger Schritt zur Aussöhnung mit den Kurden angesehen. Die EU-Kommission machte jedoch auch ihre Zweifel an der Rechtmäßigkeit der zahlreichen Entlassungen und Versetzungen von Richtern und Polizisten nach Korruptionsvorwürfen deutlich und erwähnte auch, dass es insbesondere im Bereich der Meinungs- und Pressefreiheit immer noch Defizite gebe. Um die Beitrittsverhandlungen weiter voranzubringen wurde zuletzt im November 2013 ein weiteres Verhandlungskapitel mit dem Titel „Regionalpolitik" eröffnet. Bei der Vorstellung des letzten Fortschrittsberichts im Herbst 2014 regte der damalige Erweiterungskommissar Stefan Füle, zudem die Eröffnung von zwei weiteren Kapiteln zur Justiz und Grundrechten an [...]. Trotzdem bleibt es noch ein langer Weg bis die Beitrittsverhandlungen in einen tatsächlichen EU-Beitritt der Türkei münden. [...] Die Türkei selbst hat sich dafür eine Deadline gesetzt – bis 2023 – dem 100. Jubiläum der Republikgründung – will das Land die Aufnahme in die EU geschafft haben.

Mathias Birsens, www.huffingtonpost.de, 21.5.2015

M 6 Grenzkontrollen gegen Beitritt – Die EU braucht die Türkei zur Kontrolle der Flüchtlinge*

Mit drei Milliarden Euro und weiteren Zugeständnissen an die Türkei will Europa die Flüchtlingskrise unter Kontrolle bringen. [...] Die EU erwartet von der Regierung in Ankara, dass sie die Grenzen in Richtung Europa künftig deutlich besser kontrolliert. Dadurch soll die unkontrollierte Migration von Flüchtlingen aus Ländern wie Syrien weitgehend gestoppt werden. Die Türkei ist das Haupttransitland für Flüchtlinge auf dem Weg nach Europa. [...] Im Gegenzug können türkische Staatsbürger darauf hoffen, ab Oktober 2016 ohne Visum nach Europa reisen zu dürfen; die lange Zeit quasi eingefrorenen EU-Beitrittsverhandlungen mit dem Kandidatenland sollen vorangetrieben werden. [...] Noch im Dezember soll das Verhandlungskapitel 17 über Wirtschaft und Finanzen geöffnet werden. Merkel sagte, dies sei ein „offen angelegter Beitrittsprozess". Seit Jahren tritt die CDU-Chefin dafür ein, dass die Türkei nur eine „privilegierte Partnerschaft" bekommt.

ZEIT ONLINE/dpa/afp/mfh, www.zeit.de, 29.11.2015

Privilegierte Partnerschaft
Diese wird v. a. von der CDU/CSU als Alternative zu einem Beitritt der Türkei zur EU gesehen. Eine privilegierte Partnerschaft würde weit über die zwischen der EU und der Türkei eingegangene Zollunion hinaus in Richtung einer vollständigen Freihandelszone gehen. Ferner wäre die Türkei u. a. im Bereich der Gemeinsamen Außen- und Sicherheitspolitik der EU verstärkt eingebunden.

*Zur Flüchtlingsthematik vgl. Kap. 6.4

dpa-Grafik 23009; Quelle: ERCC/EU-Kommission; Stand 30.8.2015

Aufgaben

1. Gehört die Türkei in die EU? Stimmt zunächst in der Klasse darüber ab.
2. Diejenigen, die die gleiche Position teilen, bilden eine Gruppe. Diese setzt sich mit der gegenteiligen Auffassung auseinander (M 3 – M 6). Stellt die Argumente anschließend übersichtlich auf einem Plakat dar.
3. Nimm abschließend persönlich Stellung zu einem möglichen EU-Beitritt der Türkei. Erläutere dazu dein Hauptargument für/gegen einen Beitritt.

Methode

M 7 Karikaturen interpretieren – wie groß soll das europäische Haus werden?

Eine Karikatur stellt zeichnerisch ein aktuelles Thema aus Politik, Gesellschaft oder Wirtschaft dar. Der Karikaturist interpretiert in überspitzter Weise einen Sachverhalt, sodass versteckt seine Sicht des Problems deutlich wird.

Vorgehen bei der Karika-Tour

Hängt die Karikaturen an den Wandseiten eures Klassenzimmers aus. In kleinen Gruppen betrachtet ihr nun die einzelnen Darstellungen. Nach 2 – 3 Minuten wechseln die Gruppen auf ein Signal des Lehrers im Uhrzeigersinn zur nächsten Karikatur. Diese wird unter der gleichen Fragestellung betrachtet. Wenn der Rundgang mit der Kurzbesprechung der übrigen Karikaturen abgeschlossen ist, werden die Bilder abgehängt. Der Lehrer lässt nun jede Gruppe verdeckt eine Karikatur ziehen. Mithilfe eines Frage-Leitfadens bespricht nun jede Gruppe ausführlich „ihre" Karikatur.

Leitfragen

1. Was stellt der Zeichner oder die Zeichnerin dar?
   → Aussage oder Thema der Karikatur
2. Wie und mit welchen Mitteln (Figuren, Objekte, Symbole) wird das Thema dargestellt?
   → Zeichnerische Elemente
3. Ist aus der Karikatur eine bestimmte Einstellung, Position oder Deutung des Zeichners oder der Zeichnerin erkennbar?
   → Tendenz der Karikatur
4. Wie beurteilt ihr die Aussage?
   → Eigene Position
5. Welche Fragen ergeben sich für euch aus der Karikatur?
   → Weitere Fragen
6. Einigt euch auf eine Kernaussage.
   → Kernaussage

6.2 Integration und Erweiterung im europäischen Haus

Karikatur: Gerhard Mester

Karikatur: Gerhard Mester

Karikatur: Jürgen Tomicek

Karikatur: Jürgen Janson

Aufgaben

1. Beschreibt und analysiert die Karikaturen in arbeitsteiliger Partner- oder Gruppenarbeit.
2. Führt eure Ergebnisse der Karikaturenanalyse zusammen und beurteilt, ob die EU schon eine kritische Größe erreicht hat und keine weiteren Staaten mehr aufnehmen soll.
3. Verfasst eine Rede für eure Position.

Führt die Erweiterung zur Armutseinwanderung?

M 8   Einer muss es endlich mal sagen …

Karikatur: Klaus Stuttmann

M 9   Zitate zur Armutseinwanderung

Armin Laschet, stellvertretender Vorsitzender der CDU

„Wir haben bewusst keine Sozialunion. Es ist ein europäisches Grundprinzip, dass nur derjenige Leistungen erhalte, der auch etwas eingezahlt habe. Dieses Prinzip muss man aufrechterhalten, sonst kann sich jeder das Sozialsystem aussuchen, das für ihn am günstigsten ist."

Michael Roth (SPD), Staatsminister für Europa im Auswärtigen Amt

„Wir brauchen in der EU keine Wohlstandsinseln, sondern soziale Sicherheit für alle Bürgerinnen und Bürger – unabhängig davon, wo sie in der EU leben und arbeiten."

M 10　Welche Sozialleistungen bekommen EU-Bürger?

Für einen Aufenthalt von bis zu drei Monaten braucht ein EU-Bürger nichts als ein gültiges Ausweisdokument. Will er sich allerdings länger
5 als drei Monate in einem anderen Mitgliedstaat aufhalten, muss er Arbeitnehmer oder Selbständiger sein. Übt er keine Erwerbstätigkeit aus, muss er für sich und seine Familien-
10 angehörigen über ausreichende Existenzmittel verfügen, sodass er keine Sozialhilfeleistungen in Anspruch nehmen muss. Außerdem muss die ganze Familie umfassend kranken-
15 versichert sein. Diese Regelungen basieren auf der Aufenthaltsrichtlinie aus dem Jahr 2004 und sollen den „Sozialtourismus" innerhalb der EU eindämmen.
20 Die wichtigste Sozialleistung ist bisher das Kindergeld [...]. Darauf haben EU-Bürger Anspruch, und zwar vom ersten Tage an. Das gilt sogar für Kinder, die gar nicht hier in Deutsch-
25 land, sondern noch in ihrem Heimatland leben. So erhielten im Juni 2013 insgesamt 32.579 Bulgaren und Rumänen Kindergeld [...]. 11,6 Prozent der Rumänen-Kinder lebten noch im
30 Heimatland, es geht also um etwa 3.000 Fälle. Etwas anderes gilt dagegen für die Sozialhilfe und das Arbeitslosengeld II (Hartz IV), das seit Januar maximal 391 Euro im Monat beträgt. Sowohl das Sozialgesetzbuch 35 (SGB) XII für die Sozialhilfe als auch das SGB II für das ALG II stellen klar, dass die staatliche Hilfe nicht an Ausländer gezahlt wird, die sich allein zur Arbeitssuche in Deutsch- 40 land aufhalten.
Der Ausschluss von der Sozialhilfe ist mit EU-Recht vereinbar, schließlich erlaubt es die Aufenthaltsrichtlinie den Mitgliedstaaten ausdrücklich, 45 EU-Ausländer von der Sozialhilfe auszunehmen. Dass auch kein Hartz IV gezahlt wird, gilt dagegen als hoch umstritten. Im EU-Recht gilt: Ausländer dürfen nicht schlechter ge- 50 stellt werden als die Inländer eines EU-Mitgliedstaates. Ausnahmen bedürfen eines sachlichen Grundes. Juristen streiten nun darüber, ob das ALG II unter den Begriff der Sozial- 55 hilfe fällt, die die EU-Mitgliedstaaten ausschließen dürfen, oder ob es eine „beitragsunabhängige Geldleistung" darstellt, für die keine Ausnahme gemacht werden darf. 60

Helene Bubrowski/Corinna Budras, Frankfurter
Allgemeine Zeitung, 6.1.2014

Sozialtourismus
Das „Unwort des Jahres 2013" lautet „Sozialtourismus". Das teilte die „Unwort"-Jury mit. Mit dem Schlagwort würde von einigen Politikern und Medien gezielt Stimmung gegen unerwünschte Zuwanderer, insbesondere aus Osteuropa, gemacht, begründete die Jury ihre Entscheidung. Dies diskriminiere Menschen, die aus purer Not in Deutschland eine bessere Zukunft suchen, und verschleiere ihr prinzipielles Recht hierzu.

Arbeitslosengeld II (Hartz IV)
Jährlich wird ein „ALG II-Regelsatz" berechnet. Dieser setzt sich zu 70 % aus der Preisentwicklung und zu 30 % aus der Nettolohnentwicklung zusammen. Im Jahr 2016 liegt der Höchstregelsatz bei 404 Euro.

M 11　Gute Gründe für freie Zuwanderung

Nach einem Jahrhundert des Protektionismus und Totalitarismus genießen die Europäer wieder die Vorteile des freien Handels und der Bewegungs-
5 freiheit, die vor dem Ersten Weltkrieg selbstverständlich waren. Rumänen und Bulgaren, die jahrzehntelang wirtschaftlicher Gängelung und politischer Unterdrückung ausgesetzt waren, wissen das besonders zu schätzen. [...] Die 10 Zahl der Arbeitsmigranten wird maßvoll zunehmen, und das ist, vom Standpunkt der Zielländer aus betrachtet, auch gut so, denn von der Zuwanderung qualifizierter und arbeitswilliger 15 Einwanderer profitieren Industriebe-

Protektionismus
Handelshemmnisse, mit denen ein Staat versucht, ausländische Anbieter auf dem Inlandsmarkt zu benachteiligen.

Totalitarismus
diktatorische Herrschaftsform

triebe, die in Rumänien und Bulgarien Facharbeiter anwerben, Krankenhäuser auf der Suche nach Ärzten und
20 Krankenpflegern oder Familien, die zur Betreuung pflegebedürftiger Angehöriger Hilfe benötigen.

In ein anderes Land zu ziehen, um dort zu arbeiten, ist keine leichte Entschei-
25 dung. Die Einwanderer aus Bulgarien und Rumänien müssen nicht nur das Risiko des Aufbaus einer neuen Existenz auf sich nehmen, sondern auch hohe sprachliche und kulturelle Barri-
30 eren überwinden. Zu einer Masseneinwanderung nichtqualifizierter Arbeitskräfte, die es sich in den Sozialnetzen der Zielländer bequem machen wollen, wird es schon deshalb nicht kom-
35 men.

Ein Bulgare oder Rumäne, der in einem anderen EU-Land eine Arbeit aufnimmt, nimmt ein nicht verhandelbares Grundrecht in Anspruch. Als
40 EU-Bürger stehen ihm in der Folge die gleichen „sozialen Rechte" zu, die auch heimischen Arbeitnehmern gewährt werden. [...]

Zwar wäre es denkbar, die Sozialver-

sicherung über eine EU-weite Verein- 45
barung an die Staatsbürgerschaft zu binden und sie von den Zielländern auf die Ursprungsländer zu übertragen. Aber abgesehen davon, dass einer solchen Lösung fast unüberwind- 50
liche politische und rechtliche Hürden entgegenstünden, wäre sie auch den Sozialversicherungssystemen der Zielländer nicht zuträglich, die zu ihrer Stabilisierung auf Beitragszahlungen 55
der Einwanderer angewiesen sind; die Verluste, die ihnen durch Missbrauch drohen, nehmen sich demgegenüber beinahe geringfügig aus.

Wer die Attraktivität des Sozialstaa- 60
tes für Zuwanderer aus einem EU-Land mindern möchte, hat letztlich nur die Möglichkeit, dessen Umfang zu beschneiden. Seine Gestaltung obliegt den Mitgliedstaaten, die EU ach- 65
tet lediglich darauf, dass EU-Bürger in einem EU-Mitgliedsland nicht diskriminiert werden; das schließt ein Verständnis des Sozialstaates als Volksgemeinschaft aus. 70

Nach: Karl-Peter Schwarz, Frankfurter Allgemeine Zeitung, 7.1.2014

M 12   Debatte um Armutseinwanderung: Rumänen und Bulgaren stocken häufig auf

Viele Rumänen und Bulgaren in Deutschland sind nicht arbeitslos, sondern stocken mit Hartz IV niedrige Einkommen auf. Vor allem auch viele Selbständige.
5 Hartz-IV-Empfänger aus Rumänien und Bulgarien waren bislang überdurchschnittlich häufig gar nicht arbeitslos, sondern stockten mit der staatlichen Hilfe ein zu niedriges Ge-
10 halt auf. Das gehe aus einer Sonderauswertung der Bundesagentur für Arbeit (BA) für die Linke-Abgeordnete Sabine

Zimmermann hervor. Demnach bezogen im Juni 2013 rund 27.000 Rumänen und Bulgaren Arbeitslosengeld II 15
(„Hartz IV"). Knapp 36 Prozent von ihnen waren erwerbstätig. Von allen insgesamt 4,45 Millionen erwerbsfähigen Arbeitslosengeld-II-Empfängern mussten zum selben Zeitpunkt knapp 30 20
Prozent ihren geringen Verdienst mit Hartz IV aufstocken.

FAZ.NET/svs./dpa, Frankfurter Allgemeine Zeitung, 16.1.2014

M 13 Fünf-Punkte-Aktionsplan der EU-Kommission zur Armutseinwanderung

Die EU-Kommission unterstützt die nationalen Behörden dabei, Missbrauch durch Zweckehen zu bekämpfen.

Die EU-Kommission will eine Studie über die Folgen der Freizügigkeit in sechs Großstädten erstellen und im Frühjahr 2014 europäische Bürgermeister zu einem Informationsaustausch einladen.

Bulgarien und Rumänien werden aufgefordert, die Lebensbedingungen der Roma-Bevölkerungsgruppe zu verbessern, damit die Menschen ihre Heimatländer gar nicht erst verlassen.

Die EU-Kommission will Leitlinien zur besseren Prüfung erstellen, ob ein Bürger seinen gewöhnlichen Wohnsitz tatsächlich in ein anderes EU-Land verlegt hat und somit Sozialleistungen beantragen darf.

Die EU-Kommission unterstützt die EU-Länder dabei, Gelder aus dem Europäischen Sozialfonds gezielt einzusetzen, um die Integration etwa von Roma zu stärken und Armut zu bekämpfen.

jat/AFP/DPA, www.stern.de, 8.10.2013

Aufgaben

1. Analysiere die Karikatur M 8. Wie sieht der Karikaturist die „Armutseinwanderung"?
2. Überprüft die Stellungnahmen M 9 und stellt euch anschließend in der Klasse in einer Positionslinie auf und begründet kurz eure Position.
3. In M 11 führt Karl-Peter Schwarz rechtliche Bedingungen und wirtschaftliche Auswirkungen der Migration aus dem Westbalkan an. Erläutere diese Gesichtspunkte.
4. Soll die EU auf die Aufnahme weiterer wirtschaftlich schwacher Staaten aus Südosteuropa (Westbalkanstaaten) wegen möglicher Armutseinwanderung verzichten? Beurteilt diese Frage, unterscheidet dabei Sach- und Werturteile in Partner- oder Gruppenarbeit.
5. „Wir stehen zur Freizügigkeit in der EU. Eine Zuwanderung in unsere sozialen Sicherungssysteme lehnen wir jedoch ab. Der fortgesetzte Missbrauch der europäischen Freizügigkeit durch Armutszuwanderung gefährdet nicht nur die Akzeptanz der Freizügigkeit bei den Bürgern, sondern bringt auch Kommunen an die Grenzen ihrer finanziellen Leistungsfähigkeit [...]." Beurteile diese Aussage aus einem CSU-Papier zur Armutseinwanderung aus dem Jahr 2014 daraufhin, ob Armutseinwanderung bzw. die Aufnahme Armer für oder gegen die Werte und Ziele der EU gerichtet ist.

Skizze Positionslinie

| Armutseinwanderung muss verhindert werden. | Deutschland muss seine sozialen Sicherungssysteme Bürgern aller EU-Staaten zugänglich machen. |

Was wir wissen

Die Erweiterung der EU
M 1 – M 7

Die Europäische Einigung strahlte von Beginn an eine große Anziehung auf die Staaten Europas aus, sodass ausgehend von den sechs Gründerstaaten heute schon 28 Staaten im europäischen Haus ihren Platz gefunden haben. Jeder Beitrittskandidat muss die grundlegenden Werte der EU teilen und die Kopenhagener Kriterien erfüllen. Seit über 50 Jahren hofft die Türkei auf einen Beitritt zur Europäischen Union. Im Oktober 2005 hat die EU offiziell damit begonnen, Beitrittsverhandlungen mit der Türkei zu führen. Ein Beitritt der Türkei zur EU wird allerdings kontrovers beurteilt. Die Gegner des Beitritts sehen eine Unvereinbarkeit von islamischer und christlicher Kultur, hohe Kosten für die wirtschaftliche Integration und sicherheitspolitische Risiken. Die Befürworter sehen die Chance, unterschiedliche Kulturen politisch zu integrieren, die Möglichkeit, wirtschaftliche Ungleichgewichte in Europa auszugleichen und die Ausdehnung des europäischen Friedensmodells der EU auf ein islamisch geprägtes Land.

Arbeits- und Armutsmigration in die EU
M 8 – M 13

Arbeitnehmerfreizügigkeit gehört zum Kern der Freiheiten des EU-Binnenmarkts und bildet eine Grundlage der Wirtschafts- und Währungsunion. Das EU-Freizügigkeitsgesetz umfasst vier Freiheiten, 1. die Reisefreiheit, 2. die Dienstleistungsfreiheit, 3. die Niederlassungsfreiheit und 4. die Arbeitnehmerfreizügigkeit. EU-Bürger können also innerhalb der Europäischen Union in ein anderes Land ziehen und dort Arbeit suchen. Beim Zugang zu Beschäftigung, bei Arbeitsbedingungen, Sozialleistungen und Steuervorteilen haben sie ein Recht auf Gleichbehandlung, so wie die Staatsangehörigen des Aufnahmelandes. Besonders im Fokus stehen derzeit Einwanderer aus Rumänien und Bulgarien, da ihre Zahl gestiegen ist und sie seit 2014 als Mitglieder der EU die vollen Freizügigkeitsrechte des europäischen Binnenmarktes besitzen. In der Debatte um eine mögliche Armutsmigration aus Rumänien und Bulgarien geht es vor allem um die Situation der Roma aus beiden Ländern, die in Zukunft womöglich in den Arbeitsmarkt schwer zu integrieren sein werden und damit dem Sozialstaat zur Last fallen können. Das Problem der Armutsmigration stellt sich vor allem in jenen Mitgliedstaaten deren wirtschaftliche und soziale Entwicklung sich weit unter dem Durchschnitt der EU-Staaten bewegen. Strategien gegen die Armutsmigration sind einerseits die wirtschaftlichen und sozialen Bedingungen in den schwachen Ländern durch gezielte Hilfen der EU zu verbessern, andererseits die Integration der Zuwanderer in den Kommunen durch finanzielle Unterstützung zu vertiefen.

Was wir können

Kontrovers diskutiert: Soll die Türkei in die EU?

> Die Türkei ist heute etwa so wohlhabend wie Portugal zum Zeitpunkt der EU-Aufnahme.

> Die Türkei ist wirtschaftlich zu unterentwickelt. Ihre Mitgliedschaft können wir uns nicht leisten. Mit einem Sechstel der deutschen Wirtschaftskraft ist die Türkei so arm, dass nach Berechnungen der EU-Kommission jedes Jahr zwischen 16,5 und 27,5 Milliarden Euro in die Türkei fließen müssten.

> In zehn Jahren hat die Türkei 80 Millionen Einwohner und damit mindestens so viele wie Deutschland. Oder wie derzeit die zehn EU-Staaten der Osterweiterung von 2004 zusammen. Die Türkei ist zu groß. Sie wäre mittelfristig das bevölkerungsreichste EU-Land und hätte damit auch die meisten Abgeordneten im EU-Parlament.

> Ein rascher Beitritt der Türkei würde eine Brücke zwischen dem christlich geprägten Europa und dem islamischen Nahen Osten schlagen. Eine demokratische und rechtsstaatliche Türkei wird auch als Modell für die islamische Welt eine große Anziehungskraft gewinnen.

> Die Türkei gehört nicht zu Europa. Die Türkei ist ein muslimisches Land, ihre Aufnahme würde die europäische Identität gefährden. Europa endet am Bosporus. Mit einer EU-Mitgliedschaft der Türkei wären der Iran, der Irak und Syrien unsere direkten Nachbarn.

> Wir haben der Türkei den Beitritt seit 1963 versprochen und müssen glaubwürdig bleiben.

> Ein Beitritt der Türkei würde das politische System, die Demokratie und die wirtschaftlichen Reformen in der Türkei stabilisieren.

> Mit der Türkei als Regionalmacht im Nahen und Mittleren Osten würde Europa zum „Global Player" und könnte den Vereinigten Staaten in der islamischen Welt eine eigene Sicherheitspolitik entgegensetzen.

Aufgaben
1. Ordne zunächst die Pro- und Kontra-Argumente und stelle diese einander gegenüber.
2. Nimm anschließend eine Gewichtung vor und nimm begründet Stellung dazu, ob die Türkei bereits jetzt Mitglied der EU werden sollte.

6.3 Die Wirtschafts- und Währungsunion – ein großer Integrationsfortschritt?

Was bedeutet der Binnenmarkt für uns?

M 1 Europa im Alltag

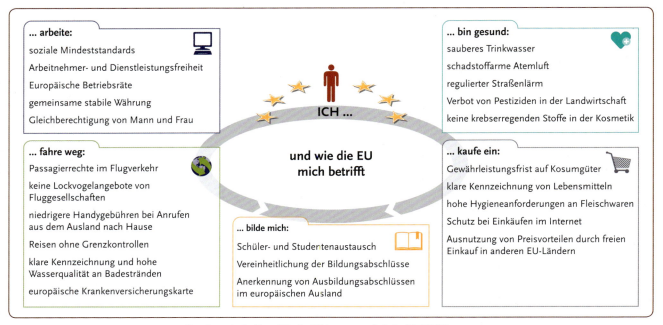

Bundeszentrale für politische Bildung, www.bpb.de, 23.9.2009

M 2 Der Europäische Binnenmarkt – ein Markt für 500 Millionen Bürger

Vier Freiheiten
Freier Personenverkehr
- keine Binnengrenzkontrollen
- Niederlassungsfreiheit (Wohnort/Arbeitsplatz) für EU-Bürger
- gegenseitige Anerkennung von Berufs- und Schulabschlüssen

Man kann sich die EU wie einen riesigen Marktplatz vorstellen. Da können sich Personen, Waren, Geld und Dienstleistungen frei bewegen. Diesen gemeinsamen Markt, den sogenannten „Binnenmarkt", gibt es seit 1993. Er hat dazu geführt, dass die EU heute der größte Wirtschaftsraum der Welt ist. Auf keinem anderen Gebiet arbeitet die Europäische Union so eng zusammen wie in der Wirtschaft. Der Binnenmarkt hat viele Vorteile. So können EU-Bürger ohne Probleme in einem anderen Mitgliedsland wohnen, studieren, arbeiten, ein Unternehmen gründen oder ihre Rente genießen. EU-Bürger und -Unternehmen dürfen ein Bankkonto im europäischen Ausland eröffnen, ein Haus kaufen, Kredite aufnehmen oder Geld investieren. Ganz wichtig für den gemeinsamen Markt ist, dass die EU-Länder untereinander keine Zölle mehr verlangen. Stell dir als Beispiel einen Schuhhersteller vor: Dieser kann jetzt seine Schuhe nicht mehr nur den rund 80 Millionen Deutschen, sondern allen

6.3 Die Wirtschafts- und Währungsunion – ein großer Integrationsfortschritt?

500 Millionen EU-Bürgern zum gleichen Preis verkaufen. Um die größere Nachfrage zu befriedigen, muss er mehr Stiefel und Sandalen produzieren. Dafür stellt die Firma neue Mitarbeiter ein – so schafft der Binnenmarkt neue Arbeitsplätze. Gleichzeitig senkt das Schuhunternehmen die Preise. Sonst schnappen ihm nämlich die vielen neuen Konkurrenten aus ganz Europa die Kunden weg. In der Wirklichkeit ist genau dies geschehen. So sind Flüge und Telefongespräche seit Einführung des Binnenmarkts erheblich billiger geworden. Spezielle Behörden überwachen den Wettbewerb, dass sich die Unternehmen nicht heimlich zusammensetzen und gemeinsam einen überhöhten Preis festlegen, zu dem dann alle Bürger die Waren kaufen müssen. Es ist auch verboten, dass ein einzelner Staat den freien Wettbewerb verfälscht, indem er etwa bestimmte Unternehmen finanziell unterstützt (subventioniert).

Europa kinderleicht, Europäische Gemeinschaften 2009, S. 42

Freier Warenverkehr
- keine Zölle und mengenmäßigen Beschränkungen
- Angleichung von Normen und Vorschriften
- freier Wettbewerb

Freier Dienstleistungsverkehr
- grenzüberschreitendes Angebot von Dienstleistungen wie Transport, Energie, Telekommunikation, Versicherungen, Handwerk etc.

Freier Kapitalverkehr
- freie Geld- und Kapitalbewegungen
- gemeinsamer Markt für Finanzdienstleistungen (Bankgeschäfte u. a.)
- Unternehmensbeteiligungen in der EU

M 3 Der Europäische Binnenmarkt – Erfolgsmodell mit Tücken?

Der Binnenmarkt der Europäischen Union ist sicherlich eine der großen Errungenschaften der europäischen Integration. [...] So einfach allerdings das Prinzip ist, so kompliziert und umstritten ist seine Umsetzung. [...] In jedem Land regelt eine Vielzahl von Gesetzen und Vorschriften den Warenverkehr, dabei handelt es sich um Sicherheitsstandards, um Umweltauflagen und um Vorschriften des Verbraucherschutzes. [...] Da ist zum Beispiel die Geschichte mit dem Apfelwein, die gut die Tücken des Binnenmarkts illustriert. Für Waren, also auch für Getränke, muss es klare Definitionen geben. Jeder Supermarktkunde weiß, wenn auf einem Obstsaft „Saft" steht, besteht er zu 100 Prozent aus Fruchtsaft, ohne den Zusatz von Wasser und Zucker. Ob der Saft aus Spanien oder aus Deutschland kommt, ist egal. In gleicher Weise hat man auch festgelegt, dass Wein aus Trauben hergestellt sein muss. Das ist der Apfelwein natürlich nicht, er ist also kein Wein. Jedem deutschen Verbraucher ist das selbstverständlich klar, aber was ist mit einem Kunden in Großbritannien, der die Flasche sieht und „...wein" liest? Deshalb wollte die Europäische Kommission im Interesse der Verbraucherinformation untersagen, den Apfelwein so zu nennen – ein Vorhaben, das nach Protesten aus Deutschland übrigens zu den Akten gelegt wurde.

Eckart D. Stratenschulte, Der Europäische Binnenmarkt – Erfolgsmodell mit sozialer Schieflage?, www.bpb.de, 12.8.2010

Aufgaben

1. Arbeitet mithilfe des Ampelspiels heraus, welche Regelungen der EU ihr für hilfreich (grün) oder überflüssig (rot) haltet, gelb steht für „weiß nicht, keine Meinung" (M 1).
2. Erkläre, was ein Binnenmarkt ist und wie er funktioniert (M 2, M 3).
3. Die EU wird bisweilen kritisiert, weil sie in ihren Regulierungen für den Binnenmarkt zu weit gehe. Erläutere am Beispiel des Apfelweins die grundlegenden Probleme des Binnenmarktes und nimm Stellung, ob du diese Regelung für notwendig oder übertrieben hältst (M 3).

Wie entwickelt sich die gemeinsame Währung?

M 4 Die Euroländer

Euroländer
Alle Mitgliedstaaten der EU – mit Ausnahme von Großbritannien und Dänemark – haben sich dazu verpflichtet, den Euro als gemeinsame Währung einzuführen und auf die Erreichung und Einhaltung der Konvergenzkriterien hinzuarbeiten. Schweden gilt als Sonderfall, da es absichtlich – und von der Europäischen Kommission geduldet – nicht am Wechselkurssystem des Europäischen Währungssystems teilnimmt und dadurch einen Eurobeitritt vermeidet.

⊕ Recherchiere, aus welchen Gründen manche EU-Mitgliedstaaten den Euro (noch) nicht als Währung eingeführt haben.

Zloty
polnische Währung

Forint
ungarische Währung

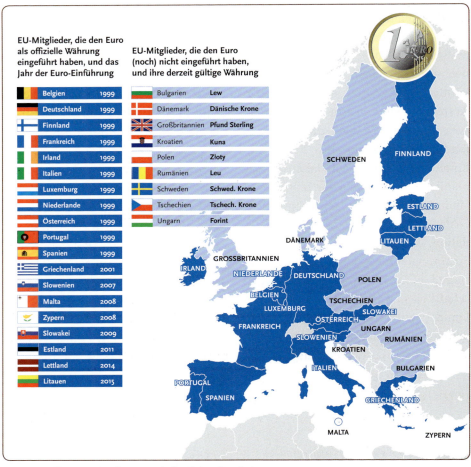

Globus-Grafik 10045; Quelle: Europäische Union; Stand 2015

M 5 Der Euro – unsere gemeinsame Währung

Wer schon mal nach Polen oder Ungarn gefahren ist, hat sich vielleicht gewundert, dass die Reisenden dort erst einmal auf die Bank mussten, um
5 ihr Geld in Zloty oder Forint umzutauschen. Schließlich sind wir es mittlerweile gewöhnt, in Urlaubsländern wie Spanien oder Frankreich mit der gemeinsamen europäischen Währung zu
10 bezahlen: dem Euro. Der Euro ist eine der wichtigsten Währungen der Welt.

Unsere Gemeinschaftswährung hat einige Vorteile. Unternehmen haben es leichter, Waren im Ausland zu kaufen oder zu verkaufen. Und wenn man in 15 Portugal im Supermarkt steht, weiß man sofort, ob das Eis am Stiel teurer ist als zu Hause oder nicht. Auch entfallen die Umtauschgebühren für andere Währungen. 20
Die Einführung der gemeinsamen Währung war für die Europäische Uni-

on ein gewaltiger Schritt, der Euro sollte zu einem Symbol der europäischen Integration werden und so ein gemeinsames europäisches Wir-Gefühl (Identität) stiften.

An der Währungsunion können nur Staaten teilnehmen, die einander in ihrer wirtschaftlichen Entwicklung ähnlich sind. Um dies zu gewährleisten, hat der Vertrag von Maastricht für die Aufnahme von Ländern in die EWWU feste Kriterien definiert, die sogenannten Konvergenzkriterien.

Konvergenz bezeichnet dabei die allmähliche Annäherung der Teilnehmerländer in wichtigen wirtschaftlichen Grunddaten (Staatsverschuldung, Inflation, Zinsen). Dies ist notwendig, da Spannungen zwischen Ländern entstehen können, wenn sie sich wirtschaftlich unterschiedlich entwickeln. Um dies zu verhindern, wurde außerdem der Stabilitäts- und Wachstumspakt (kurz: Euro-Stabilitätspakt) im Vertrag von Amsterdam 1997 verankert. Der Stabilitäts- und Wachstumspakt fordert von den Euroländern in wirtschaftlich normalen Zeiten einen annähernd ausgeglichenen Staatshaushalt, damit in wirtschaftlich ungünstigen Zeiten Spielraum besteht, durch eine Erhöhung der Staatsausgaben die Wirtschaft zu stabilisieren (Neuverschuldung maximal drei Prozent des Bruttoinlandsprodukts, Schuldenstand maximal 60 Prozent des Bruttoinlandsprodukts). Bei Verstößen gegen diese Regeln drohen dem Mitgliedsland Geldstrafen.

In der Folge der Finanzmarktkrise 2009/2010 wurde deutlich, dass einige Staaten, vor allem Griechenland, trotz der Vorgaben des Stabilitätspaktes sehr hohe Staatsschulden entstehen ließen. Dies führte zu einem starken Wertverlust des Euro gegenüber anderen Währungen und brachte die gesamte Währungsunion ins Wanken.

Währungsunion
Eine Währungsunion ist ein Zusammenschluss von Staaten mit unterschiedlichen Währungen zu einem einheitlichen Währungsraum. Im Gegensatz zu einer Währungsreform bleibt bei der Währungsunion der Wert des Geldes erhalten. Die beteiligten Währungen werden lediglich nach einem bestimmten Austauschverhältnis in die neue Währung umgerechnet.

EU-Fiskalpakt
Trat am 1.1.2013 in Kraft. In diesem neuen zwischenstaatlichen europäischen Vertrag verpflichten sich 25 EU-Staaten (ohne Großbritannien, Tschechien, Kroatien) u. a. zu mehr Haushaltsdisziplin und zur Verankerung von Schuldenbremsen in nationales Recht, um Krisen, die den Bestand der Wirtschafts- und Währungsunion gefährden, in Zukunft zu verhindern. Der Fiskalpakt stellt somit eine Verschärfung des Stabilitäts- und Wachstumspakts (Euro-Stabilitätspakt) dar.

M 6 Die Entwicklung des Eurokurses

Globus-Grafik 10759; Quelle: Europäische Zentralbank (EZB)

Erklärfilm „Inflation"

Mediencode: 71035-18

Erklärfilm „Deflation"

Mediencode: 71035-19

Yen
japanische Währung

M 7 Welche Auswirkungen haben schwankende Kurse?

Eine Währung ist, vereinfacht ausgedrückt, das Geld, welches in einem Währungsraum als Zahlungsmittel gilt. Es gibt heute über 160 Währungen auf der Welt. Wenn man von einer harten Währung spricht, meint man, dass diese Währung ihre Kaufkraft im Währungsgebiet erhält (Binnenwert der Währung), also über Jahre hinweg die Preise für die Güter nicht oder nur leicht steigen. Es herrscht dann eine geringe Inflation. Eine im Binnenwert harte Währung ist im Allgemeinen auch im Austauschverhältnis (Wechselkurs) zu anderen Währungen stark. Wechselkurse geben das Austauschverhältnis zweier Währungen an. Feste Wechselkurse werden von den Regierungen vereinbart und sollen mittelfristig Schwankungen der Kurse verhindern. Bei freien Wechselkursen bildet sich der Kurs jeden Tag neu aufgrund von Devisenangebot und Devisennachfrage auf den Devisenmärkten. Bekommt man z. B. für einen Euro 2 US-Dollar statt bisher 1,50 USD, dann ist der Euro stärker geworden, er ist aufgewertet worden. Dies führt z. B. dazu, dass Reisen in die USA für Deutsche billiger werden, die Reisen von US-Bürgern ins Euroland hingegen sich verteuern. Komplizierter sind die Auswirkungen auf den Handel. Ein starker Euro führt zu einer Verteuerung der deutschen Exporte in die USA. Warum ist das so? Der amerikanische Importeur bezahlt die deutschen Waren in USD. Der deutsche Exporteur möchte seine Gewinne aus dem Verkauf seines Exportgutes anschließend in Euro umtauschen. Bei einem starken Euro und schwachen USD bekommt er im Devisentausch weniger Euro. Das verringert seine Gewinne. Dies kann den Exporteur dazu bewegen, die Preise für seine Produkte zu erhöhen, was einen Rückgang des Absatzes zur Folge haben kann. Die positive Seite des starken Euro ist, dass die Einfuhren nach Deutschland aus dem Dollarraum sich verbilligen. Öl und Gas, für Deutschland wichtige Einfuhrgüter, werden in Dollar bezahlt. Bei einem starken Euro verringern sich die Kosten.

M 8 Abwertungswettlauf

China ist nicht das erste Land, das versucht, seine Wirtschaft durch die Abwertung der eigenen Währung anzukurbeln. Zuletzt mussten sich vor allem die Europäische Zentralbank und die Bank of Japan den Vorwurf gefallen lassen, durch ihre lockere Geldpolitik den Außenwert von Euro und Yen künstlich zu drücken, um die Wirtschaft in ihren Währungsgebieten anzukurbeln. Und in Amerika ist zumindest schon [...] darüber diskutiert worden, wie das Land auf mögliche Währungsmanipulationen der Europäer reagieren könne [...]. Problematisch ist eine Abwertungspolitik wohl vor allem, wenn das Ziel kurzfristige Exporterfolge auf Kosten anderer sind. [...] „Die Erfahrungen mit politisch herbeigeführten Abwertungen lehren, dass sie meistens zu keiner nachhaltigen Verbesserung der Wettbewerbsfähigkeit führen", sagte Bundesbankpräsident Jens Weidmann unlängst. Oft seien immer neue Abwertungen nötig – am Ende könne das auf eine höhere Inflation hinauslaufen. Auch beim Institut für Weltwirtschaft in Kiel unterscheidet man zwischen den kurzfristigen und den langfristigen Folgen. Kurzfristig könne eine Abwertungspolitik für ein Land durchaus erfolgreich sein, zeige die Geschichte, weil sie Exporte stimuliere und Importe dämpfe, sagt IfW-Ökonom Klaus-Jürgen Gern. „Das Bruttoinlandsprodukt kann zunächst steigen." Allerdings sinke auch die Kaufkraft im Inland, wenn Importe teurer würden: „Abwertung macht arm." Zudem nehme die Inflationsgefahr zu: „Und wenn alle Länder diese Politik betreiben, nützt sie niemandem."

Christian Siedenbiedel, Frankfurter Allgemeine Zeitung, 12.8.2015

stimulieren
Anstoß geben

M 9 Sorgenkinder der Eurozone

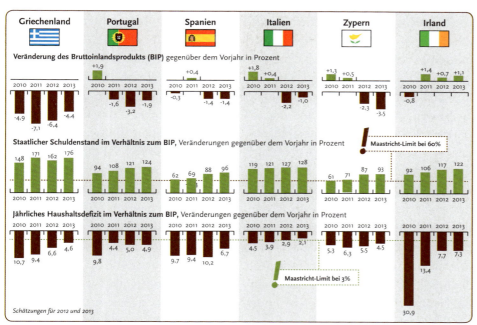

Quelle: Eurostat, EU-Kommission

Haushaltsdefizit
Ein Haushaltsdefizit (auch Budgetdefizit) entsteht, wenn die Summe der Ausgaben in einem Haushaltsjahr die Summe der Einnahmen überschreitet. Die Differenz (Defizit) muss durch die Aufnahme von Schulden beglichen werden.

Aufgaben

1. Erläutere, warum Konvergenzkriterien als „Eintrittskarten" zur Währungsunion festgelegt worden sind (M 5).
2. Beschreibe die Entwicklung des Eurokurses (M 6).
3. M 7 beschreibt eine „harte" Währung. Formuliere den Text neu für eine „weiche" Währung. Beginne ab Zeile 5: „Wenn man von einer weichen Währung spricht, ..."
4. Vergleiche die wirtschaftliche Entwicklung der Länder in der Grafik M 9.

zu Aufgabe 2
Beurteile anschließend aus der Sicht der Bürger, Unternehmen und der Eurozone als ganzer, ob man von einer Erfolgsgeschichte des Euro sprechen kann.

zu Aufgabe 4
Halte dazu einen Kurzvortrag.

Wie lauten die Ursachen für die Krise der europäischen Währungsunion?

Euro-Schutzschirme

Europäischer Finanzstabilisierungsmechanismus (EFSM)

Der EFSM war ein EU-Gemeinschaftsinstrument. Er steuerte zu dem im Jahr 2010 errichteten temporären Euro-Schutzschirm 60 Milliarden Euro bei. Der deutsche Finanzierungsanteil entsprach dem Anteil am EU-Haushalt in Höhe von rund 20 Prozent. Mit der Ablösung durch den permanenten ESM fiel der EFSM ersatzlos weg.

Europäische Finanzstabilisierungsfazilität (EFSF)

Die EFSF war ein weiteres Element des bis Mitte 2013 befristeten Euro-Schutzschirms. Der dauerhafte ESM hat die EFSF ersetzt.

Europäischer Stabilisierungsmechanismus (ESM)

Der ESM hat am 8. Oktober 2012 seine Arbeit aufgenommen. Er sichert langfristig und nachhaltig das Vertrauen in die Stabilität der Eurozone. Sein Stammkapital beträgt 700 Milliarden Euro. Diese Summe teilt sich auf in 80 Milliarden einzuzahlendes Kapital und weitere 620 Milliarden Euro an Garantien. Der ESM kann maximal 500 Milliarden Euro an Darlehen vergeben. Die Vertragsländer zahlen in fünf Raten 80 Milliarden Euro in den ESM ein. Der deutsche Anteil hierfür beträgt 21,7 Milliarden Euro.

(→ S. 291)

M 10 Die Krise der europäischen Währungsunion ist nicht aus heiterem Himmel über die Mitgliedstaaten hereingebrochen

Was also war geschehen, dass einige Staaten plötzlich zahlungsunfähig waren? Griechenland nun ist ein besonders eklatantes Beispiel für ein
5 Land, das wirtschaftlich und politisch aus der Spur geraten ist: Die hohe öffentliche Verschuldung paarte sich mit einer staatlichen Verwaltung, die in kaum einer Hinsicht den
10 Anforderungen eines modernen Industrielandes gerecht wurde, und mit einer Volkswirtschaft, die im globalen Wettbewerb hoffnungslos unterlegen war. Nach und nach setzte
15 sich die Einsicht durch: Um eine Totalsanierung seines Staates und seiner Wirtschaft würde Griechenland nicht herumkommen.

Während Portugal noch am ehesten
20 mit Griechenland vergleichbar war, da auch das kleine iberische Land unter einer wettbewerbsschwachen Wirtschaft und einem aufgeblähten Staatssektor litt, war die Situation
25 im Nachbarland Spanien eine andere. Die spanische Wirtschaft, getrieben durch einen mehrjährigen Boom im Bausektor, florierte über mehrere Jahre; die Staatsverschuldung war
30 gemessen am Bruttoinlandsprodukt sogar niedriger als die Deutschlands. Letztlich aber erwies sich die überdimensionierte Bautätigkeit als Grundübel der spanischen Wirtschaft: Als
35 die Blase zu platzen begann, viele Kreditnehmer ihre Darlehen nicht mehr zurückzahlen konnten, die Banken auf ihren Krediten sitzen blieben und der Wegfall der Arbeitsplätze in der Baubranche durch keine anderen
40 Sektoren aufgefangen werden konnte, hatte die Krise Spanien voll erfasst. Die Jugendarbeitslosigkeit von über 50 Prozent hat schonungslos offengelegt, dass auch die spanische
45 Wirtschaft unter einer erheblichen Strukturschwäche leidet.

Wieder anders verhält es sich mit Irland. Der „keltische Tiger" hatte es bis 2008 geschafft, in die öko-
50 nomische Spitzengruppe der Eurozone aufzusteigen, ehe der auch hier endende Bauboom einige Großbanken des Landes in den Abgrund zu reißen drohte. Um das Bankensystem zu ret-
55 ten, musste der irische Staat in die Vollen gehen und Milliarden-Summen investieren, wodurch die Staatsverschuldung dramatisch anwuchs. Ergebnis auch hier (wie in Griechen-
60 land und Portugal): Irland hatte keinen Zugang mehr zu den Kapitalmärkten und benötigte Hilfen aus dem EFSF.

Im Fall Irlands ist ein unmittelba-
65 rer Zusammenhang zwischen der Banken- bzw. Finanzmarktkrise der Jahre 2007 – 2009 und der späteren Staatsschuldenkrise erkennbar, doch wie verhält es sich mit den anderen
70 Krisenstaaten? Sowohl der Bankensektor in Portugal und Spanien als auch der in Italien und Griechenland ist von der Finanzmarktkrise im Ge-

folge der Pleite von Lehman Brothers kaum betroffen gewesen, da die Institute – wenn überhaupt – nur wenige der problembehafteten Wertpapiere in ihrem Besitz hatten.

Und doch gibt es Wechselwirkungen zwischen der Krise im Finanzsektor und der Schuldenkrise der Euro-Staaten. Zum einen haben der globale Konjunktureinbruch infolge der Finanzmarktkrise und die in seiner Folge geschnürten Konjunkturpakete die Haushaltslage vieler Staaten zusätzlich verschärft. Zum anderen war das europäische Bankensystem mit Ausbruch der Staatsschuldenkrise noch lange nicht so stabil, als dass es massive Ausfälle der von ihnen gehaltenen Staatsanleihen ohne Weiteres verkraftet hätte. Hintergrund: Banken gehören mit zu den größten Gläubigern der Staaten – was auch darauf zurückzuführen ist, dass sie für Staatsanleihen kein Eigenkapital hinterlegen müssen. Hatten in der Finanzmarktkrise 2007 – 2009 also zunächst die Banken die Staaten in Probleme gebracht, so war es mit der Staatsschuldenkrise eher andersrum: Nun haben Staaten die Banken in Schwierigkeiten gebracht. In Spanien wiederum hat das Wechselspiel eine eigene Note: Der Staat muss Banken infolge der Baukrise stützen, wodurch seine Verschuldung ansteigt; die spanischen Institute wiederum werden zum Kauf spanischer Anleihen angeregt, damit die Zinsen nicht zu hoch steigen.

Schulbank 02/2013, S. 4 f.

M 11 Deutschlands Exporterfolge als Ursache

[In] Europa [wachsen] Stimmen, die in den enormen Handelsüberschüssen Deutschlands mit eine Ursache für die mangelnde Konkurrenzfähigkeit der jeweils heimischen Produkte sehen. In einer Begründung des EU-Parlaments hierzu heißt es, „dass auch Länder wie Deutschland [...] der Grund für Instabilität in Europa sein können". [...] Kritiker sprechen gar davon, dass Deutschland sich nicht nur durch die gemeinsame Währung Wettbewerbsvorteile verschaffe, sondern auch sehenden Auges und gezielt Produkte an überschuldete Kunden verkaufe und diese damit immer tiefer in die Schuldenfalle treibe.

Jürgen Kalb, Von der Staatsschuldenkrise zur politischen Krise in der EU, in: D&E, Heft 63, 2012, S. 7 f.

Außer dem eingezahlten Kapital ist der ESM mit weiteren 620 Milliarden Euro Gewährleistungen ausgestattet. Der deutsche Anteil daran beträgt 168,3 Milliarden Euro.
Eng verknüpft mit dem ESM ist der neue Fiskalvertrag der EU: Hilfen aus dem ESM können nur diejenigen Ländern erhalten, die den Fiskalvertrag ratifiziert und nationale Schuldenbremsen eingeführt haben. Außerdem müssen die Eurostaaten ihrerseits finanz- und wirtschaftspolitische Auflagen erfüllen.

Lehman Brothers
Ehemalige US-amerikanische Investmentbank, die am 15.9. 2008 infolge der Finanzkrise Insolvenz beantragen musste.

Verordnung Nr. 1175/2011 der EU
Ende 2011 hat die EU ein Gesetzespaket zur früheren Erkennung wirtschaftlicher Ungleichgewichte beschlossen (Teil der sog. „Sixpack-Verordnungen"). Demnach können EU-Staaten mit Sanktionen belegt werden, wenn sie zu hohe Leistungsbilanzüberschüsse (Leistungsbilanzüberschuss von mehr als 6 Prozent des BIPs) aufweisen, Länder also, die deutlich mehr exportieren als importieren.

Aufgaben

1. Beschreibt in arbeitsteiliger Gruppenarbeit die Ursachen der Krise in den Ländern Griechenland, Spanien, Irland (M 10, M 11).
2. Erkläre die Funktionsweise des ESM.
3. Analysiere den aktuellen Stand der Wirtschafts- und Staatsschuldenkrise in der EU.

Anleihezinsen und Anleiherenditen

Eine wichtige Faustformel lautet: Steigt das Niveau des Kapitalmarktzinses (Nominalzins), sinken die Kurse für die Anleihen. Die Nachfrage nach diesen Anleihen lässt nach, da die neu ausgegebenen Anleihen einen höheren Nominalzins haben und daher für den Anleger attraktiver sind. Auf der anderen Seite steigen die Kurse der Anleihen bei einem sinkenden Kapitalmarktzins.

Erkläre, warum steigende Renditen mit fallenden Kursen einhergehen.

Erklärfilm „Leitzins"

Mediencode: 71035-20

Halte ein Kurzreferat zum Aufbau und den Aufgaben der EZB.

M 12 Die Renditen zehnjähriger Staatsanleihen seit Beginn der Staatsschuldenkrise in Europa

StZ-Grafik: zap; Quelle: Bloomberg, Trading Economics

M 13 Die Europäische Zentralbank – Hüterin des Euro

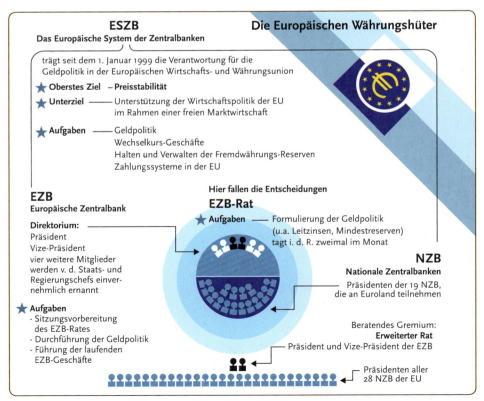

Globus-Grafik 3480

M 14 Welche Möglichkeiten hat die EZB im Kampf gegen die Euro-Schuldenkrise?

Seit Beginn der Euro-Schuldenkrise im Jahr 2010 kämpft die Europäische Zentralbank (EZB) gegen ein Auseinanderbrechen des gemeinsamen Währungsraums. Ihre Maßnahmen:

ZINSSENKUNGEN: Seit der Verschärfung der Schuldenkrise ab 2011 drehte die EZB kräftig an der Zinsschraube. Mittlerweile liegt der Leitzins auf dem Rekordtief von 0,05 Prozent. Das hilft Geschäftsbanken.

STRAFZINSEN: Parken Banken Geld bei der EZB, müssen sie dafür inzwischen Zinsen zahlen. Das soll die Kreditvergabe ankurbeln.

GELDSPRITZEN: Ende 2011/Anfang 2012 unterstützte die EZB Banken mit Notkrediten (LTRO) im Volumen von einer Billion Euro. Die Kredite wurden zu Mini-Zinsen und für drei Jahre gewährt. 2014 folgten weitere Notkredite, allerdings diesmal in deutlich geringerem Umfang.

KAUF VON KREDITPAKETEN: Seit Herbst 2014 kauft die EZB Pfandbriefe (Covered Bonds) und gebündelte Kreditverbriefungen (ABS). Das soll Geschäftsbanken Freiräume zur Vergabe von Krediten verschaffen.

WENIGER ZINSENTSCHEIDUNGEN: Ab 2015 werden wichtige geldpolitische Entscheidungen nicht mehr alle vier Wochen, sondern nur noch alle sechs Wochen verkündet. Das soll Erwartungen an den Finanzmärkten eindämmen und den EZB-Maßnahmen mehr Zeit zur Entfaltung geben.

STAATSANLEIHEN-KÄUFE: Im Mai 2010 begann die EZB erstmals mit dem Kauf von Staatsanleihen. Das „Securities Markets Programme" (SMP) sollte den Anstieg der Renditen von Anleihen angeschlagener Euroländer bremsen. Bis Anfang 2012 kaufte die EZB Staatspapiere für rund 220 Milliarden Euro, zumeist italienische Anleihen. Im September 2012 ersetzte das Programm „Outright Monetary Transactions" (OMT) diese Maßnahme: Die EZB erklärt sich dabei unter Bedingungen bereit, notfalls unbegrenzt Anleihen von Krisenstaaten zu erwerben. Gekauft wurde in diesem Rahmen bisher keine Anleihe. Dennoch beschäftigte der OMT-Beschluss Juristen bis zum Europäischen Gerichtshof (EuGH).

„QUANTITATIVE EASING"/QE: Für die sogenannte Quantitative Lockerung druckt sich die Zentralbank quasi selbst Geld und kauft damit in großem Stil Anleihen – etwa Staatsanleihen. Das tut die EZB seit März dieses Jahres: 60 Milliarden Euro pro Monat werden auf diesem Weg in den Markt gepumpt, insgesamt gut 1,1 Billionen Euro bis September 2016. Das soll die Konjunktur ankurbeln und die Inflation wieder in Richtung der EZB-Zielmarke von knapp unter 2,0 Prozent befördern.

© SÜDKURIER GmbH 2015, Ressort Wirtschaft, 30.10.2015

Zinsen und Konjunktur
Mit Zinsen von lediglich 0,05 Prozent, die Geschäftsbanken für die Aufnahme von Krediten an die EZB bezahlen müssen, können Geschäftsbanken ebenfalls günstige Kredite an Unternehmen und Verbraucher vergeben. Dies soll Investitionen und den Konsum fördern und dadurch die Konjunktur beleben.

Niedrige Zinsen und Inflation
Wenn es durch niedrige Zinsen gelingt, die Kreditvergabe für Investitions- und Konsumgüter zu steigern und so die gesamtwirtschaftliche Nachfrage zu erhöhen, dann wird die Inflation voraussichtlich wieder auf das von der EZB anvisierte Niveau von 2 Prozent steigen. Die mit einer Deflation einhergehenden Gefahren (Rückgang des Preisniveaus, geringere Renditen für Produzenten, geringere Investitionen, Rückgang der Wirtschaftsleistung, Anstieg der Arbeitslosigkeit und Krise der Konjunktur) könnten dadurch bezwungen werden.

Aufgaben

1. Beschreibe mithilfe von M 12 den Verlauf der Krise.
2. Recherchiere im Internet und Tageszeitungen, warum die Maßnahmen der EZB zur Bewältigung der Krise umstritten sind (M 14).

M 15 Kontrovers diskutiert: Sollen hochverschuldete EU-Staaten aus der Währungsunion ausscheiden? – das Beispiel Griechenland

Bundesfinanzminister Wolfgang Schäuble (CDU) würde die Griechen im Notfall ziehen lassen. Er hält die Gefahren eines Haltens des Landes im Euro „um jeden Preis" für größer als die Folgen eines Euro-Austritts. Die EU-Kommission warnt dagegen vor einem „Spiel mit dem Feuer". Ein Austritt könnte die ganze Währungsunion am Ende in die Luft jagen. Was spricht für, was gegen den Euro-Austritt des Landes? Die „Welt" hat eine Pro-und-Kontra-Liste erstellt. Sie zeigt, warum die Entscheidung so schwierig ist. Denn beide Seiten haben gute Argumente auf ihrer Seite.

Syriza
Nach dem Wahlsieg im Januar 2015 stellte die Partei Syriza mit Parteichef Alexis Tsipras erstmals den Ministerpräsidenten Griechenlands und bildete eine Koalitionsregierung mit der rechtspopulistischen Partei Anexartiti Ellines.

Podemos
linkspopulistische spanische Partei

Wettbewerbsfähigkeit

Pro Grexit: Eine neue Währung ist die einzige Chance für Griechenlands Wirtschaft, wieder wettbe-
5 werbsfähig zu werden. Die Exporte für griechische Unternehmen würden durch eine Abwertung billiger, das Land würde zum Touristen-Magnet, weil Urlauben in Griechenland
10 viel günstiger wäre. Auf diese Weise wird Griechenland nach und nach wirtschaftlich wieder auf die Beine kommen – und eines Tages wirklich fit für den Euro sein. Griechenland
15 muss sich deshalb vom Euro als Fessel für die Wirtschaft zumindest für ein paar Jahre befreien.

Kontra Grexit: Durch eine neue Währung würden die Griechen
20 schlagartig verarmen. Denn die neue Währung würde um mindestens 30 Prozent gegenüber dem Euro abwerten. Dadurch würden lebenswichtige Importe wie Energie, Medikamen-
25 te und Lebensmittel auf einen Schlag viel teurer. Das Land würde um Jahre, wenn nicht Jahrzehnte zurückgeworfen. Es könnte zu sozialen Unruhen und bürgerkriegsähnlichen
30 Zuständen kommen. Das darf Europa nicht zulassen.

Regeln

Pro Grexit: Europa muss zeigen, dass die europäischen Regeln mehr wert sind als das Papier, auf dem sie stehen. 35 Die europäischen Regeln müssen eingehalten werden, für Griechenland darf es keine Ausnahmen geben, keine Hilfsgelder ohne Gegenleistung. Ansonsten geben auch ande- 40 re Euroländer keinen Pfifferling mehr auf das Vertragswerk und machen wieder im großen Stile Schulden. Wenn das Linksbündnis Syriza aus den Verhandlungen mit den Gläubi- 45 gern zudem als Sieger hervorgeht, könnten ähnliche Protestbewegungen wie Podemos in Spanien ebenfalls die Macht erringen. Dann wäre die Eurozone am Ende. 50

Kontra Grexit: Regeln sind wichtig. Aber Europa darf nicht nur aus Regeln bestehen. Europa muss auch solidarisch mit den Schwachen sein. Und Europa stünde bei einem Aus- 55 scheiden Griechenlands aus der Währungsunion in der Welt als Schwächling da. Die USA und China würden zu Recht bezweifeln, dass Europa handlungsfähig ist. Und sie würden 60 sich zu Recht verärgert fragen, warum die EU wegen ein paar Milliarden Euro die Erholung der Weltwirtschaft aufs Spiel setzt. Dieser nachhaltige weltweite Vertrauensverlust wäre es, der die Eurozone gefährden würde. Die Gefahr von Syriza-Nachahmern in der Eurozone besteht zudem nicht: Das schon jetzt entstandene Chaos in Griechenland sowie die verheerende wirtschaftliche Lage des Landes sind Abschreckung genug, den gleichen Weg gehen zu wollen.

Ansteckungsgefahr

Pro Grexit: Das erste griechische Rettungsprogramm 2010 war dafür da, einen Crash an den Finanzmärkten zu verhindern. Das zweite 2012, um Ansteckungsgefahren auf andere Euroländer einzudämmen. Doch beide Gefahren bestehen nicht mehr. Banken und Versicherungen haben ihre Griechenland-Papiere abgestoßen. Auf den Finanzmärkten würde ein Grexit kein Chaos mehr anrichten. Und durch die Anleihenkäufe der Europäischen Zentralbank (EZB), die Einrichtung des Europäischen Rettungsschirms ESM sowie der Bankenunion sind wirksame Brandmauern geschaffen worden, um Ansteckungsgefahren auf andere Euroländer im Keim zu ersticken.

Kontra Grexit: Ein Grexit birgt nach wie vor unkalkulierbare Risiken. Niemand weiß, was bei einem Euro-Austritt passiert, denn so einen Fall hat es noch nie gegeben. Niemand weiß, ob die europäischen Banken nicht doch zu stark vernetzt sind, ob sie nicht doch nervös reagieren. Zwar mag ein Grexit kurzfristig keine Ansteckungsgefahren für andere Länder haben. Aber was passiert, wenn in ein, zwei oder auch fünf Jahren ein anderes Euroland in Schieflage gerät? Dann

kann Europa nicht mehr sagen, ein Austritt des Landes komme nicht infrage. Denn mit Griechenland hat es bereits einen Präzedenzfall gegeben. Die Finanzmärkte würden dann im großen Stil gegen die Währungsunion spekulieren – und der Euro wäre am Ende.

Finanzielle Hilfe

Pro Grexit: Griechenland hat bislang außerordentlich großzügige Hilfen bekommen. Die Gelder waren als Hilfe zur Selbsthilfe gedacht. Doch Griechenland hat die Hilfen nicht genutzt. Das Land ist mit seinem Reformprogramm nicht wirklich vorangekommen. Zudem will die Syriza-Regierung gar nicht reformieren. Weitere Hilfen hätten deshalb einen neuen Charakter: Es würde ein dauerhafter Transfermechanismus in Europa eingerichtet. Der deutsche Wähler wurde aber nie gefragt, ob er eine solche Vertiefung der Währungsunion will. Da die Politiker im Bundestag Verantwortung für die Steuerzahler tragen, dürfen sie weiteren Hilfen daher nicht zustimmen.

Kontra Grexit: Griechenland war bis zu den Neuwahlen Anfang des Jahres mit seinem Reformprogramm auf einem guten Weg. Das hat gezeigt: Der eingeschlagene Weg, Hilfsmilliarden gegen Reformauflagen, war richtig. Griechenland muss die Chance gegeben werden, wieder auf diesen Kurs zurückzukehren. Das zu versuchen ist zumindest billiger als ein Euro-Austritt. Denn kommt es zum Grexit, sind nicht nur die Milliarden der Europäer aus den Hilfskrediten für Athen zu einem großen Teil verloren. Europa müsste Grie-

Präzedenzfall
Ein juristischer Fall, der als Maßstab für andere Fälle herangezogen werden kann.

chenland auch nach einem Euro-Austritt mit vielen Milliarden helfen, um das Land vor einer humanitären Katastrophe zu bewahren. Diese Gelder würden zudem ganz ohne Reformauflagen nach Athen fließen.

Geostrategie

Pro Grexit: Die Rettung Griechenlands ist ein Fass ohne Boden. Statt weiter über Hilfskredite Geld nach Griechenland zu pumpen, wäre es ehrlicher, über Strukturmittelfonds Griechenland eine Art Entwicklungshilfe zukommen zu lassen. Griechenland würde nach einem Euro-Austritt schließlich weiter EU-Mitglied bleiben. Die griechische Regierung weiß genau: Hilfsmilliarden von Russland oder China wären die schlechtere Alternative, weil deren Forderungen noch weitreichender wären als die der EU. Und die Griechen wissen:

Als Wiege der europäischen Demokratie werden sie immer zu Europa gehören.

Kontra Grexit: Einen Euro-Austritt kann sich Europa aus geostrategischen Gründen nicht leisten. Ein „failed state" an der Südostflanke wäre für die NATO angesichts der aggressiven Politik Russlands und der Bedrohung durch die Terrormiliz Islamischer Staat verheerend. Niemand weiß doch, wie sich die griechische Regierung nach einem Bruch mit den europäischen Partnern verhalten würde. Schließlich hat Premier Alexis Tsipras schon Gespräche mit China und Russland über Hilfsmaßnahmen geführt. Und Minister aus seinem Kabinett haben schon damit gedroht, Flüchtlingen aus Afrika freie Durchfahrt in andere EU-Länder zu gewähren

Martin Greive, Die Welt, 20.6.2015

NATO
(engl.: North Atlantic Treaty Organization)
aus 28 europäischen und nordamerikanischen Staaten zusammengesetztes militärisches Bündnis

---

M 16 Vorschläge zu einer langfristigen Stabilisierung des Euro

Bei den Vorschlägen zu einer Überwindung der Schuldenkrise ist zwischen kurzfristigen und langfristigen Maßnahmen zu unterscheiden. Kurzfristig geht es vor allem um die Sanierung Griechenlands durch einen Schuldenschnitt sowie um die Absicherung der Privatbanken, um einen Zusammenbruch des Finanzsystems zu verhindern. Langfristig sind grundlegende Reformen nötig.

1. Insolvenzordnung für Staaten: Zunächst ist es notwendig, eine Insolvenzordnung für Staaten zu entwickeln, um für einen möglichen (und historisch evidenten) Insolvenzfall vorbereitet zu sein. Der Markteintritt

und der Marktaustritt sind Grundsatzfragen in jedem Wirtschaftssystem, für das es klar festgelegte Regeln geben muss. Die Haftung als konstituierendes Prinzip einer Wirtschaftsordnung sollte auch für Staaten gelten.

2. Vertragsänderungen und europäische Schuldenbremse: Der bisherige Lissabon-Vertrag reicht in der vorliegenden Form nicht aus, weil er den Stabilitäts- und Wachstumspakt unzureichend schützt. Die Einführung einer europäischen Schuldenbremse mit entsprechender Verankerung in den nationalen Finanzverfassungen ist dringend notwendig. Es müs-

sen zudem glaubwürdige und automatische Sanktionen verankert werden, um Regelverletzungen ahnden zu können. Dies impliziert auch, dass Länder, die vorsätzlich und wiederholt die Regeln verletzen, ausgeschlossen werden können. Juristisch sind solche Vertragsänderungen keinesfalls einfach, da in allen 28 Mitgliedsländern unterschiedliche verfassungsrechtliche Vorgaben existieren. Gleichwohl ändert dies nichts an der Notwendigkeit, den bestehenden Ordnungsrahmen, der sich als unzureichend erwiesen hat, zu verändern.

Dirk Wentzel/Hanno Beck, Ist der Euro noch zu retten? In: D&E, Heft 63, 2012, S. 30

M 17 (Mögliche) Instrumente zur Euro-Rettung

- **EU-Wirtschaftsregierung** – legt gemeinsame Wirtschaftsziele fest, z. B. zur Neuverschuldung oder zum Arbeitsmarkt
- **Sanktionen gegen Defizitsünder** – sollten schneller und einfacher verhängbar sein
- **Schuldenbremse** – forciert schnelleren Schuldenabbau in Krisenstaaten
- **Eurobonds** – ermöglichen Krisenländern günstigere Kredite
- **Frühwarnsystem** – Überwachung wirtschaftlicher Ungleichgewichte und Einführung einheitlicher Standards für Statistiken und Haushaltspläne
- **Finanztransaktionssteuer** – gibt der EU zusätzliches Geld für Rettungsmaßnahmen und macht kurzfristige Finanzspekulationen teurer und unattraktiver

Nach: dpa-Infografik 15207, Stand: 17.8.2011

Eurobonds
Von allen EU-Staaten gemeinsam am Kapitalmarkt aufgenommene Schulden, für die diese gesamtschuldnerisch für die Rückzahlung und Zinsen dieser Schulden haften würden. Nach derzeitigem europäischem Recht verstoßen Eurobonds gegen die in Art. 125 AEU-Vertrag geregelte Nichtbeistands-Klausel („no bail out-Klausel"), nach der jeder Staat die von ihm gemachten Schulden selbst tragen und verantworten muss.

Finanztransaktionssteuer
Mithilfe einer Finanztransaktionssteuer soll der Börsenhandel verteuert werden, um dadurch Spekulationsgeschäfte zu verringern und die Finanzmärkte zu stabilisieren.

Aufgaben

1. Nimm ausgehend von M 15 Stellung zur Frage, ob Griechenland und zukünftig andere hochverschuldete Staaten aus der Währungsunion austreten sollen.
2. Fasse die Maßnahmen zur zukünftigen Stabilisierung des Euro zusammen (M 16, M 17).
3. Beurteile die Maßnahmen nach ihrer Wirksamkeit und Durchsetzbarkeit (M 16, M 17).

Was wir wissen

Der Binnenmarkt und die vier Freiheiten
M 1 – M 3

Ein Binnenmarkt bezeichnet ein abgegrenztes Gebiet, in dem Menschen ungehindert wirtschaften können. Normalerweise findet sich ein solches Gebiet nur innerhalb von Staaten, doch haben sich die Mitglieder der EU nach einem Abkommen von 1993 dazu entschlossen, einen gemeinsamen Markt zu gründen.

Ziel des EU-Binnenmarktprojektes war der Abbau sämtlicher Hindernisse, die dem grenzüberschreitenden Handel im Wege standen. Der Binnenmarkt basiert auf den sog. vier Freiheiten: dem ungehinderten Austausch von Waren und Dienstleistungen, dem unbeschränkten Kapitalverkehr, der freien Wahl des Arbeitsplatzes sowie dem ungehinderten Personenverkehr (Wegfall von Grenzkontrollen). Um einen vollständigen Binnenmarkt zu erreichen, mussten viele Vorschriften angeglichen werden. In einigen Bereichen, wie bei der Anerkennung verschiedener Berufsabschlüsse, ist der Binnenmarkt bis heute noch nicht vollendet.

Die europäische Währungsunion
M 4 – M 6

Die im Maastrichter Vertrag festgelegte Wirtschafts- und Währungsunion ist neben der Erweiterung der EU das bisher wohl ehrgeizigste Ziel europäischer Politik. Sie schmiedet die nationalen Volkswirtschaften noch enger zusammen. Die Befürworter und Verteidiger der gemeinsamen Währung sehen in ihr die „Krönung" des europäischen Binnenmarkts und einen entscheidenden Schritt zur Vertiefung europäischer Integration hin zu einer politischen Union. Darüber hinaus dient die gemeinsame Währung dem Wohlstand und bildet ein Gegengewicht zur Dominanz des US-Dollars.

Die Kritiker halten die Einführung des Euros für verfrüht, weil weder die wirtschaftlich-soziale noch die politische Integration weit genug vorangeschritten ist. Voraussetzung für die Teilnahme an der Währungsunion ist die Erfüllung der Konvergenzkriterien. Alle Mitgliedstaaten der EU – bis auf Großbritannien und Dänemark – haben sich dazu verpflichtet, den Euro als gemeinsame Währung einzuführen und auf die Erreichung und Einhaltung der Konvergenzkriterien hinzuarbeiten. Um auf Dauer eine nachhaltige wirtschaftliche Konvergenz innerhalb der EU zu erreichen, wurde 1997 zudem der Stabilitätspakt beschlossen. Er fordert von den Mitgliedstaaten eine solide Wirtschafts- und Finanzpolitik. Auch hierfür wurden bestimmte Kriterien festgelegt, die sich an den Konvergenzkriterien orientieren. Um Krisen, die den Bestand der Wirtschafts- und Währungsunion gefährden, in Zukunft zu verhindern, verpflichteten sich bis auf Großbritannien, Tschechien und Kroatien alle EU-Staaten in einem internationalen Abkommen, welches am 1.1.2013 in Kraft trat, zu mehr Haushaltsdisziplin. Durch die Ablehnung der Briten, Tschechen und Kroaten konnte dieser EU-Fiskalpakt nicht auf dem Weg einer Änderung des Vertrags über die Europäische Union erreicht werden, da hierfür Einstimmigkeit erforderlich ist. Stattdessen beruht die Zusammenarbeit auf einem neuen zwischenstaatlichen Vertrag.

Was wir wissen

Die Schuldenkrise hat die EWU vor die schwerste Belastungsprobe seit ihrer Gründung gestellt. Nachdem die griechische Regierung das wahre Ausmaß der Staatsverschuldung ihres Landes offen gelegt hatte, ist es zu einem starken Anstieg der Zinsdifferenzen der Staatsanleihen der EWU-Mitgliedsländer gekommen. Die Renditen, die der Markt für die Abnahme von Staatsanleihen Griechenlands, Irlands, Portugals und Spaniens verlangt, sind darauf auf Niveaus gestiegen, die die zukünftige Finanzierung der Verschuldung dieser Länder ungewiss erscheinen ließ. Die Krise hat Schwächen in der Konstruktion der europäischen Währungsunion offen gelegt, die weitergehende Reformen der EWU notwendig machen.

In Griechenland, Spanien, Italien und Portugal sind die Preise für Exportgüter seit den ersten Tagen der Währungsunion stark gestiegen, und zwar deutlich stärker als in den anderen Euroländern. Das bedeutet: Die Südeuropäer konnten ihre Erzeugnisse in der Eurozone immer schwerer verkaufen, während Länder wie Deutschland, Finnland und Österreich glänzende Auslandsgeschäfte machten.

Innerhalb der europäischen Währungsunion ist das Problem für die betroffenen Länder nur schwer zu lösen. Denn:

- es gibt keinen Ausgleich über den Wechselkurs. Normalerweise würde die Währung eines Landes mit wirtschaftlichen Problemen und Exportschwäche gegenüber der Währung einer boomenden Exportnation abwerten – aus einem einfachen Grund: Das eine Zahlungsmittel ist international gefragt, das andere weniger. Dadurch aber würden die Produkte (und auch die Dienstleistungsangebote, zum Beispiel im Tourismussektor) für Kunden aus dem Ausland erschwinglicher, was den Export gewissermaßen automatisch belebt. Zugleich würden die Importe teurer. Unter den Euroländern gibt es jedoch keine Wechselkurse mehr – also auch keine Ab- und Aufwertung.
- es gibt keine eigenständige Geldpolitik. Eine nationale Zentralbank – wie früher die Deutsche Bundesbank – orientiert sich bei ihren geldpolitischen Entscheidungen im Regelfall auch an der jeweiligen konjunkturellen Situation im Land: Boomt die Wirtschaft, werden die Leitzinsen zumeist herauf gesetzt, um den Anstieg der Preise in Grenzen zu halten. Schwächelt die Wirtschaft, können die Zinsen gesenkt werden, was tendenziell die Investitionsbereitschaft der Unternehmen erhöht und die Konjunktur wieder ankurbelt.

In der europäischen Währungsunion gibt es jedoch eine einheitliche Geldpolitik, sprich den gleichen Leitzins für alle Euroländer. Konjunkturadäquat wäre diese Politik nur, wenn sich die Wirtschaft in allen Mitgliedsländern ähnlich entwickeln würde. Genau das war – und ist – in der Eurozone aber

Krise der europäischen Währungsunion
M 7 – M 12

Was wir wissen

nicht der Fall. Für die boomenden südeuropäischen Länder waren die Zinsen lange Zeit zu niedrig. Dass die einen so gut dastehen, während die anderen so ausfuhrschwach sind, liegt nicht zuletzt an den sogenannte Lohnstückkosten: In Deutschland etwa fielen die Lohnerhöhungen in den vergangenen Jahren relativ bescheiden aus, Griechen und Spanier konnten sich dagegen über ordentliche Verdienstanstiege freuen.

In der öffentlichen Debatte dazu wurde kritisiert, dass indirekt die Umwandlung der europäischen Währungsunion in eine „Transferunion" etwa nach Vorbild des deutschen Länderfinanzausgleichs drohe. Dies wurde insbesondere in Deutschland meist als negative Entwicklung verstanden, weil der Länderfinanzausgleich Nehmerländern die Anreize nähme, ihre Defizite zu verringern und damit deren finanzielle Probleme verstärke und Abhängigkeit von den Geberländern zementiere. Schließlich wurde auch die Ausgabe von sogenannten Eurobonds diskutiert, also Staatsanleihen mit gemeinschaftlicher Haftung, mit denen insbesondere für überschuldete Mitgliedstaaten ein besserer und günstigerer Zugang zum Kreditmarkt geschaffen werden würde. Größere und finanziell stabilere Staaten wie Deutschland und Frankreich, ohne deren Mitwirkung bei der Haftung ein solches Konzept kaum sinnvoll erscheinen würde, waren jedoch damit nicht einverstanden.

Die EZB
M 13, M 14

Die für den Euro verantwortliche Notenbank ist die Europäische Zentralbank (EZB) mit Sitz in Frankfurt am Main. Ihr oberstes Entscheidungsgremium ist der EZB-Rat, dem die sechs Mitglieder des EZB-Direktoriums sowie die 19 Gouverneure der nationalen Notenbanken der Euroländer angehören. Die EZB ist politisch unabhängig und keinen Weisungen unterworfen. Sie ist für die Geldpolitik im Euroraum zuständig. Ziel der Geldpolitik der EZB ist die Sicherung der Geldwertstabilität nach innen (in der Praxis wird darunter verstanden, dass die jährliche Teuerungsrate der Verbraucherpreise mittelfristig 2 Prozent nicht übersteigen soll) und nach außen (angemessene Wechselkurse, vor allem gegenüber dem US-Dollar).

„Grexit" – Pro und Kontra
M 15

Soll Griechenland in der europäischen Währungsunion bleiben und weitere Hilfskredite erhalten oder ist es besser, wenn Griechenland den Euroraum verlässt? Gegen den „Grexit" spricht, dass er den Fortbestand der Eurozone und damit auch der gesamten Europäischen Union gefährden könnte. Es könnte die Gefahr der „Ansteckung" drohen, d. h. auch andere hochverschuldete Staaten könnten die europäische Währungsunion verlassen. Für Griechenland würde dies zunächst eine starke Abwertung seiner eigenen Währung – der Drachme – bedeuten. Die Drachme würde stark gegenüber dem Euro abwerten, lebenswichtige Importe würden dadurch erheblich teurer, Massenarmut und Unruhen könnten die Folge sein. Die Schuldenlast würde weiter steigen. Außerdem gilt das NATO-Mitglied Griechenland als

Was wir wissen

„Brückenkopf" Richtung Osten, mit einer großen US-Militärbasis auf Kreta. Ohne Hilfsgelder aus der Europäischen Union und einem Austritt aus dem Euroraum könnte sich Griechenland neuen Partnern (z. B. Russland oder China) zuwenden, was den Westen sicherheitspolitisch schwächen würde. Für den „Grexit" spricht, dass die griechische Wirtschaft auf Dauer zu schwach für die Eurozone ist und sich auch in Zukunft ökonomisch nicht behaupten kann. Nur mit einer eigenen Währung ist Griechenland in der Lage, langfristig ohne Hilfsgelder an den Finanzmärkten zu bestehen. Allerdings bedarf es dazu auch eines Schuldenschnitts. D. h., die Gläubiger Griechenlands müssen auf die Rückzahlung ihrer vergebenen Kredite ganz oder teilweise verzichten. Ohne einen „Grexit" würden immer neue Kredite und Hilfspakete für Griechenland nötig, was die anderen Länder der Europäischen Union finanziell belasten würde.

Kurzfristig geht es darum, in Finanznot geratene Mitgliedsländer durch Kredite (z. B. Eurobonds, die aber umstritten sind) zu helfen, insbesondere darf das Bank- und Finanzsystem dieser Länder nicht zusammenbrechen. Möglich ist auch ein sog. Schuldenschnitt, d. h. der Erlass von Schulden. Langfristig müssen die verschuldeten Staaten wie Griechenland Reformen durchführen, um aus der Schuldenkrise herauszukommen. Diese Maßnahmen sind, wie die Beispiele Irland, Portugal oder Spanien zeigen, wirksam und bisher auch innerhalb der EU durchsetzbar. Dies gilt aber bisher nicht für die Ausgabe von Eurobonds und den Erlass von Schulden.
Um weitere Finanz- und Staatsschuldenkrisen in der EU erst gar nicht mehr aufkommen zu lassen, wird eine Vertiefung der wirtschaftlichen Integration durch eine gemeinsame Wirtschaftspolitik mit einer EU-Wirtschaftsregierung vorgeschlagen. Ferner bedarf es eines Frühwarnsystems, welches wirtschaftliche Ungleichgewichte schon im Ansatz anzeigt. Bei Regelverstößen gegen den Euro-Stabilitätspakt und den neuen Fiskalpakt sollen Sanktionen wirksamer eingesetzt werden. Schließlich kann eine Steuer auf Finanztransaktionen an den Börsen die Gefahr, die aus Spekulationen für das Finanzsystem erwachsen, eindämmen. Diese Maßnahmen sind bisher nur schwer durchsetzbar, weil nationale Interessen eine große Rolle spielen und viele Mitgliedstaaten ihre Souveränität in der Wirtschaftspolitik nicht an die EU abgeben wollen.

Vorschläge und Instrumente zur Stabilisierung des Euro
M 16, M 17

Was wir können

Kontrovers diskutiert: der Euro

Pro Euro: Hendrik Enderlein* – Europa bleibt nur die Flucht nach vorn

Es stimmt, die Politiker haben das Schuldenproblem wider besseres Wissen verschleppt. Aber einmal eingeführt, lässt sich die gemeinsame Währung nicht mehr entflechten. Das wäre ökonomisch fatal und politisch gefährlich. Die Pleite der Lehman-Bank erscheint dagegen wie eine leichte Brise.

5 Die Krise im Euroraum steht für ein Scheitern der Politik, nicht der Ökonomie. Aus volkswirtschaftlicher Sicht stand immer fest, dass der Euro ein politisch motiviertes Projekt sein musste. Ein Währungsraum, der nicht homogen ist, wird bei einer einzigen Geldpolitik zwangsläufig Ungleichgewichte hervorbringen. Um diese Ungleichgewichte zu verhindern, bedarf es politischer Intervention. Dazu gab es in der Gründungsphase zwei stimmige Vorstellungen.
10 Nach dem französischen Ansatz stand die gemeinsame Währung am Anfang. Sie musste durch eine Wirtschaftsregierung ergänzt werden. Dem gegenüber stand eine deutsche Position. Demnach musste zuerst der integrierte Wirtschaftsraum entstehen, ehe die gemeinsame Währung als Schlussstein eingesetzt werden konnte. Europa hat daraus einen Kompromiss gemacht. Die gemeinsame Währung wurde eingeführt – ohne einen Institutionenrahmen, der
15 die Entstehung eines homogenen Wirtschaftsraums fördert. Ärgerlicher als dieser Sündenfall ist allerdings, dass politische Akteure das Problem wider besseres Wissen verschleppt haben. Die meisten Mitgliedsländer betreiben ihre Finanzpolitik, als gäbe es den Euro nicht. Keines der überhitzten Peripherie-Länder machte einen Versuch, die Vermögenspreise oder Lohnkosten unter Kontrolle zu bringen. Um die Entwicklung im Bankensektor schien sich niemand
20 zu kümmern. Trotz dieses Politikversagens wäre es fahrlässig, das Projekt Euro infrage zu stellen. Einmal eingeführt, lässt sich die gemeinsame Währung nicht mehr entflechten. Es wäre juristisch unmöglich, ökonomisch fatal, politisch gefährlich und gesellschaftlich töricht. Es gibt keine juristischen Mechanismen, die eine Entflechtung zulassen. Auch ökonomisch macht die Aufspaltung des Euro keinen Sinn. Länder wie Griechenland könnten zwar ihre
25 Währung abwerten, müssten ihren Schuldenberg aber in höheren Eurobeträgen abbauen. Würden Staats- und Privatschulden in Drachmen umgewandelt, dann käme es zu zahllosen Kreditausfällen im Rest des Euroraums. Der Zusammenbruch der Lehman-Bank erscheint im Vergleich zu diesem Orkan wie eine leichte Brise. Europa bleibt nur die Flucht nach vorn. Damit wir uns nicht missverstehen: Es geht nicht um die naiven Träumereien eines überzeugten
30 Europäers. Anders als bei der Einführung des Euro geht es heute um eine funktionale ökonomische Logik. Wenn wir keinen volkswirtschaftlichen Suizid begehen wollen, dann muss diese Währung in ihrer jetzigen Form bestehen bleiben. Wenn sie bestehen bleiben soll, dann bleibt nur der Schritt zu mehr Europa und zu weitreichenden Souveränitätsverlagerungen von der nationalen auf die europäische Ebene.

Hendrik Enderlein lehrt Politische Ökonomie an der Hertie School of Governance in Berlin.

Hendrik Enderlein, Frankfurter Allgemeine Zeitung, 23.7.2011

Was wir können

Kontra Euro: Fritz W. Scharpf* — Auch Sparprogramme ändern nichts an den Ursachen

Eine einheitliche Geldpolitik für alle Euroländer nimmt keine Rücksicht auf die unterschiedlichen wirtschaftlichen Bedingungen in den einzelnen Mitgliedstaaten. Das wird immer wieder Krisen erzeugen. Schon vor 10 Jahren war Deutschland das erste Opfer. Die europäische Währungsunion kam auf französischen Druck zustande. Aber die deutsche Politik sorgte dafür, dass die Europäische Zentralbank (EZB) dem Modell der Bundesbank nachgebildet wurde. Sie war für die Geldwertstabilität verantwortlich. Indem sie ihre Politik präzise auf die bundesdeutsche Wirtschaft ausrichtete, ermöglichte sie inflationsfreies Wachstum und stabile Beschäftigung. In der Währungsunion konnte die EZB die Geldwertstabilität sichern. Aber sie richtet ihre Geldpolitik an Durchschnittswerten aus, während die wirtschaftlichen Bedingungen in den [19] Mitgliedsländern weit voneinander abweichen. Deshalb müssen die monetären Impulse für Länder mit Wachstums- und Inflationsraten über und unter dem Euro-Durchschnitt destabilisierend wirken. Das erste Opfer war Deutschland mit seiner niedrigen Inflationsrate. Hier waren die EZB-Zinsen zu hoch, sie reduzierten die schwache Nachfrage noch weiter. Zwischen 2001 und 2005 stagnierte die Wirtschaft, die Arbeitslosigkeit stieg. Den kranken Mann Europas retteten die Gewerkschaften, die mit niedrigen Lohnabschlüssen die Flucht in den Export ermöglichen. In den GIPS-Ländern Griechenland, Irland, Portugal und Spanien waren die Inflationsraten höher und die Realzinsen niedrig. Die zu billigen Kredite erzeugten eine überhitzte Nachfrage, rasches Wachstum, höhere Beschäftigung und rasch steigende Löhne – die dann die internationale Wettbewerbsfähigkeit untergruben. Das Ergebnis war ein Teufelskreis: In den GIPS-Ländern stiegen die Importe, in Deutschland die Exportüberschüsse. Die Erlöse konnten hierzulande gar nicht konsumiert werden. Sie flossen dorthin, wo die Nachfrage nach Krediten besonders hoch war. Im Ergebnis finanzierten die deutschen Überschüsse die private Überschuldung in den GIPS-Ländern. Aus privaten Schulden wurde eine staatliche Schuldenkrise, als die Staaten ihre Banken retten mussten. Auch die Sparprogramme ändern nichts an den Ursachen der Fehlentwicklung. Auch eine europäische Wirtschaftsregierung hätte da nichts bewirkt. Sie würde allen Mitgliedstaaten die Kontrolle über die ihnen noch verbliebenen Instrumente der Wirtschaftspolitik entziehen – und ihre demokratische Legitimität untergraben. Eine einheitliche Geldpolitik, die keine Rücksicht auf unterschiedliche Bedingungen in den Mitgliedstaaten nimmt, wird immer wieder Krisen erzeugen. Deshalb müsste eine reformierte EZB Instrumente entwickeln, die eine differenzierende monetäre Steuerung erlauben. Ist das nicht möglich, müsste die Währungsunion auf die Länder verkleinert werden, deren Wirtschaft so eng mit der deutschen verbunden ist, dass eine einheitliche Geldpolitik keine Fehlsteuerung bewirkt.

*Fritz W. Scharpf ist emeritierter Direktor am Max-Planck-Institut für Gesellschaftsforschung in Köln.

Fritz W. Scharf, Frankfurter Allgemeine Zeitung, 23.7.2011

Aufgaben
1. Fasse die Positionen und Argumente der beiden Autoren zusammen.
2. Vergleiche die unterschiedlichen Argumente miteinander.
3. Nimm Stellung zur Auseinandersetzung um den Euro.

6.4 Die EU im System der Internationalen Beziehungen – soll die EU ihre Grenzen für Flüchtlinge öffnen?

Warum werden Menschen zu Flüchtlingen?

M 1   Flüchtlinge in der Welt

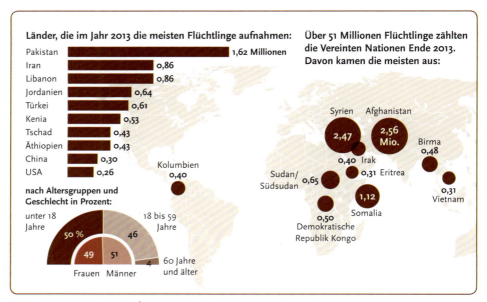

Globus-Grafik 6698; Quelle: UN-Flüchtlingsbericht

M 2   Flüchtlinge und Vertreibung gab es schon immer

Schon in der vorchristlichen Bronze- und Eisenzeit gab es zwischen verschiedenen Stämmen Auseinandersetzungen um Jagdreviere, Siedlungsorte und Frauen als Fortpflanzungspartner. Die Überlebenden des unterlegenen Stammes mussten danach ihre Heimat verlassen und sich an anderer Stelle niederlassen. Auch in der Bibel spielen Unterdrückung und Flucht eine tragende Rolle. So wird Moses von Gott auserkoren, das Volk Israel von seinem Sklavendasein in Ägypten zu befreien und führt sein Volk ins gelobte Land nach Kanaan. [...]

In den folgenden Jahrhunderten waren es immer wieder Kriege aufgrund von Territorialinteressen, religiöser oder rassistischer Ansichten, die zu Flucht und Vertreibung führten. Wie zum Beispiel der Dreißigjährige Krieg oder im 20. Jahrhundert die beiden Weltkriege, die zur Folge hatten, dass Millionen Menschen ihre Heimat verloren. Doch auch Missernten waren Ursachen für Fluchtbewegungen. So machten sich Mitte des 19. Jahrhunderts knapp zwei Millionen Iren auf den Weg nach Amerika, Australien und Großbritannien, um der nach mehreren Kartoffelmissernten in Irland grassierenden Hungersnot zu entgehen. Seit Ende des 20. Jahrhunderts haben sich die Flüchtlingsbewegungen globalisiert. Zwar bilden kriegerische Konflikte weiterhin oftmals die Ursache, doch zunehmend spielen auch andere Gründe eine Rolle, warum Menschen ihre Heimat verlassen: Armut, Hunger, Umweltkatastrophen und fehlende Lebensperspektiven. Auch Eingriffe in die Natur wie zum Beispiel Flussbegradigungen oder Staudämme ziehen immer wieder Flucht nach sich. Die westlichen Industrienationen verheißen zurzeit am meisten Sicherheit und Wohlstand und sind somit zum Ziel von Millionen Flüchtlingen aus armen und konfliktbeladenen Regionen, vor allem aus Afrika und Asien, geworden.

Ingo Neumayer, www.planet-wissen.de (3.2.2015)

M 3   Wer ist ein Flüchtling?

Das Völkerrecht zieht eine klare Trennlinie zwischen Menschen, die zur Flucht gezwungen sind („Flüchtlinge"), und Menschen, die aus eigenem Antrieb ihr Land verlassen („Migranten"). Laut Artikel 1A der Genfer Flüchtlingskonvention ist ein Flüchtling eine Person, die „aus der begründeten Furcht vor Verfolgung wegen ihrer Rasse, Religion, Nationalität, Zugehörigkeit zu einer bestimmten sozialen Gruppe oder wegen ihrer politischen Überzeugung sich außerhalb des Landes befindet, dessen Staatsangehörigkeit sie besitzt, und den Schutz dieses Landes nicht in Anspruch nehmen kann oder wegen dieser Befürchtungen nicht in Anspruch nehmen will." [...] Ob eine solche Verfolgung vorliegt, wird in einem Asylverfahren festgestellt. Diese Verfahren unterscheiden sich von Land zu Land. Menschen, die einen Asylantrag gestellt haben, über den noch nicht entschieden wurde, werden als Asylbewerber bezeichnet. Der Wirkungsbereich der Genfer Flüchtlingskonvention ist allerdings umstritten. Die meisten großen Flüchtlingskrisen der vergangenen Jahre wurden durch Bürgerkriege ausgelöst. Der Wortlaut der Konvention bezieht sich jedoch nicht eindeutig auf Menschen, die vor kriegerischen Auseinandersetzungen fliehen oder Verfolgung durch nichtstaatliche Akteure wie Rebellen oder Milizen fürchten. Das Flüchtlingshilfswerk der Vereinten Nationen (UNHCR) vertritt die Position, dass nicht der Urheber der Verfolgung ausschlaggebend ist, sondern die Tatsache, dass eine Person internationalen Schutz benötigt, weil ihr eigener Staat diesen nicht mehr garantieren kann oder will.

Bundesministerium für wirtschaftliche Zusammenarbeit und Entwicklung, www.bmz.de (11.9.2015)

Genfer Konvention

Die Konvention von 1951 über die Rechtsstellung der Flüchtlinge [...] wird zu Recht als die „Magna Charta" der Flüchtlinge bezeichnet. Die Konvention [ist] die Krönung der bereits unter dem Völkerbund im Jahre 1921 begonnenen und unermüdlich fortgesetzten Bemühungen der internationalen Gemeinschaft, einigen Grundrechten und bestimmten Mindeststandards für die Behandlung von Menschen weltweit Anerkennung zu verschaffen, die gezwungen sind, ihr Land zu verlassen, um Zuflucht vor Verfolgung wegen ihrer Rasse, Religion, Nationalität, politischen Überzeugung oder Zugehörigkeit zu einer bestimmten sozialen Gruppe zu suchen.

UNHCR-Vertretung für Deutschland, www.unhcr.de (11.9.2015)

Aufgaben

1. Versuche dich in die Lage eines Flüchtlings zu versetzen und beschreibe seine Lebenssituation als Flüchtling (vor, während und nach der Flucht).
2. Fasse ausgehend von M 2 Fluchtursachen zusammen. Gliedere diese nach politischen, wirtschaftlichen, individuellen und umweltbedingten Ursachen.
3. Erläutere die Bedeutung der Genfer Flüchtlingskonvention (M 3).

Wie sichert die EU ihre Außengrenzen – brauchen wir Schutzwälle gegen Flüchtlinge?

M 4 Das Schengener Abkommen

Schengen
Gemeinde im Großherzogtum Luxemburg. Am 14.6.1985 unterzeichneten fünf EU-Mitgliedstaaten in der Nähe dieses Ortes das „Schengener Abkommen", das den Abbau der Kontrollen an den gemeinsamen Grenzen vorsieht.

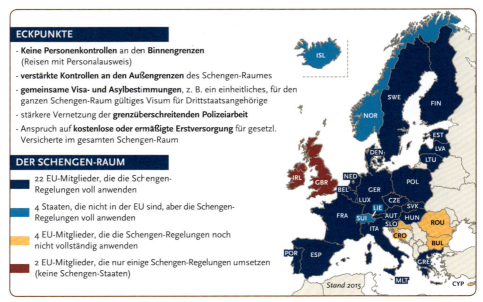

ECKPUNKTE
- Keine Personenkontrollen an den Binnengrenzen (Reisen mit Personalausweis)
- verstärkte Kontrollen an den Außengrenzen des Schengen-Raumes
- gemeinsame Visa- und Asylbestimmungen, z. B. ein einheitliches, für den ganzen Schengen-Raum gültiges Visum für Drittstaatsangehörige
- stärkere Vernetzung der grenzüberschreitenden Polizeiarbeit
- Anspruch auf kostenlose oder ermäßigte Erstversorgung für gesetzl. Versicherte im gesamten Schengen-Raum

DER SCHENGEN-RAUM
- 22 EU-Mitglieder, die die Schengen-Regelungen voll anwenden
- 4 Staaten, die nicht in der EU sind, aber die Schengen-Regelungen voll anwenden
- 4 EU-Mitglieder, die die Schengen-Regelungen noch nicht vollständig anwenden
- 2 EU-Mitglieder, die nur einige Schengen-Regelungen umsetzen (keine Schengen-Staaten)

Stand 2015

Globus-Grafik 10267; Quelle: Bundesinnenministerium, Auswärtiges Amt

Die zentrale Säule des Grenzschutzes an den Außengrenzen ist zunächst der Schengener Grenzkodex, in dem die Vorschriften für das Überschreiten der Außengrenzen und die Bedingungen für die vorübergehende Wiedereinführung von Kontrollen an den Binnengrenzen festgelegt sind. Daneben greift die EU als zweite Kategorie von Maßnahmen auf ihre Fonds zurück, um einige der Kosten, die den Mitgliedstaaten an den Außengrenzen entstehen, auszugleichen, da nicht alle Mitgliedstaaten Außengrenzen kontrollieren müssen und somit nicht gleich stark vom Grenzverkehr betroffen sind. [...] Die dritte Kategorie von Maßnahmen steht im Zusammenhang mit der Einrichtung zentraler Datenbanken zum Zweck der Migrationsteuerung und Grenzkontrolle. Zu dieser Kategorie gehören das Schengener Informationssystem (SIS), das Visa-Informationssystem (VIS) und Eurodac, die europäische Datenbank zum Abgleich der Fingerabdruckdaten von Asylbewerbern und illegalen Einwanderern. Die vierte Kategorie besteht aus einer Reihe von Maßnahmen zur Verhinderung und Sanktionierung der unerlaubten Ein- und Durchreise und des unerlaubten Aufenthalts. Die letzte Kategorie umfasst Maßnahmen für die operative Zusammenarbeit im Bereich des Grenzschutzes, die durch die Europäische Agentur für die operative Zusammenarbeit an den Außengrenzen der Mitgliedstaaten (Frontex) organisiert werden.

Darren Neville, Kurzdarstellungen über die Europäische Union – 2015, Grenzschutz an den Außengrenzen, 06/2015

6.4 Die EU im System der Internationalen Beziehungen – soll die EU ihre Grenzen für Flüchtlinge öffnen?

M 5 Frontex und das Grenzregime der EU

Mittels moderner Technologien und unter Einbezug ihrer Nachbarstaaten versucht die Europäische Union, ihre Außengrenzen vor Kriminalität und illegaler Migration zu schützen. Zentraler Akteur ist dabei die Grenzschutzagentur Frontex. [...] Frontex sammelt Daten und Informationen über illegale Migration und über grenzüberschreitende Kriminalität wie zum Beispiel Menschenhandel oder Schmuggel von Waren und wertet diese aus. Hierbei arbeitet Frontex genau wie die europäische Polizeibehörde Europol erkenntnisgestützt. Da Frontex selbst keine Polizei ist, koordiniert die Agentur die Einsätze der Grenzpolizeien der Mitgliedstaaten. Ein Beispiel hierfür ist das European Patrols Network, das Europäische Patrouillennetzwerk. [...] Auf Grundlage der ermittelten Risiken plant Frontex die Unterstützung der nationalen Grenzpolizeien aus den EU-Mitgliedstaaten. Zum Selbstverständnis der Grenzschutzagentur gehören auch Einsätze auf hoher See, um Flüchtlinge vor dem Ertrinken zu bewahren.

NATO-Draht gegen Flüchtlinge aus aller Welt: Slowenische Soldaten errichten einen Zaun an der Grenze zu Kroatien. Europas neuer Eiserner Vorhang – Es ist noch nicht lange her, da rissen die Europäer Zäune nieder. Jetzt errichten sie neue. Mit anderem Ziel.

Mechthild Baumann, Bundeszentrale für politische Bildung, 26.2.2014

Aufgaben von Frontex
a. Koordinierung der operativen Zusammenarbeit der Mitgliedstaaten im Bereich des Schutzes der Außengrenzen;
b. Unterstützung der Mitgliedstaaten bei der Ausbildung von Grenzschutzbeamten einschließlich der Festlegung gemeinsamer Ausbildungsnormen;
c. Durchführung von Risikoanalysen;
d. Verfolgung der Entwicklungen der für die Kontrolle und Überwachung der Außengrenzen relevanten Forschung;
e. Unterstützung der Mitgliedstaaten in Situationen, die eine verstärkte technische und operative Unterstützung an den Außengrenzen erfordern;
f. Bereitstellung der notwendigen Unterstützung für die Mitgliedstaaten bei der Organisation gemeinsamer Rückführungsaktionen;

ambivalent
widersprüchlich

M 6 EU-Grenzschutzagentur Frontex – „Bad Guy" europäischer Flüchtlingspolitik?

Die bisherigen Erfahrungen mit der europäischen Grenzschutzagentur sind ambivalent: Auf der einen Seite hat Frontex mit dazu beigetragen, die zum Teil ganz unterschiedlichen nationalen Verfahren der Grenzsicherung anzugleichen und hat dafür gesorgt, dass Grenzbeamte gegenüber Angehörigen von Drittstaaten, die legal oder illegal nach Europa kommen, mehr und mehr nach einheitlichen europäischen Standards auftreten. Da aber einige europäische Grenzstaaten wie etwa Griechenland in dem zweifelhaften Ruf stehen, dass sie Flüchtlinge, die aus der Türkei in die EU reisen wollen, auf hoher See abfangen und postwendend zurückschicken, ist es noch ein langer Weg, ehe ein wirklich einheitlicher europäischer Grenzschutz errichtet ist. Ein Problem, das im Mittelpunkt der Kritik von Menschenrechtsgruppen steht, ist die unterschiedliche Behandlung von Flüchtlingen auf hoher See und die Frage, wie mit Flüchtlingen umgegangen wird, die einen Asylantrag stellen wollen und deshalb nicht einfach in ihren Heimathafen zurückgeschickt werden dürfen. Nach internationalem Recht muss jede Person, die Asyl beantragen will, dies auch dürfen. Das in der Genfer Flüchtlingskonvention von 1951 festge-

non refoulment-Verbot
Grundsatz der Nichtzurückweisung

schriebene non refoulment-Verbot gehört zu den wichtigsten Grundsätzen des internationalen Flüchtlingsschutzes. Die Europäische Union [...] muss auf der Grundlage des internationalen Rechts handeln und den internationalen Normen und Werten zum Erfolg verhelfen, wenn sie politisch nicht jede Glaubwürdigkeit verlieren will. Hier liegt das zentrale Dilemma der europäischen Flüchtlingspolitik, die eine politisch akzeptable Balance zwischen notwendiger Grenzsicherung einerseits und der Verpflichtung auf Menschenrechtsstandards andererseits finden muss.

Landeszentrale für politische Bildung Baden-Württemberg, Deutschland & Europa, Heft 60 – 2010

M 7 Das neue Schengen-Abkommen?

Karikatur: Oliver Schopf

Aufgaben

1. 2011 kündigte Dänemark an, an seinen Grenzen wieder ständige Kontrollen einzuführen. Die Begründung dafür seien illegale Zuwanderung und Verbrecherbanden, die offene Grenzen ausnutzen. 2013 hat die EU den Schengen-Staaten erlaubt, bei massenhaftem Zustrom von Flüchtlingen für bis zu zwei Jahre wieder allgemeine Grenzkontrollen einzuführen. Sollen die Freizügigkeit und damit die Freiheiten des Binnenmarkts zur Sicherung der Außengrenzen aufgegeben werden? Nimm Stellung zu dieser Frage (M 4).
2. Beschreibe die Aufgaben von Frontex (M 5, M 6).
3. Beurteile, ob Frontex das Flüchtlingsproblem für die EU deiner Meinung nach lösen kann.
4. Interpretiere die Karikatur M 7.

Asylsuchende – Herausforderungen für die nationale und europäische Politik

M 8 Europa als Ziel für Asylsuchende

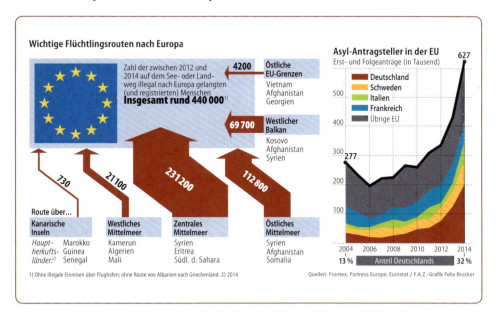

M 9 Rechtliche Dimensionen des Asyls in Deutschland

Jeder Mensch hat gemäß Artikel 14 der Allgemeinen Erklärung der Menschenrechte von 1948 das Recht, in anderen Ländern vor Verfolgung
5 Asyl zu suchen und zu genießen. Trotzdem besitzen politisch Verfolgte nach dem Völkerrecht keinen individuellen Anspruch auf Asyl. Die Gewährung oder Ablehnung von Asyl
10 gehört vielmehr zu den Rechten eines souveränen Staates. Daran ändert auch das Genfer Abkommen über die Rechtsstellung der Flüchtlinge von 1951 nichts, in der ledig-
15 lich die rechtliche Absicherung des einmal gewährten Asyls geregelt ist. Das Grundgesetz der Bundesrepublik Deutschland ging über die Regeln des Völkerrechts weit hinaus und räumte politisch Verfolgten ein 20 subjektives Recht auf Asyl ein. Artikel 16 Absatz 2 Satz 2 bestimmte: „Politisch Verfolgte genießen Asylrecht." Bei der Formulierung dieses Grundrechtes standen die Mütter 25 und Väter des Grundgesetzes unter dem Eindruck des enormen Flüchtlingselends nach dem Zweiten Weltkrieg und der Tatsache, dass viele politisch Verfolgte während des Dritten 30 Reiches ihr Leben nur deshalb hatten retten können, weil sie von anderen Ländern aufgenommen wurden. Als unverzichtbaren Kerngehalt des Asylrechts sah man an, dass Schutz- 35 suchende an der Staatsgrenze nicht zurückgewiesen und nicht abgeschoben werden dürfen in einen mögli-

chen Verfolgerstaat oder einen Staat, in dem die Gefahr der weiteren Abschiebung in einen Verfolgerstaat besteht. Solange die Zahl der Asylsuchenden relativ gering war, blieb das Grundrecht auf Asyl unumstritten. Erst als seit Mitte der 1970er-Jahre die Flüchtlingszahlen aus den Krisenregionen der Dritten Welt anstiegen und die Zweifel an der Fähigkeit zur Integration der Ankömmlinge wuchsen, stimmte eine Bundestagsmehrheit 1993 für eine Änderung des Artikels 16 GG. Danach genießen politisch Verfolgte zwar weiterhin Asyl, allerdings kann sich nicht mehr auf den Schutzbereich dieses Grundrechtes berufen, wer aus einem „sicheren Drittstaat" einreist. Dazu zählen neben den Staaten der Europäischen Union alle Länder, die die Genfer Flüchtlingskonvention anerkennen, da davon ausgegangen wird, dass Asylsuchende bereits dort Sicherheit finden können. Asylgewährung in Deutschland hängt somit weniger von tatsächlich erlittener Verfolgung als von der Wahl des Fluchtweges ab.

Axel Herrmann, Bundeszentrale für politische Bildung, 11.3.2008

M 10   Asyl und Migration in der EU

Dublin-Verordnung

Die Dublin-Verordnung regelt, welcher Staat für die Bearbeitung eines Asylantrags innerhalb der EU zuständig ist. So soll sichergestellt werden, dass ein Antrag innerhalb der EU nur einmal geprüft werden muss. Ein Flüchtling muss in dem Staat um Asyl bitten, in dem er den EU-Raum erstmals betreten hat. Dies geschieht besonders häufig an den EU-Außengrenzen, etwa in Italien, Griechenland oder Ungarn. Tut er dies nicht und stellt den Antrag beispielsweise in Deutschland, kann er in den Staat der ersten Einreise zurückgeschickt werden – auch zwangsweise. Die Flüchtlingsfrage wurde europaweit 1990 im Dubliner Übereinkommen geregelt und 2003 durch die Dublin-Verordnung abgelöst. Inzwischen gilt die Dublin-III-Verordnung, die 2013 in Kraft trat.

Asyl und Integration waren traditionell Bereiche, die von den Mitgliedstaaten, nicht von der Ebene der Europäischen Union aus geregelt wurden. Das kommt nicht von ungefähr, betreffen sie doch zentrale staatliche Fragen wie: „Wer darf, wer soll zu uns kommen?" und: „Wer darf zu uns gehören?" Seit rund zehn Jahren jedoch haben die Mitgliedstaaten der Europäischen Union nach und nach Teile ihrer Kompetenzen an die EU abgetreten und dies in den Verträgen von Amsterdam 1999, Nizza 2003 und Lissabon 2009 festgelegt. Während die EU-Staaten durch internationales, europäisches und nationales Recht zum Schutz von Flüchtlingen verpflichtet sind, liegt die Aufnahme von Migrantinnen und Migranten weitgehend in nationaler Entscheidungskompetenz. Bei den Zuwanderungen in die EU handelt es sich zunehmend um „gemischte" Wanderungen von Flüchtlingen und Migranten. Oft lassen sich die Wanderungsursachen nicht klar voneinander unterscheiden; politische, wirtschaftliche und andere Wanderungsgründe überlagern sich. Die Unterscheidung zwischen Flüchtlingen und Migranten wird dadurch erschwert, dass sie sich ähnlicher Netzwerke bedienen und auch Flüchtlinge vermehrt die Hilfe von Fluchthelfern und Schleppern in Anspruch nehmen. In der EU besteht das Problem, dass Flüchtlinge in der Praxis keine legalen Einreisemöglichkeiten haben, der ihnen Zugang zu einem geordneten Asylverfahren sichern würde. Ähnliches gilt für Migranten, denen entweder keine oder nur wenige legale Zuwanderungsmöglichkeiten offen stehen. Deshalb nehmen beide Gruppen gefährliche irreguläre Zuwanderungswege in Kauf.

Die EU-Staaten haben bei der Gestaltung des legalen Zugangs zur EU Spielräume: Bei Flüchtlingen könnten

6.4 Die EU im System der Internationalen Beziehungen – soll die EU ihre Grenzen für Flüchtlinge öffnen?

u. a. humanitäre Visa, Botschaftsverfahren, geschützte Einreiseverfahren und Resettlement genutzt werden, bei Migranten Visaerleichterungen und Migrations- und Mobilitätsprogramme. Demgegenüber sind die Möglichkeiten zur Reduzierung von Wanderungsursachen begrenzt und müssen danach unterschieden werden, ob es sich um erzwungene oder freiwillige Wanderungen handelt.

Resettlement
dauerhafte Neuansiedlung von Flüchtlingen in einem Drittland

M 11 Migration und Flucht – schwierige Aufgaben für die Politik

Autorengrafik

Aufgaben

1. Analysiere die Grafik M 8 und beschreibe anschließend die aktuelle Situation für die EU.
2. Erläutere die politischen und sozialen Folgen der steigenden Zahl von Asylbewerbern für Deutschland und die anderen Staaten der EU.
3. Entwickle Lösungsvorschläge, wie mit den Problemen rund um die zunehmende Anzahl von Asylsuchenden in den Aufnahmeländern umgegangen werden soll.
4. Erläutere die Möglichkeiten der verschiedenen politischen Ebenen, um das Asylproblem zu lösen (M 10, M 11).

Scheitert die EU an der Flüchtlingspolitik?

M 12 Der ursprünglich geplante EU-Verteilungsschlüssel

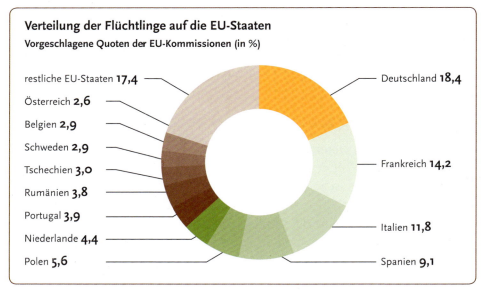

Quelle: www.tagesschau.de, EU-Kommission, 26.6.2015

M 13 Widerstand gegen EU-Flüchtlingsquote

Die EU-Kommission wollte Flüchtlinge in Europa per Quote gerechter verteilen, denn momentan tragen Italien und Griechenland die Hauptlast. Das hätte aber nur geklappt, wenn die Mitgliedsländer mitziehen. Das taten aber viele nicht. **Spanien** ist gegen den EU-Verteilungsschlüssel. „Ich bin mit den gewählten Kriterien nicht einverstanden", sagte Außenminister José Manuel García-Margallo. Die Pläne berücksichtigten die Arbeitslosenquoten der Länder nicht ausreichend. Die Arbeitslosigkeit – Spanien hat mit 23 Prozent eine der höchsten Quoten der EU – sei ein entscheidender Faktor für die Aufnahmekapazität eines Landes. **Frankreich** kündigte zumindest eine Überprüfung der EU-Pläne an. Bisher trügen fünf der 28 Staaten 75 Prozent der Lasten. Mehr Solidarität sei nur möglich, wenn jedes Land seiner Verantwortung gerecht werde. In den am stärksten betroffenen Ländern sollten Flüchtlinge nach gemeinsamen Kriterien Hilfe bekommen, illegale Einwanderer rasch zurückgeschickt werden, fordert die Regierung in Paris. **Großbritannien** wertet jede Abwehr zusätzlicher Einwanderung als Erfolg – lediglich der Flüchtlingsrat hat die Regierung aufgefordert, freiwillig hilfsbedürftige Flüchtlinge aufzunehmen. Aber Großbritannien, Irland und Dänemark genießen in den EU-Verträgen ohnehin einen Sonderstatus und können sich aus sämtlichen Quotenkonzepten ausklinken. **Tschechien**

Flüchtlinge und Asylanträge

Laut dem Flüchtlingshilfswerk UNHCR lag Deutschland im Jahr 2014 zwar auf Platz 2, was die absolute Zahl der Asylanträge (etwa 202.000) betrifft. Doch die absolute Zahl der Flüchtlinge lag in vielen Ländern weit höher: auf Platz 1 lag die Türkei, die fast 1,6 Millionen Flüchtlinge aufgenommen hat. Auf Platz 2 lag Pakistan mit etwa 1,5 Millionen Flüchtlingen, auf Platz 3 der Libanon mit etwa 1,2 Millionen Flüchtlingen. Berücksichtigt man die Bevölkerungszahl der Gastländer, dann war die Belastung des kleinen Libanons mit vier Millionen Einwohnern besonders hoch: hier kamen im Jahr 2014 auf 1.000 Einwohner 232 Flüchtlinge, in Jordanien waren es 87. In der Türkei kamen auf 1.000 Einheimische 21 Flüchtlinge, in Schweden 15 und auf Malta 14. Zum Vergleich: Deutschland hat 2014 bezogen auf 1.000 Einwohner 2,5 Flüchtlinge aufgenommen – diese Zahl dürfte für das Jahr 2015 bei 10 bis 12 liegen.

Nach: © 2015 Landeszentrale für politische Bildung Baden-Württemberg, www.lpb-bw.de (3.12.2015)

lehnt Flüchtlingsquoten grundsätzlich ab. „Quoten würden illegale Migranten, die Europa nicht in ihre Heimatländer zurückzuschicken in der Lage ist, noch ermuntern", kritisiert Ministerpräsident Bohuslav Sobotka. **Ungarn** streitet ebenfalls vehement gegen die Verteilung von Flüchtlingen nach Quoten. „Wir wollen, dass niemand mehr kommt, und die, die schon hier sind, nach Hause gehen", sagt Ministerpräsident Viktor Orban. Der „absurde" Quotenplan grenze „an Wahnsinn", weil er einen Anreiz für Zuwanderung schaffe. **Polen** lehnt Quoten ab und plädiert für eine freiwillige Aufnahme von Flüchtlingen. Auch aus dem Baltikum kommt Ablehnung. Estland und Litauen meinen, nicht so viele Menschen aufnehmen zu können wie vorge-

schlagen. **Deutschland** unterstützte die Pläne. Grundsätzliche Unterstützung kam – natürlich – auch aus den Ländern, die momentan die Hauptlast tragen. **Italien** sah in dem Vorschlag der EU einen wichtigen ersten Schritt in Richtung Solidarität. Innenminister Angelino Alfano warnte aber vor einem „Schwindel", weil der Plan nur für neu angekommene Flüchtlinge gelten soll und nicht für die Migranten, die bereits in Italien sind. Zudem wird diskutiert, dass nur Flüchtlinge mit guten Asylchancen auf andere Länder verteilt werden – die übrigen blieben Italiens Problem. **Griechenland** hieß das Vorhaben uneingeschränkt gut. Das Land ist neben Italien der größte Nutznießer der EU-Pläne.

www.tagesschau.de, ARD-aktuell, 26.6.2015

Klage gegen EU-Flüchtlingsquote
Am 2.12.2015 verkündete der slowakische Regierungschef, dass sein Land juristisch gegen eine Pflichtquote zur Aufnahme von Flüchtlingen vorgehen werde. Er forderte den Europäischen Gerichtshof auf, die Entscheidung über die Pflichtquoten für ungültig zu erklären. Bisher ist die Slowakei kaum von der Flüchtlingskrise betroffen. Im Jahr 2015 beantragten nur 154 Menschen Asyl – lediglich acht Anträge wurden genehmigt.

M 14 Ausgewählte Zahlen zu Asylanträgen* im 2. Quartal 2015

Land	EU 28	DE	HU	AT	IT	FR	SE
Anzahl	213.000	80.900	32.700	17.400	> 14.000	> 14.000	> 14.000

Quelle: www.tagesschau.de, 18.9.2015; Länderkürzel laut ISO 3166

*Die Statistik umfasst nur gültige Asylanträge. 600.000 Asylanträge wurden im 2. Quartal 2015 noch auf Zulässigkeit geprüft. Im Vergleich zum 1. Quartal 2015 stieg die Zahl der Asylanträge um mehr als 15 % an. Im Vergleich zum 2. Quartal 2014 sogar um mehr als 85 %.

Aufgaben

1. Laut M 12 und M 13 wären Italien und Griechenland die größten Nutznießer einer Quotenregelung. Erläutere diese Aussage.
2. Arbeite heraus, an welcher Stelle im Politikzyklus (vgl. S. 116) sich die EU-Migrationspolitik derzeit befindet (M 13).
3. „Die mangelnde Solidarität in der EU bei der Lösung der Flüchtlingsfrage zeigt, wie brüchig die europäische Integration ist." Nimm Stellung zu diesem Zitat.
4. Die Aufnahme von Flüchtlingen im Ländervergleich lässt sich statistisch unterschiedlich darstellen: Asylanträge pro Einwohner, absolute Zahl von Anträgen, Anträge gemessen am BIP (Wirtschaftskraft) oder Höhe der Arbeitslosigkeit etc. Erläutere Vor- und Nachteile der unterschiedlichen statistischen Angaben.

zu Aufgabe 1
Informiere dich über das Dublin-Abkommen (vgl. S. 310).

zu Aufgabe 3
Recherchiere nach den Kriterien, die der EU-Quotenregelung zugrunde liegen.

Wie kann die EU das Flüchtlingsproblem lösen?

M 15 Mehr Geld und Kriegsschiffe?

Aus Protest gegen die EU-Flüchtlingspolitik nahmen am 21.6.2015 tausende Menschen an einer symbolischen Bestattungsaktion vor dem Reichstagsgebäude in Berlin teil.

Die EU verdreifacht die Mittel für ihre Grenzschutz- und Seenotrettungsprogramme Triton und Poseidon. Das gaben EU-Ratspräsident Donald Tusk und EU-Kommissionspräsident Jean-Claude Juncker nach dem Sondergipfel der Staats- und Regierungschefs der EU in Brüssel bekannt. Bislang betrug das Budget der EU-Grenzschutzmission Triton monatlich 2,9 Millionen Euro. Das Dreifache entspricht dem Budget der italienischen Vorgängermission Mare Nostrum von etwa neun Millionen Euro monatlich. Außerdem sollen mehr Kriegsschiffe im Mittelmeer eingesetzt werden. Deutschland und Frankreich sagten die Entsendung von zwei zusätzlichen Schiffen zu, Großbritannien schickt drei. Auch Streitkräfte weiterer EU-Mitglieder beteiligen sich an dem Einsatz. Sie sollen Boote von Schmugglern zerstören, bevor Schmuggler sie einsetzen können. Experten halten dafür jedoch einen offiziellen Auftrag der Vereinten Nationen für nötig, Frankreichs Präsident François Hollande forderte ein entsprechendes UN-Mandat. Fraglich ist, ob sich die Schleuserschiffe mit Geheimdienstinformationen eindeutig identifizieren lassen und nicht mit Fischerbooten verwechselt werden.

dpa/AP/AFP/jbw, www.zeit.de, 23.4.2015

M 16 „Wir brauchen einen EU-Flüchtlingsfonds"

Die Journalisten Manfred Schäfers und Julian Staib im Gespräch mit Gerd Müller (CSU), Bundesminister für wirtschaftliche Zusammenarbeit und Entwicklung.

Herr Minister, über das Mittelmeer kamen allein seit Jahresanfang schon rund 100.000 Flüchtlinge. Reagiert Europa angemessen auf die Krise?
In Brüssel hat das Thema noch nicht den notwendigen Stellenwert. Die Flüchtlingskrise ist ein gesamteuropäisches Problem, alle 28 Staaten müssten koordiniert handeln. [...]
Ist Brüssel überfordert?
Ich frage mich, auf welche Herausforderung die EU-Kommission wartet, um zu reagieren. Wie groß muss die Katastrophe werden? Wir brauchen einen europäischen Flüchtlingsfonds von 10 Milliarden Euro. Das Geld kann man aus bestehenden Töpfen nehmen. Das Geld ist da. Außerdem brauchen wir einen EU-Sonderbeauftragten für Flüchtlinge. Die Vereinten Nationen haben so etwas. Warum wir nicht? Wir müssen neue Prioritäten setzen. [...]
Wie lassen sich die Ursachen für die gefährliche Flucht über das Mittelmeer bekämpfen?
Afrika muss im Fokus Europas stehen. Bis 2050 werden zwei Milliarden Kinder auf dem Kontinent geboren, die Einwohnerzahl wird sich

6.4 Die EU im System der Internationalen Beziehungen – soll die EU ihre Grenzen für Flüchtlinge öffnen?

nahezu verdoppeln. Afrika hat ein Durchschnittsalter von 25 Jahren, im Niger und in anderen Staaten liegt es nur bei 15 Jahren. Zwei Drittel der Jugendlichen haben keinen Arbeitsplatz. Wenn wir uns da nicht einbringen und nur zuschauen, rollen gewaltige Probleme auf uns zu.

In viele Länder, aus denen nun Flüchtlinge kommen, fließen seit Jahrzehnten deutsche Gelder. War die Entwicklungszusammenarbeit wirkungslos?
Der Krisenausbruch im Irak und der in Syrien sind von der Entwicklungszusammenarbeit nicht zu verhindern gewesen. Unabhängig von den aktuellen Krisen und Konflikten ist die Welt heute besser als vor 50 Jahren. Man darf hier nicht nur auf die afrikanischen Krisenländer schauen. Sehen Sie sich die Millenniumsziele an, die Reduzierung der Armut um die Hälfte, das Impfen von 500 Millionen Kindern in 15 Jahren, das Verschwinden von Polio und Tuberkulose, die Begrenzung von Malaria und Aids, die Halbierung der Kinder- und Müttersterblichkeit – das sind große Erfolge. [...]

An der libyschen Küste warten angeblich 800.000 Menschen auf eine Überfahrt. Kann man die alle versorgen?
Ich nicht, aber die Weltgemeinschaft. Wollen wir zuschauen, wie die Menschen in der Wüste verhungern? Wir müssen den ersten Schritt machen. Der Mittelmeerraum ist eine europäische Herausforderung. Wenn wir das Problem nicht dort lösen, werden wir dauerhaft die Boots- und Schlepperproblematik haben. Deswegen müssen wir Libyen helfen, eine Regierung der nationalen Einheit zu bilden, Strukturen zu entwickeln. Das ist eigentlich ein reiches Land.

Hat der Westen hier versagt?
Wir müssen mehr vorausschauende Krisenprävention betreiben. Die Probleme, die wir jetzt im Irak oder in Libyen haben, sind Folge von Handlungen, die vier oder fünf Jahre zurückliegen: Libyen und Gaddafi wurden bombardiert, dann aber die Stabilisierung des Landes nicht vorangetrieben. Die Milizen wurden nicht entwaffnet, und es wurde zu wenig für den Aufbau des Staates getan.

Angesichts der verfallenden staatlichen Strukturen versickert jede Hilfe, wenn nicht mehr passiert.
Das stimmt. Wir brauchen ein EU-Gesamtkonzept aus Außen-, Sicherheits- und Entwicklungspolitik. Wir müssen uns aktiv einbringen, um die Situation in Libyen zu befrieden und den Krieg in Syrien zu beenden. Ich unterstütze die Initiativen von Außenminister Steinmeier hier ausdrücklich. Die EU-Flagge muss in diesen Staaten als Ausdruck einer humanitären Großmacht wehen. Ich sehe sie bisher nicht.

Manfred Schäfers/Julian Staib, Frankfurter Allgemeine Zeitung, 22.6.2015

„Notfallmaßnahme" der EU-Kommission – Brüssel will Zehntausende Flüchtlinge umsiedeln
- Um Italien und Griechenland zu entlasten, will die EU-Kommission von dort 40.000 Menschen auf andere Mitgliedstaaten verteilen.
- Der Vorschlag ist Teil einer neuen Flüchtlingspolitik. Eine „Einwanderungsagenda" sieht die Einführung eines Quotensystems vor.
- Gegen die Pläne aus Brüssel gibt es heftigen Widerstand. Frankreich, Großbritannien, Polen und Ungarn sind strikt gegen eine Quotenregelung.

Alexander Mühlauer, Süddeutsche Zeitung, 27.5.2015

Gaddafi
Muammar al-Gaddafi; von 1969 bis zu seinem gewaltsamen Tod im Jahr 2011 Staatsoberhaupt von Libyen

Aufgaben

1. Fasst in Gruppen die im Laufe des Unterkapitels dargelegten Maßnahmen der EU zur Eindämmung des Flüchtlingsstroms und der irregulären Einwanderung zusammen.
2. Vergleicht die Maßnahmen der EU im Anschluss daran mit den Vorschlägen des Bundesministers Gerd Müller (CSU) (M 16). Beurteilt seine Vorschläge auf Wirksamkeit aus eurer persönlichen Sicht.

Was wir wissen

Migration und Flüchtlinge
M 2, M 3

Von Migration spricht man, wenn eine Person ihren Lebensmittelpunkt räumlich verlegt. Von internationaler Migration spricht man dann, wenn dies über Staatsgrenzen hinweg geschieht. Flüchtlinge werden im Gegensatz zu Migranten gezwungen, ihren Lebensmittelpunkt aufzugeben. Während die EU-Staaten durch internationales, europäisches und nationales Recht zum Schutz von Flüchtlingen verpflichtet sind, liegt die Aufnahme von Migrantinnen und Migranten weitgehend in nationaler Entscheidungskompetenz. Bei den Zuwanderungen in die EU handelt es sich zunehmend um „gemischte" Wanderungen von Flüchtlingen und Migranten.

Spielräume der EU-Politik
M 4 – M 13

Mit dem zunehmenden Zuwanderungsdruck auf die meisten Mitgliedstaaten der Europäischen Union sehen sich die Nationalstaaten nicht mehr in der Lage, diesen allein zu kontrollieren. Die europäische Integration ermöglicht Mobilität, ohne Binnengrenzen. Als die Grenzen im Inneren der Europäischen Gemeinschaft fielen (Schengener Abkommen), standen die Mitgliedstaaten vor dem Problem, dass auch Angehörige von Drittstaaten (d. h. von Nicht-EU-Staaten) damit von einem Land in das nächste reisen konnten, ohne dass der einzelne Staat darüber eine Kontrolle hätte. Die EU-Staaten haben bei der Gestaltung des legalen Zugangs zur EU Spielräume: für Flüchtlinge z. B. humanitäre Visa, Botschaftsverfahren, geschützte Einreiseverfahren und Resettlement, für Migranten Visaerleichterungen und Migrations- und Mobilitätsprogramme. Weiter könnte Europa, wie von den Vereinten Nationen gefordert, einen legalen Zugang für Arbeitsmigranten, Armuts- und Klimaflüchtlinge schaffen, die die EU in wachsender Zahl erreichen werden. Eine zentrale Aufgabe der EU ist es eine gerechte Verteilung der Flüchtlinge (Quotenregelung) innerhalb der EU-Staaten zu erreichen. Die Pläne zur Flüchtlingsverteilung in Europa über Quoten stoßen jedoch bei einer Reihe von Mitgliedstaaten der Europäischen Union auf Ablehnung, darunter insbesondere Großbritannien und eine ganze Reihe osteuropäischer Länder. Sie fürchten, dass die Kommissionsvorschläge dauerhaft die Dublin-Regeln aushebeln. Diese sehen vor, dass Flüchtlinge ihren Asylantrag in dem Land stellen müssen, in dem sie zuerst in der Europäischen Union eintreffen.

Belastungen der EU-Mitgliedstaaten

Dies ist deshalb wichtig, weil die in kurzer Zeit u. a. durch die Kriege und Konflikte im Irak, in Syrien oder Libyen sprunghaft angestiegene Zahl an Flüchtlingen die aufnehmenden EU-Staaten vor große Probleme stellt: Allein die reine Unterbringung der Flüchtlinge ist nicht gesichert, die finanziellen Belastungen steigen und die Integration wird durch Ausländerfeindlichkeit in Teilen der Bevölkerung erschwert.

Was wir wissen

Laut dem Hohen Flüchtlingskommissar der Vereinten Nationen waren im Jahr 2015 etwa 60 Millionen Menschen weltweit auf der Flucht (davon 28,8 Millionen Binnenvertriebene). Die Ursachen von Zwangswanderungen sind Kriege, Bürgerkriege, Vertreibung und Verfolgung, zunehmend auch Zerstörung wirtschaftlicher oder natürlicher Lebensgrundlagen sowie die allgemeine Hoffnung der Flüchtlinge auf ein menschenwürdiges Leben. In zunehmendem Maße spielen die durch Klimaveränderung hervorgerufenen Naturkatastrophen eine Rolle (Wüstenbildung, Trinkwasserknappheit, starke tropische Wirbelstürme und extreme Regenmengen, steigender Meeresspiegel).

Ursachen der Flüchtlingswellen

Der Entwicklungszusammenarbeit und der Außenpolitik der EU kommt bei der Lösung der Flüchtlingsprobleme langfristig eine Schlüsselrolle zu, weil damit versucht werden kann, den Fluchtursachen zu begegnen. Kurzfristig muss der Flüchtlingsschutz verbessert und der Zugang zu Asylverfahren garantiert werden, ohne dass Flüchtlinge Opfer von Schleppern werden. Ein schnelleres Asylverfahren ist für alle Beteiligten sinnvoll. Die asylsuchenden Menschen sollten erfahren, ob sie in der EU eine Bleibeperspektive haben oder nicht. Außerdem können personelle und finanzielle Ressourcen durch ein schnelles Verfahren geschont werden. Die EU-Mitgliedstaaten müssen von einem gesellschaftlichen Konsens getragene Antworten auf die Frage finden, wie geregelte Migration die entwicklungspolitischen Zielsetzungen der Herkunftsländer und die wirtschaftlichen und sonstigen Interessen der Aufnahmeländer erfüllen.

Lösungen der Flüchtlingsproblematik
M 15, M 16

Die Zukunft des europäischen Integrationsprozesses und damit auch der Europäischen Union ist völlig offen. Die von Fachleuten entwickelten Szenarien reichen von der Verwirklichung einer politischen Union in Form eines europäischen Nationalstaats über eine eher unverbindliche Zusammenarbeit einzelner Staaten bis zur völligen Auflösung der Union. Wohin die tatsächliche Entwicklung führen wird, wie die Rolle der EU in der Welt sein wird, weiß niemand zu sagen, da sie von vielen unwägbaren Faktoren und politischen Entscheidungen abhängig ist. Wenn sich etwa die Spannungen unter den EU-Mitgliedstaaten bspw. aufgrund der Flüchtlingskrise weiter verschärfen und es in diesem Zusammenhang zu einer Eskalation kommen sollte, wird die EU so wie sie sich zu Anfang der zweiten Dekade des 21. Jahrhunderts präsentiert, nicht überlebensfähig sein. Aber auch die Beantwortung der Frage nach einer fortgesetzten Erweiterung der Union in Richtung Türkei oder Ukraine könnte für das Schicksal der EU von entscheidender Bedeutung sein.

Wohin steuert die EU?

Was wir können

Obergrenzen für Flüchtlinge – ein Pro und Kontra

Der bayerische Ministerpräsident Horst Seehofer (CSU) hat eine konkrete Obergrenze von „maximal 200.000 Flüchtlingen" pro Jahr gefordert. „Aus den Erfahrungen der Vergangenheit kann ich sagen: In Deutschland haben wir keine Probleme mit dem Zuzug von 100.000 bis höchstens 200.000 Asylbewerbern und Bürgerkriegsflüchtlingen pro Jahr", sagte der CSU-Chef der „Bild am Sonntag". „Diese Zahl ist verkraftbar, und da funktioniert auch die Integration. Alles was darüber hinausgeht, halte ich für zu viel."

AFP/mol, www.welt.de, 3.1.2016

Martin Polansky (Inforadio-Redaktion) – Pro Obergrenze für Flüchtlinge

Befürworter der deutschen Flüchtlingspolitik argumentieren gerne juristisch: Das Asylrecht kenne keine Obergrenze. Stimmt. Aber nach der gültigen Rechtslage könnte Deutschland die allermeisten Flüchtlinge sofort wieder zurückschicken, weil sie aus sicheren Drittstaaten einreisen.

5 Es geht in der Debatte um die Obergrenze also nicht um rechtliche Zwänge sondern um politische Entscheidungen. Und die deutsche Flüchtlingspolitik ist komplett aus dem Ruder gelaufen. Deutschland steht alleine da in Europa – trotz der hilflosen Appelle an die Solidarität der anderen. Inzwischen hat selbst die rot-grüne Regierung in Schweden die Reißleine gezogen, lässt die Grenzen kontrollieren und hat ihr Asyl-
10 recht verschärft. Unter Tränen gab eine grüne Ministerin das diese Woche bekannt. Bullerbü-Schweden kann nicht mehr.

Bleibt das Land ohne Obergrenze. Deutschland. Es war eine politische Entscheidung der Kanzlerin, die europäischen Regelungen außer Kraft zu setzen und das Signal in die Welt zu senden, dass es keine Obergrenze bei uns gibt. Die Menschen
15 haben es gehört von Syrien über Irak bis Pakistan – und immer neue machen sich auf den Weg. Wie viele vor Verfolgung fliehen, wie viele einfach nur die Gelegenheit nutzen, weiß niemand.

Klar scheint mir: Eine genaue Obergrenze zum Beispiel von einer Million lässt sich nicht festlegen. Sowieso nur akademisch ist die besorgte Frage, was denn mit dem
20 Ein-Million-Ersten passieren würde. Die Behörden wissen nicht einmal genau, wie viele Flüchtlinge bisher ins Land gekommen sind. Den Ein-Million-Ersten würden sie gar nicht bemerken.

Es geht jetzt um ein klares Signal. Die Ansage der Bundesregierung, dass die Grenze erreicht ist. Ein Signal an die Welt: Macht Euch nicht mehr auf den Weg, wir
25 schicken auch zurück. Wenn man dazu noch Kontingente schaffen möchte – nichts dagegen. Man wird den Flüchtlingszuzug nicht komplett stoppen können, Hilfsbereitschaft bleibt notwendig. Aber wir brauchen geordnete Bahnen, keine hilflose Bullerbü-Politik.

rbb Inforadio, www.inforadio.de, 27.11.2015

Was wir können

Angela Ulrich (ARD-Hauptstadtstudio) – Kontra Obergrenze für Flüchtlinge

Was soll Angela Merkel denn machen? Soll sie einen Syrer ohrfeigen? Soll sie ihre Mundwinkel noch tiefer runterziehen beim Flüchtlingsthema? Um die freundlichen Selfies vom September – Wange an Wange mit Asylbewerbern – quasi wieder rückgängig zu machen? So ähnlich kommt es mir vor, wenn jetzt viele fordern: wir brauchen die Wende in der Flüchtlingspolitik! Eine Obergrenze!

Klar kann Deutschland nicht alle aufnehmen, die gern in unser wohlhabendes, friedliches Land kommen. Und das hätte Angela Merkel schon früher deutlicher sagen können und müssen. Aber eine Zahl zu definieren, nur für Deutschland, macht keinen Sinn. Denn sofort würde die Kanzlerin unglaubwürdig, wenn es doch mehr Menschen werden, die herkommen. Und an einer Begrenzung arbeitet Merkel bereits. Balkan-Flüchtlinge haben so gut wie keine Chance mehr, hierbleiben zu können. Es kommen dadurch schon sehr viel weniger. Und was Flüchtlinge aus dem Bürgerkrieg angeht: auch da arbeitet Merkel an einem Signal in größerem – europäischen – Rahmen. Denn wir sind ein gemeinschaftlicher europäischer Raum. Das ist unsere Stärke, unser Gut – etwas dass es zu verteidigen gilt. Dass dies fast alle EU-Staaten – inklusive Deutschland – vor allem als Zugewinngemeinschaft verstanden haben, wird jetzt immer klarer. Das hat die Kanzlerin unterschätzt. Aber trotzdem muss Merkel weiter darauf drängen, zu gemeinsamen europäischen Flüchtlingskontingenten zu kommen. So aussichtslos das auch scheint. Dass sie sich damit erpressbar macht, gerade einem türkischen Staatspräsidenten Erdogan gegenüber, ist bitter. Aber einfach die Realität.

Mein Appell: Lasst die Regierung mit Ländern und Kommunen endlich in Ruhe arbeiten. Asylanträge entscheiden. Unterbringung organisieren, Sprachkurse – also Ordnung in das Chaos bringen. Kleine Fortschritte gibt es. Der Bund übernimmt Milliardenkosten. Asylleistungen sind gekürzt. Umso schlimmer, dass die Koalition jetzt schon wieder streitet, statt Merkel den Rücken zu stärken. Denn nur eine starke Kanzlerin kann diese Herausforderung bestehen.

rbb Inforadio, www.inforadio.de, 27.11.2015

Aufgabe

Informiere dich ausgehend von den Aussagen des bayerischen Ministerpräsidenten Hort Seehofer (CSU) über die jeweiligen Positionen der im Bundestag vertretenen Parteien zur Forderung einer Obergrenze für die Aufnahme von Flüchtlingen in Deutschland. Schließe dich im Anschluss daran – je nach deiner persönlichen Meinung – entweder der Pro- oder der Kontra-Seite an und nimm in Form eines an die Gegenseite gerichteten Leserbriefes begründet Stellung.

6.5 Die gemeinsame Außen- und Sicherheitspolitik – welche Handlungsspielräume hat die EU im Ukraine-Konflikt?

Wie entwickelte sich der Konflikt – wer sind die Akteure und welche Ziele verfolgen sie?

M 1 Der Ukraine-Konflikt in der Karikatur

Karikatur: Harm Bergen

Russischer Bär
Zumeist in Westeuropa verwendete Darstellung (Allegorie), die auf die Größe und Stärke des Landes anspielt.

Stier und Prinzessin
Europa ist die Tochter des phönizischen Königs Agenor und der Telephassa. Zeus verliebte sich in sie. Er verwandelte sich wegen seiner argwöhnischen Gattin Hera in einen Stier. Sein Bote Hermes trieb eine Kuhherde in die Nähe der am Strand von Sidon spielenden Europa, die der Zeus-Stier auf seinem Rücken entführte.

Erklärfilm „NATO"

Mediencode: 71035-21

M 2 Die Vorgeschichte des Ukraine-Konflikts

Mit dem Zusammenbruch des Kommunismus und dem Zerfall der UdSSR im Jahr 1991 erhielten viele Volksgruppen der Sowjetunion einen eigenen Staat. So entstanden aus ehemaligen Sowjetrepubliken z. B. die baltischen Staaten, Georgien, Weißrussland und die Ukraine. Die russische Außenpolitik war bemüht, Einfluss auf diese neu entstandenen Staaten zu behalten. Russland musste allerdings hinnehmen, dass die baltischen Staaten Mitglied der EU und der NATO wurden. Die Bevölkerung der Ukraine orientiert sich in ihrem westlichen Teil stark an Europa und der EU. Im Süden und Osten der Ukraine ist diese Ausrichtung nicht vorhanden, die Bevölkerung ist eher Russland verbunden. Die Energieversorgung der Ukraine hängt vom russischen Gaskonzern Gazprom ab.

Nach: www.demokratie-gestalten.eu (1.10.2015)

6.5 Die gemeinsame Außen- und Sicherheitspolitik

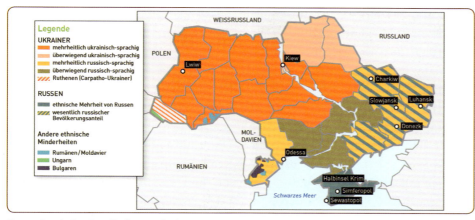

Daten: Bayrischer Rundfunk, www.br.de, 3.12.2013

Ukraine-Konflikt und Energieversorgung

Die Energiesicherheit der zentraleuropäischen Staaten ist stark von russischen Gaslieferungen abhängig. Da diese zu einem erheblichen Teil durch Pipelines in der Ukraine transportiert werden, gefährdet der Ukraine-Konflikt die Energieversorgung mit Erdgas in der EU insbesondere in Deutschland. Russland liefert ca. 35 % des Erdgasbedarfs nach Deutschland. Andererseits sind die Exporte von Gas für Russland eine wichtige Einnahmequelle.

M 3 Der „Euromaidan"

Im Spätherbst 2013 flammten Proteste in der Ukraine auf. Ein Auslöser war die Ankündigung der ukrainischen Regierung, ein Assoziierungsabkommen mit der Europäischen Union nicht zu unterzeichnen. Mit diesem Abkommen hätte sich die Ukraine wirtschaftlich an die EU gebunden, aber auch politisch nach Westen geöffnet. Zentrum der Unruhen war der Maidan als Platz der Unabhängigkeit in der Hauptstadt Kiew. Das Ziel einer Annäherung an die EU ließ für die Massenbewegung den Begriff „Euromaidan" entstehen. Die Demonstrationen mit teilweise 500.000 Menschen wurden von der ukrainischen Polizei mit brutaler Gewalt auseinandergetrieben. Es kam zu Todesopfern auf Seiten der Demonstranten und der Polizeikräfte. Im Februar 2014 eskalierte die Situation zu bürgerkriegsähnlichen Zuständen. Daraufhin schaltete sich die EU mit den Außenministern Deutschlands, Polens und Frankreichs ein. Ein Kompromiss zwischen dem russlandfreundlichen Präsidenten Janukowitsch und der Opposition sah Neuwahlen und die Bildung einer Übergangsregierung vor. Ein Tag nach diesem Kompromiss setzte das ukrainische Parlament Janukowitsch ab. Ihm wurden auch Korruption und Prunksucht vorgeworfen. Es bildete sich eine westlich orientierte Regierung.

Nach: www.demokratie-gestalten.eu (1.10.2015)

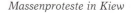

Massenproteste in Kiew

M 4 Der Krim-Konflikt

Russland kritisierte die Entwicklung in der Ukraine und die Westorientierung der neuen ukrainischen Regierung. Es befürchtet eine Ausdehnung des westlichen Einflusses und das Erstarken rechter ukrainischer Kräfte. Auf der Halbinsel Krim, auf der eine mehrheitlich russischstämmige Bevölkerung wohnt, sagte sich das dortige Regionalparlament von der Ukrai-

Erklärfilm „Krim-Konflikt"

Mediencode: 71035-22

UN-Sicherheitsrat

Der Sicherheitsrat der Vereinten Nationen ist ein Organ der Vereinten Nationen. Er setzt sich aus fünf ständigen und zehn nicht-ständigen Mitgliedern zusammen. Die fünf ständigen Mitglieder (China, Frankreich, Großbritannien, Russland und USA) haben bei der Verabschiedung von Resolutionen ein Vetorecht und werden daher auch als Vetomächte bezeichnet.

Erklärfilm „Vereinte Nationen"

Mediencode: 71035-23

OSZE

Die Organisation für Sicherheit und Zusammenarbeit in Europa (OSZE) ging 1995 aus der Konferenz über Sicherheit und Zusammenarbeit in Europa (KSZE) hervor. Sie ist mit 57 Mitgliedstaaten die einzige sicherheitspolitische Organisation, in der alle europäischen Länder, die Nachfolgestaaten der Sowjetunion, die USA, Kanada und die Mongolei vertreten sind.

---

ne los und beschloss einen Anschluss an Russland. Ein Referendum der Bevölkerung der Krim am 16.3.2014 bestätigte mit großer Mehrheit den Anschluss. Auf der Krim ist in Sewastopol die russische Schwarzmeerflotte stationiert. Die russischen Interessen an der Krim hat Staatspräsident Putin verdeutlicht, indem er russische Truppen auf die Krim verlegte.

Die Annexion der Halbinsel Krim im vergangenen Jahr war laut Putin notwendig, um einen „historischen Fehler" – die Übertragung der Krim an die damalige sowjetische Teilrepublik Ukraine 1954 – zu „berichtigen". „Es ist nicht, weil wir etwas abbeißen oder auseinanderreißen wollen", sagte er. „Und nicht einmal, weil die Krim eine strategische Bedeutung in der Schwarzmeerregion hat. Es ist, weil es eine Frage historischer Gerechtigkeit ist."

Russlands Vorgehen auf der Krim wurde von den USA und mehreren EU-Staaten als Verletzung der staatlichen Souveränität der Ukraine und Bruch des Völkerrechts (Recht auf staatliche Integrität/Einmischung in innerer Angelegenheiten) scharf kritisiert.

Die russische Militäraktion auf der Krim beunruhigte insbesondere Polen und die baltischen Staaten. Die USA verlegten weitere Kampfflugzeuge nach Polen, die NATO schickte Awacs-Aufklärer nach Polen und Rumänien. Mit Wirtschaftssanktionen, Einreiseverbote für die russische Führung und den Abbruch politischer Gespräche sollte Russland bestraft werden. Im UN-Sicherheitsrat scheiterte eine Resolution, die das Referendum auf der Krim für nichtig erklärte, am Veto Russlands.

Z. 1 – 20: mli/AFP, www.n24.de, 27.4.2015 /
Z. 21 – 53: www.demokratie-gestalten.eu (1.10.2015)

M 5 Die Entwicklung im Osten der Ukraine

Im Osten der Ukraine ergaben sich bald nach dem Anschluss der Krim an Russland gewalttätige Ausschreitungen zwischen dem westlich-orientierten und dem prorussischen Bevölkerungsanteil. Prorussische Separatisten und ukrainische Militärs bekämpften sich. Das ukrainische Militär wurde dabei auch von rechtsgerichteten Freiwilligenverbänden unterstützt.

Die diplomatischen Bemühungen zur Beilegung der Krise wurden intensiviert. Alle Gespräche der EU-Vertreter mit Präsident Putin brachten bislang aber keine langfristig zufriedenstellende Ergebnisse. Beobachter der Organisation für Sicherheit und Zusammenarbeit in Europa (OSZE) wurden in die Ukraine entsandt.

Mit der Präsidentschaftswahl am 25. Mai 2014 und ihrem eindeutigen Gewinner des Unternehmers und Schokoladen-Milliardärs Petro Poroschenko erhofften sich die Ukrainer und die internationale Gemeinschaft Entspannung. Doch die Hoffnung erfüllte sich nicht.

Ukrainische Truppen und prorussische Separatisten bekriegten sich und über 2.000 Menschen verloren in den Kämpfen ihr Leben, über 4.000 wurden verletzt. Nach Angaben des Flüchtlingshilfswerk der Ver-

6.5 Die gemeinsame Außen- und Sicherheitspolitik

einten Nationen waren über 800.000 Menschen auf der Flucht. Ein großer Teil der Infrastruktur in den umkämpften Gebieten wurde zerstört.

Russland lieferte in einem Lastwagenkonvoi Hilfsgüter in die Ukraine, dies geschah allerdings ohne Einwilligung der ukrainischen Regierung. Im UN-Sicherheitsrat konnte keine Einigung erzielt werden. Die Lage in der Ukraine bleibt auch aktuell angespannt, eine Waffenruhe, die am 5. September 2014 in Kraft trat, gibt erstmals Anlass zur Hoffnung. Die seither geltende Feuerpause ist allerdings brüchig, die Regierung in Kiew und die Separatisten im Osten der Ukraine berichten von Verletzungen der Waffenruhe.

Die Regierung der Ukraine schloss mit der EU am 16. September 2014 ein Assoziierungsabkommen ab. Ukrainische Regierungsvertreter hoffen auf einen baldigen Beitritt der Ukraine zur EU. Russlands Staatspräsident bezeichnete die umkämpften ostukrainischen Gebiete als „Neurussland". Diese Gebiete könnten für Russland eine Landbrücke zur Krim darstellen. Die NATO erklärte sich mit der Ukraine im Kampf gegen die Separatisten solidarisch, ein Beitritt der Ukraine zur NATO steht jedoch nicht an.

Das Verhalten Russlands sollte nicht ohne Konsequenzen bleiben. Die Europäische Union und die USA verhängten Sanktionen in Form von Einreiseverboten und Kontensperrungen gegen russische und ukrainische Politiker. Weitere wirtschaftliche Einschränkungen für Russland im Bankensektor folgten. In Reaktion auf die Wirtschaftssanktionen des Westens stoppte Russland jetzt die Einfuhr von Agrarprodukten aus der EU und den USA.

Nach: www.demokratie-gestalten.eu (1.10.2015)

EU-Assoziierungsabkommen mit der Ukraine
Beinhaltet die Vereinbarung eines umfassenden Freihandelsabkommens mit dem nicht nur der zollfreie Zugang zu den Märkten von EU und Ukraine freigegeben wird, sondern die Ukraine auch die rechtlichen und wirtschaftlichen EU-Standards übernimmt. Alle 28 EU-Mitgliedstaaten müssen das Abkommen ratifizieren, bevor es endgültig und umfänglich in Kraft treten kann. Bis dahin gelten Übergangsbestimmungen.

hybrider Krieg in der Ukraine
Mit dem Jahreswechsel 2013/14 begann in der Ukraine ein Gewaltkonflikt, der oft als „hybrider Krieg" bezeichnet wird. Damit ist die Unterstützung von Aufstands- oder Widerstandsbewegungen durch einen anderen Staat gemeint.

Aus: Spiegel Online, 8.9.2014

Methode

M 6 Internationale Konflikte analysieren und beurteilen

Fragestellungen	Vorgehensweise
Inhalt und Entwicklung des Konflikts Um welchen Konflikt handelt es sich? Welche aktuellen (tagespolitischen) Bezüge sind vorhanden? Wie entwickelte sich der Konflikt (Anlass, Verlauf)?	Beschreibe die aktuelle Situation in der Ukraine? (Medienrecherche) Beschreibe, wie sich der Konflikt bisher entwickelte. (Entstehung, Phasen) M 1 – M 5
Ursachen und Erklärungen Wer sind die Konfliktparteien und Akteure? Welche Interessen und Positionen vertreten die Konfliktparteien und Akteure?	Erkläre, welche Parteien sich gegenüberstehen, welche Interessen und Ziele diese verfolgen? Welche Institutionen sind beteiligt. M 1 – M 5 und M 8, M 9, M 11 – M 14
Beurteilungen Wie ist der Konflikt zu beurteilen? Beurteilungskriterien: rechtlich: Internationales Recht/Völkerrecht Stabilität: stabile Staaten/Weltordnung	Erläutere die unterschiedlichen Positionen und Perspektiven zur Beurteilung des Konflikts aus der Sicht des Völkerrechts, aus der Sicht der Machtverteilung und der Sicherheit in Europa. M 8, M 9 Beurteile den Konflikt aus deiner persönlichen Sicht.
Lösungsmöglichkeiten, Handlungsoptionen Gibt es Möglichkeiten der Konfliktlösung? Welche Handlungsoptionen haben die Konfliktparteien? Wer kann zur Konfliktlösung beitragen?	Beschreibe Szenarien, wie sich der Konflikt lösen bzw. weiterentwickeln könnte. Erläutere die Handlungsoptionen der Beteiligten. Beurteile Möglichkeiten der Konfliktlösung. M 16, M 17

Aufgaben

1. Stelle Nachrichten- und Zeitungs-Schlagzeilen zur Ukraine-Krise zusammen.
2. Beschreibe zusammenfassend den Verlauf des Ukraine-Konflikts (M 1 – M 5).
3. Erläutere, worin die Ursachen des Ukraine-Konflikts bestehen, wer die Konfliktparteien sind und welche Interessen und Ziele diese verfolgen.
4. Entwickelt in Gruppen hypothesenartig Vorschläge für eine effektive gemeinsame Außen- und Sicherheitspolitik der EU zur Befriedung des Ukraine-Konflikts, welche die Werte und Interessen der EU berücksichtigen.

zu Aufgabe 2
Gliedere den Konfliktverlauf in Phasen und formuliere dazu Überschriften.

zu Aufgabe 3
Grundlage der Erläuterung kann eine tabellarische Übersicht (Konfliktparteien, Ziele, Interessen) sein.

Kontrovers diskutiert: Hat Russland die Krim rechtswidrig annektiert?

M 7   Explosionsgefahr

Karikatur: Schwarwel

M 8   Die Krim und das Völkerrecht – handelte Russland rechtswidrig?

Hat Russland die Krim annektiert? Nein. Waren das Referendum auf der Krim und deren Abspaltung von der Ukraine völkerrechtswidrig? Nein.
5 Waren sie also rechtens? Nein; sie verstießen gegen die ukrainische Verfassung (aber das ist keine Frage des Völkerrechts). Hätte aber Russland wegen dieser Verfassungswidrigkeit
10 den Beitritt der Krim nicht ablehnen müssen? Nein; die ukrainische Verfassung bindet Russland nicht. War dessen Handeln also völkerrechtsgemäß? Nein; jedenfalls seine militäri-
15 sche Präsenz auf der Krim außerhalb seiner Pachtgebiete dort war völkerrechtswidrig. Folgt daraus nicht, dass die von dieser Militärpräsenz erst möglich gemachte Abspaltung der
20 Krim null und nichtig war und somit deren nachfolgender Beitritt zu Russland doch nichts anderes als eine maskierte Annexion? Nein. Die offiziellen Bekundungen westlicher Regie-
25 rungen lauten anders. Glaubt man ihnen, dann hat Russland auf der Krim völkerrechtlich das Gleiche getan wie Saddam Hussein 1991 in Kuwait: fremdes Staatsgebiet militärisch konfisziert und dem eigenen zugeschla-
30 gen. Die Annexion damals, man erinnert sich, hat ihrem Urheber einen massiven Militärschlag zugezogen. Wäre ein solcher Schlag, von seiner

Saddam Hussein
von 1979 bis zu seiner Festnahme durch US-amerikanische Soldaten im Jahr 2003 Staatsoberhaupt des Irak

konfisziert
eingenommen

Sezession
Abspaltung

Referendum
Volksabstimmung

Annexion
Laut Völkerrecht die gewaltsame Aneignung von Land gegen den Willen des Staates, dem es zugehört, durch einen anderen Staat. Annexionen verletzen das zwischenstaatliche Gewaltverbot, die Grundnorm der rechtlichen Weltordnung. Regelmäßig geschehen sie im Modus eines „bewaffneten Angriffs", der schwersten Form zwischenstaatlicher Rechtsverletzungen. Dann lösen sie nach Artikel 51 der UN-Charta Befugnisse zur militärischen Notwehr des Angegriffenen und zur Nothilfe seitens dritter Staaten aus – Erlaubnisse zum Krieg auch ohne Billigung durch den UN-Sicherheitsrat.

Farce
schnell zu durchschauende Täuschung

Plebiszit
Volksentscheid

---

35 politischen Unmöglichkeit abgesehen, heute auch gegen Russland gerechtfertigt? Gewiss nicht. [...]
Was auf der Krim stattgefunden hat, war etwas anderes: eine Sezession,
40 die Erklärung der staatlichen Unabhängigkeit, bestätigt von einem Referendum, das die Abspaltung von der Ukraine billigte. Ihm folgte der Antrag auf Beitritt zur Russischen Fö-
45 deration, den Moskau annahm. Sezession, Referendum und Beitritt schließen eine Annexion aus, und zwar selbst dann, wenn alle drei völkerrechtswidrig gewesen sein sollten.
50 Der Unterschied zur Annexion, den sie markieren, ist ungefähr der zwischen Wegnehmen und Annehmen. Auch wenn ein Geber, hier die Defacto-Regierung der Krim, rechtswid-
55 rig handelt, macht er den Annehmenden nicht zum Wegnehmer. Man mag ja die ganze Transaktion aus Rechtsgründen für nichtig halten. Das macht sie dennoch nicht zur Annexi-
60 on, zur räuberischen Landnahme mittels Gewalt, einem völkerrechtlichen Titel zum Krieg.
Aber war sie nichtig? Waren ihre drei Elemente – Referendum, Sezession,
65 Beitrittserklärung – völkerrechtswidrig? Nein. Schon auf den ersten Blick ungereimt ist die von der amerikanischen Regierung ausgegebene Behauptung, bereits das Referendum
70 habe gegen das Völkerrecht verstoßen.
Veranstaltet ein Teil der Bevölkerung eines Landes unter seinen Mitgliedern ein Plebiszit, so macht ihn das
75 nicht zum Völkerrechtssubjekt. Normen des allgemeinen Völkerrechts, etwa das Verbot, die territoriale Integrität von Staaten anzutasten, betref-

fen ihn nicht und können von ihm
80 nicht verletzt werden. Die Feststellung reicht über das Referendum auf der Krim hinaus. Auch die Sezessionserklärung selbst verletzt keine völkerrechtliche Norm und könnte dies gar
85 nicht. Sezessionskonflikte sind eine Angelegenheit innerstaatlichen, nicht internationalen Rechts. Diesen Status quo des Völkerrechts hat der Internationale Gerichtshof vor vier Jahren in
90 seinem Rechtsgutachten für die UN-Generalversammlung zur Sezession des Kosovo bestätigt. [...]
Aber die russische Militärpräsenz? Macht sie nicht die ganze Prozedur
95 der Sezession zur Farce? Zum schieren Produkt einer Drohung mit Gewalt? [...] Die Rede von der Annexion wäre dann richtig. [...]
Nein. Die Zwangswirkung der russi-
100 schen Militärpräsenz bezog sich weder auf die Erklärung der Unabhängigkeit noch auf das nachfolgende Referendum. Sie sicherte die Möglichkeit des Stattfindens dieser Er-
105 eignisse; auf deren Ausgang nahm und hatte sie keinen Einfluss. Adressaten der Gewaltandrohung waren nicht die Bürger oder das Parlament der Krim, sondern die Soldaten
110 der ukrainischen Armee. Was so verhindert wurde, war ein militärisches Eingreifen des Zentralstaats zur Unterbindung der Sezession. Das ist der Grund, warum die russischen
115 Streitkräfte die ukrainischen Kasernen blockiert und nicht etwa die Abstimmungslokale überwacht haben. Natürlich wusste Putin, dass die von ihm gewünschten Resultate sicher
120 waren und keiner erzwungenen Fälschung bedurften.
Gleichwohl war die russische Mili-

tärpräsenz völkerrechtswidrig. Auch wenn gerade sie einen blutigen Einsatz von Waffengewalt auf der Krim verhindert haben mag, verletzte sie das zwischenstaatliche Interventionsverbot. Das macht die davon ermöglichte Sezession keineswegs nichtig. Aber es berechtigt andere Staaten zu Gegenmaßnahmen, zum Beispiel zu Sanktionen. [...]
Zahllose Probleme, die damit zusammenhängen, sind in der Völkerrechtsdoktrin seit langem umstritten. Über bestimmte Grundlagen besteht aber weitgehend Einigkeit. Danach war die russische Anerkennung der Krim als eines beitrittsfähigen unabhängigen Staates zwei Tage nach ihrer Abspaltung mehr als vorschnell. Sie verletzte, heißt das, den völkerrechtlichen Anspruch der Ukraine auf Achtung ihrer territorialen Integrität. Auch das rechtfertigt internationale Gegenmaßnahmen.

Reinhard Merkel, Frankfurter Allgemeine Zeitung, 7.4.2014

Reinhard Merkel lehrt Strafrecht und Rechtsphilosophie an der Universität Hamburg.

M 9 In beiden Fällen ein klarer Rechtsbruch

Herr Hartwig, aus Moskau heißt es, die Krim sei jetzt russisch. Was sagt der Völkerrechtler dazu?
Das stimmt nicht. Die Krim ist ukrainisch. Die Krim gehörte seit 1954 zur ukrainischen Sowjetrepublik. Als die Sowjetunion zerfiel, sind die Verwaltungsgrenzen zwischen den Unionsländern zu Staatsgrenzen geworden. Die Ukraine wurde ein Staat – unter Einschluss der Krim. Daran haben die jüngsten Vorgänge nichts geändert.
Aber es ist doch ziemlich viel geschehen?
Schauen wir zunächst auf die Fakten. Nach dem Staatsstreich in Kiew haben Kreise auf der Krim gesagt, dass sie zu Russland wollen. Bewaffnete Uniformträger ohne Hoheitsabzeichen haben dann Gewalt ausgeübt. Nun gibt es zwei Varianten. Entweder man sagt, das waren russische Soldaten. Dann war das ein Einmarsch, eine Aggression. Oder wir nehmen an, es waren privat agierende Truppen – das ist nicht ganz ausgeschlossen. Wenn sie unter Anleitung der russischen Armee standen, dann ist das ähnlich zu werten, wie die erste Variante. In beiden Fällen ist es eine bewaffneter Angriff auf das Territorium der Ukraine.
Russland sagt, man habe nur die Bewohner der Krim schützen wollen. Zählt das nichts?
Nun sind wir im Bereich der möglichen Rechtfertigungsgründe für so einen Angriff. Tätliche Übergriffe auf die Bevölkerung hat es – nach allem, was man weiß – zu dieser Zeit nicht gegeben. Es gab lediglich den sehr unglücklichen Versuch in Kiew, die privilegierte Stellung der russischen Sprache zurückzudrängen.
Muss man mithilfe erst abwarten, bis es zu schweren Übergriffen kommt?
Es hat im Zusammenhang mit dem Kosovo eine lange Diskussion unter Völkerrechtlern gegeben, ob überhaupt mit Waffengewalt zum Schutze von Personen eingegriffen werden darf, wenn diese massiv bedroht werden. Das führte schließlich 2005 zu ei-

responsibility to protect (R2P)

R2P (dt. Schutzverantwortung) ist ein relativ neues Konzept der internationalen Politik. Unter diesem Schlagwort wird eine ethische und moralische Verantwortlichkeit der internationalen Staatengemeinschaft, vornehmlich der UN, gegenüber Staaten und ihrer politischen Führung bezeichnet, die innerhalb ihres Territoriums die Kriterien von good governance (dt. gute Regierungsführung) entweder nicht erfüllen können oder wollen.

nem UN-Abschlussdokument, in dem eine Schutzverantwortung, eine responsibility to protect, abgekürzt R2P, ausdrücklich anerkannt wird. Aber es bedarf für militärische Maßnahmen immer einer Autorisierung durch den Sicherheitsrat. Einen einseitigen Einmarsch in ein anderes Land, um dort die Bevölkerung zu schützen, ohne einen vorherigen Beschluss des Sicherheitsrates, ist völkerrechtlich unzulässig. [...]

Russland behauptet zum anderen, seine eigenen Staatsangehörigen beschützt zu haben.

Selbstverteidigung ist im Völkerrecht absolut anerkannt. Das ist eindeutig, wenn es zu einem Angriff auf das eigene Territorium kommt. Seit Entebbe 1976 gibt es noch eine Argumentation. Israel hat da in Uganda mit eigenen Truppen ein entführtes Flugzeug befreit, in dem hauptsächlich Landsleute saßen und gesagt, die Entführung sei zwar kein Angriff auf das israelische Staatsgebiet, aber auf das Volk gewesen. 2011 hat die Bundesrepublik zusammen mit Großbritannien bewaffnete Militärmaschinen nach Libyen geschickt, um Europäer zu evakuieren. Da ist nicht geschossen worden, das hätte aber passieren können.

Und so etwas ist zulässig?

Das ist hoch umstritten. Es gibt eine verbreitete Praxis, dass bewaffnete Einheiten geschickt werden, wenn eigene Staatsangehörige bedroht werden. Die Amerikaner haben 1983 in Grenada und 1989 in Panama ihr militärisches Eingreifen so gerechtfertigt. [...] Dies ist sehr problematisch, weil damit das völkerrechtliche Gewaltverbot gelockert wird. Aber da

sich Völkerrecht aus der Staatenpraxis entwickelt, kann, wenn derartige Aktionen von der Staatengemeinschaft nicht kritisiert werden, auch ein solches Verhalten als Selbstverteidigung verstanden werden. Die Annexion eines Territoriums, in dem die zu schützenden Bürger leben, ist allerdings auf keinen Fall gerechtfertigt.

Unabhängig von allen Gefahren und Gefährdungen gibt es auf der Krim aber auch noch den Wunsch der Menschen, sich Russland anzuschließen.

Das Prinzip der territorialen Integrität findet sich in der UN-Charta, das Selbstbestimmungsrecht der Völker auch. Die beiden Rechtsfiguren stehen in einem Spannungsverhältnis zueinander. Es gibt ein Gutachten des Internationalen Gerichtshofes in Den Haag zum Kosovo aus dem Jahr 2010. Darin heißt es, das Völkerrecht erlaubt die Unabhängigkeitserklärung nicht. Aber es verbietet sie auch nicht.

Was bedeutet das?

Was sich aus einer Unabhängigkeitserklärung ergibt, ob ein Staat entsteht, das hängt von den Fakten ab. Es braucht dazu ein Territorium, ein Volk – und insbesondere eine effektive Staatsgewalt, die nicht vom ehemaligen Zentralstaat abhängig ist.

Lässt es sich erkennen, dass – wenn auch nur für kurze Zeit – ein unabhängiger Staat Krim entstanden ist, der dann der russischen Föderation beitreten konnte?

Staatsgebiet und Staatsvolk lassen sich vielleicht ausmachen. Eine effektive Staatsgewalt kaum. So etwas entsteht nicht von heute auf morgen. Es war schließlich noch ukrainisches Militär auf der Halbinsel, ukrainische Polizei und eine ukrainische Verwaltung. Effektivität hat immer etwas Nachhaltiges.

Das bedeutet, der Wunsch der Krimbewohner zählt nicht?

In diesem Fall nicht. Nur wenn der Territorialstaat – hier die Ukraine – die innere Selbstbestimmung, das heißt, das Recht einer Minderheit innerhalb eines Staates etwa durch Autonomierechte die kulturelle Identität zu wahren, massiv verletzt, könnte die Möglichkeit entstehen, dass sich die entsprechende Einheit lossagen kann. Der UN-Sicherheitsrat hat das aber nicht einmal im Falle des Kosovo angenommen, trotz der gravierenden Vorfälle. Das Kosovo bleibt aus UN-Sicht bis zu einer bilateralen Regelung zwischen Serbien und dem Kosovo ein integraler Bestandteil Serbiens.

Trotzdem ist das Kosovo als Staat inzwischen anerkannt.

Nicht von allen Ländern, nicht einmal von allen Ländern Europas. Spanien erkennt das Kosovo nicht an – und die Anerkennung durch weite Teile der Welt halte ich für völkerrechtlich nicht gerechtfertigt.

Muss man die Regierung in Kiew anerkennen? Ist die rechtmäßig an der Macht?

Das ist sie sicher nicht, sie ist unter Verstoß gegen ukrainische Verfassungsnormen etabliert. Russland steht es völlig frei, sie nicht anzuerkennen. Das ändert aber nichts daran, dass die Ukraine selbstverständlich als eigener Staat besteht, der auch durch das Gewaltverbot geschützt ist. [...]

Das gilt für die Legitimation der Regierung in Kiew und die Zugehörigkeit der Krim?

In beiden Fällen handelt es sich um einen klaren Rechtsbruch, in Kiew ging es um einen Verfassungsverstoß, auf der Krim zugleich um die Verletzung der Verfassung wie auch des Völkerrechts. Im ersten Fall wird der Rechtsbruch vom Westen begrüßt und im letzteren von Russland betrieben.

Interview mit dem Völkerrechtler Matthias Hartwig durch Christian Gottschalk, Stuttgarter Zeitung, 26.3.2014

Aufgaben

1. Fasse die Argumentationen von Reinhard Merkel und Matthias Hartwig zusammen (M 8, M 9).
2. Vergleiche die Argumentationen beider Rechtsexperten zum Thema Völkerrecht (M 8, M 9).
3. In Bezug auf Sezessionen besteht ein Spannungsverhältnis zwischen zwei gleichermaßen verbindlichen Grundsätzen des Völkerrechts. Das ist einerseits das Prinzip der souveränen Gleichheit der Staaten, das die Unverletzlichkeit der territorialen Integrität der Staaten einschließt. Andererseits geht es um das Prinzip der Gleichberechtigung und Selbstbestimmung der Völker mit dem Recht, frei und ohne Einmischung von außen über ihren politischen Status zu entscheiden. Erläutere ausgehend von M 8 und M 9, inwieweit sich dieses Spannungsverhältnis auf den Krim-Konflikt beziehen lässt.

Wie sieht die europäische Außen- und Sicherheitspolitik im Ukraine-Konflikt konkret aus?

M 10   EU-Optimisten

Russischer Bär
vgl. S. 320

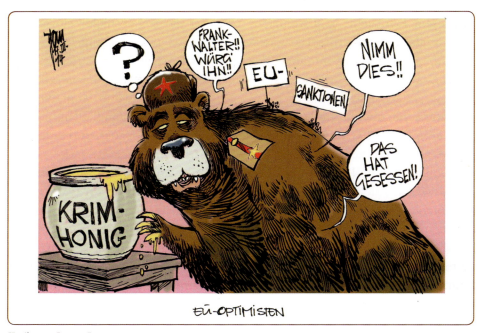

Karikatur: Jürgen Janson

M 11   Konsequenzen aus der Krim-Krise: EU beschließt Sanktionen gegen Russland

Bei einem Sondergipfel in Brüssel 2014 haben sich die 28 europäischen Staats- und Regierungschefs auf dreistufige Sanktionsmaßnahmen gegen Russland verständigt. Verhandlungen über Visaerleichterungen und ein neues Rahmenabkommen mit Russland wurden ausgesetzt. Sollte Russland sich weiter weigern, Gespräche mit der Ukraine zu führen, drohte die EU eine härtere Gangart mit Einreiseverboten oder Kontensperrungen an. Am 17.3.2014 verfügte die EU Reisebeschränkungen und das Einfrieren der Gelder bestimmter aufgelisteter Personen, darunter sind Separatisten und Separatistengruppen als auch Personen in der russischen Exekutive und Legislative, die die Annexion der Krim betrieben oder unterstützt haben. Ferner verhängte die EU ein Ausfuhrverbot für Rüstungsgüter und Gütern mit doppeltem Verwendungszweck (dual use) zu militärischen Zwecken oder militärische Endnutzer sowie damit zusammenhängende Dienstleistungen und eine Beschränkung des unmittelbaren und mittelbaren Zugangs zu den Kapitalmärkten für bestimmte Finanzinstitute (z. B. Gazprombank). Am 22.6.2015 fasste der Rat der Europäischen Union den Beschluss, die wegen der Ukraine-Krise gegen Russland verhängten Wirtschaftssanktionen bis zum 31. Januar 2016 zu verlängern. Die Staats- und Regierungschefs der EU-Mitgliedsländer knüpfen die Dauer der Sanktionen an die vollständige Umsetzung der Minsker Vereinbarungen.

Als Gegenmaßnahmen verhängte Russland 2014 u. a. ein Einfuhrverbot von EU-Lebensmitteln und Visasperren (Einreiseverbote) gegen Personen aus der Europäischen Union (Politiker und Militärs). Das Lebensmittelembargo umfasst ein vollständiges Importverbot für Fleisch, Fisch, Käse, Milch, Gemüse und Obst aus der EU. Die EU-Staaten befürchten 2015 Einnahmeverluste von bis zu 7 Mrd. Euro.

M 12   Wer ist wofür zuständig?

In die Gemeinsame Außen- und Sicherheitspolitik sind alle Akteure des außenpolitischen Handelns eingebunden:

Der Europäische Rat: Staats- und Regierungschefs legen Grundsätze und Leitlinien der GASP fest. Sie können einstimmig gemeinsame Strategien beschließen, die für alle Staaten bindend sind und von der EU durchgeführt werden.

Der Rat: Außenminister, die monatlich unter Anwesenheit eines Mitglieds der Europäischen Kommission im Rat zusammentreten. Der Rat kann auf der Basis einer gemeinsamen Strategie mit qualifizierter Mehrheit gemeinsame Standpunkte oder Aktionen beschließen. Die gemeinsame Aktion ist das stärkste Instrument gemeinsamen Handelns in der Außenpolitik. Solche Aktionen können sowohl politische als auch andere, z. B. militärische Maßnahmen einschließen. Für Beschlüsse, die nicht auf einer gemeinsamen Strategie beruhen, ist Einstimmigkeit erforderlich.

Hoher Vertreter der Union für Außen- und Sicherheitspolitik: Der Hohe Vertreter ist zugleich Vizepräsident der Europäischen Kommission, Vorsitzender des Rates für Auswärtige Angelegenheiten und Außenbeauftragter des Europäischen Rates. Ernannt wird der Hohe Vertreter mit qualifizierter Mehrheit nach Zustimmung des Kommissionspräsidenten vom Europäischen Rat. Er soll die EU gemeinsam mit dem neuen Präsidenten des Europäischen Rates nach außen vertreten.

PSK: Das Politische und Sicherheitspolitische Komitee leitet die Tagesarbeit. Die Mitglieder des PSK erhalten ihre Weisungen direkt aus den Außenministerien der Mitgliedstaaten. Im PSK arbeiten Experten aus den nationalen Ministerien, die unter Leitung des PSK in Arbeitsgruppen Spezialthemen beraten, etwa die Bekämpfung des internationalen Terrorismus.

Botschafter der Mitgliedstaaten und die Delegationen der Europäischen Kommission: Sie arbeiten im Rahmen der GASP eng zusammen und stimmen sich gegenseitig ab.

Europäisches Parlament: Es ist im Wesentlichen auf Konsultationsrechte beschränkt, kann lediglich über das Haushaltsrecht Einfluss nehmen.

Minsker Abkommen
Das Protokoll von Minsk („Minsk I") ist die schriftliche Zusammenfassung der Ergebnisse der Beratungen der aus Ukraine, der OSZE und Russland zur Umsetzung des Friedensplanes des ukrainischen Präsidenten Petro Poroschenko und der Initiativen des russischen Präsidenten Wladimir Putin. Das Protokoll wurde am 5. September 2014 im weißrussischen Minsk unterzeichnet. Bereits am 28. September jedoch flammten die Kämpfe im Osten der Ukraine erneut auf. Am 12. Februar 2015 kam auf Initiative von Deutschland und Frankreich ein erneutes Waffenstillstandsabkommen zustande: „Minsk II". Die NATO wirft Moskau vor, das Abkommen von Minsk durch Waffenlieferungen in die Ostukraine zu brechen.

Europäischer Auswärtiger Dienst: Zur Unterstützung des Hohen Vertreters der Europäischen Union für Außen- und Sicherheitspolitik diesem unterstellt. Der EAD umfasst 3.645 Mitarbeiter, 1.611 davon arbeiten in der Zentrale, 2.034 in den Delegationen. Dazu kommen ca. 4.000 Angestellte in den Missionen der EU für ziviles und militärisches Krisenmanagement.

Bei allen Beschlüssen, für die Einstimmigkeit vorgeschrieben ist, kann ein Mitgliedstaat sich der Stimme enthalten; er kann damit aber Beschlüsse nicht verhindern (man spricht von „konstruktiver Enthaltung"). Das Land, das sich der Stimme enthalten hat, ist nicht verpflichtet, diesen Beschluss durchzuführen, akzeptiert aber, dass er für alle anderen Staaten bindend ist und unterlässt alles, was die Ausführung des Beschlusses durch die anderen Staaten behindern könnte.

Nach: © Copyright 2015, Euro-Informationen, www.eu-info.de (2.10.2015)

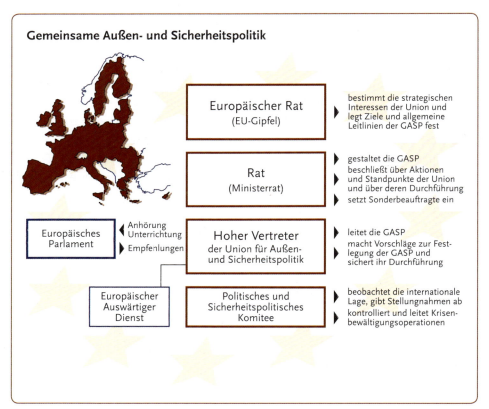

© Bergmoser + Höller Verlag AG, Zahlenbilder 715 200

M 13   Außen- und Sicherheitspolitik in Europa

Erst spät, 1992, wurde das Ziel einer Gemeinsamen Außen- und Sicherheitspolitik (GASP) in den Maastrichter Vertrag aufgenommen. Damit sollte die bis dahin hauptsächlich durch die Integration im Wirtschaftsbereich erfolgreiche EU durch eine gemeinsame Außen- und Sicherheitspolitik in den internationalen Beziehungen mehr Gewicht erhalten. Vor allem die Balkankriege und insbesondere die Kosovokrise (1999) haben aber verdeutlicht, dass die EU nur unzureichend in der Lage war, Kriege und Gewalt in Europa zu verhindern. Deshalb hat der Europäische Rat 1999 eine verteidigungspolitische Ergänzung der GASP beschlossen – die Europäische Sicherheits- und Verteidigungspolitik (ESVP). Neben humanitären Missionen oder Einsätzen zur Konfliktverhütung und -nachsorge kann die EU mit einer 60.000 Soldaten umfassenden Eingreiftruppe jetzt auch Kampfeinsätze in eigener Verantwortung durchführen. Dabei ist allerdings eine enge Abstimmung mit der NATO vorgesehen. Zwar hat die EU mit dem „Hohen Vertreter der GASP" seit 1999 eine Art außenpolitischen Sprecher, doch gilt im Bereich der GASP/ESVP das Entscheidungsprinzip der Regierungszusammenarbeit, d. h. alle Einzelstaaten müssen zunächst einen gemeinsamen Standpunkt finden. In der Realität fällt es den Staaten oft schwer, ihre nationalen Interessen zugunsten einer gemeinsamen Außenpolitik aufzugeben.

In ihren Außenbeziehungen setzt sich die EU für allgemeine Ziele ein: die Wahrung ihrer Sicherheit und des Weltfriedens, für die Stärkung von Demokratie und Rechtsstaatlichkeit sowie die Achtung der Menschenrechte und Grundfreiheiten. Als ein Mittel zur Erreichung dieser Ziele kann die Integration von Staaten in die EU, insbesondere von Staaten des ehemaligen Ostblocks, angesehen werden. Die Osterweiterung diente und dient somit dem Export von Stabilität durch Integration. Auch der möglichen Integration der Ukraine liegen diese Ziele zugrunde.

Petersberg-Aufgaben
1992 hatte der Ministerrat in Petersberg bei Bonn eine Reihe konkreter Aufgaben zur Konfliktbewältigung vereinbart, welche im Vertrag von Lissabon 2009 erweitert wurden. So zählen zu den Aufgaben heute:
- gemeinsame Abrüstungsmaßnahmen;
- humanitäre Aufgaben und Rettungseinsätze;
- Aufgaben der militärischen Beratung und Unterstützung;
- Aufgaben der Konfliktverhütung und der Erhaltung des Friedens sowie
- Kampfeinsätze im Rahmen der Krisenbewältigung einschließlich friedenschaffender Maßnahmen und Operationen zur Stabilisierung der Lage nach Konflikten.

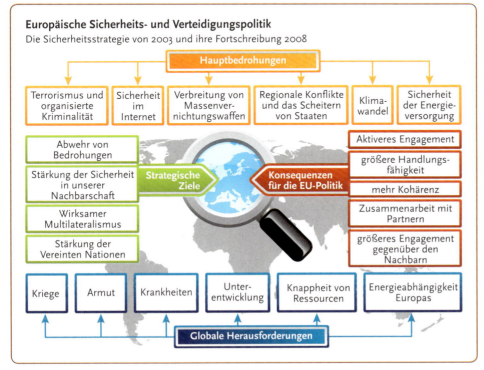

Kohärenz
Abstimmung bei politischen und institutionellen Maßnahmen zur Erreichung außenpolitischer Ziele

Eigene Darstellung

M 14 Überblick über die militärischen Operationen und zivilen Missionen der Gemeinsamen Sicherheits- und Verteidigungspolitik (GSVP)

Quelle: Overview of the current EU mission and operations, http://eeas.europa.eu, 9.6.2015

Aufgaben

1. Interpretiere die Karikatur M 10.
2. Analysiere, welche außenpolitischen und sicherheitspolitischen Strategien und Instrumente der EU im Ukraine-Konflikt zur Verfügung stehen (M 11 – M 14).
3. Erörtere, ob die Sanktionen der EU gegen Russland sinnvoll sind (M 11 – M 14).
4. Informiere dich über die genauen Aufgaben und Ziele sowohl einer militärischen Operation als auch einer zivilen Mission der GSVP (M 14). Präsentiere deine Ergebnisse anschließend in Form eines Referats vor der Klasse.

Ist die europäische Außen- und Sicherheitspolitik handlungsfähig?

M 15 Ungleiche Verhandlungspartner

Karikatur: Oliver Schopf

M 16 Wen muss man anrufen, wenn man mit Europa sprechen will?

„Wenn ich mit Europa reden will, wen muss ich dann anrufen?" Diese Frage soll der frühere US-Außenminister Henry Kissinger während seiner Amtszeit gestellt haben. Eine Antwort fiel schon damals nicht leicht. Auch heute – vierzig Jahre später – müsste man Mr. Secretary auf eine lange Liste mit Telefonnummern verweisen. [...]
Die Krisen und Kriege auf der Welt sind dabei nicht weniger geworden. Im Gegenteil: Die globalen Konfliktlagen erscheinen seit dem Fall des Eisernen Vorhangs immer unübersichtlicher, komplexer und unzivilisierter. In Syrien und im Irak mordet die islamistische Terrorgruppe IS für ein grenzüberschreitendes Kalifat. In professionell geschnittenen Werbevideos lässt die Organisation die Weltöffentlichkeit an Vertreibungen und Enthauptungen grausam teilhaben. In der Ukraine herrschen nach Moskaus Annexion der Krim bürgerkriegsähnliche Zustände, angetrieben durch Separatisten mit engen Verbindungen zum russischen Nachbarn. Noch immer ungeklärt ist der Abschuss einer malaysischen Passagiermaschine über dem Donbass, der 298 Menschen das Leben kostete. Mittlerweile erscheint gar ein Einmarsch Russlands in die Ost-Ukraine möglich. Im Nahost-Konflikt herrscht zwischen Israel und der Hamas nach

Kalifat
Herrschaftsbereich eines Kalifen

Donbass
großes Steinkohle- und Industriegebiet beiderseits der russisch-ukrainischen Grenze

Eiserner Vorhang
Bezeichnung sowohl für den ideologische Konflikt als auch die abgeriegelte Grenze durch Europa zur Zeit des Kalten Krieges

Hamas
paramilitärische Palästinenser-Organisation

wochenlangen Kämpfen eine Waffenruhe – sie wird wohl nur vorübergehend sein.

40 Wie reagiert die Europäische Union auf diese Herausforderungen? Die Methode, die sich durchgesetzt hat, ist mit folgendem Muster zu beschreiben: Ein Einzelstaat, wahlweise

45 se Deutschland, Frankreich oder das Vereinigte Königreich, ergreift die Initiative und sucht für seine Position eine „Koalition der Willigen" innerhalb der EU. In manchen Fällen

50 kann mit diesem Verfahren durchaus eine einheitliche europäische Linie entstehen. Gegenüber Russland zog die EU im Ukraine-Konflikt außenpolitisch bisher an einem Strang.

55 Neben der stetigen Bereitschaft zum Dialog wurde der Druck auf Moskau aufrechterhalten. Die Mitgliedstaaten haben die gemeinsam beschlossenen Sanktionsstufen konsequent

60 durchgesetzt. Ein Gegenbeispiel findet sich in der derzeitigen Diskussion um Waffenlieferungen an die Kurden im Nord-Irak. Jeder Mitgliedstaat entscheidet selbst darüber, ob er Waffen in das Krisengebiet aus- 65 führt oder nicht. Eine gemeinsame europäische Strategie und Perspektive für den Irak ist nicht zu erkennen. [...] US-Außenminister Kissinger wünschte sich eine einzige Telefon- 70 nummer für Europa. Es gibt diese eine Nummer nicht. Womöglich ist sie in der aktuellen Verfasstheit der Union nicht einmal wünschenswert. Was dagegen erstrebenswert und re- 75 alisierbar wäre, ist eine gemeinsame europäische Außenpolitik aus einem Guss. Sie ist die Antwort auf die Komplexität der Herausforderungen und die nachhaltigste Einflussperspektive des Kontinents auf dem internationalen Parkett.

Marcel Wollscheid, www.treffpunkteuropa.de, 8.10.2014

M 17 Welche Lösungen und Szenarien sind im Ukraine-Konflikt möglich?

Viele Beobachter sehen den Ursprung der Ukraine-Krise in der explosiven Entwicklung auf dem Kiewer Majdan im Winter 2013/14.

5 Diese habe zum Regimewechsel in der Ukraine geführt, zur russischen Übernahme der Krim und letztlich durch die Kampfhandlungen in der Ostukraine zur anhaltenden Desta-

10 bilisierung des Landes. Eine Abspaltung des Ostens, sogar sein Anschluss an Putins „Neues Russland", könne angesichts der militärischen Einflussnahme Russlands nicht mehr

15 ausgeschlossen werden.

1. Die Ukraine wird als souveräner Staat in der altbekannten Form und den alten Grenzen unter Einschluss der Krim wieder hergestellt. Dieses Modell ist vermutlich passé. Russ- 20 land kann und wird die Krim nicht zurückgeben.

2. Es kommt zur Wiederherstellung der territorialen Integrität einer neutralen Ukraine, wobei die Krim bei 25 Russland verbleibt. Dieses Modell ist vermutlich nur realisierbar, wenn Regierung und Parlament in Kiew auf eine NATO-Mitgliedschaft verzichten und von einer einseitigen Westorien- 30

territoriale Integrität bezeichnet die Unverletzlichkeit des Staatsgebietes und der Grenzen souveräner Staaten

tierung und Assoziierung mit der EU wieder Abstand nehmen. Eine neutrale Ukraine könnte als Brücke zwischen West und Ost konstruktive Beziehungen zwischen den westlichen Demokratien und dem autoritären Russland fördern.

3. Eine föderative Ukraine mit vergrößerter Autonomie für den Osten ist ebenfalls denkbar, sofern sie neutralen Charakter hat und darüber hinaus den russischen Minderheiten und Russland selbst erhöhten Einfluss zubilligt.

4. Spitzt sich die Konfrontation zu – geht also die russische Intervention weiter, während der Westen die Sanktionen gegen Russland verschärft und Kiew weiterhin ermuntert, sich ausschließlich nach Westen auszurichten –, dann könnte das dritte Modell nicht ausgehandelte, sondern erzwungene Wirklichkeit werden: Russland könnte hart reagieren und die Teilung in eine westorientierte Westukraine und eine russlandorientierte Ostukraine vorantreiben. Die von den Separatisten ausgerufenen „Volksrepubliken" Donezk und Luhansk würden dann vermutlich früher oder später der Russischen Föderation beitreten.

5. Nicht auszuschließen ist auch, dass darüber hinaus Russland seine Unterstützung für die Separatisten auch auf die Westukraine ausdehnt, um die gesamte Ukraine zu destabilisieren und möglicherweise sogar dem russischen Herrschaftsbereich einzuverleiben. In diesem Falle droht eine Eskalation zum Stellvertreterkrieg Russlands und der USA in der Ukraine.

Im Kern geht es heute um die Frage, ob die Ukraine Bestandteil des Westens wird oder ob sie eine von allen Seiten akzeptierte neutrale Brücke zwischen Ost- und Westeuropa werden kann – oder ob Putin inzwischen eine Teilung der Ukraine oder gar die dauerhafte Destabilisierung des gesamten Landes anstrebt. Derzeit erscheint es unwahrscheinlich, dass der Westen seine Maximalpositionen aufgibt oder dass Russland unter dem Druck westlicher Sanktionen die Unterstützung der Separatisten in der Ostukraine einstellt.

Christian Hacke, in: APUZ 47-48, 2014, S. 39 ff.

Separatist
Person, welche die Abspaltung eines bestimmten Teils des Staatsgebietes – oft verbunden mit dem Ziel einer Angliederung an eine andere Nation – befürwortet und dieses Ziel ggf. auch durch Anwendung von militärischer Gewalt aktiv verfolgt.

föderativ
hier: Bundesstaat; Dessen einzelne Länder verfügen über eine gewisse Eigenständigkeit und Staatlichkeit, sind aber zu einem Gesamtstaat zusammengeschlossen (Bsp.: Bundesrepublik Deutschland).

Aufgaben

1. Interpretiere die Karikatur M 15.
2. Arbeite heraus, wie die Handlungsfähigkeit der EU in M 16 gesehen wird.
3. Entwickelt in Gruppenarbeit und ausgehend von M 17 ein tragfähiges Lösungskonzept für den Ukraine-Konflikt. Präsentiert euch anschließend gegenseitig eure Ergebnisse.

Was wir wissen

Verlauf des Ukraine-Konflikts
M 2 – M 5

Der Ukraine-Konflikt führt zur bisher schwersten Krise der Beziehungen zwischen Russland und dem Westen seit dem Ende des sog. Kalten Krieges. Weil beide Seiten an den EU-Außengrenzen massiv aufrüsten, sprechen manche sogar schon von einem neuen Kalten Krieg. Seit November 2013 kam es in der Ukraine zu Auseinandersetzungen zwischen dem Russland zugewandten Regime unter Präsident Janukowitsch und der demokratischen Opposition, welche den Rücktritt des Präsidenten forderte. Die gewaltsamen Proteste auf dem Unabhängigkeitsplatz „Euromaidan" in Kiew forderten zahlreiche Todesopfer und Verletzte. Eine Eskalation bedeutete die Verlagerung des Konflikts auf die Halbinsel Krim. Zehntausende forderten eine Abspaltung der Halbinsel und eine Wiedervereinigung mit Russland. Bei einer von der Regionalregierung und Russland kurzfristig angesetzten Volksabstimmung auf der Krim am 16. März 2014 hatten 96,6 % der Einwohner für einen Russland-Beitritt gestimmt. Die Abstimmung war umstritten. Dennoch haben die Regionalregierung und Moskau die Aufnahme der Halbinsel in die Russische Föderation kurz darauf besiegelt. Die Ukraine, wie auch die USA und die EU erachten das Referendum als völkerrechtswidrig und erkennen die Abspaltung der Krim nicht an. An der ukrainisch-russischen Ostgrenze kam es daraufhin zu massiven Konfrontationen zwischen pro-russischen und pro-ukrainischen Kräften. Zeitweise herrschten dort bürgerkriegsähnliche Zustände. Am 11. Mai 2014 wurden die von den pro-russischen Separatisten geplanten Referenden zur Abspaltung der Regionen Donezk und Lugansk von der Ukraine abgehalten. Laut Angaben der Separatisten stimmten in Donezk 90 % und in Lugansk 96 % der Einwohner für eine Abspaltung. Die USA, die EU und Kiew erkannten die Referenden nicht an. Auf einem Krisengipfel in Minsk haben Russland, die Ukraine, Frankreich und Deutschland am 11. Februar 2015 über Friedenslösungen beraten. Das Minsker Abkommen enthält einen 13-Punkte-Plan mit Maßnahmen, wie der Konflikt in der Ostukraine beendet werden soll. In einer UN-Resolution werden die Konfliktparteien dazu aufgefordert, die Feindseligkeiten einzustellen, die schweren Waffen abzuziehen und das Abkommen von Minsk umzusetzen. Man einigte sich auf eine Waffenruhe, die jedoch abermals gebrochen wurde. Das Ringen um die Einhaltung des Minsker Abkommens geht weiter. Ein gegenseitig vereinbarter Waffenabzug aus einem 30 km breiten Streifen in der ostukrainischen Grenzregion wurde nicht eingehalten

Völkerrechtliche Situation
M 8, M 9

Der Westen beschuldigt Russland, in der Ukraine das Völkerrecht gebrochen zu haben, während Russland behauptet, der Westen habe in früheren Konflikten (auf dem Balkan und im Mittleren Osten) ähnliche völkerrechtliche Bestimmungen verletzt. Die aktuelle Konfrontation erwächst aus unterschiedlichen Einschätzungen darüber, was eine Verletzung der Weltordnung und des Völkerrechts darstellt.

Was wir wissen

Die EU ist in sicherheitspolitischer Hinsicht sowohl an stabilen Ostgrenzen als auch an einem nicht übermäßig einflussreichen Russland interessiert. Zugleich gilt die Unverletzlichkeit festgelegter Landesgrenzen als hoher Wert. Daher sei das Abtrennen der Krim-Halbinsel von der Ukraine und der Anschluss an Russland sowie ein möglicher weiterer Staatszerfall als Folge von Separationskämpfen im Osten für die EU nicht hinnehmbar. Russlands Regierung möchte demgegenüber einerseits seine regional-strategische Situation verbessern (Schwarzmeerzugang über die Krim) und andererseits eigene geopolitische Durchsetzungsfähigkeit unter Beweis stellen. Russland fühlt sich durch die Aufnahme osteuropäischer Staaten in die EU und die NATO bedroht. Die Osterweiterung ab 1999 sicherte der NATO Einfluss im ehemaligen sowjetischen Hegemonialgebiet. Annäherungen an die Ukraine werden von Russland als weitere illegitime Ausweitung der Macht der NATO nach Osten verstanden.

Unterschiedliche sicherheitspolitische Perspektiven
M 11 – M 13

Die EU ist auch aus wirtschaftlichen Gründen an einer Konfliktlösung und Deeskalation des Ukraine-Konflikts interessiert. Hinsichtlich der Energiesicherheit sind die zentraleuropäischen Staaten mehr oder weniger abhängig von russischen Gaslieferungen, die zu einem erheblichen Teil durch Pipelines in der Ukraine transportiert werden. Insofern ist ein Lösen des Ukraine-Konflikts zentral, um die Versorgung und angemessene Gas-Preise zu sichern. Die engen wirtschaftlichen Verflechtungen lassen eine militärische Auseinandersetzung zwischen westlichen Staaten und Russland oder auch ein Abreißen der diplomatischen Kontakte ausgeschlossen erscheinen: Russland ist wegen seiner immer noch weitgehend maroden Industrieanlagen abhängig von europäischen Gaskäufen. Für die Exportwirtschaften der EU ist Russland ein großer Absatzmarkt und auch vermehrt ein Standort für Produktion. Die Ansiedlung russischer Firmen in der EU nimmt ebenfalls zu.

Deshalb versucht die EU auf diplomatischem Wege (Verhandlungen, z. B. Abkommen von Minsk) und mithilfe von Wirtschaftssanktionen auf die Krise zu reagieren. Sanktionen werden als einzige Mittel gesehen, um Russland eine rote Linie hinsichtlich seiner Destabilisierungspolitik gegenüber der Ukraine aufzuzeigen und um politische Glaubwürdigkeit zu bewahren. Gleichzeitig können Sanktionen eine kontraproduktive Wirkung haben, indem sie die Position der russischen Führung eher verhärten, eine Welle des Patriotismus auslösen und die Isolationisten in der russischen Politik stärken können. Ob die Sanktionen eine starke Wirkung auf die russische Wirtschaft haben, ist umstritten. Zudem regiert Russland mit protektionistischen Schritten auf die Wirtschaftssanktionen und vertieft gleichzeitig den Handel mit China. Leidtragende sind eigentlich die europäischen Unternehmen, die 75 % der ausländischen Direktinvestitionen in Russland tragen. Sanktionen gegen Russland bedeuten also Sanktionen gegen die eigenen europäischen Unternehmen.

Handlungsoptionen der EU und deren Bewertung
M 17

Was wir können

Konferenzspiel – die Konfliktparteien suchen nach Lösungen

Das Szenario: Die Konfliktparteien haben ein Zusammentreffen – eine Konferenz – ihrer Diplomaten vereinbart. In dieser Konferenz soll eine mögliche Konfliktlösung erarbeitet werden. Die erarbeitete Konfliktlösung soll später von den Spitzenpolitikern der Konfliktparteien verabschiedet werden. Die Verhandlungen sollen offen und produktiv sein, das heißt: Alle Diplomaten können offen die Interessen und Ziele ihrer Seite vertreten ohne Angst haben zu müssen, von einer anderen Konfliktpartei persönlich bedroht oder belangt zu werden. Die Konferenz sieht vor, dass sachlich und gleichberechtigt verhandelt wird.

An der Konferenz nehmen teil:
- die Vertreter der Ukraine
- die Vertreter der prorussischen Separatisten aus den selbsternannten Volksrepubliken Donezk und Lugansk
- die Vertreter Russlands
- die Vertreter der EU
- die Vertreter der NATO/USA

Rollenkarte für die Vertreter der Ukraine
Ihr seid die Vertreter der Ukraine. Eure Interessen und Ziele sind:
- Ihr wollt euer Land schnell an die EU und wenn möglich auch an die NATO anbinden. Ihr strebt danach, die Ukraine nach westlichem Vorbild umzubauen (Demokratie, Recht, Freiheit, Marktwirtschaft, funktionierender sozialer Staat).
- Ihr wehrt euch dagegen, als Einflusszone Russlands betrachtet zu werden. Ihr besteht darauf, völlig unabhängig über eure Innen- und Außenpolitik bestimmen zu können.
- Ihr wollt, dass Russland die Krim wieder zurückgibt. Die Krim ist und bleibt für euch ukrainisches Gebiet. Die unter der Kontrolle russischer Soldaten durchgeführte Abstimmung für den Anschluss an Russland erkennt ihr nicht an.
- Ihr wollt verhindern, dass sich Donezk und Lugansk von der Ukraine abspalten. Für euch sind die prorussischen Separatisten Terroristen, die von Russland gesteuert werden und die den ukrainischen Staat schwächen wollen. Ihr erkennt die Volksrepubliken Donezk und Lugansk nicht an. Die durchgeführte Abstimmung zur Unabhängigkeit wie auch die Wahlen der politischen Führung haltet ihr für undemokratisch und rechtswidrig.
- Ihr wollt, dass die Separatisten ihre Waffen niederlegen.
- Ihr fordert, dass Russland damit aufhört, die Separatisten mit Waffen, Geld, Freiwilligen und Soldaten zu unterstützen.

Was wir können

Rollenkarte für die Vertreter der prorussischen Separatisten

Ihr seid die Vertreter der Volksrepubliken Donezk und Lugansk. Eure Interessen und Ziele sind:

- Ihr wollt von der Ukraine, der EU und der NATO/USA weder als prorussische Separatisten noch als Terroristen oder Rebellen bezeichnet werden. Ihr seid die offiziellen Vertreter der Volksrepubliken Donezk und Lugansk und wollt auch so genannt werden.
- Ihr wollt, dass eure Volksrepubliken Donezk und Lugansk als unabhängige Staaten von der Ukraine, der EU und der NATO/USA anerkannt werden. Schließlich hat das Volk in Donezk und Lugansk bei einem Referendum für die Unabhängigkeit eurer Volksrepubliken gestimmt.
- Ihr wollt in euren Volksrepubliken selbst Steuern erheben, selbst Gesetze machen und über eigene Sicherheitskräfte verfügen. Die Regierung in Kiew soll keinen Einfluss mehr in euren Gebieten haben.
- Ihr wollt, dass die ukrainische Armee aufhört, gegen eure Volksrepubliken zu kämpfen. Die ukrainische Armee soll sich zurückziehen.
- Ihr plant den Anschluss eurer Volksrepubliken an Russland.

Rollenkarte für die Vertreter Russlands

Ihr seid die Vertreter Russlands. Eure Interessen und Ziele sind:

- Ihr wollt verhindern, dass sich die Ukraine an die EU und die NATO anbindet. Ihr fürchtet, dass die Ukraine Mitglied der EU und der NATO werden könnte, weil dann die NATO noch mehr an Russland heranrückt. Davon fühlt ihr euch bedroht.
- Ihr fürchtet eine Eindämmung Russlands durch die EU und die NATO. Ihr wollt politisch und wirtschaftlich nicht abhängig gemacht werden von der EU und den USA. Ihr versteht Russland als Großmacht, die sich dem Westen nicht unterordnet.
- Ihr wollt, dass die NATO und die EU anerkennen, dass es sich bei der Ukraine um die Einflusszone Russlands handelt, um ein Gebiet, das mit Russland aufs engste historisch, kulturell und wirtschaftlich verbunden ist.
- Ihr wollt, dass sich die Ukraine an Russland orientiert und Teil der Eurasischen Union wird. In der Ukraine leben viele russischsprachige Menschen und Menschen mit russischen Vorfahren. Russland hat das Recht und die Pflicht, sich um diese Menschen zu kümmern.
- Ihr glaubt, dass die prowestlichen Demonstrationen und die neue europafreundliche Regierung von der EU und der USA gesteuert werden.
- Ihr wollt, dass die Volksrepubliken Donezk und Lugansk international anerkannt werden. Ihr wehrt euch dagegen, dass diese Menschen als Separatisten bezeichnet werden.
- Ihr wollt, dass die ukrainische Armee aufhört, gegen die Volksrepubliken Donezk und Lugansk zu kämpfen.
- Die Krim gehört fest zum Staatsgebiet Russlands. Die Menschen auf der Krim haben sich in freien Wahlen für einen Anschluss an Russland ausgesprochen.
- Ihr legt Wert darauf, dass es sich bei den Russen, die in Donezk und Lugansk kämpfen, um Freiwillige handelt. Ihr bestreitet Soldaten und Waffen in die Volksrepubliken Donezk und Lugansk geschickt zu haben.

Was wir können

Rollenkarte für die Vertreter der EU

Ihr seid die Vertreter der EU. Eure Interessen und Ziele sind:

- Ihr befürwortet eine Anbindung der Ukraine an die EU. Eine demokratische und wirtschaftlich funktionierende Ukraine ist aus eurer Sicht sehr wünschenswert, weil sie
  a) ein sicherer Nachbar wäre und
  b) die EU wirtschaftlich stärken würde (durch den Kauf von Produkten aus EU-Staaten sowie durch ihre eigene Industrie). Ihr unterstützt das Streben der Ukraine nach Demokratie, Recht, Freiheit, Marktwirtschaft, einem funktionierenden sozialen Staat, weil dies die Werte der EU sind. Eine mögliche EU-Mitgliedschaft der Ukraine ist aber erst in sehr vielen Jahren vorgesehen.
- Ihr wehrt euch dagegen, dass Russland die Ukraine als seine Einflusszone betrachtet. Ihr besteht darauf, dass sich die Ukraine völlig frei entwickeln kann. Der Wunsch des ukrainischen Volkes, sich in Richtung der EU zu entwickeln, ist zu respektieren und zu unterstützen.
- Ihr wollt, dass Russland die Krim wieder an die Ukraine zurückgibt. Die Krim ist und bleibt für euch ukrainisches Gebiet. Die unter der Kontrolle russischer Soldaten durchgeführte Abstimmung für den Anschluss an Russland erkennt ihr nicht an. Ihr verurteilt Russlands Vorgehen auf der Krim. Ihr befürchtet, dass Russland nach dem gleichen Muster auch andere Länder, in denen russischsprachige Minderheiten leben (z. B. die EU-Mitglieder Estland, Lettland, Litauen), destabilisieren könnte.
- Ihr wollt verhindern, dass sich die selbsternannten Volksrepubliken Donezk und Lugansk von der Ukraine abspalten. Ihr seid fest davon überzeugt, dass die prorussischen Separatisten von Russland gesteuert werden. Ihr erkennt die Volksrepubliken Donezk und Lugansk nicht an. Die durchgeführte Abstimmung zur Unabhängigkeit wie auch die Wahlen der politischen Führung haltet ihr für undemokratisch und rechtswidrig.
- Ihr wollt, dass Russland aufhört, die prorussischen Separatisten mit Geld, Waffen, Freiwilligen und Soldaten zu unterstützen.
- Ihr wollt eine möglichst schnelle und friedliche Lösung des Konflikts.

Was wir können

Rollenkarte für die Vertreter der NATO/USA

Ihr seid die Vertreter der NATO/USA. Eure Interessen und Ziele sind:

- Ihr befürwortet eine Anbindung der Ukraine an die EU und an die NATO. Ihr unterstützt das Streben der Ukraine, sich am westlichen Werte-, Wirtschafts- und Verteidigungssystem zu orientieren. Aus eurer Sicht wäre es erstrebenswert, wenn auch andere Nachbarstaaten Russlands dem positiven Beispiel der Ukraine folgen. Das würde den Wohlstand und die Sicherheit der EU und der USA steigern, so euer Gedankengang.
- Ihr wehrt euch dagegen, dass Russland die Ukraine als seine Einflusszone betrachtet. Ihr besteht darauf, dass sich die Ukraine völlig frei entwickeln kann. Der Wunsch des ukrainischen Volkes, sich in Richtung der EU und der NATO zu entwickeln, ist zu respektieren und zu unterstützen.
- Ihr wollt, dass Russland die Krim wieder an die Ukraine zurückgibt. Die Krim ist und bleibt für euch ukrainisches Gebiet. Die unter der Kontrolle russischer Soldaten durchgeführte Abstimmung für den Anschluss an Russland erkennt ihr nicht an. Ihr verurteilt Russlands Vorgehen auf der Krim. Ihr befürchtet, dass Russland nach dem gleichen Muster auch andere Länder, in denen russischsprachige Minderheiten leben (z. B. die NATO-Mitglieder Estland, Lettland, Litauen), destabilisieren könnte.
- Ihr wollt verhindern, dass sich die selbsternannten Volksrepubliken Donezk und Lugansk von der Ukraine abspalten. Ihr seid fest davon überzeugt, dass die prorussischen Separatisten von Russland gesteuert werden. Ihr erkennt die Volksrepubliken Donezk und Lugansk nicht an. Die durchgeführte Abstimmung zur Unabhängigkeit wie auch die Wahlen der politischen Führung haltet ihr für undemokratisch und rechtswidrig.
- Ihr wollt, dass Russland aufhört die prorussischen Separatisten mit Geld, Waffen, Freiwilligen und Soldaten zu unterstützen.
- Ihr steht dem Streben Russlands, mit der Eurasischen Union ein eigenes Einfluss- und Machtgebiet zu entwickeln, ablehnend gegenüber. Ihr seht hierin eine Bedrohung für die Sicherheit der NATO-Staaten. Ihr fürchtet auch um eure wirtschaftlichen Einflussmöglichkeiten.

Christian Fischer, Die Ukraine-Krise als Herausforderung für den Politikunterricht. Fragen und Probleme aus der Unterrichtsentwicklung am Beispiel einer Konfliktanalyse abgedruckt in: Gesellschaft – Wirtschaft – Politik (GWP), Heft 1/2015

Aufgabe

Bereitet euch auf die Verhandlungen vor. Legt dazu fest, bei welchen eurer Interessen/Ziele ihr
a) gar nicht kompromissbereit seid (rot markieren),
b) etwas kompromissbereit seid (gelb markieren),
c) stärker kompromissbereit seid (grün markieren).
Überlegt, welche Kompromisse ihr euch vorstellen könnt. Fasst das Ergebnis der Konferenz zusammen.

Hinweise zur Bearbeitung der Aufgaben

Anforderungsbereich I (Reproduktion)

Er verlangt in erster Linie das Wiedergeben und Darstellen von fachspezifischen Sachverhalten aus einem abgegrenzten Gebiet und im gelernten Zusammenhang unter reproduktivem Benutzen geübter Arbeitstechniken.

Operator	Beschreibung der erwarteten Leistung
beschreiben	Strukturiert und fachsprachlich angemessene Materialien vorstellen und/oder Sachverhalte darlegen.
gliedern	Einen Raum, eine Zeit, oder einen Sachverhalt nach selbst gewählten oder vorgegebenen Kriterien systematisierend ordnen.
wiedergeben	Kenntnisse (Sachverhalte, Fachbegriffe, Daten, Fakten, Modelle) und/oder (Teil-)Aussagen mit eigenen Worten sprachlich distanziert, strukturiert und damit unkommentiert darstellen.
zusammenfassen	Sachverhalte auf wesentliche Aspekte reduzieren und sprachlich distanziert strukturiert und unkommentiert wiedergeben (→ *wiedergeben*).

Anforderungsbereich II (Reorganisation und Transfer)

Er fordert das selbstständige Erklären, Bearbeiten und Ordnen bekannter fachspezifischer Inhalte und das angemessene Anwenden gelernter Inhalte und Methoden auf andere Sachverhalte.

Operator	Beschreibung der erwarteten Leistung
analysieren	Materialien, Sachverhalte oder Räume kriterienorientiert oder aspektgeleitet erschließen und strukturiert darstellen.
charakterisieren	Sachverhalte in ihren Eigenarten beschreiben (→ *beschreiben*), typische Merkmale kennzeichnen und diese dann gegebenenfalls unter einem oder mehreren bestimmten Gesichtspunkten zusammenführen.
einordnen	Begründet eine Position/Material zuordnen oder einen Sachverhalt begründet in einen Zusammenhang stellen.
erklären	Sachverhalte so darstellen – gegebenenfalls mit Theorien und Modellen –, dass Bedingungen, Ursachen, Gesetzmäßigkeiten und/oder Funktionszusammenhänge verständlich werden.
erläutern	Sachverhalte in ihren komplexen Beziehungen an Beispielen und/oder Theorien verdeutlichen (auf Grundlage von Kenntnissen bzw. Materialanalyse).
herausarbeiten	Materialien auf bestimmte, explizit nicht unbedingt genannte Sachverhalte hin untersuchen und Zusammenhänge zwischen den Sachverhalten herstellen.
vergleichen	Gemeinsamkeiten, Ähnlichkeiten und Unterschiede von Sachverhalten kriterienorientiert darlegen.

Anforderungsbereich III (Reflexion und Problemlösung)

Er umfasst den reflexiven Umgang mit neuen Problemstellungen, den eingesetzten Methoden und gewonnenen Erkenntnissen, um zu Begründungen, Folgerungen, Beurteilungen und Handlungsoptionen zu gelangen.

Operator	Beschreibung der erwarteten Leistung
beurteilen	Den Stellenwert von Sachverhalten oder Prozessen in einem Zusammenhang überprüfen (→ *überprüfen*), um kriterienorientiert zu einem begründeten Sachurteil zu gelangen.
entwickeln	Zu einem Sachverhalt oder zu einer Problemstellung eine Einschätzung, ein konkretes Lösungsmodell, eine Gegenposition oder ein Lösungskonzept inhaltlich weiterführend und/oder zukunftsorientiert darlegen.
erörtern	Zu einer vorgegebenen Problemstellung eine reflektierte, abwägende Auseinandersetzung führen und zu einem begründeten Sach- und/oder Werturteil kommen.
Stellung nehmen	Beurteilung (→ *beurteilen*) mit zusätzlicher Reflexion individueller, sachbezogener und/oder politischer Wertmaßstäbe, die Pluralität gewährleisten und zu einem begründeten eigenen Werturteil führt.
überprüfen	Inhalte, Sachverhalte, Vermutungen oder Hypothesen auf der Grundlage eigener Kenntnisse oder mithilfe zusätzlicher Materialien auf ihre sachliche Richtigkeit bzw. auf ihre innere Logik hin untersuchen.

Nach: Niedersächsisches Kultusministerium (Hrsg.), Kerncurriculum für das Gymnasium Schuljahrgänge 8-10 Politik-Wirtschaft, Hannover 2015, S. 24 f.

Um einen abwechslungsreichen und spannenden Unterricht auch in heterogenen Klassen zu gewährleisten, werden innerhalb der Aufgaben teilweise Operatoren verwendet, die im niedersächsischen Kerncurriculum nicht explizit aufgeführt sind. Diese Operatoren sind jeweils nach den Vorgaben der Einheitlichen Prüfungsanforderungen in der Abiturprüfung Sozialkunde/Politik (Beschluss der Kultusministerkonferenz vom 1.12.1989 i. d. F. vom 17.11.2005, S. 17 f.) einem der drei Anforderungsbereiche zugeordnet.

Bei Verwendung von mehreren Operatoren aus unterschiedlichen Anforderungsbereichen innerhalb einer Aufgabe, ist immer der Operator aus dem höheren Anforderungsbereich farblich hervorgehoben.

Kleines Politiklexikon

Abgeordnete
Die gewählten Mitglieder eines Parlaments.

Ablauforganisation
Die Ablauforganisation definiert die Gestaltung des Arbeitsprozesses, z. B. die Gliederung in einzelne Arbeitsschritte und die Arbeitsteilung.

Arbeit
Der Begriff umschreibt in erster Linie Erwerbsarbeit. Diese sichert die Lebensgrundlage der Arbeitnehmer/innen und ihrer Familien. Wurde sie in früheren Zeiten vor allem als Mühsal und Plage empfunden, so ist die Arbeit heute ein wichtiger Bestandteil der Identität, denn in der Arbeit kann der Mensch seine Fähigkeiten unter Beweis stellen. Arbeit verleiht dem Leben einen Sinn.

Arbeitslosengeld
Unterstützungsleistung für arbeitslose Arbeitssuchende. Zu unterscheiden ist zwischen Versicherungsleistungen aus der Arbeitslosenversicherung (in Deutschland das Arbeitslosengeld I, das i. d. R. für ein Jahr gezahlt wird) und aus Steuergeldern finanzierten Mindestsicherungssystemen (Arbeitslosengeld II, Hartz IV).

Armut
Von absoluter Armut spricht man, wenn einer Person weniger als 1,25 US-Dollar (ca. 1 Euro) pro Tag zur Verfügung steht. Von relativer Armut spricht man, wenn das Einkommen weniger als 50 % des Durchschnittseinkommens in einem Land (Staat) beträgt.

Asylrecht
Recht eines Ausländers, durch Gestattung des Aufenthalts in einem fremden Staat, vor unmittelbarer Bedrohung geschützt zu werden. In der Bundesrepublik Deutschland grundsätzlich durch Art. 16a (1) GG politisch Verfolgten garantiert.

Atypisches Beschäftigungsverhältnis
Unter atypischen Arbeitsverhältnissen werden Arbeitsverhältnisse verstanden, die vom Normalarbeitsverhältnis (unbefristete, sozialversicherungspflichtige Vollzeitstelle) abweichen. Darunter fallen Formen der Teilzeitarbeit, befristete Arbeitsverhältnisse, Leih- und Telearbeit. Diese können für die betroffenen Arbeitnehmer/innen zu arbeitsrechtlichen Benachteiligungen, zu Wettbewerbsnachteilen auf dem Arbeitsmarkt (z. B. mangelnde Weiterbildungs- und Aufstiegschancen) sowie geringeren Löhnen führen.

Aufbauorganisation
Die Aufbauorganisation legt fest, welche Stellen und Abteilungen ein Unternehmen hat und wie die Aufgabenbereiche gegliedert sind. Aus dem Organigramm lässt sich auch die hierarchische Gliederung des Unternehmens ablesen.

Beruf
Tätigkeit, die ein Mensch i. d. R. gegen Entgelt erbringt bzw. für die er ausgebildet, erzogen oder berufen ist. Im Allgemeinen dient die Ausübung eines Berufes der Sicherung des Lebensunterhaltes.

Binnenmarkt
Ein Wirtschaftsraum, in dem einheitliche Bedingungen für den Verkehr von Waren, Dienstleistungen und Kapital herrschen. Bürger können ihren Wohn- und Arbeitsort frei wählen. Der Binnenmarkt in der EU wurde zum 1. Januar 1993 verwirklicht.

Bruttoinlandsprodukt (BIP)
Messgröße, mit der die wirtschaftliche Leistungskraft eines Landes dargestellt wird. Das BIP umfasst den Geldwert aller in einem Jahr innerhalb der Landesgrenzen produzierten Waren und Dienstleistungen (von In- und Ausländern). Um das BIP pro Kopf zu erhalten, teilt man das BIP eines Landes durch die Zahl der Einwohner.

Bund (Bundesstaat)
Der Zusammenschluss mehrerer Staaten zu einem Gesamtstaat, z. B. die Bundesrepublik Deutschland mit allen Bundesländern.

Bundeskanzler
Der Chef der Bundesregierung. Er bestimmt die Richtlinien der Politik und trägt die Verantwortung dafür.

Bundespräsident
Das Staatsoberhaupt der Bundesrepublik. Er repräsentiert Deutschland nach außen. Außerdem gehören zu seinen Aufgaben die Ernennung und Entlassung der höchsten Staatsbeamten und die Unterzeichnung der vom Bundestag verabschiedeten Gesetze.

Bundesrat
Der Bundesrat ist ein Teil der Legislative. Über ihn wirken die Länder an der Gesetzgebung des Bundes mit. Der Bundesrat muss bei Gesetzen, die Länderinteressen berühren oder die Verfassung ändern, zustimmen, damit diese in Kraft treten können. Bei anderen Gesetzen kann er Einspruch erheben, der aber vom Bundestag überstimmt werden kann.

Bundestag
Name des (bundesdeutschen) Parlaments, s. dort!

Bundesverfassungsgericht
Höchstes deutsches Gericht mit Sitz in Karlsruhe. Das Bundesverfassungsgericht wacht darüber, dass Parlamente, Regierungen und Gerichte in Deutschland das Grundgesetz einhalten. Jeder Bürger kann eine Verfassungsbeschwerde beim Bundesverfassungsgericht einreichen.

Demokratie
Das Wort stammt aus dem Griechischen und bedeutet „Herrschaft des

Volkes". Die Beteiligung aller Bürger/innen an allen Abstimmungen kann nur in sehr kleinen Staatsgesellschaften verwirklicht werden (direkte Demokratie). Wo dies nicht möglich ist, wählt das Volk Vertreter (Repräsentanten), die für das Volk handeln (repräsentative Demokratie).

Europäische Union
Die Gemeinschaft von heute (2016) mit 28 europäischen Staaten wurde 1957 als Wirtschaftsbündnis gegründet. Neben der gemeinsamen Politik in allen wirtschaftlichen Bereichen wurde im Vertrag von Maastricht (1992) auch eine Zusammenarbeit in der Außen- und Sicherheitspolitik sowie der Justiz- und Innenpolitik beschlossen.

EU-Organe
Zu den wichtigsten Organen der Europäischen Union – vergleichbar mit den Verfassungsorganen in der Bundesrepublik Deutschland – gehören der Ministerrat, die Europäische Kommission, das Europäische Parlament, der Europäische Gerichtshof und der Europäische Rat.

Europäische Zentralbank (EZB)
Die EZB wurde am 1.6.1998 gegründet und bildet zusammen mit den nationalen Notenbanken das Europäische System der Zentralbanken. Die EZB ist von politischen Weisungen unabhängig und seit der Einführung des Euro am 1.1.1999 für die Geldpolitik im Euroraum zuständig. Ihre Hauptaufgabe ist es, die Preisstabilität zu garantieren. Darüber hinaus unterstützt sie auch die allgemeine Wirtschaftspolitik.

Exekutive
Die ausführende Gewalt, d. h. Regierung und Verwaltung.

Flüchtling
Person, die aufgrund ihrer ethnischen Zugehörigkeit oder Religion in ihrem Heimatstaat verfolgt wird bzw. aufgrund der sozialen, wirtschaftlichen oder politischen Bedingungen bzw.

eines (Bürger-)Krieges ihr Heimatland verlassen muss.

Föderalismus
Gliederung eines Staates in Gliedstaaten (in der Bundesrepublik Deutschland die Bundesländer) mit eigener Verfassung, Regierung und Parlament. Bezeichnet auch das Bestreben, die Rechte der Gliedstaaten zu wahren.

Fraktion
Vereinigung im Parlament, die i. d. R. aus den Abgeordneten einer Partei besteht. Auch Mitglieder verschiedener Parteien, die gleichgerichtete politische Ziele verfolgen, können sich zu einer Fraktion zusammenschließen.

Fünf-Prozent-Klausel
Vorschrift, dass alle Parteien bei einer Wahl mind. fünf Prozent der gültigen Zweitstimmen erhalten müssen, um ins Parlament zu kommen, bzw. um an der Sitzverteilung teilnehmen zu können.

Geldpolitik
Ziel der Geldpolitik ist die Stabilität des Geldwertes (niedrige Inflationsrate). Daneben soll die Geldpolitik auch die allgemeine Wirtschaftspolitik unterstützen. Die Geldpolitik in der Eurozone ist Sache der Europäischen Zentralbank.

Gesetz
Ein Gesetz ist eine verbindliche Vorschrift, die das Ziel hat, das Zusammenleben der Menschen zu regeln. Es muss in einem dafür vorgesehenen Verfahren rechtmäßig zu Stande kommen. Gesetze werden von den Parlamenten (Bundestag, Landtag) beschlossen.

Gewaltenteilung
Verteilung der drei Staatsgewalten Gesetzgebung (Legislative), Verwaltung (Exekutive) und Gerichtsbarkeit (Judikative) auf verschiedene, voneinander unabhängige Verfassungsorgane. I. d. R. sind dies Parlament, Regierung und Verwaltung sowie eine unabhängige Richterschaft. In der Bundesre-

publik Deutschland ist die klassische Gewaltenteilung teilweise durchbrochen (Gewaltenverschränkung).

Gewerkschaft
Freiwilliger Zusammenschluss von Arbeitnehmer/innen, um gemeinsame wirtschaftliche, soziale und berufliche Interessen gegenüber den Arbeitgebern besser durchsetzen zu können.

Grundgesetz
Die Verfassung der Bundesrepublik; sie regelt den Aufbau, die Aufgaben und das Zusammenspiel der Verfassungsorgane. Im Grundgesetz sind zudem die Grundrechte festgeschrieben.

Grundrechte
In der Verfassung garantierte Rechte, die für jeden Einzelnen gewährleistet werden, wie z. B. die Meinungsfreiheit, die Versammlungsfreiheit und die Menschenwürde.

Herrschaftsformen
Herrschaftsformen charakterisieren die tatsächliche Art und Weise der Herrschaftsausübung und berücksichtigen hierbei unter anderem, welche Personen oder Gruppen politische Macht ausüben. So übt in der Demokratie das Volk die politische Herrschaft aus.

Inflation
Prozess anhaltender Preisniveausteigerungen bzw. anhaltender Geldentwertung.

Infotainment
Gebildet aus den beiden Begriffen „Information" und „Entertainment", ist die Kombination von Information mit Elementen der Unterhaltung bei Nachrichtensendungen.

Integration
Im allgemeinen Sprachgebrauch versteht man darunter die Eingliederung oder Einbindung eines (fremden) Einzelnen oder einer Minderheit in eine größere Gruppe.

Interessenverband

Organisatorisch fester Zusammenschluss von Personen in einen bestimmten Lebensbereich, die ihre gemeinsamen Interessen in der Öffentlichkeit durchsetzen wollen. Dazu versuchen sie u. a. auf die Gesetzgebung Einfluss zu nehmen. Im Gegensatz zu Parteien nicht wählbar.

Judikative

Die rechtsprechende Gewalt; sämtliche Gerichte der Bundesrepublik Deutschland.

Kabinett

Der Kanzler, die Minister und politischen Beamten (Staatssekretäre).

Koalition

Zusammenschluss zweier oder mehrerer Parteien, die gemeinsam eine Regierung bilden.

Konflikt

Ein Konflikt ist ein Spannungszustand zwischen Personen oder auch Staaten. Er entsteht dadurch, dass es zwischen den Personen, Personengruppen oder Staaten unterschiedliche Zielvorstellungen und Interessen gibt, die (zunächst) unvereinbar gegeneinander stehen.

Konstruktives Misstrauensvotum

Der Bundestag kann den Bundeskanzler nur durch die Wahl eines neuen Kanzlers (konstruktiv!) zum Rücktritt zwingen.

Legislative

Die gesetzgebende Gewalt; sie wird in der Bundesrepublik Deutschland von Bundestag und Bundesrat ausgeübt (auf Landesebene von den Länderparlamenten).

Mandat

Auftrag; der Wähler beauftragt durch die Wahl einen Politiker, seine Interessen zu vertreten.

Marktwirtschaft

Bezeichnung für ein Wirtschaftssystem. In einer Marktwirtschaft steuern Angebot und Nachfrage, Wettbewerb und freie Preisbildung den Wirtschaftsprozess. Das Privateigentum an den Produktionsmitteln wird garantiert.

Massenmedien

Sammelbezeichnung für Presse, Rundfunk, Fernsehen und Internet. Allgemein Kommunikationsmittel, mit denen Informationen durch Schrift, Ton oder Bild einseitig an ein sehr breites Publikum übermittelt werden können.

Mediendemokratie

Form der Demokratie, in der die Artikulation und Diskussion von politischen Problemen in erster Linie von den Medien angestoßen und vermittelt wird.

Mehrheitswahlrecht

Danach ist gewählt, wer in seinem Wahlkreis die Mehrheit der Stimmen erhalten hat, die Minderheiten werden nicht berücksichtigt. Relative Mehrheit: Gewählt ist, wer die meisten Stimmen hat. Absolute Mehrheit: Gewählt ist, wer mehr als die Hälfte der Stimmen erzielt. Qualifizierte Mehrheit: Eine vereinbarte Mehrheit, z. B. 2/3 der Stimmen, muss erreicht werden.

Menschenrechte

Die persönlichen Rechte, die jedem Menschen von Geburt an zustehen, z. B. das Recht auf Meinungsfreiheit.

Migration

Im Laufe der Geschichte haben sich immer wieder kleinere oder größere Gruppen von Menschen oder ganze Völker auf Wanderungen begeben. Dies hatte ganz unterschiedliche Gründe: So wurden die Menschen aus religiösen oder politischen Motiven verfolgt, andere waren arm und sahen für sich und ihre Kinder keine Zukunft mehr in ihrer Heimat. Alle diese Wanderungen (lat. migrare = wandern) nennt man Migration.

Monopol

Unter einem Monopol versteht man eine Marktform, in der ein Unternehmen als alleiniger Anbieter auftritt oder einen so großen Marktanteil besitzt, dass er allein die Preise kontrollieren kann und damit über eine besondere Marktmacht gegenüber den Nachfragern bzw. Konsumenten verfügt.

Nachhaltigkeit

Der Begriff bedeutet, dass man nicht mehr von einem Rohstoff (der Natur) verbrauchen soll, als nachwachsen kann. In Bezug auf die Umwelt heißt das, dass man den Ausgangszustand für die folgenden Generationen bewahren soll und die Umwelt nicht durch Abgase und Müll irreparabel schädigen darf.

Opposition

Alle Personen und Gruppen, die der Regierung im Parlament gegenüberstehen und sie kritisieren.

Parlament

Die Versammlung der vom Volk gewählten Abgeordneten. Das Parlament regt Gesetze an, bewilligt sie und kontrolliert die Regierung. In einer parlamentarischen Demokratie nimmt vor allem die Opposition die Kontrollfunktion wahr, da die Mehrheit im Parlament die Regierung trägt.

Parteien

Politische Gruppen, die über einen längeren Zeitraum Einfluss auf die politische Willensbildung nehmen. Sie sind bereit, in Parlamenten und Regierungen Verantwortung zu übernehmen.

Pressefreiheit

Garantie für die freie Berichterstattung und Veröffentlichung von Informationen und Meinungen. Sie ist in Art. 5 GG festgeschrieben und gilt als Grundlage der Demokratie, da sich die Bürger/innen nur mithilfe der Informationen an politischen Entscheidungen beteiligen können.

Soziale Marktwirtschaft

Die Soziale Marktwirtschaft ist die

Bezeichnung für die Wirtschaftsordnung der Bundesrepublik Deutschland, die den Grundsatz der Freiheit auf dem Markt mit dem des sozialen Ausgleichs verbindet.

Sozialstaat
Bezeichnung für einen Staat, der seinen Bürger/innen ein Existenzminimum sichert, wenn sie in Not geraten sind, und für einen gerechten Ausgleich zwischen Reichen und Bedürftigen sorgt. In Deutschland geschieht dies z. B. durch die Sozialversicherungspflicht und durch staatliche Unterstützung, wie Sozialhilfe, Kindergeld oder Ausbildungs- und Arbeitsförderung.

Sozialversicherungssystem
Bezeichnung für die Gesamtheit gesetzlicher Pflichtversicherungen in Deutschland (Arbeitslosen-, Renten-, Kranken-, Pflege- und Unfallversicherung). Die Sozialversicherung versichert den Einzelnen gegen Risiken für seine Existenz. Sie ist organisiert nach dem Solidarprinzip. Sozialversicherungspflichtig sind alle abhängig Beschäftigten.

Streitbare/wehrhafte Demokratie
Begriff für eine Demokratie, die Mittel bereithält, um gegen Feinde der Demokratie vorzugehen. So können in Deutschland z. B. Parteien oder Vereine verboten werden, die sich gegen die freiheitliche demokratische Grundordnung wenden.

Subsidiaritätsprinzip
Prinzip, nach dem ein Problem auf der Ebene gelöst werden soll, auf der es entsteht. „Was der Einzelne tun kann, sollen nicht andere für ihn tun." Erst wenn auf dieser Ebene keine Abhilfe möglich ist, soll die nächst höhere Ebene sich des Problems annehmen (Familie, Gemeinde, Land, Bund, EU).

Tarifvertragsparteien
Dazu zählen Gewerkschaften (vertreten die Arbeitnehmer/innen) und Arbeitgeberverbände (vertreten die Arbeitgeber/innen). Im Rahmen der Tarifautonomie handeln diese beiden Interessengruppen ohne Einmischung des Staates in eigener Verantwortung Tarifverträge aus, die Löhne, Arbeitszeiten und sonstige Arbeitsbedingungen regeln sollen.

Transfereinkommen
Als Transfereinkommen bezeichnet man Einkommen, welches durch den Staat oder andere Institutionen bereitgestellt wird, ohne dass eine konkrete Gegenleistung erfolgt (Bsp.: Sozialhilfe, Arbeitslosengeld II etc.).

Unternehmen
Dauerhafte organisatorische Einheit zur Produktion bzw. zur Erbringung von Dienstleistungen, die mehrere Betriebe umfassen kann. Je nach Träger werden private, öffentliche oder gemeinwirtschaftliche Unternehmen unterschieden, je nach Rechtsform Einzel-, Personen- und Kapitalgesellschaften.

Verbände
Organisierte Gruppen, die auf die Politik Einfluss nehmen möchten, ohne politische Verantwortung zu übernehmen. Zur Verfolgung gemeinsamer Interessen werden Zusammenschlüsse gebildet, z. B. Berufsverbände.

Verhältniswahlrecht
Jede Partei bekommt so viele Sitze im Parlament, wie sie prozentual Stimmen von den Wählern erhalten hat. Auch Minderheiten werden berücksichtigt.

Vier Freiheiten
Wirtschaftliche Freiheiten des europäischen Binnenmarktes: Freiheit des Warenverkehrs, Personenfreizügigkeit, Dienstleistungsfreiheit, freier Kapital- und Zahlungsverkehr.

Verfassungsorgan
Staatsorgan, dessen Rechte und Pflichten in der Verfassung festgeschrieben sind.

Volkspartei
Partei, die aufgrund ihres Programms für Wähler/innen und Mitglieder aller gesellschaftlichen Schichten unterschiedlicher Weltanschauungen offen ist.

Währungsunion
Zusammenschluss souveräner Staaten mit vorher unterschiedlichen Währungen zu einem einheitlichen Währungsgebiet. Im Gegensatz zu einer Währungsreform bleibt der Geldwert beim Übergang zu einer Währungsunion erhalten.

Wahlen
Verfahren der Berufung von Personen in bestimmte Ämter durch Stimmabgabe einer Wählerschaft. In Demokratien werden die wichtigsten Staatsämter durch Wahlen besetzt. Freie Wahlen müssen bestimmte Wahlgrundsätze erfüllen. Bei den Bundestagswahlen sind dies nach Art. 38 (1) GG die fünf Wahlgrundsätze allgemein, unmittelbar, frei, gleich und geheim. Das genaue Wahlverfahren (Verhältniswahl, Mehrheitswahl) ist meist in Wahlgesetzen geregelt.

Wirtschaftskreislauf
Modell, in dem die Tauschvorgänge zwischen den Wirtschaftssubjekten (private Haushalte, Unternehmen, Staat, Banken; erweiterte Darstellung umfasst auch das Ausland) dargestellt werden.

Wirtschaftsordnung
Setzt sich zusammen aus den Regeln und Institutionen, die die Rahmenbedingungen wirtschaftlichen Handelns abstecken. Klassisch werden v. a. Fragen der Eigentumsrechte, der Preisbildung und der Steuerung von Wirtschaftsprozessen entschieden.

Zentralverwaltungswirtschaft/ Planwirtschaft
Bezeichnung für ein Wirtschaftssystem, deren Produktion durch zentrale Pläne (einer staatlichen Planungsbehörde) gelenkt wird. Es gibt kein Privateigentum an Produktionsmitteln.

Register

A

Abgeordneter 104, 108
Ablauforganisation 152, 160
Absatzmarkt 135
Agenda-Setting 79
Aktiengesellschaft (AG) 149
Alternative für Deutschland (AfD) 28
Angebotsorientierung 234
Anleiherenditen 292
Anleihezinsen 292
Annexion 326
Anreize 210
Arbeit 176 ff., 192
Arbeitgeberverband 164 f.
Arbeitskampf 166
Arbeitslosengeld II 279
Arbeitsplatzerkundung 200
Arbeitsproduktivität 167
Arbeitsvertrag 163
Arbeitswelt 206
Armutseinwanderung 280 f.
Assessment Center 163
Asyl 309 f.
Asylantrag 312 f.
Aufbauorganisation 152, 160
Ausbildungsberuf 201
Ausgleichsmandat 60
Ausschuss 105 f.

B

Balkendiagramm 186
Beruf 180, 192, 195, 206
Berufswahl 194, 197, 206
Beschaffungsmarkt 135
Beschäftigung, atypische 182
Beschäftigung, befristete 182
Beschäftigungspolitik 234
Beschäftigungsverhältnis 192
Beschluss 259, 265
Betriebe 131
Betriebliche Grundfunktionen 150
Betriebspraktikum 204
Betriebsrat 173 f.
Betriebsvereinbarung 191

Binnenmarkt 298
Blockupy 241
Bruttoinlandsprodukt (BIP) 232
Bundeskanzler 95, 108
Bundespräsident 118 f., 125 f.
Bundesrat 117
Bundesregierung 95
Bundesstaat 16
Bundestag 108
Bundesvereinigung der Deutschen Arbeitgeberverbände (BDA) 165
Bundesverfassungsgericht 35 f., 122, 126
Bürgerrechte 21

C

Corporate Social Responsibility 142

D

Deflation 288
Demagoge 42
Demokratie 12, 26, 40, 50
Demokratie, direkte 42 f., 50
Demokratie, repräsentative 42, 50
Deutsche Demokratische Republik (DDR) 216
Deutscher Bundestag 105 f.
Deutscher Gewerkschaftsbund (DGB) 166
Diäten 40
Diktatur 12, 40, 50
Drittes Reich 52
Dublin-Verordnung 310

E

Ehrenamt 45
Eigentumsform 213
Einzelunternehmen 149
Eisener Vorhang 335
Eishockey-Debatte 34
Empfehlung 258 f., 265
Enquete-Kommissionen 99
ERASMUS 247
Erststimme 60
Erweiterungen der EU 250

EU-Assoziierungsabkommen 323
EU-Fiskalpakt 287
EU-Flüchtlingsquote 312 f.
EU-Kommission 266
EU-Organe 259
EU-Parlament 265
Euro 286, 296, 301
Eurobond 297
Eurokurs 287
Euroländer 286
Euromaidan 321
Europäische Finanzstabilisierungsfazilität (EFSF) 290
Europäische Sicherheits- und Verteidigungspolitik (ESVP) 333
Europäische Symbole 250
Europäische Union (EU) 258
Europäische Währungsunion 298 f.
Europäische Zentralbank (EZB) 292 f., 300
Europäischer Auswärtiger Dienst 331
Europäischer Binnenmarkt 284 f.
Europäischer Finanzstabilisierungsmechanismus (EFSM) 290
Europäischer Gerichtshof 267
Europäischer Rat 259, 267, 331
Europäischer Stabilisierungsmechanismus (ESM) 290
Europäisches Haus 249
Europäisches Parlament 259, 331
Europawahl 261, 263, 267
Euro-Schutzschirm 290
EU-Verteilungsschlüssel 312
Existenzgründung 131, 148

F

Finanztransaktionssteuer 297
Flucht 304, 311
Flüchtling 304 f., 312, 315 f.
Flüchtlingsobergrenze 318
Föderalismus 16 f., 26
Föderativ 337
Fordismus 153, 160
Frauenberufe 201 f.

Freie Marktwirtschaft 224
Freies Mandat 104
Frontex 307
Führungsstil, autoritärer 158
Führungsstil, kooperativer 158

G

Gemeinsame Außen- und Sicherheitspolitik (GASP) 332
Gemeinsame Sicherheits- und Verteidigungspolitik (GSVP) 334
Gemeinschaftliche Rechtsakte 258
Genfer Konvention 305
Gerechtigkeit 238, 242
Gerichtshof der Europäischen Union 259
Gesellschaft mit beschränkter Haftung (GmbH) 149
Gesetz 125
Gesetzgebung 114, 125
Gesetzgebungsverfahren in der EU 265
Gesetzliche Sozialversicherung 237
Gewaltenteilung 120 f., 126
Gewaltenverschränkung 108
Gewerkschaft 164 f.
Greenwashing 147
Grexit 294 ff., 300
Gründe, betriebsbedingte 172
Gründe, personenbedingte 172
Gründe, verhaltensbedingte 172
Grundrecht 12, 21, 26

H

Hamas 335
Hard Skills 198
Hartz IV 279
Haushaltsdefizit 289
Hoher Vertreter der Union für Außen- und Sicherheitspolitik 331
Hybrider Krieg 323

I

Inflation 288
Institution 218
Interessenverbände 69 f., 76
Internet 84 ff., 88

J

Jugendvertretung 172
Juristische Person 148

K

K-Gruppen 240
Kabinett 95
Kanban 155
Kapital 133
Kapitalismus 214
Kohärenz 333
Konstruktives Misstrauensvotum 100
Kopenhagener Kriterien 270 f.
Kreisdiagramm 186
Krim-Konflikt 321
Krim-Krise 330
Kuchendiagramm 186
Kündigung 172
Kündigungsgründe 172
Kurvendiagramm 186

L

Legitimation 95
Leiharbeit 182
Lenkungsform 213
Liniendiagramm 186
LiqidFriesland 46, 48
Lobbyismus 71
Lobbyliste 71
Lohnpolitik 167
Lohntarifvertrag 164

M

Manteltarifvertrag 164
Marketing-Mix 137
Marktbildungsform 213
Marktwirtschaft 212, 217 f.
Massenmedien 78
Medien 88
Mediendemokratie 79
Mehrheitsentscheidung 12
Mehrheitswahl 58
Meinungsfreiheit 80, 88
Menschenrechte
Menschenwürde 19 f.
Mietpreisbremse 69
Migration 282, 310 f., 316

Mini-Job 182
Ministerrat 266
Minsker Abkommen 331
MINT-Berufe 202
Monismus 12

N

Nachfrageorientierung 234
Nachhaltigkeit 145
Nationalsozialistischer Untergrund (NSU) 33
NATO 296, 320
Nichtregierungsorganisation (NGO) 72
Nichtständige Verfassungsorgane des Bundes 120
Nichtwähler 54
Nominales BIP 232
Non refoulment-Verbot 308
Normalarbeitsverhältnis 182
Normenkontrollverfahren 122
NPD 32 f.

O

Obergrenze für Flüchtlinge 318
Occupy 240
Opposition 94, 97
Ordoliberalismus 220
OSZE 322

P

Parlamentarischer Rat 19
Partei 63, 75
Personalbeschaffung 162
Personaleinstellung 174
Personalisierte Verhältniswahl 59
Petersberg-Aufgaben 333
Petitionsausschuss 106
Piratenpartei 49
Plain Packaging 268
Planungsform 213
Planwirtschaft 212, 216 ff., 224
Plebiszit 326
Pluralismus 12
Podemos 294
Politikzyklus 116, 125
Politische Beteiligung 50
Politische Herrschaft 50

Politisches und Sicherheitspolitisches Komitee (PSK) 331
Populismus 43
Preisbildungsform 213
Pressefreiheit 80, 88
Pressekodex 82
Presserat 82
Privilegierte Partnerschaft 275
Produktionsfaktoren 132
Produktionsfaktoren, betriebswirtschaftliche 133
Produktionsfaktoren, volkswirtschaftliche 132
Produktionsorganisation 153
Produktivität 167
Projektarbeit 182
Protektionismus 279
Protestwähler 67

R

Radialdiagramm 141
Rahmentarifvertrag 164
Rat der Europäischen Union (Ministerrat) 259
Rat 331
Reales BIP 232
Realkapital 133
Rechtsextremismus 28, 36
Rechtsform 148, 151
Rechtsstaat 21, 26
Referendum 326
Regel 218
Regieren 108
Regierung 93, 108
Regierungsbildung 92
Republik 26
Resettlement 311
Responsibility to protect (R2P) 328
Richtlinie 258 f., 265

S

Sachurteil 61
Säulendiagramm 186
Schengener Abkommen 306
Separatist 337
Sezession 326
Soft Skills 198
Soziale Marktwirtschaft 220 ff., 228

Sozialstaat 26
Sozialstaatlichkeit 15
Sozialstaatsgebot 236
Sozialtourismus 279
Sperrklausel (5 %-Hürde) 58
Staatsform 12 f.
Stammwähler 67
Ständige Verfassungsorgane des Bundes 120
Stellungnahme 258, 265
Streitgespräch 34
Stuttgart 21 (S21) 46
Subsidiaritätsprinzip 255
Syriza 294

T

Tarifautonomie 165 f.
Tarifkonflikt 174
Tarifpartner 165
Tarifverhandlung 168
Tarifvertrag 164
Teilzeitarbeit 182
(Tele-)Heimarbeit 182
Territoriale Integrität 336
Tortendiagramm 186
Totalitarismus 280
Toyotismus 153, 160
Transparenz 107
Typen von Nichtwählern 55

U

Überhangmandat 60
Ukraine-Konflikt 320, 336, 338
Umverteilung 238
UN-Sicherheitsrat 322
Unsichtbare Hand 215
Unternehmen 131, 150, 157, 160
Unternehmensaufbau 152
Unternehmensform 148, 213
Unternehmensführung 160
Unternehmensleitung 158
Unternehmensziel 138, 142, 145, 150
Unternehmer 160

V

Vereinte Nationen 322
Verfassungsbeschwerde 122

Verfassungsorgan 120
Verfassungsprinzipien 10, 22
Verfassungsstreit 123
Verhältniswahl 58
Verordnung 258, 265
Vier Freiheiten 284, 298
V-Leute 32
Volksentscheid 42 f.
Volkspartei 62
Volkssouveränität 12

W

Wachstum 232
Wachstumspolitik 234
Wahlbeteiligung 54, 56, 262
Wahlen 53, 75
Wählerstruktur 75
Wahlkampf 66, 76
Wahlpflicht 56
Wahlsystem 58, 60, 75
Währungsreform 220
Währungsunion 287
Wechselkurs 288
Wechselwähler 67
Wehrhafte Demokratie 30, 36
Weimarer Republik 100
Werte und Ziele der EU 251
Werturteil 61
Wirtschaftskreislauf 226, 229
Wirtschaftsordnung 212 f., 217 f., 224
Wirtschaftspolitik 230 ff., 242
Wirtschaftssubjekte 212
Wirtschaftssysteme 212
Wohlstand 214, 218

Z

Zeitarbeit 182
Zentralverwaltungswirtschaft 212
Zuwanderung 279
Zweitstimme 60

Bildnachweis

Archiv für Kunst und Geschichte, Berlin – S. 13; ARTUR Images GmbH, Hamburg – S. 210

Baaske Cartoons / Harm Bergen, Müllheim – S. 320; - / Kai Felmy – S. 157; - / Gerhard Mester – S. 62, 277 (2); - / Burkhard Mohr – S. 30; - / Thomas Plaßmann, Müllheim – S. 158, 177; Bergmoser + Höller Verlag AG, Aachen – S. 35, 56, 93, 95, 97, 106, 109, 118, 121, 164, 165, 166 (2), 332, 334; Marco Böhme / faktor-Online – Entscheider Medien GmbH, Alciro Theodoro da Silva, Göttingen – S. 194; Bundesagentur für Arbeit, Nürnberg – S. 180; Bundesarchiv, Koblenz – S. 94; Bundesinstitut für Berufsbildung BIBB / ES, Bonn – S. 181

Cartoonstudio Aurel, Ludwigsburg – S. 236; Chappatte / Le Temps, Geneva - www.globecartoon.com – S. 253; Constitutio Criminalis Bambergensis / Staatsbibliothek Bamberg – S. 18

Das Fotoarchiv / Xinhua, Essen – Cover; ddp-images / SIPA, Hamburg – S. 252; Deutsche Bundespost – S. 8; Deutscher Bundestag / Lichtblick, Achim Melde, Berlin – S. 98; Deutscher Bundestag / Frank Schwarz – S. 98; DIZ / Süddeutscher Verlag, Bilderdienst, München – S. 212, 221; dpa-Infografik, Frankfurt – S. 59, 62, 110, 119, 198, 201, 217, 232, 258, 263, 270, 275, 286, 287, 292, 304, 306; dpa Picture-Alliance / akg-images, Frankfurt – S. 180; - / AP, David Guttenfelder – S. 11; - / Australian Dep, HEALTH AND AGEING – S. 268; - / Oliver Berg – S. 44; - / Arno Burgi – S. 90; - / Uli Deck – S. 90/91, 140, 141; - / EPA, Bildfunk, Uwe Zucchi – S. 90; - / Mikael Fritzon – S. 246; - / Maurizio Gambarini – S. 32; - / Peer Grimm – S. 95; - / Hannibal Hanschke – S. 90; - / Christoph Hardt, Geisler-Fotopress – Cover; - / ITAR-TASS, Mikhail Pochuyev – S. 120; - / Rainer Jensen – S. 113; - / Michael Kappler – S. 83; - / Daniel Karmann – S. 94; - / Ben Krieman, Geisler-Fotopress – S. 314; - / Wolfgang Kumm – S. 94, 105; - / LaPresse, Malavola – S. 244/245; - / Bodo Marks – S. 98; - / MAXPPP, Julie Goujon – S. 246; - / Kay Nietfeld – S. 98; - / PIXSELL, Kristina Stedul Fabac – S. 307; - / Karlheinz Schindler – S. 98; - / Narendra Shrestha – S. 44; - / Sören Stache – S. 190; - / Ingo Wagner – S. 44; - / Roland Weihrauch – S. 140; - / Xinhua – S. 10; - / YONHAP, KCNA – S. 40; - / Zentralbild / Jens Büttner – S. 33, 98; - / Zentralbild, Hendrik Schmidt – S. 128; - / Zentralbild, Jens Wolf – S. 128; -/ Zentralbild, Klaus Franke – S. 71

F.A.Z.-Grafik / Felix Brocker – S. 309; F.A.Z-Grafik, Thomas Heumann – S. 238; F.A.Z-Grafik, Andre Piron – S. 225; Financial Times Deutschland, Hamburg – S. 151; Fotolia / Henner Damke – S. 251

Getty Images / Bongarts, München – S. 138; - / Dimitar Dilkoff – Cover; GfK Verein, Nürnberg – S. 176

Horst Haitzinger, München – S. 37; Hans-Böckler-Stiftung, Düsseldorf – S. 182, 188; Friedrich Haun, Borken – S. 216

INSM Initiative Neue Soziale Marktwirtschaft GmbH, Berlin – S. 235; iStockphoto – S. 244/245; - / Edstock, Sean Gallup – S. 68; - / Edstock, Carsten Koall – S. 68; - / Andreas Weber – S. 90

Jürgen Janson, Landau – S. 277, 330; JUNGE UNION Deutschland, Berlin – S. 44

Anna Lang, Hösbach – S. 57

Mediascope Europe e.V., Stollberg – S. 84; Erich Müller, Reutlingen – S. 21

© Gloria Nieves – S. 73; Norddeutscher Rundfunk, Hamburg – S. 105

Presse- und Informationsamt der Bundesregierung / Sig. B 145, Bild-00260150, Bestand B 145, Bildbestand Jesco Denzel, Berlin – S. 13

Alexander Rehberg, Dresden - S. 57; Volker Rekittke, Tübingen – S. 146; Kasper Rohrsted, © 2015 Henkel AG & CoKG aA, Düsseldorf – S. 161

Oliver Schopf, Wien – S. 308, 335; Schwarwel, Leipzig – S. 325; Schweizerische Volkspartei, Bern – S. 51; Wieslaw Smetek, Seevetal – S. 249; Spiegel Online, Hamburg – S. 323; Statista GmbH, Hamburg – S. 84, 261; Statistisches Bundesamt, Wiesbaden – S. 14, 54, 187; Ed Stein / Rocky Mountain News, Denver Colorado – S. 80; Klaus Stuttmann, Berlin – S. 123, 272, 278

The Associated Press, Frankfurt – S. 42; Thinkstock / iStockphoto – Cover; - / iStockphoto, davidsonn – S. 244; - / iStockphoto, filmfoto – S. 98; - / iStockphoto, Wavebreakmedia – S. 179; © Thyssenkrupp AG, Essen – S. 156; Titanic, Berlin – S. 82; Jürgen Tomicek, Werl-Westönnen – S. 277

Ullstein-Bild / AP, Berlin – S. 18; - / dpa – S. 14

Wildner + Designer, Fürth – S. 117; Freimut Wössner, Berlin – S. 260; www.berlinerhelden.com – S. 44; www.bilder.cdu.de – S. 66; www.cdu.de – S. 65; www.die-linke.de – S. 65, 66; www.fdp.de – S. 65; www.gruene.de – S. 65, 66; www.karl-rudolf-korte.de – S. 54; www.liquid-friesland.de – S. 47; www.magnolia.com /abby-garcia-1723.jpg – S. 203; www.piraten.de – S. 66; www.spd.de – S. 65, 66; www.wikimedia.org – S. 215; www.wikimedia.org / Donato Accogli - S. 246; www.wikimedia.org / © M 93, CC-BY-SA-3.0 (DE) – S. 154; www.wikimedia.org / cocoinzen – S. 246; www.wikimedia.org / Deutsche Bundespost – S. 8/9; www.wikimedia.org / Dontworry, CC-BY-SA-3.0 – S. 20; www.wikimedia.org / Foto AG Gymnasium, CC-by-sa 4.0 – S. 99; www.wikimedia.org / Nessa Gnatoush, CC-BY-SA-2.0 – S. 321; www.wikimedia.org / Heinrich-Böll-Stiftung – S. 327; www.wikimedia.org / Olaf Kosinsky, CC-BY-SA-3.0 – S. 278; www.wikimedia.org / LSE Library – S. 53; www.wikimedia.org / Pixelfehler, CC-SA-3.0 – S. 94; www.wikimedia.org / Thorsten Schmidt – S. 8; www.wikimedia.org / Web Gallery of Art – S. 156; www.wikimedia.org / Berthold Werner – Cover; www.wikimedia.org / Matthew Yohe – S. 128; www.wikipedia.de – S. 156; www.wikimedia.org / Olaf Kosinsky – S. 278; www.wikipedia.de / NxNW, CC-BY-SA 3.0 (DE) – S. 136; www.wikipedia.de / Ralf Roletschek – S. 138